조선의
기이한
문장

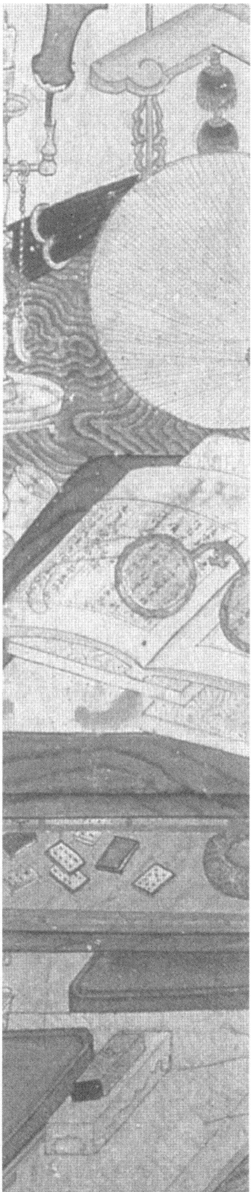

조선의 기이한 문장

항해 홍길주 산문 연구

최식 지음

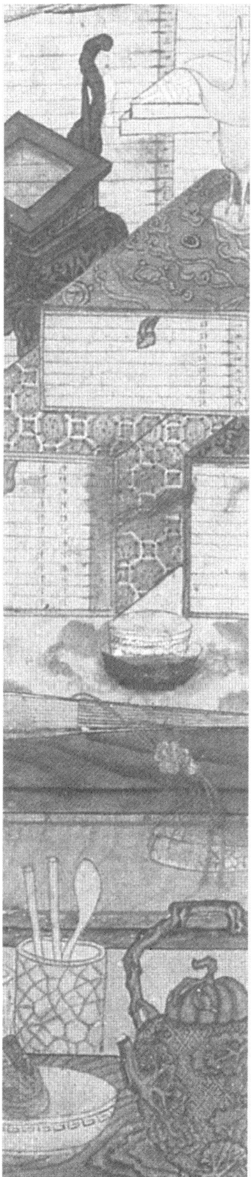

글항아리

책머리에

왜 항해 홍길주를 연구하는가? 필자가 홍길주 문학에 심취하여 연구에 매진하던 무렵부터 스스로에게 끊임없이 제기했던 물음으로, 여전히 해답을 찾아서 그 주변을 맴돌고 있는 상황이다.

주지하다시피 홍길주는 경화세족이자 문한세가의 후예로 과거를 포기하고 평생 동안 독서지사를 자저하며 방대한 저술을 남겼다. 당대에 이미 서유구 · 김매순 · 홍석주 등이 그의 문장을 높게 평가하고, 사후에는 홍석주 · 김매순과 나란히 19세기를 대표하는 문장가로 손꼽힌다. 우리 학계에서도 일찍부터 주목하여 다방면에 걸쳐 상당한 연구가 진행됐다.

그럼에도 18세기 실학파 문인들의 학문적 성취가 항해의 문학에 어떠한 영향을 끼치고 있는가에 대한 연구는 미진하며, 항해의 독특하고 개성 넘치는 문학세계를 제대로 설명하지 못한 아쉬움이 있다. 이는 연구자의 자료적 접근이 쉽지 않은 데다, 홍석주와 박지원의 위상에 눌려 그의 삶과 문학에 대한 면밀한 검토와 분석이 미흡했기 때문이다.

실제로 홍길주의 저술과 관련 기록들을 살펴보면, 지금까지 밝혀지지 않았던 진면목을 조금씩 확인할 수 있다. 그는 19세기의 대표적인 경화세족 · 문한세가라는 주류에 속하면서도 기존의 아성과 권위에 도전하고 비판하는 아웃사이더에 가까운 인물이다.

항해는 장자의 내용을 패러디한 일종의 유희문자에서 상대주의적 인식론을 발전시켜 진지眞知와 진각眞覺을 설파하는데, 18세기 박지원이 장자의 상대주의적 인식론을 토대로 우주 담론을 펼쳐 중국 중심의 세계관과 지구 중심의 세계관을 부정했다면, 항해는 박지원의 우주 담론을 토대로 지식과 능력의 절대성을 부정하고 상대적인 관점으로 바라본다.

또한 그는 우리말과 글의 가치를 발견하여 18세기 박지원의 '조선풍'과 정약용의 '조선시선언' 등 실학파 문인들의 학문적 성과를 계승하는 한편, 한 걸음 나아가 순환적 세계관을 설명하거나 중국 음과 우리나라 음의 차이를 정치하게 분석하고 고증하기에 이른다. 그는 다산의 『아언각비』를 무조건 비판하기보다는 그 잘못을 고증하고 자신의 독자적인 견해를 제시하기도 한다.

항해는 '문장은 다만 독서에 있지 않고 독서는 다만 책 속에 있지 않다'라는 책으로부터의 탈출도 감행한다. 그에게 독서는 천지간에 항상 살아 있어 죽지 않는 풍경이나 정서를 읽어내는 것이며, 그에게 문장은 천지간에 항상 살아 있어 요동하는 것들을 표현한 것이다. 그리하여 항해는 산수 간을 답사한 여행기인 『고진경전皐津經傳』을 묶어내면서 사서四書 가운데 하나인 『대학』의 구성과 체제를 과감히 차용한다. 여행기에 불과한 내용임에도 과감히 경전이자 대문자大文字라고 명명한 것이다.

또한 「책수향후구석冊睡鄕侯九錫」은 조령문詔令文에 해당하는 책문으로, 상제가 제후를 책봉하면서 아홉 가지 은전을 하사한 내용을 교묘하게 패러디하여 기존의 권위적 글쓰기에 과감한 도전장을 내민다.

이러한 글쓰기는 문장중원론文章中原論으로 대변되는 문장론과 관련이 깊다. 그는 「석몽釋夢」에서 자신의 문장이 중원에 올랐다고 단언하고, 나아가 문장의 지극함을 문장의 중원으로 정의한다. 문장의 지극함은 음서淫書와 패설稗說이라도 모두 시례詩禮로 변화시킬 수 있으며, 벌레 소리, 귀신 소리, 괴이한 목석, 아득하고 괴이하며 그윽하고 은밀하여 끝내 따져 물을 수 없는 것들조차 서로 이끌고 와서 조문하고 그 추악함을 감추고 그 능한 것을 바치게 할 수 있다. 이것이 바로 문장의 중원이며 항해 자신의 문장이 된다는 논리다.

이상은 조선 후기 특히 19세기 문단을 대표하는 항해 홍길주의 독특하고 참신한 글쓰기를 다룬 필자의 논문 「홍길주의 실험적 글쓰기」 중 일부다. 그의 삶이 시종일관 당시 세도정권에 대한 현실 비판적 자세를 견지한 바와 같이, 글쓰기도 기존의 아성과 권위에 도전하고 무너뜨리는 실험적 성격이 농후하다. 따라서 '실험적 글쓰기'는 기존의 글쓰기와는 전혀 다른 항해만의 독특하고 참신한 특징이다.

이 책은 필자의 박사학위 논문 『항해 홍길주 산문 연구』(2006)를 수정·보완한 것이다. 이 논문 이후 홍길주의 문집과 저술이 번역·간행되고, 2편의 박사학위 논문을 비롯하여 수십 편에 가까운 논문들이 학계에 발표되는 등 한마디로 홍길주 연구가 성황을 이뤘다. 따라서 당시 필자의 논문은 홍길주 연구의 촉진제로서 제 기능을 충실히 수행했다고 하겠다. 이 책은 지금까지 필자의 연구 성과를 갈무리하는 한편, 새로운 연구로의 출발을 의미한다.

이 책이 완성되기까지 많은 분들의 지도와 도움을 받았다. 이민홍 선생님을 비롯한 여러 은사님께 깊이 감사드린다. 특히 학위논문을 지도해주신 이희목 선생님, 그리고 심사위원으로 세심한 가르침을 베풀어주신 임형택, 진재교, 김철범, 안대회 교수님께도 충심으로 감사드린다. 아울러 한문투성이의 까다롭고 난해한 원고를 흔쾌히 맡아 한 권의 훌륭한 책으로 갈무리해준 강성민 선생님과 글항아리 편집부 식구들에게도 고마움을 전한다. 끝으로 결혼 이후 곁에서 항상 희생과 배려를 아끼지 않았던 아내의 고마운 마음과 사랑하는 두 딸의 해맑은 얼굴을 잊을 수 없다. 그리고 자식 뒷바라지에 여념이 없던 양가 어른들과 가족에게 이 책을 바친다.

2009년 5월 관악산 자락에서

최식

차례

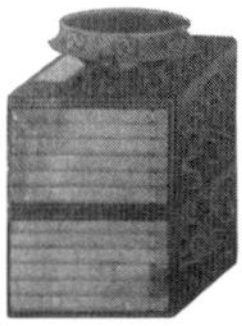

峴首甲藁卷之一

雜著

記夢 廿五歲作

歲庚申之秋八月余夢得寶鏡焉覺而診之喜曰此吉夢也今夫鏡照物之器也物以之取正焉其為體也明能燭之虛能受之澹然而無所累君子之道式克似焉君子必明其德以待萬事虛其心以應萬物物之自外來者咸於是照受取正焉是故居一鄉則一鄉之人照焉顯乎一國則一國之人照焉及其出立朝廷擔將相端笏垂冕名烈著乎天下表於後世則上自人君下至九卿百執事以及於士庶人莫不照焉推以暨夫千百載之後仰餘光而趨末照者相率而取正焉夫照於一鄉者一鄉之鏡也照於一國者一國之鏡也至於天下後世舉推是而然此非自外求者亦有本乎君子之自修也身益修則取正者益多德益進則求照者益遠近而一鄉一國遠而天下後世皆以我為鏡豈不偉哉其所以為鏡也如何容止有常動作有度言語以文之威儀以章之手足四體罔有踰乎規矩人可以則而象之表而準之則衣冠帶履升降周旋一俯一仰莫匪鏡也及其大也興孝悌而人化之是孝悌而為人之鏡也勵忠信而人範之是忠信而為人之鏡也以至刑政教令禮樂憲章莫非人之所取而正則鏡之為用豈不大且遠哉余沉潛優柔乎仁義

樺文紀 一

『현수갑고』 10권(권9, 10 결), 연세대 도서관 소장(한씨문고본)

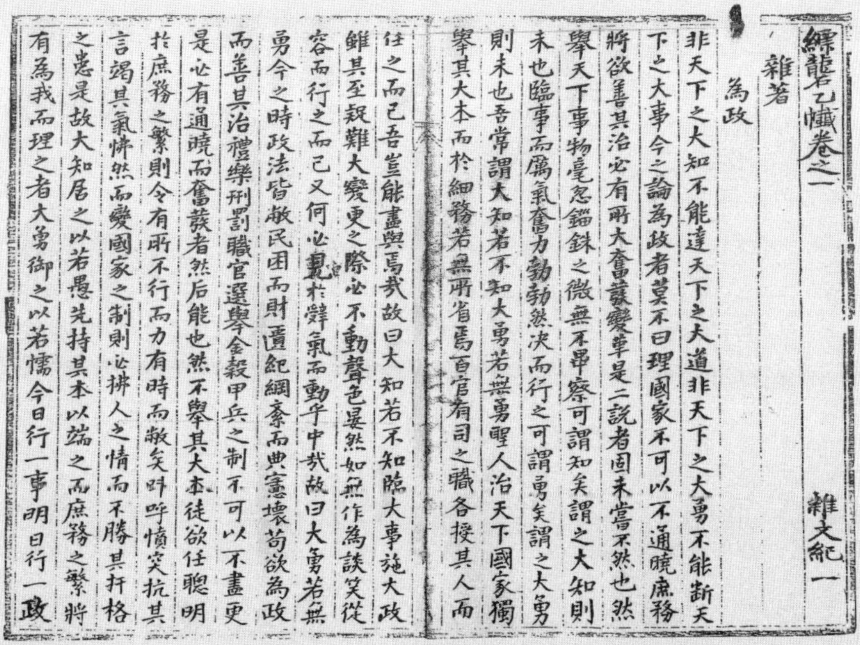

縹礱乙㦗卷之一

雜著

為政

非天下之大知不能達天下之大道非天下之大勇不能斷天下之大事今之論為政者莫不曰理國家不可以不通曉庶務將欲善其治必有所大奮蘖變革是二說者固未嘗不然也然舉天下事物毫忽錙銖之微無不畢察可謂知矣謂之大知則未也臨事而厲氣奮力勃勃然決而行之可謂勇矣謂之大勇則未也吾常謂大知若不知大勇若無勇聖人治天下國家獨舉其大本而於細務若無所省焉百官有司之職各授其人而任之而已吾豈能盡與焉哉故曰大知若不知臨大事施大政雖其至艱難大變更之際必不動聲色晏然如無作為談笑從容而行之而已又何必覵於辥氣而動乎中哉故曰大勇若無勇今之時政法皆敝民困而財匱紀綱紊而典憲壞苟欲為政而善其治禮樂刑罰職官選舉金穀甲兵之制不可以不盡更是必有通曉而奮蘖者然后能也然不舉其大本徒欲任聰明於庶務之繁則令有所不行而力有時而敝矣吁呼憤突抗其言竭其氣怫然而變國家之制則必拂人之情而不勝其扞格之患是故大知居之以若愚先持其本以端之而庶務之繁將有為我而理之者大勇御之以若懦今日行一事明日行一政

雜文紀一

『표롱을첨』16권, 연세대 도서관 소장(한씨문고본)

雜著

釋夢

昔者不能爲文由古之無可
學也昔者讀六經則欲學六經讀左邱則欲學左邱讀屈騷則
欲學屈騷讀荀莊則欲學荀莊讀太史公則欲學太史公下至
班楊曹陸庾徐盧駱以及乎韓吏部莫不過之而從其慕卒之
彷徨歧路而莫冀夫厥居故曰昔者不能爲文由古之多可學
也今者取嚮之所讀重閱之六經自六經非吾之六經也左邱
自左邱非吾之左邱也屈騷自屈騷非吾之屈騷也荀莊自荀
莊非吾之荀莊也太史公已下無不然在其人固天下之眞文
章也使余而效之雖與之爲一而不可辨非天下之眞文章也
捨此十數氏則后世之文爾后世之文又安可爲也故曰今者
不能爲文由古之無可學也嘗舉是而語人蓋將毁硯焚筆而
不復事是夕夢挈二三子適于野指大路而告之曰路如是明
且廣矣必欲背之而求蹊隧幽闇者非武歟語未既睹一小阜
于路之右冪級以椅崇不可躋冪限以樊輿不可門入而處之
厘如一室它廣于狹殘華于質匪屋伊堂秘藏之則密匪席伊
壤秘寢則謐通而無範卉丹翠之飾閣然而麗不可詰遠而無
山川宵靄之矚慌然而奇不可述自古名其地曰中原若有表

『항해병함』 10권(권3 결), 연세대 도서관 소장(한씨문고본)

反古道邑士之好賢不倦競勸以義與夫卓節異行之可以樹風勵後不至於泯湮而莫顯者俱於是書見焉斯非獨一鄉之幸也抑亦吾黨之與有幸矣遂盥耆而歸之

流瀣集跋

流瀣先生所手定原本有三集四部曰峴首甲藁十卷曰縹砦乙巇十六卷曰流瀣丙𥧌十卷每集以雜文紀雜詩紀叢秘紀雜文別紀彙以別之章錫取而讀之妄加刪定屬杓庭閔使君繕寫于洪匡縣杓庭又加刪焉釐爲二十卷以甲乙丙三集合爲一書而分部第次悉因舊例但雜文別紀統於雜文紀云嗚呼先生之文神施鬼設萬寶瓏瓏如揀貨於波斯棄而遺者無非照乘懸黎也後必有惜而取之者蓋自先生手定時已十去其六七余又三四而去其半杓庭於其二三而存其一二去取固嚴矣其必傳也無疑淵泉全書編摩甫訖是集又適成事之湊合若有待焉異日任梨棗之役者其必合選二書以仿程竇故事是亦二先生之遺意也

書蓬萊唱酬錄後

史著禽尙五嶽之遊列於逸民余謂子平君子也今有言山水之美雖耘吒爨婦莫不拭目思一就而及數其迹之所到雖瘖瘵邱壑者往往有皓首之歎無他淸高奇偉之氣常爲紛華聲利所汨亂故惟虛靜寡欲者眞知山水之樂而又不剛毅果敢以進則雖十步之內澗焉如千里夫

『항해집발』, 한장석, 『미산집』 권9, 국립중앙도서관 소장

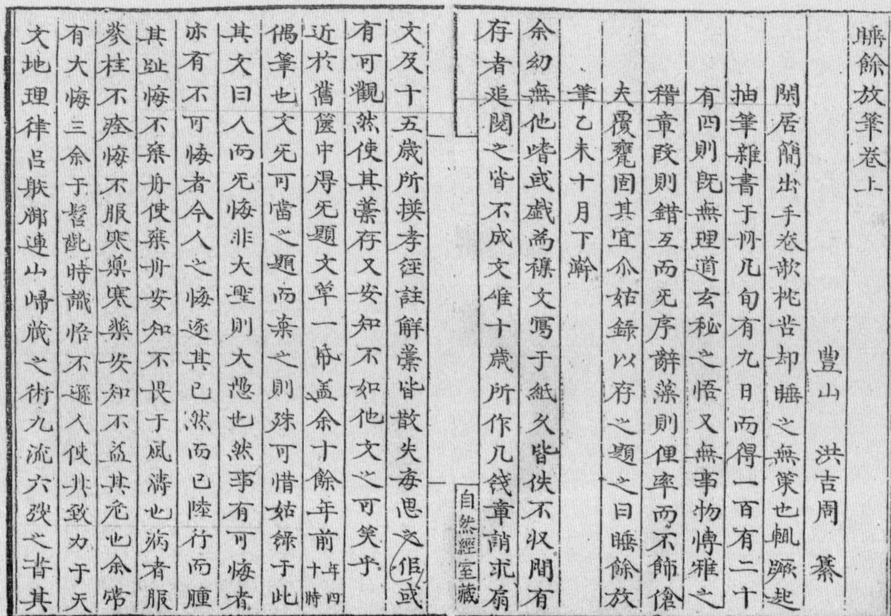
睟餘放筆卷上

豐山 洪吉周 纂

閒居簡出手卷歆枕昔却睟之無策也輒蹶起抽筆雜書于冊凡旬有九日而得一百有二十有四則既無理道玄秘之悟又無事物博雅之稽章段則錯互而无序辭藻則俚率而不飾儻夫覆甕固其宜尒姑錄以存之題之曰睟餘放筆乙未十月下澣

余幼無他嗜或戲爲襍文寫于紙久皆佚不收閒有存者追閱之皆不成文唯十歲所作几餞章請求扇

自然經室藏

文及十五歲所撰孝經註解藁皆散失每思之倀或有可觀然使其藁存又安知不如他文之可笑乎近於舊篋中得无題文章一幅蓋余十餘年前年四十時偶筆也文无可當之題而棄之則殊可惜姑錄于此其文曰人而无悔非大聖則大愚也然事有可悔者亦有不可悔者今人之悔逐其已然而已陸行而腫其趾悔不乘舟使乘舟安知不溺于風濤也病者服參桂不瘥悔不服寒藥寒藥安知不益其危也余常有大悔三余于髫齔時識悟不遜人使其致力于天文地理律呂躰御連山歸藏之術九流六毉之昔其

『수여방필』, 일본 동경대 도서관 소장(자연경실장본)

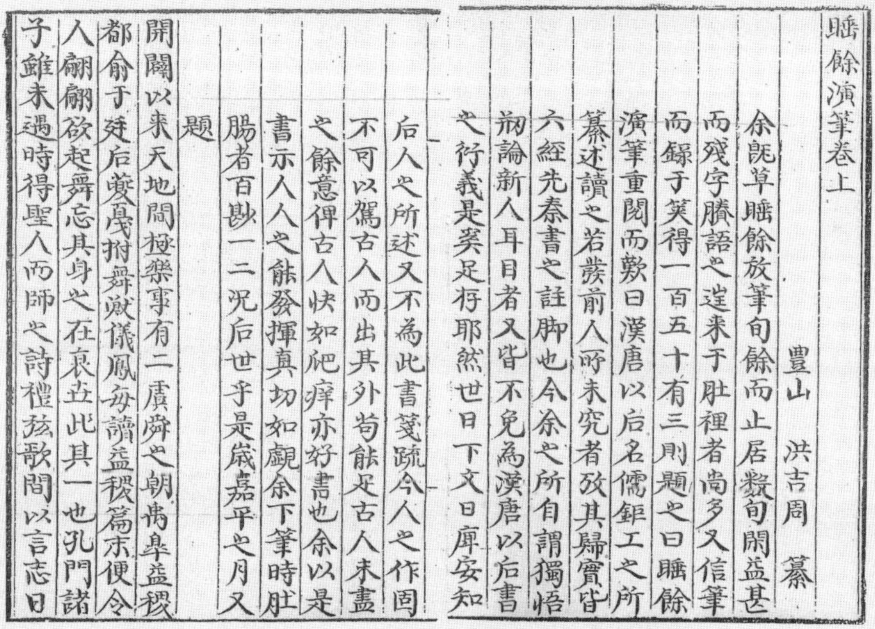
睡餘演筆卷上

豐山 洪吉周 纂

余旣草睡餘放筆旬餘而止居數旬閒益甚而殘字賸語之迸來于肚裡者尚多又信筆而錄于冊得一百五十有三則題之曰睡餘演筆重閱而歎曰漢唐以后名儒鉅工之所纂述讀之若發前人所未究者攷其歸實皆剏論新人耳目者又皆不免爲漢唐以后書之衍義是奚足存耶然世日下文日庳安知后人之所述又不爲此書箋疏今人之作固不可以駕古人而出其外苟能足古人未盡之餘意俾古人快如爬痒亦好書也余以是書示人人之能發揮眞切如覤余下筆時肚腸者百一二况后世乎是歲嘉平之月又題

開闢以來天地間極樂事有二虞舜之朝禹皐益稷都俞于廷后夔戞拊舞獻儀鳳每讀益稷篇末便令人翩翩欲起舞忘其身之在衰竝此其一也孔門諸子雖未遇時得聖人而師之詩禮絃歌聞以言志日

『수여연필』, 일본 오사카 부립도서관 소장(자연경실장본)

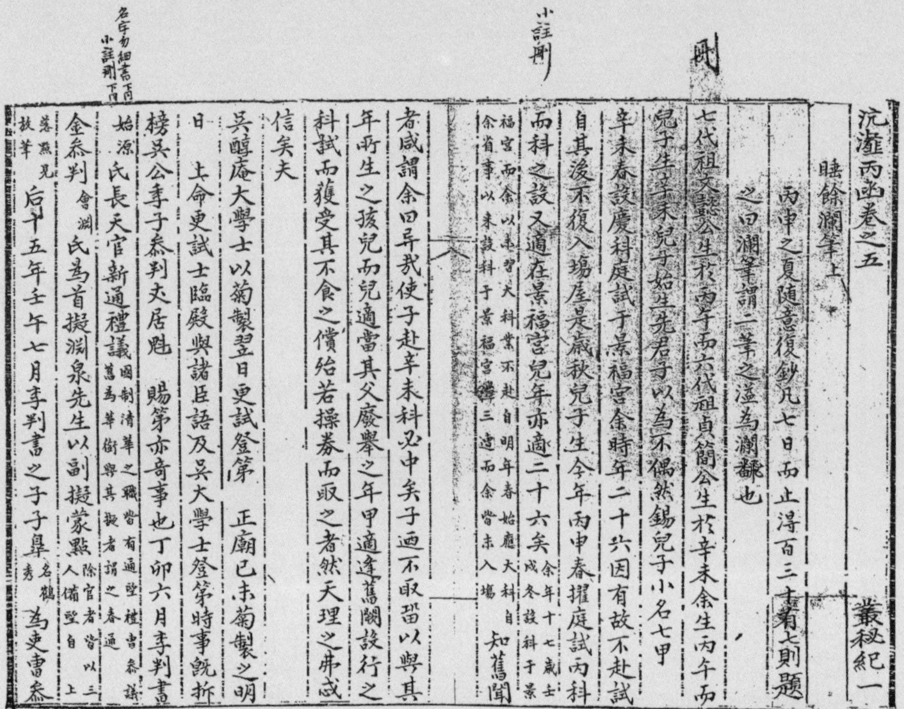
小註刪

刪

名字勿細書下同 小註刪下同

沆瀣丙函卷之五 叢秘紀一
睡餘瀾筆上
丙申之夏隨意復鈔凡七日而止得百三十有七則題
之曰瀾筆謂二筆之溢爲瀾餘也
七代祖文懿公生於丙午而六代祖貞簡公生於辛未余生丙午而
兒子生辛未兒子始生先君子以爲不偶然錫兒子小名七甲
辛未春設慶科庭試于景福宮余時年二十六因有故不赴試
自其後不復入場屋是歲秋兒子生今年丙申春擢庭試丙科
而科之設又適在景福宮兒年亦適二十六矣 余年十七歲壬戌冬設科于景福宮而余以未習大科業不赴自明年春始應大科自余省事以來設科于景福宮凡三遭而余嘗未入場 知舊聞
者咸謂余曰异哉使子赴辛未科必中矣子迺不敢留以與其
年所生之孩兒而兒適當其父廢擧之年甲適逢舊闕設行之
科試而獲受其不食之償殆若操券而取之者然天理之弗忒
信矣夫
吳醇庵大學士以菊製翌日更試登第 正廟己未菊製之明
日 上命更試士臨殿與諸臣語及吳大學士登第時事旣拆
榜吳公季子叅判夬居魁 賜第亦奇事也丁卯六月李判書
始源氏長天官新通禮議 國制淸華之職皆有通望禮曹叅議舊爲華銜與其擬者謂之春通
金叅判 會淵 氏爲首擬淵泉先生以副擬蒙點 除官者皆以三人備望自上落點見拔筆
后十五年壬午七月李判書之子子阜 名鶴秀 爲吏曹叅

『수여난필』, 『항해병함』 권5, 연세대 도서관 소장(한씨문고본)

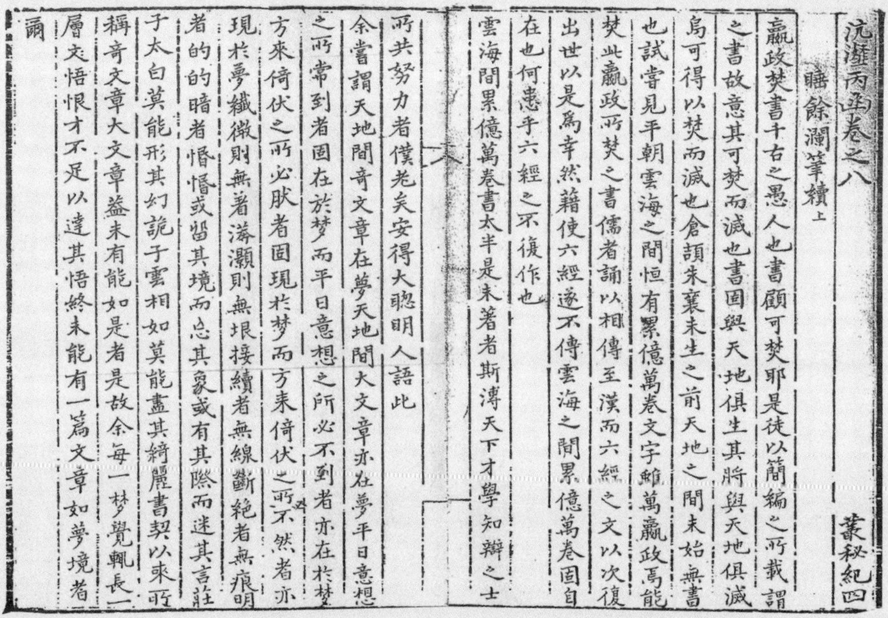
沆瀣丙函卷之八

睡餘瀾筆續上

嬴政焚書千古之愚人也書顧可焚耶是徒以簡編之所載謂之書故意其可焚而滅也書固與天地俱生其將與天地俱滅烏可得以焚而滅也倉頡朱襄未生之前天地之間未始無書也試嘗見乎朝雲海之間恒有累億萬卷文字郁萬嬴政焉能焚此嬴政所焚之書儒者誦以相傳至漢而六經之文以次復出世以是爲幸然藉使六經遂不傳雲海之間累億萬卷固自在也何患乎六經之不復作也

雲海間累億萬卷書太半是未著者斯溥天下才學知辨之士所共努力者僕老矣安得大聰明人語此

余嘗謂天地間奇文章在夢天地間大文章亦在夢平日意想之所常到者固在於夢而平日意想之所必不到者亦在於夢方來倚伏之所必然者固現於夢而方來倚伏之所不然者亦現於夢纖微則無著滃瀩則無根接續者無線斷絶者無痕明者的的暗者惛惛或留其境而忘其象或有其際而迷其言莊子太白莫能形其幻詭子雲相如莫能盡其綺麗書契以來所稱奇文章大文章蓋未有能如是者是故余每一夢覺輒長一層文悟恨才不足以達其悟終未能有一篇文章如夢境者

叢秘紀四

爾

『수여난필』 속, 『항해병함』 권8, 연세대 도서관 소장(한씨문고본)

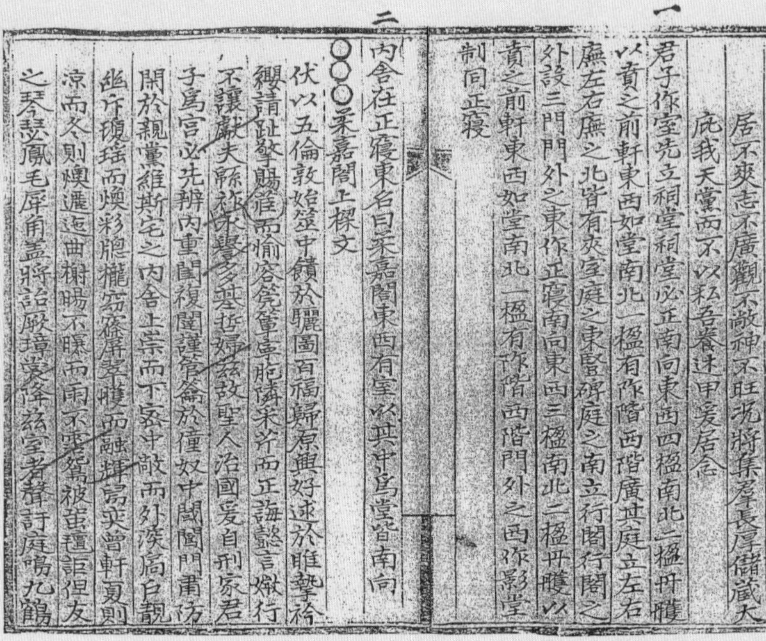

孰遂念第一觀

○○甲爰居念上

居不爽志不廣觀不敞神不旺况將集孝長厚儲藏大庇我天黨而不以私吾眷述甲爰居念

君子作室先立祠堂祠堂必正南向東西四楹南北二楹丹雘以賁之前軒東西如堂南北一楹有阼階西階廣其庭立左右廡左右廡之北皆有夾室庭之東豎碑庭之南立行閣行閣之外設三門門外之東作正寢南向東西三楹南北二楹丹雘以賁之前軒東西如堂南北一楹有阼階西階門外之西作影堂制同正寢

內舍在正寢東名曰采嘉閣東西有室以其中爲堂皆南向

○○○采嘉閣上樑文

伏以五倫敦始塋中饋於驪圖百福歸原興好逑於睢摯袷纓請趾摯賜崔而愉容莞簟亭肫倚采芥而正誨懿言嫩行不讓獻夫繇祚永譽多变哲婦茲啟聖人治國爰自刑家君子爲宮必先辨內重閨複闥謹管籥於僮奴中閫閫門肅防閑於親黨維斯宅之內舍上崇而下密中敞而外深扃戶靚幽斤頫瑤而煥彩牕櫳窈窱屏翠幔而融輝扃奕曾軒夏則涼而冬則燠邐迤曲榭暘不曝而雨不霑鴛被蛋氈詎但友之琴瑟鳳毛犀角蓋將詒厥璋裳降茲室者聲訏庭鳴九鶴

『숙수념』 5책, 연세대 도서관 소장(한씨문고본)

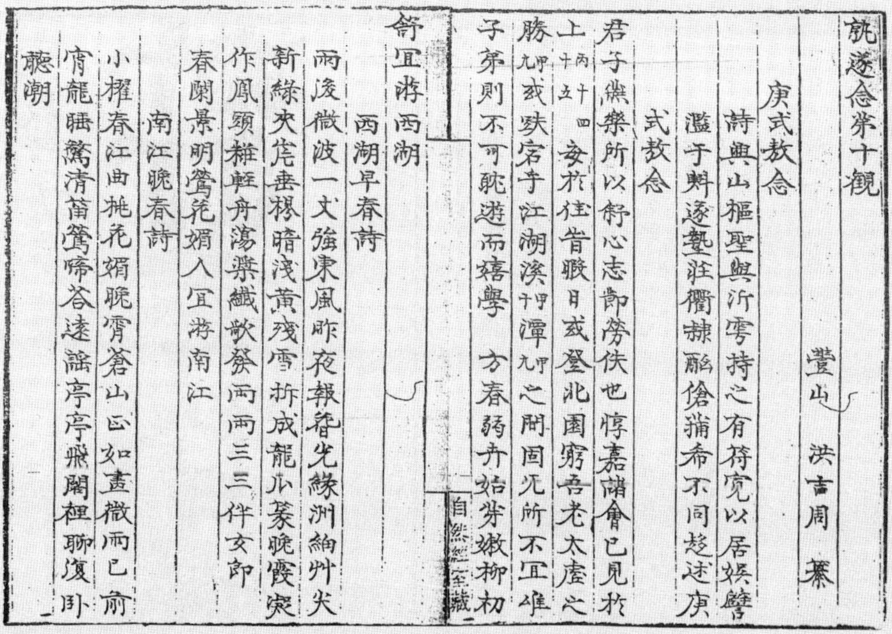
孰遂念第十觀

豊山 洪吉周 纂

庚式敎念

詩與山樞聖與沂雩持之有符寬以居娛譬濫于斝遂埶注儞隸酤傖猶希不同趍述庚

式敎念

君子燕樂所以舒心志節勞佚也惇嘉讌會已見於上丙十四十五毋於往昔暇日或登北園窮吾老太虛之勝甲九或趺宕于江湖溪甲十潭甲九之間固况所不宜惟子弟則不可耽遊而嬉學 方春弱卉始芽嫩柳初

自然經室藏

舒宜游西湖

西湖早春詩

雨後微波一丈強東風昨夜報春光綠洲細草尖新綠夾岸垂楊暗淺黃殘雪拆成龍爪篆晚霞裁作鳳頭雛輕舟蕩槳纖歌發兩兩三三伴女郎

春關景明鶯花媚入宜游南江

南江晚春詩

小櫂春江曲桃花媚晚霄蒼山正如畫微雨已前霄龍睡驚清簫鶯啼答遠謠亭亭飛閣裡聊復卧聽潮

一

『숙수념』 7책, 미국 버클리대 소장(자연경실장본)

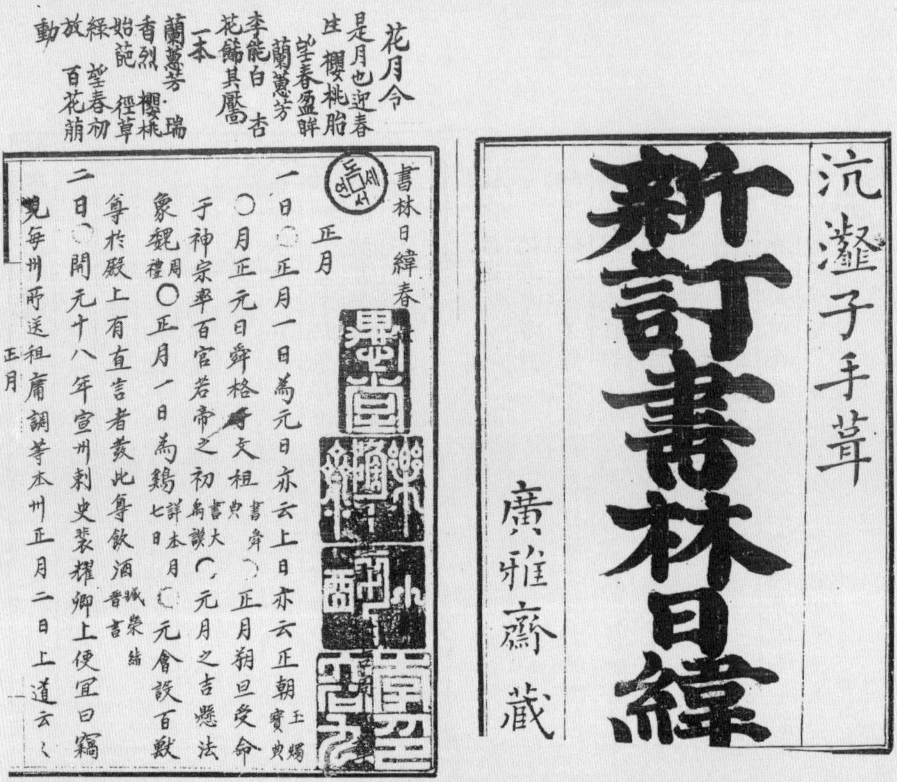

『신정서림일위』, 연세대 도서관 소장

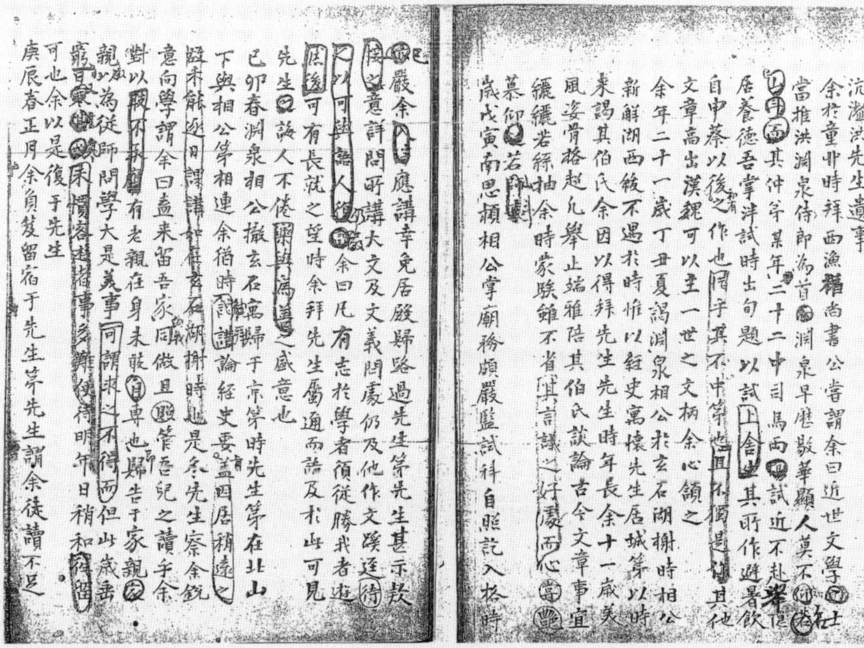

沆瀣洪先生遺事
余於童丱時拜西漁權尚書公 嘗謂余曰近世文學[illegible]士
當推洪淵泉侍郎爲首[illegible]淵泉早歷敭華顯人莫不[illegible]
[illegible]其仲弟某年二十二中司馬而[illegible]試近不赴擧
居養德吾嘗泮試時出句題以試上舍[illegible]其所作避暑飮
自中蔡以後之作也[illegible]其不中第也[illegible]獨是[illegible]其他
文章高出漢魏可以主一世之文柄余心頷之
余年二十一歲丁丑夏謁淵泉相公於玄石湖榭時相公
新解湖西绂不遇於時惟以經史寓懷先生居城第以時
來謁其伯氏余因以得拜先生先生時年長余十一歲美
風姿骨格超凡擧止端雅陪其伯氏談論古今文章事宜
纚纚若繹抽余時蒙騃雖不省其言議之好處而心[illegible]艶
慕仰[illegible]若[illegible]
歲戊寅南思穎相公掌廟務頗嚴監試科自照訖入格時

[illegible]嚴余入[illegible]應講幸免居殿歸路過先生第先生甚示款
接之意詳問所講大文及文義問處仍及他作文[illegible]待
之以可與語人[illegible]余曰凡有志於學者須從勝我者遊
然後可有長就之望時余拜先生屬通而語及於此可見
先生[illegible]誨人不倦樂與爲善之盛意也
己卯春淵泉相公撤玄石寓歸于京第時先生第在北山
下與相公第相連余猶時[illegible]講論經史要蓋因居稍遠之
疏未能逐日課講於玄石湖榭時也是冬先生察余銳
意向學謂余曰盍來留吾家同做且[illegible]管吾兒之讀乎余
對以願不敢[illegible]有老親在身未敢自專也歸告于家親家
親以爲從師問學大是義事可謂求之不得而但此歲暮
窮[illegible]慣客[illegible]事多難使待明年日稍和[illegible]留
可也余以是復于先生
庚辰春正月余負笈留宿于先生第先生謂余徙讀不足

〈항해홍선생유사〉, 이헌명, 『서연문견록』, 서울대 규장각 소장

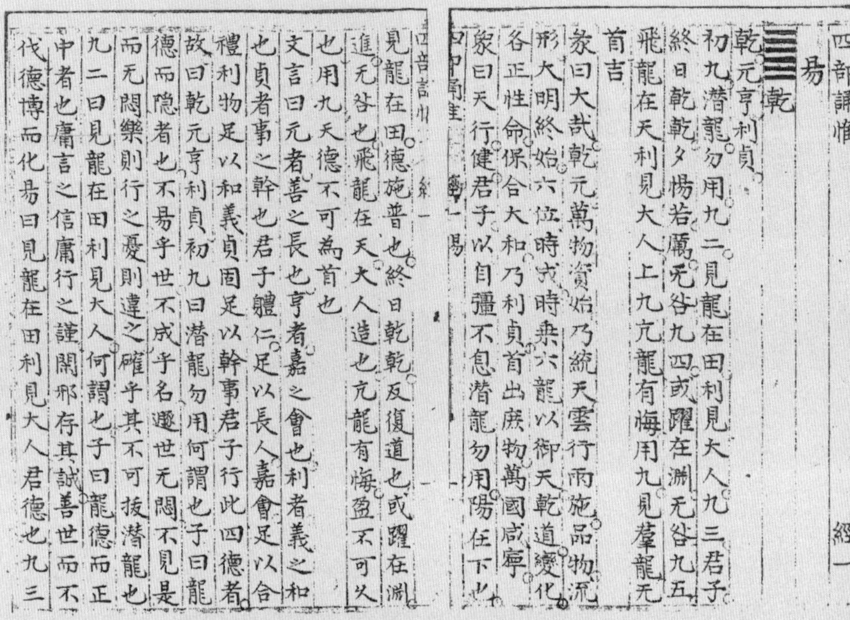

四部誦惟　經一

易

䷀乾

乾元亨利貞

初九潛龍勿用九二見龍在田利見大人九三君子
終日乾乾夕惕若厲无咎九四或躍在淵无咎九五
飛龍在天利見大人上九亢龍有悔用九見羣龍无
首吉

彖曰大哉乾元萬物資始乃統天雲行雨施品物流
形大明終始六位時成時乘六龍以御天乾道變化
各正性命保合大和乃利貞首出庶物萬國咸寧

象曰天行健君子以自彊不息潛龍勿用陽在下也

四部誦惟　經一　易

四部誦惟　經一

見龍在田德施普也終日乾乾反復道也或躍在淵
進无咎也飛龍在天大人造也亢龍有悔盈不可久
也用九天德不可為首也

文言曰元者善之長也亨者嘉之會也利者義之和
也貞者事之幹也君子體仁足以長人嘉會足以合
禮利物足以和義貞固足以幹事君子行此四德者
故曰乾元亨利貞初九曰潛龍勿用何謂也子曰龍
德而隱者也不易乎世不成乎名遯世无悶不見是
而无悶樂則行之憂則違之確乎其不可拔潛龍也
九二曰見龍在田利見大人何謂也子曰龍德而正
中者也庸言之信庸行之謹閑邪存其誠善世而不
伐德博而化易曰見龍在田利見大人君德也九三

『사부송유』, 국립중앙도서관 소장

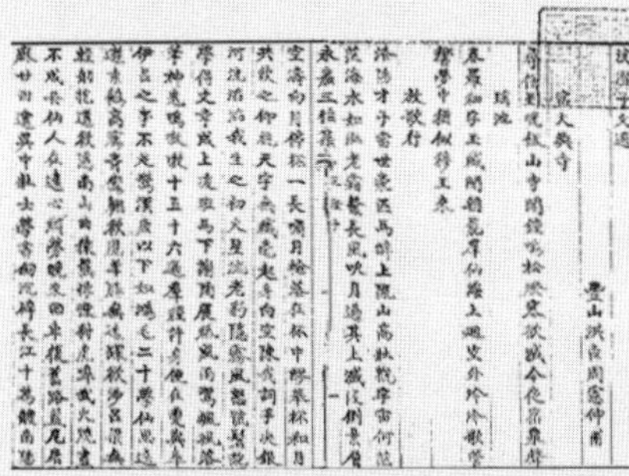

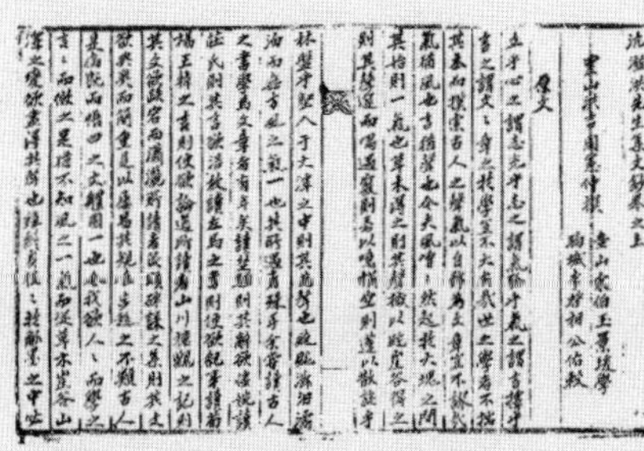

(위)『항해자문선』, 『영가삼이집』 곤, 한국학중앙연구원 장서각 소장
(아래)『항해선생집문초』, 송백옥, 『동문집성』 속 권6, 한국학중앙연구원

서론

사마천과 어깨를 겨루는 문장

조선후기 특히 18세기는 실학파를 중심으로 비판적 문인들이 문단을 주도한 반면, 19세기에 들어서는 경화세족이 학술과 문예의 중심을 이룬다. 특히 홍석주를 비롯한 홍길주 · 홍현주 · 홍한주 등의 문인을 배출한 풍산 홍씨는 19세기를 대표하는 경화세족이자 문한세가다. 그중에서도 항해 홍길주(1786~1841)는 일찍이 과거를 포기하고 평생 동안 독서지사를 자처하며 방대한 저술을 남긴다. 시기별로 묶은 『현수갑고』 10권(권9, 10 결), 『표롱을첨』 16권, 『항해병함』 10권(권3 결) 등 3종의 문집[1]뿐 아니라, 별도로 『숙수념』과 『서림일위書林日緯』 『사부송유』 등이 전한다. 이 가운데 「수여방필」 「수여연필」 「수여난필 · 속」 등 소위 수여삼필[2]과 『숙수념』[3] 『서림일위』[4]는 필사되어 널리 읽힌 것으로 보인다. 특히 그의 나이 44세(1829년)에 완성한 『숙수념』은 풍부한 식견과 기발한 구상으로 내용과 체제가 독특하고 참신하며, 수여삼필에서 누차 언급할 정도로 심혈을 기울인 역작이다.[5]

항해가 주로 활동한 순조 · 헌종 때는 외척에 의한 세도정치가 맹위를 떨치던 무렵이다. 그는 당시 외척이 국정을 좌지우지하는 상황을 좌시하지 않고 과감히 과거를 포기하여 세도정권에 대한 항거의 뜻을 표출하며, 일생을 저술활동에 매진함으로써 현실의 부조리를 들춰내고, 그 대안을 모색하는 등 비판적 자세를 견지한다.

그는 생전에 『현수갑고』와 『표롱을첨』을 손수 편집할 정도로 자신의 저술에 남다른 애착과 심혈을 기울이며, 『항해병함』은 사후에 아들 홍우건(1811~1866)에 의해 수습된다. 이밖에 1824년 삼형제의 시문을 선집하여 간행한 『영가삼이집永嘉三怡集』의 『항해자문선沆瀣子文選』에 39편이 수록되어 전한다.[6]

이후 그의 외종손 미산 한장석(1832~1894)은 홍천현감으로 재직하던[7] 표정 민태호(1834~1884)와 더불어 3종 36권의 방대한 항해 문집을 산삭하여 20권 분량의 『항해집』을 만들었는데,[8] 현재 『항해집』의 행방은 묘연하다.[9]

이후 한장석과 친분이 있던 호산 송백옥(1837~1887)은 1866년 『동문집성』을 간행하여, 고려 말에서 조선 영조 때까지 활동한 12명의 문장가와 그 대표작을 선집하고, 이후 1872년에는 정조에서 헌종까지 활동한 6명의 문장가와 대표작을 『동문집속』으로 엮는다. 그는 항해를 연천 · 대산과 정립하고서, 그의 문장을 "의장意匠이 모인 곳은 마치 공중의 누각을 오르는 것 같아, 삼라만상이 좌우에 드러나 응접할 겨를이 없다"[10]고 평가한다. 또한 38편에 이르는 항해의 작품을 선집하여, 항해의 작품이 역대 문장가에 견주어도 전혀 손색이 없음을 드러낸다.[11]

20세기 이후로 일성자一惺子란 필명의 작가는 「대한교육역사」에서 우리나라 역대 문장가 10명은 사림종장詞林宗匠이요 대가필법大家筆法이라고 평가하는데, 그 한 사람으로 항해를 손꼽는다.[12] 반면 창강 김택영(1850~1927)은 동계 조구명(1693~1737)과 함께 항해의 문장을 '병어조박病於佻薄'이라 평한다.[13]

이후 정인보는 항해의 「곡금대산시랑哭金臺山侍郎」을 동아일보의 '고금시총古今詩叢'에 투고하면서, 그가 시에 더욱 특장이 있다고 언급하고,[14] 또한 연암의 문풍이 수이秀異한 재사才思가 있는 후학들에게 미친 영향을 거론하면서, 대표적인 사례로 서유구 · 김매순 · 이면백의 문文과 신위의 시가 모두 일신한 면목이 있었다고 지적한다.[15] 이러한 시대적 조류와 맞물려, 항해도 박연암의 문장을 모효하여 그 사경思境 필혜筆蹊가 연전과 나르나고 하고서, 속이와 이사俚事를 포착한 「협부기사峽婦紀事」를 연암풍과 연결시킨다.[16] 또한 이가원은 『수여난필』에 보이는 연암의 일화를 소개하여 항해와 연암의 관계에 대한 관심을 증폭시켰다.[17]

이후 항해에 대한 본격적인 연구가 진행되어 적지 않은 성과를 쌓아왔다. 먼저 항해에 대한 선행 연구는 문집과 '수여삼필'을 토대로 문학론과 문장론을 규명하려는 작업이 있었다.

김철범은 항해를 연천 · 대산과 하나의 그룹으로 묶어 19세기 고문가의 고문 정신을 규명하고자 하였다.[18] 이는 송백옥이 항해를 연천 · 대산과 나란히 정립하여 『동문집성』에 선집한 사실과 이헌명의 『서연문견록』의 기록을 근거로 당송파 고문가의 일원으로 파악하고 있다. 그러나 항해를 과연 당송파 고문가로 규정할 수 있는지 의심스럽고, 특히 『숙수념』의 경우는 기존 고문가의 논리로는 그 성격과 내용을 해명하는 데 무리가 따른다. 이는 연천과 대산에 대한 후속 연구에서도 확인할 수 있는 대목이다.[19]

이후 주체의 자각과 견식見識의 함양에 근본한 탈모방의 주체적 진문장론과 활법으로서 자연스런 문장법도의 운용을 항해 문장론의 특징으로 규정한다.[20] 또한 그 연장선상에서 항해 산문의 의의로 실용과 세무世務의 산문 정신, 시대적 변화의 모색, 민족적 가치의 발견을 주목하고, 그 문예적 성취로 견식에 근거한 의론의 전개, 기발한 구상의 형상화, 주제에 충실한 자연스런 구성, 적실한 비유와 곡진한 묘사를 꼽는다.[21] 이러한 항해의 문장론과 산문에 대한 연구는 시사하는 바가 크다.

여기서 그의 '탈모방의 주체적 진문장론'은 시기에 따라서 그 내용과 함의가 동일하지 않다. 특히 항해가 강조한 문시활물文是活物과 문장중원文章中原은 진문장론과 밀접한 의미망을 형성하면서도 다른 면모를 드러낸다.[22]

이후 김태진은 실제 작품에 구현된 문장론을 살피고, 나아가 연암 박지원과의 관계선상에서 19세기 문론사적 위상을 고찰한다.[23] 또한 정민은 구체적인 작품 분석을 통해 문장론의 특징을 밝히고, 아울러 독서론을 일상 속에서 찾아내는 글 읽기와 글쓰기의 원리로 규정하여 연암과의 친연성을 확인한다.[24] 이는 앞서 '항해도 박연암의 문장을 모효하여 그 사경 필혜가 연천과 다르다고 하고서 (…) 「협부기사」 같은 속어俗語 이사俚事를 손쉽게 잡아 쓴 것이 연암풍이었다'는 정인보의 언급을 계승하여 그 의미를 부연한 것이다. 항해의 문학과 연암의 연관성을 부인할 순 없지만 그렇다고 연암의 문학을 그대로 계승했다고 속단하기는 어렵다.[25] 실제로 항해는 1827년 무렵에 박규수(1807~1877)의 『상고도회문의례尙古圖回文義例』에 서문과 평어를 짓고, 이듬해에 이정리를 통해서 『연암집』을 읽고서 그 감회를 솔직하게 토로할 만큼 그의 문학에 상당히 심취한다. 그러나 항해의 연암에 대한 심취와 경도는 면밀한 검토가 필요한 내용으로 일방적으로 그 영향관계를 거론하기에는 무리가 따른다.

또한 강경미는 항해의 문장론을 조물대문장론造物大文章論과 문시활물론으로 규정하고, 산문의 작품세계를 크게 문사의 내면 응시와 자기성찰(잡저문의 주제의식), 저술을 통한 염원의 대리 실현(『숙수념』의 세계), 참신 기발한 자유로운 붓놀림(다양한 희필戲筆의 운용), 몽경夢境의 구현과 석몽釋夢의 작화作化(꿈에 기댄 창작 경향) 등 네 가지로 구분하여 고찰한다.[26] 그러나 조물대문장론과 문시활물론은 항해 문장론의 특정 시기만을 부각시킨 것이며,[27] 산문의 구분 또한 항해 산문의 전반을 해명하기에는 턱없이 부족하다.[28]

최근 이홍식은 농암 김창협 이후 지속된 고문사의 맥락과 홍길주가 설정한 다양한 전범을 비교 · 대조군으로 삼아 특이점을 축출하는 방식으로 연구를 진행하고, 문학의 외연과 세계 인식과 그것의 구현 양태인 문학 이론을 체계적으로 분석 정리함으로써, 홍길주와 그 문학의 총체적인 이해와 문학사의 맥락을 점검한다.[29]

항해의 문학론과 문장론에 대한 연구와 아울러 필기류 저술에 해당하는 『숙수념』과 '수여삼필'을 중심으로 세계 인식과 글쓰기 방식을 해명하려는 시도도 있었다.[30] 최원경은 『숙수념』에 주목하여 항해의 세계 인식 태도와 문자 · 문장관을 규명하고,[31] 이후 『숙수념』을 다원적이고 순환적인 특징을 지닌 공간으로 정의한다.[32] 이후 19세기 문화를 지식과 공간의 인식 측면에서 접근하여, 『숙수념』은 '끊임없는 지적 욕구가 최상의 선집과 통합본에 대한 열망으로 드러남을 반영한 작품'이라는

결론을 도출한다.[33]

또한 김철범은 기존의 논의를 진전시켜 『숙수념』을 사대부적 교양의 상상력이 빚어낸 저술로 규정하고 세계 인식과 서술 구조에 주목한다.[34] 이후 안대회는 황주성(1611~1680)의 「장취원기將就園記」가 18~19세기 경화세족의 주거 문화에 끼친 영향 관계를 조명하면서 항해의 『숙수념』을 거론한다.[35] 그러나 기존 연구는 『숙수념』이란 무엇이며 어떻게 이해할 것인가에 논의의 초점을 맞추고 있을 뿐, 정작 『숙수념』이 어떠한 배경에서 저술되었는가에 대한 해명은 미흡한 상태다. 이러한 문제의식에서 황주성의 「장취원기」와 『숙수념』의 영향 관계를 규명하고, 당시 경화세족의 주거 문화가 『숙수념』에 반영되고,[36] 그 저술 경위와 영향, 주제 설정과 유기적인 구성 등을 통하여 『숙수념』의 세계를 '꿈과 현실이 어우러진 신유神遊의 세계' 임을 입증한 연구도 있다.[37] 최근에는 공간과 문학적 사유에 주목하여 『숙수념』을 분석하는 시도도 있다.[38] 그럼에도 『숙수념』에 대한 면밀한 검토와 연구는 부족한 상태다.

또한 박무영은 필기류 저작인 '수여삼필' 에 집중하여 여기에 드러난 문학적 사유의 편린을 주목한다.[39] 이후 '수여삼필' 을 중심으로 항해의 사유 방식과 인식세계, 언어문자관을 규명한 연구도 있다.[40] 특히 정민은 사유 방식의 특징적 면모를 '유비적 사유' '연쇄적 확산' '귀납적 수렴' 으로 구분하는데, 이는 오히려 '수여삼필' 의 글쓰기 방식과 밀접한 관련을 맺는다고 하겠다. 그러나 '수여삼필' 에 드러난 문학적 사유나 사유 방식, 그리고 인식세계가 실제로 그의 문장론이나 사유 방식과 어떠한 의미망을 형성하고 있는가에 대한 설명은 부족하다. 이후 그의 세계관과 사유를 피력한 「진장경眞藏經」에 주목하고, 이를 토대로 '진지眞

知 · 진각眞覺의 강조' '상대론적 인식' '진眞의 탐색과 유추' '문시활물의 논리' 로 구분하여 사유 방식의 제 양상을 밝히려는 연구도 있었다.[41] 그러나 역시 항해의 문학세계를 전반적으로 다루지 못한 감이 있다.

아울러 항해의 개별 저술과 작품론에 대한 연구도 상당수다. 개별 저술로는 『상우서尙友書』를 비롯한 『춘추묵송春秋默誦』 『서림일위』에 대한 검토가 있고,[42] 개별 작품론으로 경전의 패러디와 기호 조작 세계의 측면에서 『고진경전皐津經傳』 「감서甘誓」 「무성武成」을 분석하고,[43] 한학과 고증학의 비판을 중심으로 한송漢宋 논쟁과 「의발책擬發策」의 연관성을 파악한 연구도 있다.[44]

이밖에도 조선후기 시화사의 흐름 속에서 항해의 시론을 고찰한 논의[45]가 있으며, 조선후기 동문선집과 관련하여 『대동문준大東文雋』과 『해동제명가문선海東諸名家文選』 등에 대한 연구도 있다.[46] 또한 항해의 수학 관련 저술 「기하신설幾何新說」과 「호각연례弧角演例」에 주목하여 그의 수학 연구와 그 연원을 검토한 논의가 있으며,[47] 경화세족의 문예와 학술 동향 속에서 19세기 홍석주가의 독서 성향과 문예비평에서 항해의 필기류 저술을 거론한 연구도 있다.[48] 또한 항해의 작품을 조선후기에 유행한 소품문과 연관시킨 논의도 있다.[49] 최근에는 항해의 문하에서 20여 년간 수학했던 이헌명이 제자의 눈으로 바라본 항해의 일상과 학문에 주목한 연구도 있다.[50]

이러한 연구 성과는 항해의 문학세계가 매우 다양한 스펙트럼을 지니고 있음을 반증한다. 그렇기에 항해의 문학세계를 여러 방면에서 조명하고 위상을 정립하는 연구가 지속되어야 한다.

어쨌든 선행 연구에서 상당히 논의가 진행되었음에도 불구하고 항해의 독특하고 개성 넘치는 문학세계를 제대로 설명하지 못한 아쉬움이 있다. 이러한 이유는 크게 두 가지에서 비롯된다. 첫째, 연구자들의 자료 접근이 용이하지 않다.[51] 이러한 문제는 2004년에 '연세대학교 중앙도서관 소장 고서해제'를 간행하여, 『현수갑고』『표롱을첨』『항해병함』 등의 문집과 『숙수념』의 해제가 일반에 널리 알려져 항해의 문집과 저술의 대략을 파악할 수 있다.[52] 그러나 '해제'라는 특성상 항해의 문집과 저술에 대한 깊이 있는 연구는 기대하기 어려우며, 더욱이 항해의 사상과 문학, 저술을 이해하는 데 필수적인 생애와 교유가 매우 소략하다. 즉, 문집과 저술을 토대로 항해의 생애와 교유에 대한 면밀한 검토가 선행되어야만 그의 사상과 문학에 좀더 근접할 수 있다. 최근에 항해의 문집과 수여삼필 등이 번역 · 간행되어[53] 연구자들이 그의 문장을 보다 손쉽게 접할 수 있게 됐다.

둘째, 항해의 문학에 영향을 끼친 연천 홍석주와 연암 박지원의 위상에 짓눌려, 오히려 그의 문장론과 산문에 대한 면밀한 검토와 분석이 미흡하다. 실제로 항해는 연천을 선생이라 부르며 학문적 스승으로 섬겼으며, 연암의 문장을 흠모하고 심취하여 일정 정도 영향을 받는다. 그렇지만 항해의 문학세계는 정인보의 지적에서 알 수 있듯이 연천과 다르며, 북학파의 거두였던 연암과도 그 결을 달리한다. 항해는 연천과 연암 이외에 다산 정약용(1762~1836), 추사 김정희(1786~1856) 등 당대 학술과 문예의 중심에 있던 다양한 인물들과 학문적 교유를 하며 유대관계를 형성한다.[54] 그는 경화세족의 문예와 학술의 중심에 있던 인물이므로, 『숙수념』과 '수여삼필'에는 당시 경화세족의 문화는 물론이려니와 학술과 문예 동향까지도 두루 반영된다. 또한 그는 중국의 학술과 문예 동향에도 깊은 관심을 기울이며, 그의 문장론과 저술도 상당 부분 영향을 받는다.[55] 따라서 항해에 대한 연구는 연천과 연암을 비롯하여 당시 경화세족뿐만 아니라, 중국의 학술과 문예 동향도 아울러 고려해야만 그 위상을 올바르게 정립할 수 있다.

또한 항해의 문장에 대해서 서유구는 "제자諸子 문장의 법도를 순용했다"[56]고 평하고, 김매순은 "신령한 생각과 기묘한 구상이 텅 빈 곳으로부터 솟아오르는 것 같다"[57]고 격찬한다. 또한 홍석주는 "고문에 특장이 있어 날로 그 기이함을 드러내니 천 년 위로 장자 · 사마천과 어깨를 겨룰 만하다"[58]라고 고평한다. 이는 항해의 문장이 제자서諸子書와 밀접한 관련이 있음을 시사하는 대목이나.

필자는 이러한 문제의식과 선행 연구를 바탕으로 항해의 생애와 저술을 필두로, 인식론과 독서론, 문장론을 면밀히 검토하고 다양한 산문세계를 집중적으로 조명하고자 한다.[59]

1. 생애와 저술에서는 다양한 자료를 토대로 홍길주의 생애와 교유관계 및 저술을 상세히 파악하여, 그 문학과 사상의 형성과정을 분석하는 기반으로 삼았다. 그의 생애는 1786년 출생 이후 1810년까지의 수학기修學期(25세 이전), 1811년 과거를 돌연 포기한 이후 16년간의 복거卜居(몽은夢隱)기(26~41세), 1827년 출사 이후 1834년 순조가 승하할 때까지의 사환기仕宦期(42~49세), 그리고 관직을 그만두고 1841년 타계할 때까지 은일기隱逸期(50세 이후)로 나눌 수 있다. 지금까지 그의 저술로 『현수갑고』 『표롱을첨』 『항해병함』 등 3종의 문집을 비롯해 '수여삼필'과 『숙수념』 『서림일위』가 전하고 있다. 그러나 3종의 문집에서 『장서

기藏書紀』(『현수갑고』)나 『총비기叢秘紀』(『표롱을첨』 『항해병함』)에 수록된 저술과 현재 전하지 않는 저술이 상당수에 이른다. 이에 생애의 구분에 따라 시기별로 저술의 대략을 살펴보았다.

2. 인식의 논리와 방향에서는 진지眞知와 진각眞覺을 추구하고 실질과 일상을 중시하는 그의 인식론을 조명했다. 진지와 진각은 인식론의 핵심으로, 조선후기 산문론에서 제기되는 견식의 문제와도 연관이 깊다. 또한 그는 명분에 집착하기보다는 실질을 중시하고 현실에 발 딛고 사는 일상생활을 강조하여 논의를 전개한다. 그러므로 진지와 진각의 추구, 실질과 일상의 중시는 그의 인식론을 이루는 토대이자 핵심에 해당한다.

3. 독서의 함의와 내용에서는 독서의 범주와 취향을 검토하고, 『상우서』와 『서림일위』에 대한 심층 분석을 시도했다. 『상우서』는 수학기의 독서 관련 저술로 항해의 학문과 사상은 물론, 경세제민의 의지를 엿볼 수 있는 귀중한 자료다. 또한 『서림일위』는 독서에 대한 관심과 취향을 보여주는 중년기의 저술로, 19세기 경화세족의 학술과 문예의 특징을 파악할 수 있는 자료다.

4. 문장론의 성격과 양상에서는 진문장으로 대변되는 그의 문장론을 시기별로 세분하여 그 성격과 양상의 미묘한 변화와 차이를 해명했다. 이에 따라 모방적 글쓰기를 배격하고 진문장을 지향하는 시기(진문장을 지향하다), 문장의 변화를 중시하고 문시활물을 강조하는 시기(문장은 살아 있는 물건이다), 내 문장이 바로 문장의 중원임을 자부하는 시기(문장의 중원을 차지하다)로 구분하고, 청초淸初 고문삼대가古文三大家로 불리는 위희魏禧와 동성파桐城派 문론文論을 완성한 요내姚鼐 등과의 영향관계

를 검토했다.

5. 현실 비판적 산문에서는 『춘추묵송』과 「의발책」에 대한 심층 분석을 통해서, 26세에 돌연 과거를 포기하고 독서지사를 자처하며 방대한 저술을 통해서 현실의 부조리를 비판하고 대안을 모색하는 등의 활동을 규명하는 데 치중했다. 『춘추묵송』은 임금의 권위가 실추되고 외척에 의한 세도정치가 횡행하는 등 당시 사대부 사회가 안고 있는 총체적인 문제를 집약적으로 거론한다. 또한 「의발책」은 19세기 한학과 고증학의 성행 · 풍미로 인한 중앙 학계의 한학과 송학의 학술적 논쟁을 공론화하여, 한학과 고증학에 대한 비판적 인식과 송학의 입장에서 한학과 송학의 합일을 추구하는 학문적 경향을 분명하게 드러낸다.

6. 철리적 산문에서는 그의 세계관이나 철학적 사유를 드러내는 『진장경眞藏經』과 『시언時言』 『회언悔言』 등을 집중 분석했다. 그는 고도의 유추능력을 발휘하여 사물을 인식할 것을 강조하고, 꿈의 세계를 작품으로 표현하는 등 꿈을 중시하며, 절대적인 가치를 부정하고 상대적인 관점에서 만물을 인식한다. 따라서 이들 저술을 유추적 사고, 순환적 세계관, 상대적 인식과 연관시켜 살펴보았다.

7. 우의적 산문에서는 그의 산문에 자주 활용되는 우의적 수법을 밝히는 데 주력했다. 우언과 희문의 창작뿐 아니라, 필기류 저술에 해당하는 『숙수념』은 그 전체가 우의적 산문에 해당한다. 따라서 우언에 빗대어 현실 세태를 풍자하고, 희문戲文의 창작으로 권위적 글쓰기에 도전한 글들을 검토했다. 또한 풍부한 식견과 기발한 구상으로 내용과 체제가 독특하고 참신한 『숙수념』을 집중 분석하여, 저술 경위와 영향, 주제 설정과 유기적 구성 등을 통해서 『숙수념』의 세계가 꿈과 현실이 어우러

진 신유의 세계임을 입증하고자 했다.

이러한 연구를 통해서 항해 문학의 총체적인 모습이 보다 분명해질 것이다. 또한 항해의 산문은 당대 현실과 밀접한 관련을 맺으며, 연암과 다산 등 실학파 문인들의 영향뿐만 아니라 당시 경화세족의 학술과 문예 동향 등을 두루 반영한다. 따라서 항해의 산문은 조선후기 문학사에서 이전 실학파 문인들의 성과를 계승하는 한편, 경화세족의 일반적 경향과는 달리 시종일관 저술활동을 통한 현실 비판적 자세를 견지한다. 이것이 바로 19세기 경화세족과 변별되는 항해 산문의 특징이며, 나아가 독특하고 참신한 문학세계를 구축했던 것이다.

제1부

생애와 저술

지금까지 홍길주의 일생은 홍석주의 기록[1]을 토대로 대략적으로 언급되어, 생애와 교유를 상세히 파악하기에는 미흡하다. 그러므로 그의 사상과 문학, 저술을 올바르게 이해하기 위해서는 보다 면밀한 검토가 요구된다.

항해는 경화세족과 문한세가의 평탄한 길을 거부하고 독서지사의 삶을 선택하여 일생 동안 현실 비판적인 자세로 일관한다. 그의 생애와 저술을 1786년 출생 이후 1810년까지의 수학기(25세 이전), 1811년 과거를 돌연 포기한 이후 16년간의 몽은夢隱기(26~41세), 1827년 출사 이후 1834년 순조가 승하할 때까지의 사환仕宦기(42~49세), 그리고 관직을 그만두고 1841년 타계할 때까지의 은일隱逸기(50세 이후)로 구분하여 살펴본다.

그는 일찍이 "30세 이전은 젊고 혈기가 왕성한 때다. 그 이후로는 점차 강해지기도 하고 쇠약해지기도 하여 지기志氣와 문화文華가 날로 이전과는 달랐다. 따라서 30세 이전의 작품을 별도의 문집으로 만들었다. 『갑고甲藁』라고 이름 지은 것은 장차 이후의 저술을 을乙 · 병丙으로 이으려는 것이다"[2]라고 하여, 30세 이전의 저술을 『현수갑고峴首甲藁』로 편집한다. 이후 30세부터 50세까지의 저술은 『표롱을첨縹礱乙幟』으로 편집하며, 50세 이후의 저술은 사후에 아들 홍우건洪祐健(1811~1866)이 유고를 수습하여 『항해병함沆瀣丙函』으로 정리한다. 생전에 『현수갑고』와 『표롱을첨』을 손수 편집할 만큼 자신의 저술에 상당한 자부심과 애착을 갖는다.[3] 그러므로 『현수갑고』 10권(권9, 10 결), 『표롱을첨』 16권, 『항해병함』 10권(권3 결) 등 3종의 문집뿐만 아니라 『숙수념孰遂念』과 『서림일위書林日緯』 『사부송유四部誦惟』 등을 남긴다.

지금은 항해에 대한 연구가 상당히 진행되어 저술도 어느 정도 밝혀졌다. 그러나 기존 연구는 3종의 문집을 비롯한 '수여삼필睡餘三筆'과 『숙수념』 『서림일위』로 범위가 한정되고, 저술을 개략적으로 소개하는 데 그치고 말았다. 또 그 외의 저술에 대한 언급은 전무하다.[4]

실제로 항해는 『현수갑고』를 편집하면서 『장서기藏書紀』에 수록된 글들을 독립된 저술로 간주하였기에[5] 『표롱을첨』과 『항해병함』의 『총비기叢秘紀』도 동일하게 적용할 수 있다.[6]

실제로 『장서기』나 『총비기』에 수록된 저술은 문집의 여타 글과는 그 성격과 내용이 다르며, 현재 전하지 않는 상당수의 저술이 문집에서 확인된다. 이러한 점에 유의하여 이 책은 기존 연구에서 미흡하거나 간과한 내용을 보완하여 검토한다.[7]

1. 방대한 독서와 치열한 습작

수학기(25세 이전)

홍길주는 1786년(병오년) 7월 1일 족수당足睡堂 홍인모洪仁謨(1755~1812)와 영수합令壽閤 서씨徐氏(1753~1823) 사이에서 둘째 아들로 태어난다. 당시 영수합 서씨는 표범이 남산에 숨어 있는 태몽을 꾸는데,[8] 이는 일생 동안 독서지사를 자처하며 벼슬길에 나아가려 하지 않았던 항해의 삶을 예견하는 것이라 하겠다. 홍길주의 자는 헌중憲仲, 호는 현산자峴山子[9] · 수일재守一齋[10] · 항해자沆瀣子이며, 본관은 풍산豐山이다.

항해는 1811년(26세)에 스스로 과거를 포기하고 독서지사를 선택했기에 삶이 그리 평탄치 않다. 1827년(42세)에 동몽교관으로 벼슬길에 나아가기 전까지 현실 비판과 저술활동에 매진하며 은거의 길로 접어든다. 1822년(37세)에는 음직으로 휘릉참봉에 제수되나 사직하고 돌아오는 등 벼슬길에는 뜻이 없다. 익종의 대리서정이 시작되던 무렵 은거생활을 청산하고 벼슬길에 나아가 장흥고주부 · 의금부도사 · 경모궁령을 거쳐, 외직으로 평강현감과 보은군수를 역임한다. 그러나 49세에 갑작스런 순조의 승하를 맞아 8년간의 관직생활을 뒤로한 채, 다시 은거한다. 이후 1840년(55세)에 김포군수에 제수되나 반년도 못 되어 사임하고 만다.

그의 가문을 살펴보면, 풍산 홍주원洪柱元계는 19세기 전반 안동 김조순金祖淳·김상용金尙容계·연안 이명한李明漢계·대구 서경주徐景霌계·풍양 조도보趙道輔계 등과 나란히 손꼽힐 정도로 정치적 영향력을 발휘한 가문으로,[11] 당시 학술과 문예의 중심에 있던 경화세족이다. 풍산 홍씨는 월사月沙 이정구李廷龜(1564~1635)에게 수학하고 선조의 부마로 영안위永安尉에 봉해진 7대조 홍주원(1606~1672)을 기점으로 성세를 이루어, 6대조 홍만용洪萬容(1631~1692)은 예조판서와 대사헌을 역임한다. 5대조 홍중기洪重箕(1650~1706)는 우암 송시열의 문인으로 영의정을 지낸 백강白江 이경여李敬輿(1587~1657)의 손녀와 혼인하여 음직으로 사복사첨정을 역임하고 좌찬성에 추증된다. 고조부 홍석보洪錫輔(1672~1729)는 이조참판을 역임하고 좌찬성에 추증된다.

증조부 홍상한洪象漢(1701~1769)은 농암 김창협의 제자인 기원杞園 어유봉魚有鳳(1672~1744)의 문인이자 사위로, 노론계의 학통을 계승한 인물이다. 그는 예조판서와 병조판서를 역임하고 영의정에 추증된다. 어유봉의 학문을 전수받은 생조부 홍낙성洪樂性(1718~1798)은 정조 17년에 영의정에 올라 남인계의 번암 채제공과 쌍벽을 이루던 인물이다. 이조판서에 추증된 조부 홍낙최洪樂㝡(1735~1757)가 일찍 죽어 후사가 없자, 증조부는 홍낙성의 둘째 아들 인모를 양자로 삼는다. 부친 홍인모는 음사蔭仕하여 호조참의와 우부승지를 역임하고 영의정에 추증된다. 모친은 대구 서씨가의 판중추를 역임한 서성徐渻(1558~1631)의 7세손이자 강원도 관찰사를 역임한 서형수徐逈修(1725~1799)의 따님이며, 세자찬선을 지낸 미호渼湖 김원행金元行(1702~1772)의 외손녀인 영수합 서씨다. 당시 경화세족을 대표하는 풍산 홍상한가와 대구 서경주가의 결합은 정치적 위상뿐만 아니라, 송시열-김창협-어유봉-김원행으로 이어지는 노론계 학통과 혈맥을 계승한다.[12]

이를 통해 알 수 있듯이 항해는 19세기를 대표하는 경화세족이자 문한세가의 후예다. 형 연천淵泉 홍석주洪奭周(1774~1842)는 일찍이 현달하여 병조판서와 이조판서를 거쳐 좌의정에까지 오르며, 문장으로 명성을 얻는다. 또한 아우 해거海居 홍현주洪顯周(1793~1865)는 10세의 어린 나이에 정조의 둘째 딸 숙선옹주와 혼인하여 영명위永明尉에 봉해져 세인의 주목을 받으며, 특히 시에 뛰어나나는 평을 받는다.

항해를 비롯한 연천과 해거 삼형제는 어려서부터 따로 선생을 모시고 공부한 것이 아니라, 부친에게 직접 글을 배우고 모친의 슬하에서 문사를 익혔던 듯하다.[13] 또한 부친이 관직에 나갔을 때에는 모친을 모시고 형제와 자매가 가르침을 받으며 시문을 지어 창수했다고 한다.[14] 그는 부모님께 수학하며 시문 짓던 시절을 '천하지지락天下之至樂'으로 회고한다.[15]

그는 겨우 말을 배울 무렵부터 천자문을 읽었고, 4세에는 훈민정음을 통달하며 이미 고시문 수백 언言을 암송할 정도로 비상한 자질을 드러낸다. 5세에는 고인의 선행을 그린 그림을 보고, 유독 장문효張文曉와 사마군실司馬君實을 즐겨 암송하고 입으로 문장을 짓는데 왕왕 이치에 맞는 말이었다. 7세에는 팔괘를 배웠는데, 건곤진손감리乾坤震巽坎離의 뜻을 듣고는 곧장 유추하여 간태艮兌에 통달했을 만큼 영특한 재주를 지녔다.[16]

그는 이 무렵부터 책을 읽거나 글을 지을 때마다 연천에게 지도를 받으며 스승으로 섬긴다. 이후 나이가 들고 학문이 쌓여가면서 문장을 토론하고 이치를 강구함에 있어서 마치 한 사람의 입에서 나온 말처럼 일치했으며, 비록 서로 떨어져 있더라도 글을 보내 서로의 흉금을 드러내어 50여 년을 언제나 함께했다고 연천은 회상한다.[17] 항해도 "연천의 저서에 내가 서문과 발문을 지은 것은 문장이 훌륭하지 않더라도 우선 남겨두어 우리 형제가 문사文史에 있어 함께한 즐거움을 드러낸다"[18]고 밝히고 있듯이, 연천을 통해서 본격적으로 학문에 전념하게 된다.

또한 그는 형 연천에게 배우고 동생 해거를 지도했을 뿐만 아니라, 조력자로서 서로 학문과 문학에 매진한다.[19] 그런 연유로 그의 문집에는 연천과 해거 관련 저술이 상당수를 차지한다. 그의 저술 역시 연천과 밀접한 관련이 있으며,[20] 교유 또한 연천과 친분이 있던 인물들이 대다수다.

1796년(11세)에 지은 「사잠四箴」은 '면덕勉德' '알욕遏欲' '신언愼言' '벽이闢异' 로 구성되는데, 어린 시절 학문적 자세를 짐작케 하는 자료다.[21] 이때부터 시적 재능을 발휘하여, 표종형表從兄 김이호金履祜(1762~1818)[22]는 '천하의 빼어난 재주' 라고 칭찬한 반면, 심명영沈命永[23]은 '훗날 송 · 원의 비루함을 면치 못할 것이다' 라고 우려한다.[24]

1799년(14세)부터 과장을 출입하는데, 키가 작아서 남의 등에 업혀서 들어갔으나, 입으로 대책對策을 부르며 수천 자를 물 흐르듯 한 붓으로 지어낸다.[25] 또한 1800년(15세)에는 꿈속에서 보경을 얻고서 군자의 삶을 갈망하는데, 세상을 비추는 거울과 같이 자신의 덕을 밝히고 마음을 비워 만사와 만물에 응대한다.[26]

1801년(16세)에 진사시 합격을 시작으로, 7년간 여섯 차례나 과거에 합격하여 이름을 크게 떨친다. 이때 회시會試를 주관하던 자들이 간혹 물색하였으나 응하지 않는다.[27] 1802년(17세)에는 가난을 견디지 못하고 진위현振威縣으로 떠나는 진의경陳宜敬[28]에게 위로와 당부의 글을 지어준다.[29]

항해는 일찌감치 벼슬길에 오른 연천과는 달리 부친의 임지를 자주 왕래한다. 1804년(19세)에는 수원판관으로 있던 부친을 찾아가 화성 일대를 유람한다. 이 무렵 표종형 정세익鄭世翼이 꿈에서 소동파를 만나서 몽파夢坡로 자호自號한 것을 두고 글을 짓고,[30] 또한 연천을 중심으로 정세익, 외시촌 서충보徐忠輔·서우보徐友輔 형제들과 순과旬課를 하며 학문에 정진한다.[31]

1805년(20세)에 함종咸從 어씨가의 세자찬선을 지낸 기원 어유봉의 현손녀이자 의릉참봉을 역임한 어재황魚在璜(1762~1818)의 딸과 혼인한다. 부인 어씨와는 하늘이 정하고 조상이 도와서 백년가약을 맺으며,[32] 부인이 만든 병풍에 직접 훈사訓辭를 지을 정도로 부부간의 정이 남달랐다.[33] 증조부 홍상한이 기원의 문인이자 사위로 노론계의 학통을 계승했던 것과 마찬가지로, 그 또한 노론계의 학통과 혈맥에서 중요한 위치를 점한다. 그는 기원의 외현손外玄孫이자 현손서玄孫婿로서 『기원선생연보』를 편찬하는 데 동참해, 기원의 학문을 자기 집안이 온전히 계승했음을 자부한다.[34]

1806년(21세)에는 연안부사로 있던 부친을 찾아 뵙고 그 일대를 유람한다.[35] 특히 「연성기실시서延城紀實詩序」는 연안부를 구석구석 유람하고 읍지를 참고하여 지은 작품으로, 시와 역사는 문장만 다를 뿐 그 뜻은 같다는 인식을 드러낸다.[36] 당시 연천은 소철蘇轍(1039~ 1112)이 지은 「황루부黃樓賦」가 소식蘇軾(1037~1101)의 작품으로 잘못 알려져 있듯이, 이 작품 또한 그런 오해를 불러일으킬 정도라고 격찬한다.[37] 항해가 문장뿐 아니라 소철의 「황루부」에 견줄 만큼 시적 재능도 뛰어났음을 보여주는 언표다.

1807년부터 1811년 4월까지 서흥부사로 있던 부친과 함께 서흥에 머무른다.[38] 이 무렵 그는 산천과 명승을 유람하는 데 상당히 심취한다. 먼저 서흥 일대 유람을 시작으로,[39] 1809년(24세)에는 평양 · 성천 · 강동 일대를 두루 유람하고, 1810년(25세)에는 금강산을 비롯한 영동 일대까지 유람한다.[40] 특히 동해를 바라보면서 자신의 감회를 읊은 「장경음長鯨吟」은 "천하의 의롭고 용감한 기상을 북돋울 만하다"라고 평가될 만큼[41] 호방한 기상과 담대한 포부를 드러낸다.[42]

이런 와중에도 1807년(22세) 생원시와 진사시에 동시에 합격하여 문학적 재능을 십분 발휘하며,[43] 1808년(23세)에는 스승으로 섬기던 동방자東方子 김홍운金洪運의 갑작스런 죽음을 맞는다.

1809년(24세)에는 「기리경서記里經序」를 짓는데, 서울부터 서흥까지 340리의 여정에 있는 고을, 성곽, 험준한 길, 고개, 평원, 큰 강, 작은 강, 객사, 역참 등에서 연천 문장의 특징을 유추해내고, 그 여정을 문장 짓는 방법과 연결시켜 논의를 펼친다.[44] 『기리경』은 연천이 『공양전公羊傳』과 『곡양전穀梁傳』의 체제를 모방하여 서울에서 서흥까지 여정을 기술한 노정기다.[45] 또한 이 무렵에 덕옹德翁 상득용尙得容에게 「제구단방서濟救單方序」를 지어주며 나라의 폐단을 고치지 못하는 현실을 비판한다.[46]

이 시기에 지은 「방가행放歌行」은 수학기에 해당하는 24세까지의 삶을 함축적으로 표현하는데, 학문에 대한 자세는 물론, 경세에 대한 강한 의지를 엿볼 수 있다.[47] 「방가행」의 내용을 살펴보면, 24년간의 삶을 세 시기로 구분한다. 15세 이전까지는 시문을 수련하던 시기로, 일찍부터 문장에 뛰어난 재능을 발휘하여 위로는 반고와 사마천을, 아래로는 사영운과 도연명을 능가했으며, 종이를 펼치고 붓을 휘두르면 비바람도 놀라고 귀신도 울었다고 한다. 15~16세부터 20세까지는 경학에 침잠하던 시기로, 경전에 통달하여 기夔·고皐와 같은 뛰어난 인물이 되고자 하여, 이윤伊尹과 여상呂尙도 성에 차지 않았다고 한다. 20세부터는 신선술에 탐닉하여 산천과 명승을 두루 유람하고, 남산에 은거하려는 생각까지 품는다. 그러나 24세에 비로소 제자리로 돌아와, 항우와 등우처럼 세상에 나아가 자신의 포부를 펼치고자 마음을 다잡는다.

24년간의 삶을 진지하게 반성하면서 미래의 포부와 희망을 솔직하게 토로하는데, 이는 1808년(23세)에 지은 「지유志游」와도 관련이 깊다. 「지유」는 환유선생이 하룻밤의 몽유를 통해서 별세계를 유람하고 자신이 나아갈 학문의 방향을 깨달은 내용이다.[48] 그는 자신의 삶을 반성하고 미래의 포부와 희망을 「방가행」이란 시로 표현하는 한편, 학문에 대한 진지한 성찰과 방향 설정은 「지유」로 담아낸다. 즉, 「방가행」과 「지유」는 수학기 그의 삶과 학문 경향을 살필 수 있는 좋은 자료다. 연천은 일찍이 「물언物言」[49]과 「지유」는 옛 작가의 문집에 넣어도 전혀 손색이 없을 정도라고 칭찬한 바 있다.[50] 그러나 「방가행」과 「지유」에 담아낸 미래에 대한 포부와 희망도 1811년(26세) 돌연 과장에 발길을 끊고 은거하면서 물거품이 되고 만다.

1810년(25세) 연천은 항해를 위해 자신이 읽은 서적과 읽어볼 만한 서적 424종을 선정하고 경 · 사 · 자 · 집으로 분류하여 『홍씨독서록洪氏讀書錄』 4권을 저술한다.[51] 『홍씨독서록』은 연천이 심혈을 기울여 완성한 것으로, 체제는 『사고전서간명목록四庫全書簡明目錄』을 모방했으나, 취사선택이 매우 정밀하고 엄격하며, 간략하면서도 두루 갖추고, 순정하면서도 법도가 있다는 평가를 받는다.[52]

수학기에 항해가 교유한 인물로는 연천과 해거를 제외하고, 정세익鄭世翼 · 서충보 · 서우보 · 김홍운金洪運 · 상득용 · 이정리李正履 · 이정관李正觀 등이 대표적이다. 항해는 이들과 시문을 왕래하며 자신의 저술을 비롯한 학문과 문학을 형성하는 데 상당한 영향을 받는다.

몽파 정세익(1784~1835)은 17세부터 항해의 집 안에 들어와서 백부와 부친에게 수학하고 항해와 함께 연천을 스승 삼아 공부한 인물이다. 그는 정조를 섬기지 못한 것을 큰 한으로 여기다가 꿈에서 정조를 만난 사실을 『채규축採葵軸』으로 엮을 만큼 정조를 성군으로 여기고 흠모한다.[53] 그는 일찌감치 벼슬길에 오르는데, 특히 익종이 대리서정하던 무렵에 큰 지우知遇를 받는다. 1830년 5월에는 익종의 부음을 듣고는 애통한 심정을 자도시로 표현하며, 1834년 순조가 승하했을 때는 병든 몸을 이끌고 나와 통곡할 정도였다. 이 때문에 병이 더욱 심해져 이듬해에 세상을 등지고 만다. 일찍이 연천은 그를 육지陸贄와 이강李鋼의 풍모에 견주고, 백성의 괴로움과 정사의 이해에 밝았던 인물로 평가한다.[54] 항해는 그와 더욱 막역하여 천리신교千里神交로 일컬을 정도로 서로 마음이 통했던 인물이다.[55] 때문에 항해는 26세에 돌연 과거를 포기하고서 자신의 감회를 솔직하게 토로한다.[56] 그는 지금까지 학계에 알려지지 않은 인물로, 항해와 연천의 기록은 그를 밝혀낼 만한 중요한 자료다.[57]

항해는 젊은 시절 연천을 중심으로 순과를 하며 외사촌 서충보 · 서우보 형제와도 교유가 있었다.[58] 서씨 형제는 일찍이 의고적擬古的 문풍에 심취하여 글자를 모두 다른 글자로 바꾸어, 뜻이 비슷하거나 가까운 것으로 대신했다고 한다. 일례로 북北은 자子로, 춘추春秋는 음양陰陽으로, 심지어 혼昏을 가嫁로 바꿀 정도였다.[59] 항해는 모방적 글쓰기가 만연한 당시의 상황을 비판하며 진문장眞文章을 주장하는데, 아마도 의고적 문풍에 심취한 저들과의 교유를 통해 자연스럽게 형성되었을 것이다. 그는 연천이 서충보와 「정명변正名辨」을 두고 논쟁한 것을 거론하며 「입후설立後說」을 짓고,[60] 1820년(35세)에는 금강산으로 유람을 떠나는 서우보를 글로 전송한다.[61]

동방자 김홍운(1738~1808)은 이덕무(1741~1793)와 교유가 깊었던 인물로,[62] 항해는 어린 시절부터 그를 스승으로 섬기며 가르침을 받았고 저술이 있을 때마다 보여주었을 정도로 따랐다. 특히 그는 고문 선집에 해당하는 『문원양적文苑梁炙』과 『문원기조文苑芰藻』를 저술했는데, 항해는 끝내 빌려 보지 못했다고 안타까워하며 「동방자전東方子傳」을 짓는다.[63] 동방자는 학계에 잘 알려지지 않았지만, 이미 당대에 문장으로 명성이 높았던 인물이다. 또한 그가 선집한 『문원양적』과 『문원기조』는 물론, 문집조차 전하지 않는 실정에서 항해의 기록은 중요한 의미를 지닌다. 항해는 그를 종유하면서 더욱 문학에 심취하는데, 우리나라 문장 선집에 해당하는 『대동문준大東文雋』과 『해동제명가문선海東諸名家文選』의 저술도 그와 어느 정도 관련이 있다.[64]

덕옹 상득용(?~1837)은 그 모친이 항해 집안과 일가인 관계로 일찍부터 교유한다.[65] 그는 무인이면서도 서적을 좋아하여 『주역』과 『논어』

를 암송하고, 병법 · 천문 · 산수에 이르기까지 두루 통달하며,[66] 중국 사신 주지번朱之蕃이 파주 세류점 근처의 총석에 글씨를 쓴 사실을 알고 있을 정도로 풍부한 식견을 소유한 인물이다.[67] 항해는 「기하주반명幾何珠盤銘」에서 그의 수학적 재능을 높이 평가하며,[68] 연천도 당대 재주가 뛰어난 인물로 천문학자 김영金泳과 그를 병칭할 정도였다.[69] 그의 뛰어난 재능과 풍부한 식견은 항해의 수학 관련 저술은 물론, 『숙수념』과도 일정하게 관련을 맺는다.[70] 그런 까닭에 항해와 연천의 기록은 당시 과학자로서 세상에 알려지지 않은 상득용에 대한 풍부한 자료다.[71]

항해는 어린 시절 지계芝溪 이재성李在誠(1751~1809)에게 수학하여, 순계醇溪 이정리(1783~1843) · 염재念齋 이정관(1792~1854) 형제와 교유가 있었음을 알 수 있다.[72] 항해의 증조부 홍상한과 순계의 조부 유안재遺安齋 이보천李輔天(1714~1777)은 모두 기원의 문인이자 사위로, 두 집안은 기원을 중심으로 노론계의 학통과 혈맥으로 맺어진 관계였다.[73]

항해는 서흥에 머물던 무렵(1807~1811)부터 이정리와 시문을 왕복하며 본격적인 교유를 갖는다. 그는 저술이 많았음에도 불구하고 남에게 보여주기를 꺼렸지만, 오직 이정리 형제에게는 저술할 때마다 보여줬다고 한다.[74] 심지어 연천에게도 보이지 않은 저술이 있을 정도였다.[75] 항해는 일찍이 훌륭한 문장은 삼박자를 두루 갖춰야 한다고 하면서, 독서를 통한 창작의 과정을 세분화하여 제시한다. 즉, 독서를 통해서 지식을 습득하고, 고명한 선비와 담론을 거치며, 뛰어난 사람과 함께 공부해야만 훌륭한 문장을 창작할 수 있다.[76] 이에 항해는 이정리 형제와 교유하면서 저술은 물론 학문과 문학을 형성하는 데 상당한 영향을 받는다.

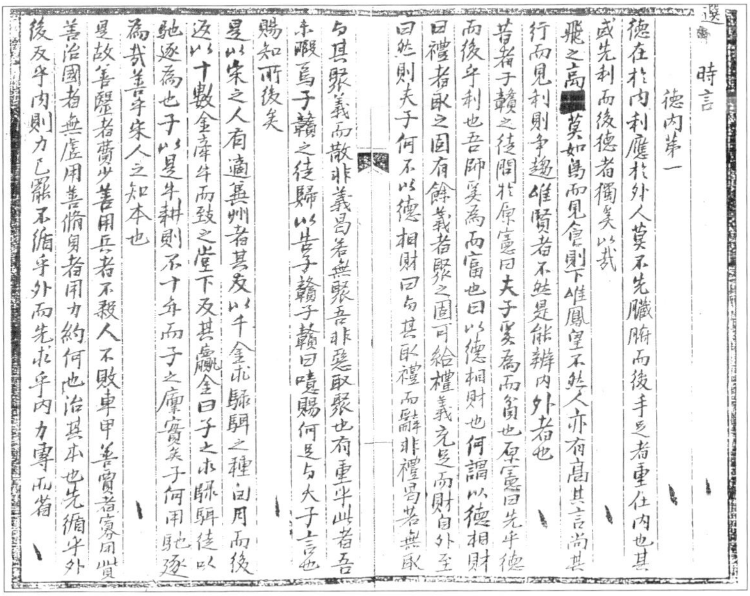

『시언』, 『현수갑고』 권8, 연세대 도서관 소장(한씨문고본)

항해는 현실 세태를 거론하며 순계가 지은 「자연동설自然銅說」을 들어 논의를 펼치는데,[77] 이는 춘추대의를 현실적인 맥락과 연결시킨 『춘추묵송春秋默誦』의 저술과 관련이 깊다. 또한 그의 재실에 붙인 「실사구시재기實事求是齋記」에서는 실사를 독서와 연관 지어 의미를 풀이하는데,[78] 이 역시 학문의 근원을 밝힌 「명학明學」과 논리의 맥락이 닿는다.[79] 이외에도 「재의齋義」에 대해서는 의고적 문풍을 비판하며,[80] 대우공령문對偶功令文에 대한 비판적인 시선을 두고는 시변時變의 논리를 들어 반박한다.[81]

항해 또한 자신의 저술을 상당수 그에게 보여 질정을 받는데, 『시언時言』과 『상우서尙友書』가 대표적이다. 모두 희작戲作이라며 질정을 구하

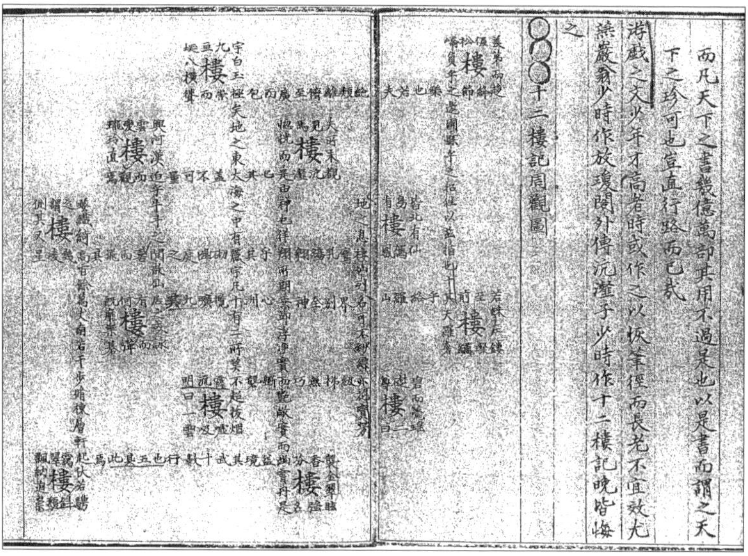
而凡天下之書幾億萬部其用不過是也以是書而謂之天
下之珍可也豈直行路而已哉
游戲之文少年才高者時或作之以娛筆徑而長老不宜效尤
然嚴翁少時作旋璣圖外傳沉潅子少時作十二樓記晩皆悔
之
○○○十二樓記周觀圖

「십이루기주관도」, 『숙수념』 14관, 연세대 도서관 소장(한씨문고본)

지만, 이는 자신의 저술에 대한 겸사다.[82] 특히 『상우서』는 그와 두 차례에 걸친 편지 왕복을 통해 논의를 수렴하여 완성한 저술이다.[83] 이런 까닭에 순계는 『상우서』를 보고 유종원의 「선우기先友記」에서 비롯되고, 『숙수념』은 황주성黃周星의 「장취원기將就園記」와 관련이 있음을 지적하며, 1836년(51세)에 지은 「열성강복송列聖降福頌」도 사마상여의 「봉선封禪」, 반고班固의 「전인典引」, 유종원의 「정부貞符」에서 비롯되었음을 간파한다.[84]

이정관과는 1829년(44세) 무렵부터 본격적인 교유가 이뤄진다. 항해는 당시 의령현감에 재직하던 이정리를 찾아가는 그를 글로 전송하며,[85] 이후 『서림일위』를 저술하고서 질정을 구한다.[86]

이처럼 항해는 수학기에 가문을 중심으로 친분이 있던 다양한 인물과 교유하면서 학문과 문학, 저술을 형성하는 데 상당한 영향을 받으며, 이후로도 시문을 왕래하며 교유를 지속한다.

항해는 10세에 「궤전장초구선문几錢章誚求扇文」을 짓고 15세에는 『효경주해고孝經註解藁』를 저술하지만 모두 일실되어 전하지 않는다.[87] 아마도 희작적 성향 때문에 문집에서 제외된 듯한데, 어렸을 적부터 문학적 재능과 저술에 대한 남다른 관심이 있었음을 짐작할 수 있다.

「십이루기十二樓記」는 회문回文의 일종으로,[88] 어린 시절 장난삼아 지은 것인데 도리어 인구에 회자할 정도로 널리 알려졌다.[89] 그는 『숙수념』에서 「십이루기」가 연암의 『방경각외전放瓊閣外傳』과 미친기지로 어릴 때 지은 유희문遊戲文으로 만년에 모두 후회했다고 밝힌다.[90] 이 무렵 연암의 문장에 심취하여 상당히 경도된다.

2. 선비에게 벼슬은 함정이다

몽은기(26~41세)

항해는 1811년 4월에 부친이 서흥부사에서 체직되어 서울로 돌아온다. 이후 얼마 지나지 않아 스스로 과거를 포기하고 독서지사를 자처하며 은거한다. 전하는 바에 따르면, 가문이 더욱 성대해지는 것을 우려했던 영수합 서씨의 간곡한 만류가 있었을뿐더러,[91] 당시 사대부의 세태와 과거제의 폐단에 염증을 느낀 것이 과거를 단념한 이유였다고 한다.[92] 그 무렵 벼슬길에 나아가려는 정세익에게 편지를 보내 이를 경계하는데, 여기서 그가 과거를 포기한 정황을 알 수 있다.

선비가 성현의 말씀을 암송하고 성현의 행실을 실천하는 것은 장차 제 뜻을 숭상하고 제 덕을 매진하려는 것입니다. 지금 길을 같이하여 나아가고 문을 같이하여 들어가며 뜰을 같이하여 달리는 자들은 천백 인이 모두 도적들인데, 저만 홀로 성현의 말씀을 암송하고 그 행실을 실천하는 자이니 어찌 고개를 숙이고 꽁무니를 쳐들어 두려워하고 심란해하며 도적 무리를 뒤쫓을 수 있겠습니까? 참으로 결코 이런 이치는 없습니다. 제가 들으니, 갓과 의복이 바르지 않으면 청렴한 자는 어깨를 나란히 하는 것을 부끄럽게 여기고, 내걸은 명분이 의리에 어그러지면 군자는 수레를 돌려 떠나간다고 하거늘, 하물며 그 실정이 이와 같음에랴! 또한 땅을 파서 함정을 만들고 그 위에 비단을 덮어놓으면 사람들은 장차 알지 못하고 그곳을 지날 것입니다. 위로 부모와 형제, 아래로 처자와 노예, 붕우 · 빈객의 무리에 이르기까지 진실로 함정인 줄 아는 자가 있다면 반드시 모두 맨발로 뛰어나와 소리치고 달려가 잡아끌어 함정 근처에 가까이 가지 못하게 할 것입니다. 지금은 위로 부모와 형제, 아래로 처자와 노예, 붕우 · 빈객의 무리에 이르기까지 도리어 그 사람을 부추겨서 나아가게 하니, 어찌 은혜가 없어서 그렇게 하겠습니까? 다만 함정을 보지 못하고 그 위의 비단만을 보기 때문입니다. 이때에 진실로 그것이 함정인 줄 안다면 반드시 그것을 알려주어 나아가지 못하게 해야 합니다. 또한 어찌 마음속으로 함정인 줄 알면서도 부모 · 형제 · 처자 · 노예 · 붕우 · 빈객의 무리가 하는 말에 짓눌려 생명을 버리고 억지로 달려가 스스로 함정에 빠지는 자가 있겠습니까?[93]

벼슬길에 급급한 사람들은 도적에 견주고, 벼슬길은 비단을 덮어놓은 함정에 비유한다. 그러므로 성현의 말씀을 암송하고 성현의 행실을 실천하는 선비인 그는 도적의 무리를 뒤쫓을 수 없으며, 함정에 빠지는 줄을 알기 때문에 비단과 같은 벼슬길에는 애초부터 관심이 없다. 그런데 당시 선비들은 벼슬을 훔치는 도적과 다를 바 없어, 함정을 덮고 있는 비단에만 눈이 멀어 거기에 빠지는 줄도 모른다. 훗날 김매순이 이 글을 읽고 "평생 지킨 바를 이 문장에서 볼 수 있다"고 평했을 정도로,[94] 항해의 소신이 잘 드러난다. 또한 그는 독서지사로서 자신의 삶을 좋은 배필을 기다리는 처녀에 견주어, 과거를 단념한 자신의 처지와 감회를 토로한다.[95] 이는 『회언』에서 "훌륭한 장인은 스스로 팔지 않고, 준마는 스스로 울지 않으며, 빼어난 규수는 스스로 중매하지 않으며, 철인은 스스로 천거하지 않는다. 이것을 알지 못한다면 그만둘 뿐이다"[96]라고 언급한 대목에서 더욱 분명하게 드러난다.

이후 평안도 일대를 중심으로 일어났던 홍경래의 난이 그의 행보에 상당한 영향을 미친 듯하다. 그는 당대 현실에 대해 느끼는 위기의식을 곳곳에 피력하는데, 홍경래의 난과 무관하지 않다. 더욱이 홍경래의 난은 당시 정치 상황에 커다란 변화를 몰고 온다. 순조는 정순왕후의 대리청정기가 끝난 이후부터 외척인 김조순을 비롯한 안동 김씨의 세도 정권에 맞서 국정을 주도하려는 노력을 기울이며 개혁적인 조치를 시행한다. 그러나 홍경래의 난이 발발하여 그간의 노력은 실패로 돌아가고, 국정은 또다시 세도 정권의 손아귀로 들어간다.[97] 그는 이 무렵에 벼슬길을 마다하고 은거의 길을 선택하여 복거卜居에 관심을 갖기 시작한다.

항해는 정사를 펼쳐 백성을 이롭게 하거나 도를 닦아 마음을 수양하는 것이 군자의 도라고 생각한다. 그러나 당시는 세상에 나아간다 해도 백성을 이롭게 할 수 없는 상황이므로 은거하여 수양을 쌓는 길을 선택한다. 그리하여 자신의 실우원정室宇園庭에 모두 이름을 부여하고 용사행장用舍行藏의 뜻을 붙여 「복거지卜居識」를 저술한다.[98] 이를 통해서 현산에 위치한 실제 집의 규모와 복거에 대한 인식을 짐작할 수 있는데, 자신의 거처를 유기적이고 체계적으로 피력하고 별도로 '소지小識'를 통해 명명한 뜻을 덧붙인다.[99] 과거를 단념한 이후 복거에 대한 그의 남다른 관심을 엿볼 수 있는 대목으로,[100]『숙수념』의 「원거념爰居念」과도 밀접한 관련이 있다.[101]

그러면서도 1812년(27세)에 아들 홍우건의 첫돌을 맞아 쓴 「해아초도축어孩兒初度祝語」에는 자식에 대한 아버지의 기대를 드러내는데, 현실에 좌절된 자신의 포부와 희망을 우회적으로 표출한다.[102] 또한 8월 21일 부친 홍인모의 타계도 그의 삶에 영향을 미친다.

1813년(28세)에는 심능숙沈能淑(1782~1840)이 지은 「초인탄楚人歎」이란 글을 읽고, 초 회왕이 자란을 가까이하고 끝내는 굴원을 내친 내용을 현실 세태에 견준다.[103] 또한 의술에 밝았넌 임덕경任德卿의 재실齋室과 당堂에 기문을 지어준다.[104]

1814년(29세)에는 절친한 벗인 이희하李熙夏가 돌연 세상을 등지고 만다. 이후로는 『춘추묵송』을 비롯한 각종 저술에 매진하면서도 현실 비판과 개혁 의지를 드러낸다. 더욱이 당시 군자들의 세태를 비판하면서 독서지사로 자부하며 현실을 개혁하려는 의지를 표출하며, 독서와 저술만이 그 책무임을 밝힌다.[105]

항해는 다른 사람과 교유하는 데 매우 신중한 태도를 보인다. 『상우서』는 당대에 교유할 사람이 없다면 차라리 옛날의 어진 이들과 사귀겠다는 의도를 반영한다.[106] 그런 까닭에 객을 만나 대화를 나눌 적에도 상대방의 말을 듣기만 할 뿐, 말을 하거나 자신의 속내를 드러내지 않는다.[107]

또한 이 무렵에 우리나라 문장 선집에 해당하는 『대동문준』과 『해동제명가문선』을 저술하는 데 심혈을 기울이고,[108] 연천이 저술한 『명문선明文選』에 심취했던 듯하다. 이에 연천에게 다시 육경으로 돌아갈 것을 당부하는 한편,[109] 「자이현산자서自貽峴山子書」에서 당장 왕세정과 전겸익의 책을 불속에 던지고 우리나라 사람의 여러 문집을 시렁에 묶어놓고 성현의 책을 읽으라고 주문한다.[110]

1816년(31세) 6월 서울이 물에 잠길 정도로 큰비가 내려 백성들은 도탄에 빠진다. 이때 「영송禜誦」을 지어 백성들의 고통과 호소를 망각한 위정자의 무사안일한 자세를 비판한다.[111] 그해 가을에는 호서관찰사로 있던 연천을 찾아 뵙고, 단양 · 청풍 · 화양동 일대의 명승지를 유람한다.[112] 이 무렵 금정우金井郵에 부임하는 저원樗園 홍희인洪羲人을 글로 전송한다.[113]

1817년(32세)에는 연천이 은거하던 현석호사玄石湖榭를 왕래하는데, 당시 연천은 호서 관찰사로 재직하던 중 무함을 받아 관직을 떠나 있던 시절이다. 그 무렵 연천에게 수학하던 이헌명李憲明을 만나 20여 년간 사제의 인연을 맺는다.[114] 당시 항해는 연천을 위해 「신고부神告賦」를 짓고, 평생 일과 무함을 받아 원통해하는 실정을 두루 서술한다.[115] 이 무렵 그는 귓병을 앓아 몹시 고생했고 말조차 알아들을 수 없을 정도였다.[116] 그러나 정작 귓병의 원인은 현실에 대한 심리적 불안에서 비롯된 것이었다. 이 때문에 더욱 자신을 엄하게 단속하여 세상 사람들이 이름을 거론하는 것조차 두려워한다.[117]

또한 1817년부터 이듬해까지 연이어 지인들과 사별한다. 1817년에는 천문과 수학을 지도했던 스승 김영과 장모 완산 이씨(1761~1817)가 죽고, 이듬해에는 표종형 김이호와 매서 심의석沈宜奭, 장인 어재황이 세상을 떠난다. 항해는 일찍이 조부 효안공孝安公을 통해 김영과 인연을 맺고 종유하면서 산술에 힘을 쏟았다. 그러나 갑작스런 그의 죽음으로 자신의 산술 관련 저술을 보이지 못한 점을 안타깝게 여기고, 뛰어난 능력을 제대로 인정받지 못한 그의 일생을 슬퍼한다.[118] 또한 심의석이 상중에도 학문을 게을리 하지 않은 사실과, 일찍부터 병약하여 부모님께 정성을 다하지 못한 것을 지극한 한으로 여겼던 효자였음을 밝힌다.[119] 장인 어재황은 남에게 말하지 못하는 것도 항해에게는 감추지 않을 만큼 둘은 각별한 관계였다.[120]

그는 평생 학문적 스승으로 존경하던 연천의 정치적 시련과 연이은 지인들의 타계, 귓병으로 고생하는 고통에서 벗어나고자 무척 고심했던 듯하다. 세상을 피해 은거를 계획하지만 뜻을 이루지 못한다.[121] 결국 그는 잠을 통해 세상사를 모두 잊어버린다. 「책수향후구석冊睡鄕侯九錫」은 그 무렵에 지은 작품으로, 자신을 수향후睡鄕侯로 봉하고 잠을 자는 데 도움이 되는 아홉 가지 선물을 하사한 내용이다.[122] 희작적 경향을 배제할 수는 없으나, 그만큼 세상사에 번뇌하는 인간적인 모습을 목격할 수 있다. 또한 이 무렵에 죽계竹溪 김소행金紹行이 지은 『삼한의열녀전三韓義烈女傳』(『삼한습유三韓拾遺』)에 서문을 쓴다.[123]

1820년(35세)에는 이헌명이 항해서실에 유숙하는데, 연천은 그 집안의 오세시문고五世詩文稿를 손수 선집하여 서문을 짓고,[124] 항해도 손수 선집하고 비점批點을 매겨 다섯 편의 서문을 짓는다. 그리고 "덕잠 가문이 이룬 문장의 성대함은 근세에 보기 드문 일이니, 이만용李晩用 집안과 우열을 겨룰 만하다"라며 높이 평가한다.[125]

1821년(36세) 여름과 가을 무렵 큰비가 내리더니, 8월 평양으로부터 괴질이 돌아 열흘이 못 되어 수천 명이 목숨을 잃는 지경에 이른다. 이

때의 상황을 목격하고 지은 「얼려讞沴」는 말이 엄정하고 뜻이 준엄하여 괴질은 물론 천하의 간사한 무리들의 간담을 철렁하게 만들 정도였다.[126] 또한 연천이 편찬한 『속사략익전續史略翼箋』 16권에 서문을 짓는데, 부친이 증선지曾先之의 『십팔사략』을 계승하여 저술한 『황명사략皇明史略』 1권을 연천이 소략한 것은 갖추고 빠진 것은 보충하여 완성한 것이다.[127]

1822년(37세)에 비로소 휘릉참봉으로 벼슬길에 나가지만 얼마 지나지 않아 그만두고 돌아온다. 당시 연천은 모친이 연로하다는 이유를 거론하지만[128] 실제 사실과는 다르다. 이때 항해는 휴가를 받아 호남 관찰사로 있던 연천을 찾아가 머무는데 기한이 지나도록 돌아가지 않아 체직되고 만다.[129]

그해 5월 21일에 연로하신 어머니를 지극 정성으로 모시던 부인 어씨(1784~1822)와 사별하고, 이듬해(38세) 8월 21일에는 모친 영수합 서씨가 세상을 떠나고 만다. 그는 천생배필이던 부인과의 지난날을 회상하며 사별의 아픔을 여러 편의 글로 남기며,[130] 나이가 마흔도 안 되고 아이들도 어리다는 이유로 주변에서 재가를 끊임없이 권유하지만 끝내 듣지 않는다.[131] 이 무렵 변사유卞士裕와 교유하며 희작적 경향이 농후한 일련의 작품을 짓는데,[132] 연이은 부인과 모친의 죽음과 연관이 있다. 아마도 그는 현실의 괴로움을 잊으려는 방편으로 부득이 희작에 몰두한 듯하다.

1824년(39세)에는 부친의 문집 『족수당집足睡堂集』에 영수합 서씨의 글도 덧붙여 간행하고, 아울러 삼형제의 시문을 선집하여 『영가삼이집永嘉三怡集』을 간행한다. 이 무렵 이치천李穉川과 편지글을 왕래하는데,

그는 항해와 이웃 마을에 살면서 1년에 겨우 두세 차례 만날 정도로 다소 소원한 관계였다.[133]

1826년(41세)에는 조카 홍우겸洪祐謙(1806~1826)의 죽음을 맞아 제문을 지어 애도하며,[134] 또한 이헌명의 부친 요화재療花齋 이학무李學懋의 시집에 서문을 지어준다.[135]

항해는 26세에 과거를 단념한 후 42세에 벼슬길에 다시 오르기 전까지 16년간 은거에 들어간다. 이 무렵 교유한 인물로는 임덕경·홍희인·이희하·김영·김소행·이헌명 등이 대표적이다. 특히 김영은 『기하신설幾何新說』을 비롯한 수학 관련 저술에 영향을 미치며, 이헌명은 문하에서 20여 년간 동고동락한 제자로 누구보다 그의 삶과 저술을 깊이 이해한 인물이다. 또한 1843년에 저술한 『서연문견록西淵聞見錄』은 지금까지 알려지지 않은 항해에 관한 많은 정보를 제공한다.

임덕경은 당시 서울의 사대부에까지 알려질 정도로 의술에 정통한 인물이다. 그는 일찍부터 항해의 집안과 왕래하는데, 부친 홍인모의 병을 치료한 이후로 더욱 친밀해진다. 1821년 평안도에서 발생한 괴질이 서울에서도 유행해 눈코 뜰 새 없이 바쁜 와중에도 그는 매일 두세 차례 찾아와 안부를 물을 정도로 각별한 관계였다.[136] 이후 그는 「신사치병설辛巳治病說」을 지어 연행가는 인편에 보내어 중국인으로부터 칭찬을 받으며, 항해와 연천도 그의 뛰어난 의술을 높이 인정하면서 글을 지어 축하한다.[137]

저원 홍희인은 연천과는 어린 시절부터 알고 지낸 인물로 항해와 함께 연천에게 수학한다.[138] 항해는 1820년(35세) 안협현감에 부임하는 그를 글로 전송하며,[139] 많은 나이 차에도 불구하고 흉금을 터놓고 지내는 허물없는 사이였다. 항해가 쇠락한 세상에 태어나 제일 한스러운 것이 무엇이냐고 묻자, 꺼리고 두려운 것이 많아 흉중의 말을 토해내지 못하는 것이 제일 한스럽다고 거침없이 대답한다.[140]

이희하는 어린 시절부터 함께 놀며 수학하던 절친한 인물이다. 항해는 1814년(29세) 갑작스런 그의 죽음을 맞아, 함께 과장을 드나들며 공부하던 지난날을 추억하며 지기를 먼저 떠나보내는 슬픔을 애절하게 표현한다.[141] 또한 연천은 『순과旬課』를 들쳐보다가 우연히 그의 글을 접하고, 특히 문장에 뛰어난 재능을 지녀 약관의 나이에 과장에서 명성이 드높았으며, 정세익 · 서충보와 이웃해 살았고 항해와 절친한 인물이라고 전한다.[142]

항해는 일찍이 천문학자 김영과 인연을 맺고 산술에 힘을 쏟는다. 그는 스승 없이 『기하원본幾何原本』을 독학하여 그 이치를 깨달아 수학에 있어서는 배울 것이 없을 정도로 뛰어난 실력의 소유자다.[143] 항해는 그를 종유하며 구고句股, 직각삼각형의 한두 가지 설을 분변하고, 이후 더욱 산술에 힘을 쏟아 논술한 것을 보이고자 하였으나 실행하지 못한 아쉬움을 토로한다.[144] 그는 『역상계몽曆象啓蒙』의 편찬에 참여하며, 『누주통의漏籌通義』와 『중성기中星紀』를 저술할 정도로 당시 수학과 천문학에 있어 독보적인 존재였다.

또한 항해의 모친 영수합 서씨는 일찍이 『산학계몽算學啓蒙』을 읽고 스스로 새로운 계산법을 고안하여 풀이하는데, 『수리정온數理精蘊』과 일치했다고 전할 만큼[145] 기하에 뛰어난 식견을 지닌 인물이다. 그런 까닭에 항해는 어린 시절부터 영수합 서씨로부터 영향을 받아 기하에 관심을 갖고, 김영을 좇아 본격적으로 산술에 힘을 다할 수 있었다. 다음 자

료는 항해가 『기하신설』을 저술할 무렵 기하에 대한 관심을 피력한 대목이다.[146]

나는 기하의 학술에 대해 7~8세부터 배우기 시작하여 10여 세에 이르러 이미 영육盈朒·방정方程·구고句股의 설에 통달하였는데, 그간 옛 성현의 글에 종사하여 여기에 치력할 겨를이 없었다. 20세 이후 또 산가서算家書에 빠져들어 포주布籌로 부족한 것은 종이에 방원을 그리고 갑을로 기록한 것이 거의 상자에 넘칠 지경이었다. 또 1, 2년 만에 드디어 호각弧角과 팔선八線의 측망測望하는 이치를 모두 깨달았다. 이에 낭실 안에 있으면 들보와 벽, 창과 겻지창으로부터 궤석과 책상을 정렬해놓은 것에 이르기까지 장평長平·원직圓直·현시弦矢의 형태를 드러내지 않음이 없었다. 밖으로 나가 길을 가면 높은 산과 멀리 보이는 성곽, 밭두둑과 도랑은 평평하기도 곧기도 모서리지기도 사다리 같기도 하며, 종횡하고 비스듬하거나 구불구불하며 불룩 튀어나오거나 움푹 들어가서 서로 같지 않은 것이 각각 그 형태를 드러내었다. 무릇 천하의 만물은 보는 것마다 이런 이치가 있어서 나는 마음으로 응대하여 막힘이 없었다. 비록 옛날의 전문가가 다시 태어나더라도 나보다 따져 묻지 못할 것이다. 이 글(『기하신설』)은 모두 구설舊說을 모두 제거하고 신술新術을 창립하였으니, 감히 옛사람을 능가하려는 것은 아니지만 또한 내가 수고롭고 고생한 마음을 알 수 있을 것이다.[147]

기하에 심취하여 집 안에 거처할 때나 길을 지날 때조차 눈에 보이는 모든 사물이 기하의 이치가 있다고 표현한다. 기하에 대한 관심과 심취는 『기하신설』로 완성되는데, '구설을 제거하고 신술을 창립했다' 고 자신 있게 밝힐 만큼 기존 수학서의 방법을 따르지 않고 새로운 계산법을 창안한다. 이외에도 1837년(52세)에 구면球面삼각법의 원리를 풀이한 『호각연례弧角演例』를 저술하는데, 이 또한 1814년에 작성한 초고를 바탕으로 완성한다. 이러한 사실을 통해 본다면, 20세 이후에 『기하신설』을 저술하고 1837년에 『호각연례』을 저술하기까지 기하에 대한 관심이 지속된다. 또한 『잡쇄수초雜碎隨鈔』는 『기하신설』을 완성한 이후 초록한 것을 보충한 것이며,[148] 『기하잡쇄보幾何雜碎補』도 두 저술 이후에 몇 가지를 보충한 것이다.[149] 따라서 항해의 수학 관련 저술은 영수합 서씨와 김영, 상득용과 밀접한 관련이 있다.

죽계 김소행은 일찍부터 연천과 교분이 있던 터라 그와 주고받은 시가 문집 곳곳에 전한다. 항해를 비롯한 삼형제는 『삼한의열녀전』에 서문을 지어줄 정도로 각별한 사이로,[150] 항해는 만년에까지 시문을 주고받으며 교유를 지속한다. 연천과 그의 대화가 『수여난필睡餘瀾筆』에 전하는데, 특히 반론에 뛰어났던 죽계의 면모를 살필 수 있다.[151]

서연자 이헌명은 1817년 현석호사에 우거하던 연천과의 만남을 계기로 항해와 대산의 문하에서 수학하고 김정희와도 교유가 있던 인물이다. 그는 1820년 항해서실에 유숙하는 것을 계기로 항해 문하에서 10여년간 등불을 밝히고 새벽까지 공부에 매진한다. 그는 1831년에는 연천을 따라 변사유와 함께 연행에 동참하며, 1836년에는 연행록인 『부미일초附尾日草』를 완성한다.[152] 그는 항해의 주선으로 풍산 홍씨 가문의 시사詩社에 해당하는 금란사金瀾社의 일원으로 참여하여, 그 자제들과 시문을 주고받으며 교분을 쌓는다.[153] 이후 1841년 4월 26일 항해가 타계하기까지 20여 년간 문하의 제자로서 생사고락을 함께한다. 1843년에 저술한 『서연문견록』은 20여 년간 연천 · 항해 · 대산의 문하에서 보고 들은 바를 기록한 것이다. 1857년에 청대의 역사를 편년체로 엮은 『청사제요淸史提要』를 저술하는데, 이는 1831년 연경에서 사직史職을 역임한 자로부터 『청대편년사미정고淸代編年史未定稿』 10권을 얻어 산삭하고 바로잡은 것이다.[154]

『서연문견록』에서는 항해가 자신을 수경선생水鏡先生에 견준 일화를 전한다. 수경선생은 일찍이 유비에게 제갈량과 방통을 천거했던 후한의 사마휘로, 사람을 알아보는 남다른 재주가 있어 그렇게 불렸다. 항해는 객과의 대화에서 이런 자신의 재주를 숨기지만, 적어놓은 내용을 가지고 그 사람을 생각하면 꼭 들어맞았다.[155] 이처럼 그는 항해의 일상은 물론 학문과 저술에 이르기까지 많은 정보를 『서연문견록』에 기록하여, 항해뿐 아니라 연천과 대산을 연구하는 데 귀중한 자료를 남긴다.[156]

위에서 보았듯이, 몽은기에 교유한 대다수의 인물은 세상에서 제 능력을 발휘하지 못하던 항해와 비슷한 처지다. 그런 까닭에 항해는 이들과 교유의 차원을 넘어 연대감을 형성하기에 이른다.

『춘추묵송』은 후세에 『춘추』를 배우는 자들이 자신이 알지 못하는 은미한 말과 심오한 뜻을 떠들썩하게 억지로 따져 묻기를 그치지 않으면서도 그 대의는 모조리 버리고 도리어 반대로만 행하는 현실을 개탄하여 저술한 것이다.[157] 이에 따라 춘추대의를 끌어다가 오늘날에 징험하여 세상을 경계하려는 의도로 『춘추』에서 53조목을 뽑아 당대 현실에 견주어 새롭게 해석한다.[158] 이를 통해 그의 비판적인 현실 인식을 엿볼 수 있다.

『상우서』는 당대의 인물 중에는 벗할 만한 사람이 없음을 슬퍼하여, 자신이 흠모하는 옛사람을 취하여 벗한다는 취지로 저술한 것이다. '상우尙友'는 『맹자』에서 뜻을 취한 것으로,[159] 아침저녁으로 이 책을 마주하여 읽으면 마치 옛사람을 종유하는 것과 진배없다고 말한다.[160] 따라서 옛사람 가운데 벗할 만한 인물 109인을 선정하고, 갑집甲集(21인)·을집乙集(21인)·병집丙集(52인)·정집丁集(15인)으로 구분하여 수록한다.

『시언』은 「덕내德內」「아언雅言」「변재辨才」「물언物言」「정론政論」「일여逸餘」로 구성된다. 본래 10여 편에 달하는 『시언』의 초고가 산일되어 「일여」를 제외한 5편이 남았으며, 그 나머지를 「일여」로 수습하여 6편을 이룬다.[161] 「정론」도 상·중·하 3편 가운데 상 1편만 남는다.[162] 이러한 정황을 고려하면, 『시언』 10여 편은 총 편수를 의미한다. 그는 이정리에게 『시언』을 보이며 질정을 구하는데, 이정리는 『국어國語』와 『전국책戰國策』을 거론하며 포폄을 했다고 한다.[163] 한편 후대의 한장석은 제자서 가운데 철리 산문에 해당하는 『회남자』에 견주면서 그보다 변론이 뛰어나다고 평가한다.[164]

『진장경眞藏經』은 상·중·하 3편으로 구성되는데, 세계관이나 사유의 기반을 피력한 중요한 저술로 우언소품寓言小品에 해당한다. 우언소품은 묘오妙悟를 열어주며 문기文氣를 쌓을 수 있다고 그 가치를 천명하고서,[165] "이 글 가운데 몇 단락은 실로 『숙수념』의 중요한 관건이 되니, 독자는 잘 알아야 한다"[166]라고 명시한다. 한장석은 "노자의 『도덕경』보다 현묘한 것으로는 『진장경』이 있다"[167]라고 평할 정도였다.

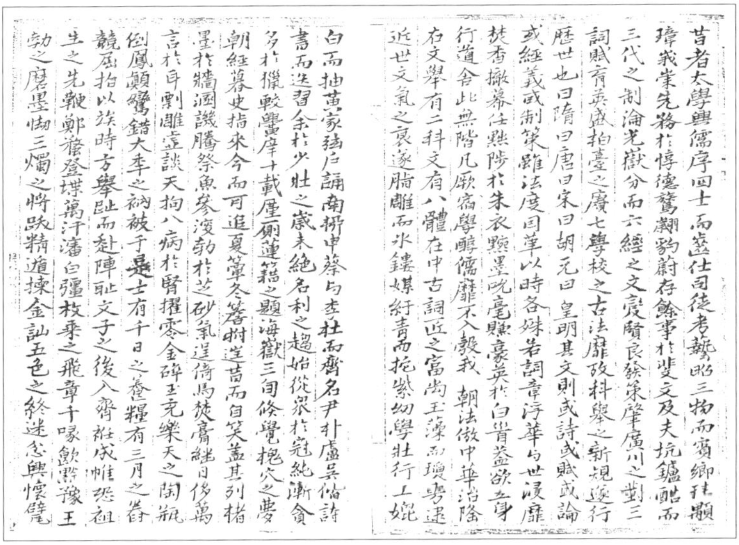

昔者太學興儒序四士而盍仕司徒考藝明三物而賓鄉拔顯
瑋我業先務於惇德鶩翻豹蔚存餘事於斐文及夫坑爐酷而
三代之制淪光嶽分而六經之文寢隨良發策摩廣川之對三
詞賦育英盛柏臺之廣七學校之古法靡改科擧之新規遂行
歷世也曰隋曰唐曰宋曰胡元曰 皇明其文則或詩或賦或論
或經義或制策雖法度因革以時各殊若詞章浮華與世浸靡
焚香撤幕任點陟於朱衣黷墨吮毫賺豪英於白背盍欲立身
行道舍此無階凡厥齋學醇儒靡不入彀我 朝法倣中華治隆
右文擧有二科文有八體在中古詞匠之富尚王藻而瓌奇逑
近世文氣之衰遂脂離而氷鏤媒紓青而拖紫幼學壯行工媲
白而抽萬家弦户誦南柵申蔡與李杜而齊名尹朴盧吳偕詩
書而迭習余於少壯之歲未絶名利之趨始從衆於冠純漸貪
多於攬較疊摩十載歷爾蓮籍之顯海嶽三旬倏覺槐穴之夢
朝經暮史指來今而可追夏簟冬簷樹塋昔而自笑蓋其列楮
墨於牆涵識騰祭魚參漫勃於芝砂氣遑倚馬焚膏繼日侈萬
言於耳剩雕蟲談天拘八病於腎擢零金碎玉充樂天之陶瓶
倒鳳顚鸞錯大李之袖被于是士有千日之養糧有三月之眷
競風指以族時方擧趾而赴陣恥文子之後入齊旌戍帷恐祖
生之先鞭鄭蓋登堞萬汗濡白彊枚乘之飛章千喙歛黙豫王
勃之磨墨惕三燭之將跋精遁揀金訕五色之終迷忿輿懷饒

「소비집자서」, 『표롱을첨』 권7, 연세대 도서관 소장(한씨문고본)

『회언悔言』은 『현수갑고』 권9가 결락되었으나 『숙수념』에 그 일부가 전한다. 『숙수념』 제14관에는 『시언』의 일부가 절록節錄되어 있는데, 『현수갑고』의 내용과 차이가 있다. 『숙수념』에는 "무릇 7편, 1만여 언言으로 묘론기문妙論奇文이 많아 이루 다 뽑을 수 없어 지금 46칙을 절록한다"라고 밝힌다.[168] 앞서 살펴보았듯이, 『현수갑고』에는 6편이던 『시언』이 갑자기 『숙수념』에서는 7편으로 1편이 늘어난다. 『숙수념』을 읽어보면, 「물언제사物言第四」는 『현수갑고』의 내용 중 일부 첨삭이 가해진 채 전재된다.[169] 그 뒤에 「회언제칠悔言第七」이 수록되는데, 바로 『현수갑고』 권9의 『회언』 중 일부다. 이밖에 『숙수념』 제12관의 「시언일단時言一段」도 『현수갑고』의 『시언』에 없는 내용이므로, 이 역시 『회언』의 일부로 추정된다. 논의를 정리하면, 항해는 『회언』을 독립된 저술로 『현수갑고』 권9에 수록하고, 이후 『숙수념』에는 『회언』을 『시언』에 포함시켜 7편으로 재구성한다.[170] 따라서 『회언』은 그 전모는 아니지만 상당 부분 『숙수념』에 전재되고 있다.

『소비집少鄙集』은 1798년과 1799년부터 1809년과 1810년까지 10여 년간 과거를 준비하며 지은 수천 편의 시詩·부賦·의義·표表·책문策文 등을 1820년(35세) 여름 정리하여 완성한 것이다.[171] 현재 저술은 전하지 않고 서문을 통해 대략의 정황을 알 수 있다.[172] 소천茗泉 김이양金履陽(1755~1845)은 「소비집자서少鄙集自敍」를 초당初唐 사걸四傑의 작품에 견주는데,[173] 초당 사걸은 왕발王勃·양형楊炯·노조린盧照隣·낙빈왕駱賓王을 일컫는다. 이들은 문장으로 이름은 높았으나 일생을 불우하게 지냈으며, 특히 변려문에 뛰어났다. 소천의 이러한 평가는 「소비집자서」가 그만큼 뛰어나고, 아울러 항해의 생애가 초당 사걸처럼 불우함을 지적한다. 홍한주도 『지수염필智水拈筆』에서 변려문에 뛰어난 항해의 재주는 『상예회수象藝薈粹』에 수록될 정도로, 변려문에 정통한 극원屐園 이만수李晩秀(1752~1820)에 견주어도 손색없다고 평가한다.[174] 항해는 중국과 우리나라 변려문의 구율句律에 정통하여 『숙수념』에도 변려문을 수록한다.[175]

3. 개혁 의지와 상상력의 변증법

사환기(42~49세)

항해는 1827년(42세) 동몽교관으로 다시 벼슬길에 나아간 후, 1834년(49세) 보은군수에서 물러나기까지 8년 동안 관직에 몸을 담는다. 내직으로 1828년(43세) 장흥고주부, 1829년(44세) 의금부도사, 1830년(45세) 경모궁령을 지내고, 외직으로 1830년 7월부터 평강현감이 되어 3년간 다스리며 1833년 8월에 보은군수에 부임한다.[176] 1822년(37세) 휘릉참봉에 부임하여 몇 달 만에 돌아온 것과는 전혀 다른 모습이다. 이는 익종(1809~1830)이 대리서정(1827~1830)을 시작하면서 개혁적 조치를 잇달아 시행한 것과 관련이 깊으며, 익종 사후부터 1834년 순조가 승하하기 전까지도 그런 분위기가 지속된 듯하다. 그러므로 항해는 익종의 대리서정 시기에 맞추어 벼슬길에 나아가며, 순조가 승하하자 곧장 관직을 버리고 은거한다.[177] 그는 익종이 당대에 드러난 여러 폐단을 개혁해줄 것을 상당히 기대한다. 일례로 익종이 "시관試官이 사사로움을 좇아 인재를 선발한다면 국적國賊과 다를 바 없으며, 거자擧子가 다른 사람의 글을 빌린다면 임금을 속이는 것이다"라는 조서를 내려 과거제의 폐단을 개혁하려는 의지를 보이자, "밝으신 임금께서 위에 계시니, 선비들의 악습이 바로잡힐 것이며 과거제의 폐단도 개혁될 것이다"라고 하여 익종의 개혁 조치를 반긴다.[178]

그는 동몽교관으로 재직하던 무렵 이정리를 통해서 연암의 손자 환재瓛齋 박규수朴珪壽와 친분을 맺고, 『상고도회문의례』에 서문과 평어를 짓는다. 또한 이 무렵에 강준흠姜浚欽(1768~1833)[179]과 교유하여 1805년 그가 서장관의 신분으로 연행을 기록한 『유헌록輶軒錄』에 발문을 쓰게 된다.[180]

1828년(43세)에는 연행을 떠나는 유정양柳鼎養을 글로 전송하며,[181] 이헌명의 문집과 기행시권에 각각 서문을 남긴다.[182] 또 「제해금집후題海錦集後」에서 중국과 비교하여 우리나라 인재 선발의 문제점을 지적한다.[183] 이 무렵 구경九經 · 육사六史 · 제자諸子 · 백가百家의 문장을 4부로 구분한 『사부송유四部誦惟』를 저술하여 해거에게 힘써 독서할 것을 당부하는데,[184] 연천이 항해를 위해 『홍씨독서록』을 저술한 것과 같은 맥락이다.

1829년(44세) 무렵부터 경당絅堂 윤정진尹正鎭, 동번東樊 이만용李晩用과 교분이 두터웠다. 항해는 동번을 통해서 경당을 알게 되었는데, 첫 만남에서 사람됨을 알아보고 각별한 사이가 된다.[185]

1830년(45세)에는 청송부사로 있던 종숙부 홍직모洪稷謨(1770~1834)의 61세 생일을 맞아 축하의 글을 보내고,[186] 연천의 사위 한필교韓弼教(1807~1878)의 『동경계첩同庚稧帖』에 서문을 짓는다.[187]

그해 4월에는 아들 우건과 동번을 데리고 나흘에 걸쳐 서울과 장단을 왕복하며 선영을 찾아가고 윤정진을 만난 사실을 토대로 『고진경전皐津

經傳』을 저술하는데,[188] 이를 계기로 경당·동번과는 더욱 막역한 사이가 된다. 7월에는 외직으로 평강현감에 부임한다.

1831년(46세)에는 평소 박옹泊翁 이명오李明五의 시명詩名을 듣고 뵙기를 소원하다가 해거의 녹화루에서 만난다.[189] 그해 연천은 사은정사의 자격으로 연행하는데, 일찍이 그와 교유하던 변사유와 이헌명이 동참한다.[190] 항해는 평강현감으로 재직 중이라 연행에 참여하지 못한 서운함을 칠백 자에 달하는 「첨피계지북행瞻彼薊之北行」으로 토로한다.[191]

1832년(47세)에는 해거가 문집을 간행하는데, 서문을 지어 당시 문인들이 문장을 짓는 세태를 비판한다.[192] 또한 이인필李寅弼의 재실을 두고, 넓다[廣]는 것도 어디까지나 상대적이라는 취지로 「광거기廣居記」를 지어준다.[193]

1833년(48세) 8월에는 보은군수에 부임하여 여러 편의 글을 남긴다.[194] 또한 일찍이 해거와 교유가 있던 중국 인사 오숭량吳嵩梁(1766~1834)이 15세조 오석양吳石揚의 일사逸事를 편집하고 당세의 명사에게 널리 글을 구하여 완성한 『표충록表忠錄』을 읽고 글을 짓는다.[195] 그는 해거를 비롯한 윤정진·정학연丁學淵과 사귐이 깊어, 가을 달밤에 네 사람이 모여 연구聯句를 짓는 등 활발히 교유한다.[196]

1834년(49세)에는 순조의 승하 소식을 듣고 보은군수의 관직을 버리고 돌아온다. 항해는 1817년(32세)에 순조의 지우를 받았던 것을 매우 자부하는데,[197] 순조의 승하로 더 이상 벼슬길에 연연할 이유가 없었다.

8년간의 사환기에 교유한 인물로는 박규수·윤정진·이명오·이만용 부자, 정약용·정학연·정학유 부자가 있다.

환재 박규수는 연암의 손자로, 항해는 『상고도회문의례』를 두고 '수집한 글들이 해박하고 그에 대한 논변이 정확하여 비록 노유숙사老儒宿師라도 대적할 수 없을 것이다' 라고 고평하고,[198] 평어評語에서는 뛰어난 문학적 재능은 물론, 연암의 문학을 계승한 인물로 평가한다. 1828년 무렵 이정리에게 『연암집』을 빌려 읽고서 변해가는 자신의 모습에서 연암을 발견했다며 벅찬 감회를 드러낸다.[199] 따라서 항해는 『상고도회문의례』의 평어를 쓸 당시에는 『연암집』을 보지 못했고, 『열하일기』만 접했을 가능성이 높다. 평어의 내용이 주로 『열하일기』와 관련이 깊으며, 이후 오매불망하며 『연암집』을 읽어볼 것을 소망한 대목에서 확인된다. 『연암집』을 읽은 이후로는 연암의 문장에 상당히 심취한다. 그는 『숙수념』에서 「십이루기」를 연암의 『방경각외전』에 견주며, 연암과 관련한 많은 기록을 '수여삼필'에 남긴다.[200] 또한 이 무렵 박규수와 이석장의 시를 엮은 『환경시권桓絅詩卷』을 읽고서 박규수의 문학적 재능을 높이 평가한다.[201] 이후로도 박규수와는 1년에 겨우 두세 차례 만나는 정도지만, 그때마다 심신心神이 밝아졌다고 한다.[202]

경당 윤정진(1792~?)은 동번을 통해서 알게 되었고, 1830년 4월 2일부터 5일까지 나흘간 항해 부자와 이만용이 장단을 방문한 이후로 더욱 친밀한 사이가 된다. 항해는 이후 편지로 안부를 묻고 글을 지어 보내는 등 사귐을 지속한다.[203] 일찍이 경당은 "항해는 앉고 눕고 말하고 웃는 것이 어느 것 하나 문장 아닌 것이 없다. 단지 붓과 먹으로 형용한 뒤에야 문장이 되는 것이 아니다"라고 표현할 정도로 항해의 마음을 꿰뚫어 보던 지기였다.[204]

동번 이만용(1792~1863)은 초림체椒林體로 유명한 우념재雨念齋 이봉환李鳳煥(1710~1770)의 손자이자, 당대에 시명이 높았던 박옹 이명오의 아들이다. 그는 일찍부터 해거와 왕래했던 인물로, 항해와도 시문을 주고받는 등 교유가 깊다. 그럼에도 그의 문집에 항해에 대한 내용은 매우 소략하다.[205] 항해는 『고진경전』을 저술한 후 그에게 서발과 평어는 물론, 비점과 권점까지 요청한다.[206] 항해는 박옹의 시를 상당히 높게 평가하여, 당시의 기문奇文을 정선한 『일함삼보一函三寶』에 연암의 문文이나 백석 이형만의 과체시科體詩와 나란히 그의 시를 손꼽았다.[207] 또한 『수여난필』에 자신의 시에 상당한 자부심을 갖고 있던 박옹의 면모를 전한다.[208]

다산 정약용(1762~1836), 유산 정학연(1783~1859), 운포 정학유(1786~1855) 부자와는 1828년(43세)을 선후한 무렵부터 왕래하며 교유한다.[209] 이후로도 해거와 함께 두릉斗陵의 마현馬峴을 자주 방문하여 다산을 비롯한 자제들과 시를 창수한다. 항해는 1836년(51세) 회근례回巹禮를 맞은 다산에게 축수의 글을 보내지만,[210] 얼마 지나지 않아 다산이 타계하고 만다. 그는 "수만 권의 서고가 무너졌다"라는 말로 그 죽음을 탄식한다.[211]

다산과 관련한 기록은 수여삼필 도처에 보인다. 다산의 저술은 당대에 이미 널리 읽혔으며, 항해도 상당한 관심을 보인다. 일례로 선기옥형璇璣玉衡의 나란한 칠정七政은 일월日月과 오성五星이 아니라는 내용은 『상서지원록尙書知遠錄』에, 담대멸명澹臺滅明은 무성향관武城鄕官으로 우리나라의 향소鄕所와 같다는 것은 『목민심서』에 수록되었다고 기록할 정도로[212] 다산의 저술을 탐독한다.

항해는 문자와 언어 자체에 상당한 관심을 갖는다. 중국은 문자와 언어가 일치하기 때문에 언어가 변하면 문자도 따라서 변하지만, 우리나라는 둘이 일치하지 않기 때문에 도리어 하은주 시대의 음을 온전히 간직하고 있다.[213] 이는 당시 문자로 통용되던 한자와 중국 음에 대한 우리말과 글의 상대적 가치와 효용성을 역설한 내용이다.

항해는 우리말과 글을 고증함으로써 뜻과 어원, 쓰임을 설명한 다산의 『아언각비』를 주목한다. 심지어 『아언각비』에 대한 불만으로 한 권의 책을 저술하여 단락마다 변론하여 논박하려는 계획까지 세운다.[214] 『아언각비』는 항해가 우리말과 글의 가치를 발견하고 고증에 앞장서는 데 상당한 영향을 끼친다. 이러한 관심과 애착은 중국 음과 상호 비교·검토하는 상황으로 나아간다.

> 근래 습속에서 자음의 와전은 笞〔chī〕를 苔〔tāi〕처럼 읽고, 魅〔mèi〕는 妹〔mèi〕처럼 읽으며, 逼〔bī〕은 乏〔fá〕처럼 읽으며, 箚〔zhá〕는 次〔cì〕처럼 읽는 부류다. 분별하기는 어렵지 않으니 운부가 있어 참고할 수 있기 때문이다(笞는 支〔zhī〕부에 있지 灰〔huī〕부에 있지 않으며, 魅는 寘〔zhì〕부에 있지 隊〔duì〕부에 있지 않으며, 逼은 職〔zhà〕부에 있지 緝〔qī〕과 洽〔qià〕부에 있지 않으며, 箚는 洽부에 있지 支와 歌〔gē〕부에 있지 않다). 오직 愁〔chóu〕는 마땅히 鶵〔chú〕처럼 읽어야 하는데 지금은 搜〔sōu〕처럼 읽으며, 椽〔chuán〕과 船〔chuán〕은 모두 마땅히 傳〔chuán〕처럼 읽어야 하는데 지금은 然〔rán〕과 宣〔xuān〕처럼 읽으며, 恢〔huī〕와 詼〔huī〕와 盔〔kuī〕는 모두 마땅히 魁〔kuí〕처럼 읽어야 하는데 지금은 回〔huí〕처럼 읽는다. 이러한 종류는 또한 너무 많아서 모두 기록할 수는 없지만, 운부가 서로 섞이면 구별할 방법이 없다. 어떤 이가 다음과 같이 말했다.

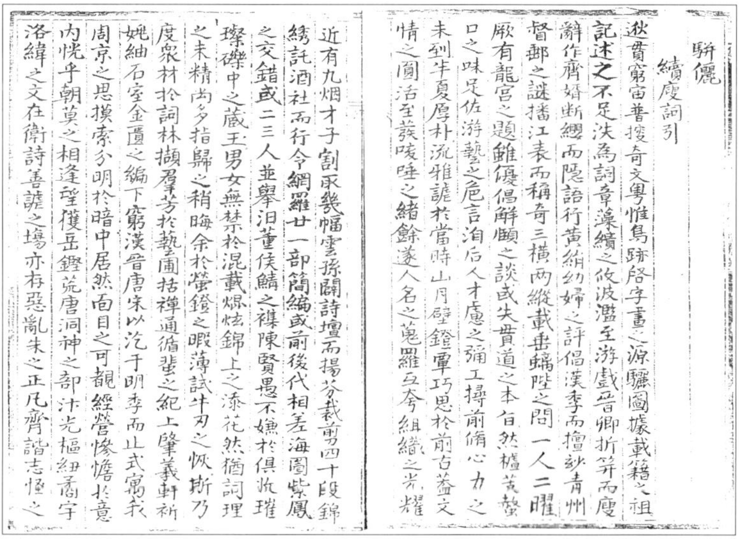

騈儷

續廋詞引

遡覽窮宙普搜奇文粤惟鳥跡啓字畫之源龜圖據載籍之祖
記述之不足泆爲詞章藻繢之彼波濫至游戱晉卿折箭而廋
辭作齊婿斷纓而隱語行黄絹幼婦之許倡漢季而擅䏥青州
督郵之謎播江表而稱奇三横兩縱載垂簡陛之間一人二曜
厥有龍宫之題雖優倡解頤之談或失貫道之本旨然櫨黄蟄
口之味足佐游藝之危言洎后人才慮之彌工擣前脩心力之
未到半夏厚朴流雅謔於當時山月壁鐙覃巧思於前古益文
情之圓活至葭唛唾之緒餘遂人名之蒐羅互奇組織之光耀

近有九烟才子割取幾幅雲孫闢詩壇而揚芬裁剪四十段錦
綉託酒社而行令網羅廿一部簡編或前後代相差海圖紫鳳
之交錯或二三人並擧汨董侯鯖之襍陳賢愚不嫌於俱收璀
璨礫中之藏玉男女無禁於混載烺炫錦上之添花然猶詞理
之未精尚多指歸之稍晦余於螢鐙之暇薄試牛刀之恢斯乃
度衆材於詞林擷羣芳於藝圃括禪通循蜚之紀上肇義軒祈
姚鈾石室金匱之編下窮漢晉唐宋以迄于明季而止式寓我
周京之思摸索分明於暗中居然面目之可覩經營慘憺於意
內恍乎朝莫之相逢望獲岳鏗荒唐洞神之部汴先樞紐斋宇
洛緯之文在衛詩善謔之場亦存惡亂朱之正凡齊諧志怪之

「속수사인」, 『표롱을첨』 권7, 연세대 도서관 소장(한씨문고본)

"우리나라 음은 중국 음과 같지 않다. 운부를 기준으로 삼지 않는 것은 결단하여 오류가 되는 것이 마땅하다. 愁와 恢 같은 부류는 또한 누가 篘와 魁가 옳고 搜와 回가 잘못이라는 것을 알 수 있겠는가?"

내가 또한 이 말을 의심한 지가 오래되었다. 지금 중국 음으로 살펴본 연후에 비로소 분별하는 방법을 환히 깨달았다. 대개 우리나라 음은 비록 중국과는 다르지만, 그 다른 것은 자음이고 모음은 동일하지 않음이 없었다. 우리나라 음 가운데 搜와 같은 자는 중국 음으로 모두 수지만, 유독 愁는 중국 음이다. 이것으로 愁가 搜와 같아서는 부당함을 알았다. 宣과 동음인 자는 중국 음으로 모두 선 혹은 이고, 然과 동음인 자는 중국 음으로 모두 연현 혹은 원이고, 오직 船과 椽은 중

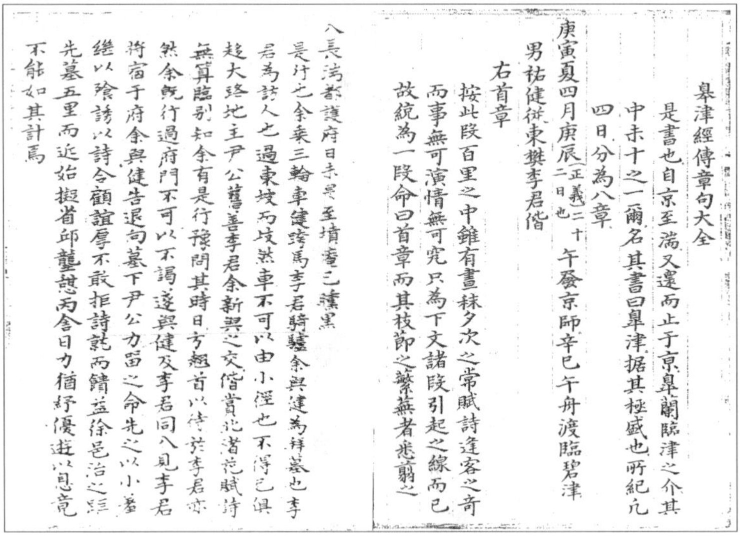

皐津經傳章句大全

是書也自京至湍又還而止于京皐蘭臨津之介其中未十之一爾名其書曰皐津據其極盛也所紀凡四日分為八章

庚寅夏四月庚辰(正義二十二日也)午發京師辛巳午舟渡臨碧津

男祐健從東樊李君偕

右首章

按此段百里之中雖有書秣夕次之常賦詩逢客之奇而事無可演情無可究只為下文諸段引起之線而已故統為一段命曰首章而其枝節之繁蕪者悉翦之

八長湍都護府日未昃至墳菴已曛黑

是行也余乘三輪車健跨馬李君騎驢余與健為拜墓也李君為詩人之過東坡而坡然車不可以由小徑也不得已俱趍大路地主尹公[illegible]善李君余新與之交偕賞北渚[illegible]賦詩無算臨别知余有是行豫問其時日方翹首以待於李君亦然余既行過府門不可以不謁遂與健及李君同入見李君將宿于府余與健告退向墓下尹公力留之命先之以小[illegible]繼以飧誘以詩合顧誼厚不敢拒詩訖而歸益徐邑治之距先墓五里而近始擬省[illegible][illegible]而舍日力猶紓優遊以息竟不能如其計焉

『고진경전』, 『표롱을첨』 권11, 연세대 도서관 소장(한씨문고본)

국 음으로 모두 쮠이니, 비로소 宣然을 船椽처럼 읽으면 부당하다는 것을 알았다. 回와 동음인 자는 중국 음으로 모두 휘이고, 恢詼盔는 중국 음으로 모두 귀이니, 이것으로 恢詼盔의 글자는 回처럼 읽으면 부당하다는 것을 알았다. 이로써 추측하건대 예전 우리나라 음을 두루 찾을 수 있어서 지금 음의 와전을 모두 바로잡을 수 있다.[215]

우리나라 음과 중국 음은 자음이 다르나 모음은 같다. 이를 바탕으로 예전 우리나라 음을 찾아서 지금 잘못 읽고 있는 한자의 음을 모두 바로잡고자 한다. 또한 『아언각비』를 무조건 비판하지 않고 그 잘못을 고증하고 자신의 독자적인 견해를 제시한다. 이는 우리 한자의 현실 음에 대한 견해와 구어의 성격에 대한 고려가 상당히 수준급임을 보여준다.

『속수사續廋詞』와 『서림일위』는 대표적인 유희한묵遊戲翰墨으로 일컬어진다.[216] 『속수사』는 『소비집』과 마찬가지로 과거를 준비하며 다양한 글쓰기를 시도하던 무렵에 저술한 것으로 전하지는 않는다.[217] 『서림일위』는 1829년(44세)에 책력에 따라 표목을 정하고 전대 문헌에서 해당 날짜의 기록을 집성해놓은 저술이다.[218] 희작적 성향을 배제할 수는 없으나, 전대 문헌에 두루 해박할 만큼 독서에 심취했던 그의 면모를 짐작케 한다. 항해는 이정관에게 『서림일위』를 보내 서문을 부탁하면서 이 정리와 함께 볼 것을 권한다.[219] 또한 연천의 기록에 의하면, 형제와 친구들이 각각 10일씩 나누어 시를 짓기로 약속했는데, 그중에서 1월 1일과 8월 18일에 해당하는 두 편이 전한다.[220] 이러한 정황을 고려한다면, 『서림일위』는 항해의 주변 인물들에게 두루 읽히는 한편, 그 내용을 소재로 삼아 시를 창작하는 분위기가 형성되었음을 추측할 수 있다.

『고진경전』은 1830년(45세) 4월 2일부터 5일까지 나흘간 항해가 아들 우건과 이만용을 데리고 서울에서 장단을 왕복하며 선영을 찾아가고 윤정진을 만난 사실을 기록한 것이다. 여정 가운데 고란진皐瀾津과 임벽진臨碧津에서 한 글자씩 조합하여 '고진'이라 이름했는데, 그 구성과 체제는 사서 가운데 『대학장구大學章句』를 연상시킨다. 먼저 「정문正文」에 해당하는 88자를 기술하고, 「고진경전장구대전皐津經傳章句大全」은 수장首章부터 말장末章까지 8장으로 「정문」을 구분한다. 각각의 장은 「정문」을 기술한 경經과 이를 해설한 전傳, 안설按說로 구성되고, '정의正義' '보소補疏' '연소演疏' 등을 덧붙여 내용을 풀이한다. 항해는 『고진경전』을 저술한 후 윤정진과 이만용에게 자세히 평해줄 것을 부탁한다.[221] 이후 윤정진이 서문을 보낸 사실을 전하면서, 이만용에게 서발과 평어는 물론 비점과 권점까지 요청한다.[222] 항해가 『대학장구』의 구성과 체제를 본떠서 『고진경전』을 저술한 것은 연천이 공양전과 곡양전의 체제를 모방하여 『기리경』을 저술한 사실과 견줄 만하다.[223]

『동우보독東郵補牘』은 항해가 평강현감에 재직할 무렵 연천이 보낸 편지를 모아서 엮은 책으로 현재 전하지는 않는다. 천문에서 일상의 자질구레한 일까지 두루 포괄하며 황당무계한 내용은 전혀 없다.[224] 비록 떨어져 있어 직접 대면할 수는 없지만 편지를 왕래하며 흉금을 토로했음을 보여주는 자료다. 이후 연천은 항해가 지은 서문을 두고 '역계易繫' '춘추春秋' 등의 말은 본제本題와 부합치 않으니 고칠 것을 주문한다.[225]

『삼학조례존고三學條例存藁』는 1835년(50세)에 저술한 것으로, 과거제의 폐단을 진단하고 그 대안으로 경학經學 · 정학政學 · 사학詞學 등 삼학의 시행을 촉구한 내용이다. 이에 「삼학명목총론三學名目總論」을 거론하고, 삼학의 「강제조례講製條例」「시취규식試取規式」「삼학입사지도三學入仕之塗」를 대안으로 제시한다. 또한 「승설賸說」과 「보의補議」에서 미진한 내용을 보충하고, 가공인물인 치념자癡念子 · 진산처사眞山處士 · 무상거사無象居士 · 몽허자夢虛子를 등장시켜 논의를 맺는다.[226]

『화식전서지고貨殖傳敍地考』는 『화식전』에 지명을 서술한 곳이 왕왕 독자를 혼동시킨다는 사실에 의거해, 독자가 쉽게 알 수 있도록 정리한 글이다. 이는 어린 시절 연천에게 『화식전』을 배운 경험을 토대로 25조목에 걸쳐 지명을 상세히 풀이한 것이다.[227]

『삼약기례三約記例』는 학업과 예술, 그리고 집안을 다스리고 사람을 접대하며 업무를 처리하는 따위는 먼저 약속하고 나중에 실천하면 학업

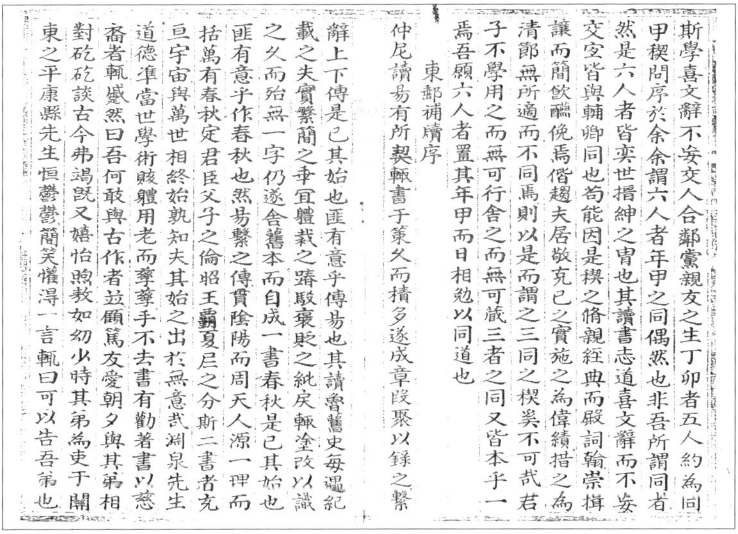

斯學喜文辭不妄交人合鄰黨親友之生丁卯者五人約為同甲稧問序於余余謂六人者年甲之同偶然也非吾所謂同者然是六人者皆奕世搢紳之胄也其讀書志道喜文辭而不妄交它皆與輔卿同也苟能因是稧之脩親經典而䂓詞翰崇揖讓而簡飲醼俛焉偕趨夫居敬克己之實施之為偉績措之為清節無所適而不同焉則以是而謂之三同之稧奚不可哉若子不學用之而無可行舍之而無可藏三者之同又皆本乎一焉吾願六人者置其年甲而日相勉以同道也

東鄙補牘序

仲尼讀易有所契輒書于策久而積多遂成章段聚以錄之繫辭上下傳是已其始也匪有意乎傳易也其讀魯舊史每遇紀載之失實繁簡之乖宜體裁之踳駁褒貶之紕戾輒塗改以識之久而殆無一字仍遂舍舊本而自成一書春秋是已其始也匪有意乎作春秋也然易繫之傳貫陰陽而周天人源一理而括萬有春秋定君臣父子之倫昭王霸夏夷之分斯二書者充亘宇宙與萬世相終始孰知夫其始之出於無意哉淵泉先生道德準當世學術賅體用老而孳孳手不去書有勸著書以惹斎者輒蹙然曰吾何敢與古作者並顧篤友愛朝夕與其弟相對砣砣談古今弗竭既又嬉怡煦教如幼少時其弟為吏于關東之平康縣先生恒鬱鬱簡笑懽得一言輒曰可以告吾弟也

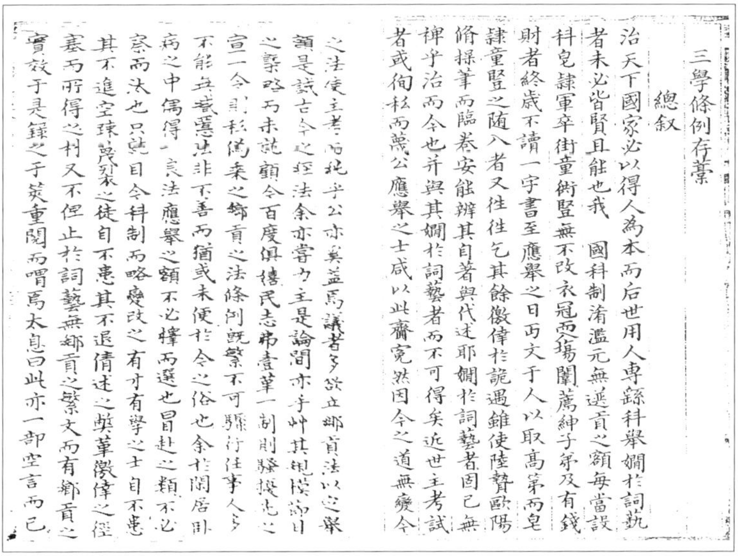

三學條例存藁

總叙

治天下國家必以得人為本而后世用人專繇科舉嫺於詞翰者未必皆賢且能也我　國科制淆濫元無選貢之額每當設科皂隷軍卒街童術竪無不改衣冠而揚闈薦紳子弟及有錢財者終歲不讀一字書至應擧之日丐文于人以取高第而皂隷童竪之隨入者又往往乞其餘徼倖於詭遇雖使陸贄歐陽脩操筆而臨卷安能辨其自著與代述耶嫺於詞藝者固已無裨乎治而今也并與其嫺於詞藝者而不可得矣近世主考試者咸徇私而蔑公應擧之士咸以此齎冤然因今之道無變今之法使主考者而純乎公亦奚益焉議者多欲立鄉貢法以定擧額是誠古今之經法余亦嘗力主是論間亦手艸其規模節目之繁略而未能顧今百度俱隳民志弗壹革一制則騷擾乃之宣一令則枉僞乘之鄉貢之法條例既繁不可驟行任事人多不能無藏慝此非不善而猶或未便於今之俗也余於閒居卧病之中偶得一良法應擧之額不必權而選也冒赴之類不必察而汰也只就目今科制而略變改之有才有學之士自不患其不進空疎鬨襍之徒自不患其不退倩述之弊革徼倖之徑塞而所得之材又不但止於詞藝無鄉貢之繁文而有鄉貢之實效于是錄之于筴重閱而喟焉太息曰此亦一部空言而已

(위)「동우보독서」, 『표롱을첨』 권5, 연세대 도서관 소장(한씨문고본)
(아래)『삼학조례존고』, 『표롱을첨』 권11, 연세대 도서관 소장(한씨문고본)

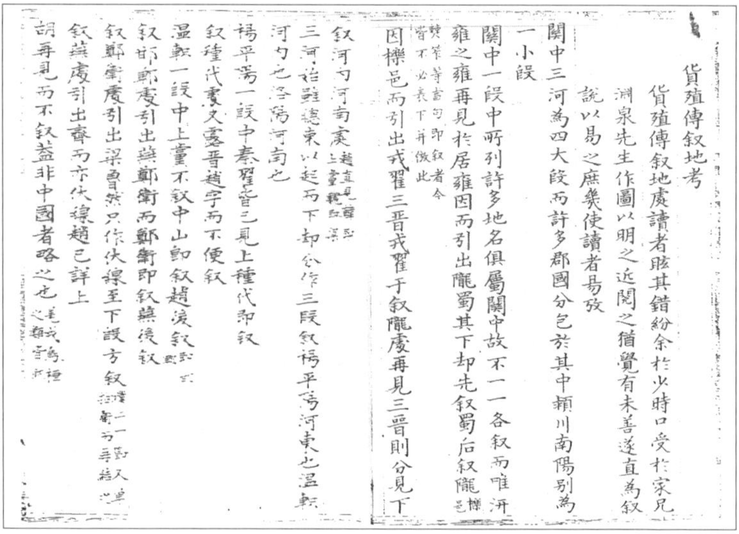

貨殖傳敍地考

貨殖傳敍地處讀者眩其錯紛余於少時口受於家兄淵泉先生作圖以明之近閱之猶覺有未善遂直爲敍說以易之庶幾使讀者易致

關中三河爲四大段而許多郡國分包於其中潁川南陽別爲一小段

關中一段中所列許多地名俱屬關中故不一一各敍而唯汧雍之雍再見於居雍因而引出隴蜀其下却先敍蜀后敍隴 邑櫟 贊篇等言句即敍者今皆不必表下并倣此

因櫟邑而引出戎翟三晉戎翟于敍隴處再見三晉則分見下

敍河內河南處

三河雖總束以起而下却分作三段敍楊平陽河東也溫軹河內也洛陽河南也

楊平陽一段中秦翟晉已見上種代即敍

敍種代處又露晉趙字而不便敍

溫軹一段中上黨不敍中山即敍趙後敍

敍邯鄲處引出燕鄭衛而鄭衛即敍燕後敍

敍鄭衛處引出梁魯然只作伏線至下段方敍

敍燕處引出齊而亦伏線趙已詳上

胡再見而不敍蓋非中國者略之也

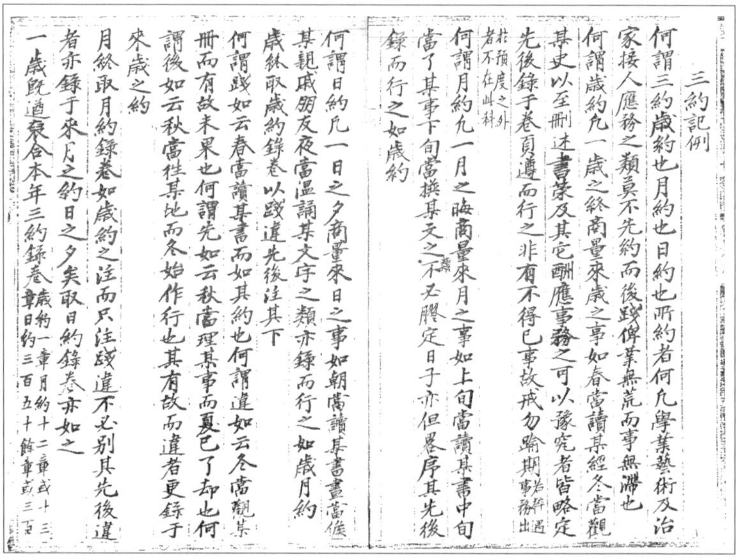

三約記例

何謂三約歲約也月約也日約也所約者何凡學業藝術及治家接人應務之類莫不先約而後踐俾業無荒而事無滯也

何謂歲約凡一歲之終商量來歲之事如春當讀某經冬當觀某史以至刪述書藁及其它酬應事務之可以豫究者皆略定先後錄于卷頁遵而行之非有不得已事故戒勿踰期 若有遇事務出於預度之外者不在此科

何謂月約凡一月之晦商量來月之事如上旬當讀某書中旬當了某事下旬當換某文之類不必膠定日子亦但略序其先後錄而行之如歲約

何謂日約凡一日之夕商量來日之事如朝當讀某書晝當從某親戚朋友夜當溫誦某文字之類亦錄而行之如歲月約

歲終取歲約錄卷以踐違先後注其下

何謂踐如云春當讀某書而如其約也何謂違如云冬當觀某冊而有故未果也何謂先如云秋當理某事而夏已了却也何謂後如云秋當往某地而冬始作行也其有故而違者更錄于來歲之約

月終取月約錄卷如歲約之注而只注踐違不必別其先後違者亦錄于來月之約日之夕矣取日約錄卷亦如之

一歲既遒衆合本年三約錄卷 歲約一章月約十二章或十三章日約三百五十餘章或三百

(위) 『화식전서지고』, 『표롱을첨』 권11, 연세대 도서관 소장(한씨문고본)
(아래) 『삼약기례』, 『표롱을첨』 권11, 연세대 도서관 소장(한씨문고본)

도 황망하지 않고 사업도 막힘이 없다는 점에 착안하여,[228] 하루·한 달·일 년을 단위로 무엇을 할 것인가 미리 약속하고 실천하겠다는 의지를 표명한 것이다. 아울러 "지금 이 '삼약三約'은 거친 곳으로부터 세부적인 곳으로 들어가고 성근 것으로부터 정밀한 곳으로 들어가니, 엄정하면서도 활기가 있고 상세하면서도 간략하다. 이를 준수하여 게을리하지 않으면 몸은 저절로 법도에 들어가 마음도 방만하지 않을 것이니, 또한 옛날의 학자들이 예로써 몸을 단속하는 뜻일 것이다"라고 말한다.[229] 이는 방만해지기 쉬운 자신의 마음과 학문, 나아가 생활을 엄히 단속하고 경계하려는 의도를 반영한다.

『숙수념』은 1829년 초에 완성한 10념念 16관觀의 필기류 저술이다. 항해가 수여삼필에서 누차 언급할 정도로 심혈을 기울인 역작으로 황주성의 「장취원기」에서 영향을 받아 저술한 것이다. 하지만 「장취원기」와 달리 내용과 체제가 독특하고 참신하다.[230] 항해는 『숙수념』을 동방삭이 지었다는 『십주기十洲記』 『신이경神異經』과 마찬가지로 '신유神遊'로 단정하여,[231] 그 성격을 밝히는 데 중요한 단서를 제공한다. 또한 "매 편을 염이라 제목을 붙인 것은 내가 염원할 뿐이요 실재가 있지 않음을 보이기 위함이다"라고 밝혀,[232] 『숙수념』이 신유의 세계를 표현하고 있음을 알 수 있다.

당시에는 『숙수념』을 글로써 놀이를 일삼는 '이문위희以文爲戱' 혹은 '유희지작遊戱之作'으로 보려는 입장이 지배적이었다.[233] 이는 장조張潮가 「장취원기」를 '유희필묵遊戱筆墨'으로 단정한 것과 연관이 깊다.[234] 이에 따라 「장취원기」의 영향을 받은 『숙수념』도 그 연장선상에서 파악한다. 또한 박규수는 『숙수념』을 두고 '때를 만나지 못한 선비 중에 비상한 재주를 품은 삶이라면 이런 생각이 없을 수 없다'[235]고 하였으니, 박제가가 「장취원기」를 평가한 대목[236]과 일맥상통한다. 이를 통해 본다면 「장취원기」에 대한 인식이 『숙수념』에 그대로 반영된다.

이와 달리 『숙수념』을 다른 시각에서 접근하는 시도도 있다. 홍우건은 단순한 '유희지작'이 아니라, 항해의 경술과 문예, 치군택민致君澤民, 경세제민經世濟民의 도구를 담고 있다는 평가를 내린다.[237] 이후 한장석은 『숙수념』을 내용과 형식에 따라 정치하게 분석하고 적극적으로 의미를 부여하면서 항해의 학문과 사상이 오롯이 담겨 있다고 높이 평가한다.[238]

4. 붓의 천변만화 속에 은거하다

은일기[50세 이후]

항해는 보은군수의 관직을 버리고 돌아온 이후 다시 은거생활로 들어간다. 1835년(50세)에는 표종형 정세익이 세상을 떠나는데, "지금 이 세상에 선비가 없으니 여생을 누구와 함께해야 하는가?"라며 지우를 잃은 슬픔을 피력하며 그의 죽음을 애도한다.[239] 이해 10월경 19일에 걸쳐 『수여방필』 상 · 하 2권 124칙을 완성하고, 12월경 『수여연필』 상 · 하 2권 153칙을 완성한다.

1836년(51세)에는 추사 김정희의 동생인 김명희金命喜(1788~1857)가 강동현감에 부임할 때에 글로 전송하고 편지를 왕래한다.[240] 항해는 어릴 적부터 그를 알았는데, 중년 이후 벼슬길에 출입하느라 글을 왕래하지 못했다고 한다. 이러한 정황을 고려하면, 항해가 이전부터 추사와 교유가 있었음을 짐작할 수 있다.

그해에는 이명오와 숙선옹주가 연이어 세상을 떠난다. 정작 이명오와는 1831년에 처음 교분을 맺은 후 5년이 못 되어 사별한다. 항해는 어린 시절 효안공孝安公(홍낙성)을 따라 내연內讌에 참여했던 일을 회상하

며, 숙선옹주가 정조의 풍모를 계승했다며 그 죽음을 애도한다.[241]

또한 어린 시절부터 문사를 창수하던 심능익沈能翊(1748~?)의 『상현시초尙玄詩草』에 서문을 쓰고, 백발이 되도록 재능을 발휘하지 못한 점을 애석해한다.[242] 족질 홍우길(1809~1890)이 번화한 도심 가운데 춘산관을 짓고 은거하려는 뜻을 보이자, 재치를 발휘하여 불고불금지문不古不今之文과 불기불우지장不奇不耦之章에 해당하는 글을 지어준다.[243] 이해 여름과 늦가을에 각각 일주일에 걸쳐 137칙과 72칙으로 된 『수여난필』 상 · 하 2권을 완성한다.

1837년(52세)에는 연천과 함께 영평현 일대를 유람한다. 이때 허력許櫟을 만나 그의 재실에서 묵으며 「사여재기事如齋記」를 짓는다.[244] 또한 처남 어명능魚命能과 이정관이 주도하여 『기원선생연보』를 편찬하는 데 동참하며, 기원의 학문을 자기 집안이 온전히 계승했음을 자부한다.[245]

1838년(53세)에도 여러 편의 글을 짓는다. 특히 「집중방산방기集衆芳山房記」에서는 독서는 책에만 한정된 것이 아니라 세상 만물을 잘 관찰하는 것이라는 논리를 피력하며,[246] 「일로당기逸老堂記」에서는 '일逸'에 대한 독특한 견해를 드러낸다.[247]

1839년(54세)에는 풍석楓石 서유구徐有榘와 대산 김매순과의 빈번한 교유가 주목된다. 그는 서유구가 번계에 마련한 별장의 광여루曠如樓에 기문을 써주는데, 풍석의 만년생활을 엿볼 수 있는 귀중한 자료다.[248]

1840년(55세)에는 김포군수에 제수되나 반년도 못 되어 사임한다. 그해 9월 26일부터 28일까지 김상현金尙鉉(1811~1890), 박규수, 윤종의尹宗儀(1805~1886), 김영작金永爵(1802~1868)이 북한산 일대를 유람하고 엮은 『북산추음北山秋吟』에 서문을 짓는다. 항해는 시를 가지고 각자의 시적 개성과 사람됨을 평가하는데, 이때 윤종의와 김영작은 처음 만난 사이였다.[249] 그해 김매순의 죽음에 칠언절구 10수를 지어 슬픔을 표현한다.[250]

1841년(56세) 4월 26일에 타계한다. 연천은 지난해 섣달 그믐날 밤에 항해가 지은 율시 한 수에 죽음을 암시하는 시참詩讖이 있었다고 전하며, 아우를 떠나보낸 슬픔으로 애통해한다.[251] 더욱이 슬픔으로 인하여 절필하고 고질병을 얻을 정도였다.[252] 또한 홍한주는 연이은 대산과 항해의 죽음에 대해서 "상제께서 그 무렵 백옥루를 중수하여 처음에는 대산을 불러 짓게 하였는데, 마음에 차지 않아서 다시 선생을 부른 것이다"라고 하며 슬퍼한다.[253]

항해는 보은군수의 관직을 버리고 타계할 때까지 7년간 은거하며 김정희 · 서유구 · 김매순 등과 교유한다.

수여삼필에 추사에 대한 기록이 전한다. 추사의 지론은 근세 명가거공 가운데 마음에 흡족한 사람은 한 사람도 없고, 당송 이후의 서적은 전혀 볼만한 게 없다는 것이다. 그런 까닭에 시문을 짓거나 저술하려 하지 않았다. 그의 박문과 식견에 대한 자부가 너무 지나쳐 거의 안하무인 지경에 이를 정도였다. 추사가 불서를 즐겨 읽었다는 내용은 일찍이 알려지지 않은 그의 다른 면모다.[254] 이외에 명나라 송렴宋濂(1310~1381)이 태어난 지 24개월 만에 문장의 대가가 되었듯이, 추사도 24개월 만에 세상에 이름을 떨쳤다는 신이한 사적도 덧붙인다.

풍석 서유구는 만년에 번계에 은거하면서 자신의 저술을 정리하고 보충하느라 여념이 없었던 듯하다. 그는 일찍이 『수여방필』과 『수여연필』을 『동국총서東國叢書』에 수록한다며 가져가고 『숙수념』도 읽어보았다.[255] 이러한 정황을 고려한다면 풍석과는 이른 시기부터 교유가 있었고, 번계에 은거한 시점을 전후해서 왕래가 잦았음을 알 수 있다.

대산 김매순은 연천과 절친한 인물로 항해는 어릴 적에 한 번 만나보고 그의 학문을 연천에 견준다. 이렇게 늘 마음속으로 동경만 했을 뿐, 정작 본격적인 교유는 40여 년이 지나서야 이뤄진다. 대산은 자신의 시문을 뽑아 그에게 보여주고, 항해는 하늘에 황도와 적도가 경위經緯하듯이 연천과 대등하다고 평가한다.[256] 이후 대산이 타계하기 전까지 시문을 왕래하며 교유를 지속한다.

수여삼필은 필기류 저술로 단기간에 걸쳐 상당한 분량을 완성한 듯 보이지만 실상은 그렇지 않다. 홍우건은 항해 사후에 유고를 수습하여 『수여난필속』을 편찬한다. 다음 자료는 수여삼필의 저술과정을 엿볼 수 있는 내용이다.

> 수여삼필이 완성되어 각각 이름이 있다. 이후로도 얻은 것이 있으면 종이에 기록하여 책을 이루지 못한 것이 아직 글상자에 남아 있다. 올해 내가 비로소 글상자를 뒤져서 정유년(1837) 45칙, 무오년(1838) 39칙, 기해년(1839) 56칙, 경자년(1840) 7칙, 신축년(1841) 22칙을 찾아내 서둘러 베껴 적어 2권을 만들고 『수여난필』 뒤에 붙였다. 감히 별도로 이름을 세우지 못하여 『수여난필속』이라 하였다.[257]

항해는 1836년(51세) 『수여난필』을 저술한 이후 타계할 때까지 쉬지 않고 원고를 작성한다. 1837년(52세) 45칙, 1838년(53세) 39칙, 1839년(54세) 56칙, 1840년(55세) 7칙, 1841년(56세) 22칙 등 5년간 무려 165

칙에 이르는 방대한 원고를 작성하여 글상자에 보관한다. 이로 미루어 수여삼필은 단기간에 쓴 것이 아니라 오랜 기간 자료를 수집하고 원고를 정리하는 과정을 통해서 완성한 저술임을 알 수 있다.[258] 아마도 1837년부터 1841년까지 5년간 165칙의 원고는 갑작스런 죽음으로 미처 정리할 시간적 여유가 부족했을 법하다.

항해는 어릴 적부터 문장에 뜻을 두어 작문하는 데 도움이 될 만한 내용을 항상 쪽지에 기록했다. 그러나 정작 문장을 지을 때 실제로 사용한 경우는 한둘에 그칠 정도였다.[259] 이러한 내용으로 추측하면, 수여삼필 역시 글상자에 보관해둔 수많은 쪽지 가운데 한둘에 해당하는 내용을 정리하여 방대한 분량으로 완성한 저술에 가깝나. 즉, 수여삼필은 단순히 '견한遣閑' 혹은 '파한破閑'을 위한 저술이 아니며, 내용과 구성에서 다소 산만하고 일관성이 없다고 속단해서도 안 된다.

항해는 당시 학술과 문예의 중심에 있던 인물로, 우리나라는 물론 중국의 학술과 문예 동향을 예의 주시하며 수여삼필에 기록한다. 또한 문장과 독서에 대한 단편적인 언급뿐만 아니라 교유한 인물에 대한 정보, 나아가 그 주변의 자질구레한 이야기까지 상세하게 전한다. 연천의 『학강산필鶴岡散筆』과 고증학에 대한 기록을 통해서 수여삼필의 내용과 자료적 가치를 살펴보자.

항해가 수여삼필을 저술했듯이, 연천도 『학강산필』이란 필기류 저술을 남긴다. 『수여난필속』에는 연천이 장단에 은거하며 『학강산필』을 저술하는 상황을 이렇게 전한다.

내가 『수여방필』과 『수여연필』을 을미년(1835) 겨울에 썼고 『수여난필』은 병신년(1836)에 시작하여 지금은 정유년(1837)이다. 연천선생은 장단에 은거하며 생각나는 대로 저술하여 『학강산필』이라 이름하였다〔거처하는 곳에 백학산이 있기 때문이다〕. 봄부터 여름까지 지은 것이 이미 몇 권인데, 바야흐로 또한 마칠 때까지 쉬지 않는다면 앞으로 몇 권이 나올지는 헤아릴 수 없다. 그 가운데 왕왕 『수여방필』과 『수여연필』 등에 실린 것과 중복되는 것이 있다. 내가 기록한 것은 태반이 선생의 서론이고, 내 『수여방필』과 『수여연필』 등은 비록 모두 하나같이 선생의 열람을 거쳤으나 세월이 조금 오래되어 스스로 일일이 기억할 수 없으니, 형세가 진실로 그렇다. 비록 그리하여 내가 논하여 저술한 것은 대부분 자질구레하지만, 선생이 기록한 것은 도리의 근원에 침잠하고 경례經禮의 뜻을 출입하니, 진실로 한자리에서 논할 수 없다.[260]

연천은 1837년 봄에 『학강산필』 저술에 착수한다. 항해가 이미 1835년에 『수여방필』과 『수여연필』, 1836년에 『수여난필』을 저술한 것에 비한다면 상당히 뒤늦은 시기다. 연천은 일찌감치 벼슬길에 현달했던 까닭에 『학강산필』을 저술하는 데 현실적 어려움이 많았을 것이다. 이는 그가 3년간 현석호사에 우거하던 무렵 저술활동에 전념하여 『제자정언諸子精言』『정로訂老』『상서보전尙書補傳』『속사략익전』 등을 완성한 사실에서 추측할 수 있다.[261] 그러므로 그는 선영이 있는 장단에 은거하던 1837년 무렵에야 비로소 『학강산필』의 저술에 전념한다.

항해는 봄부터 여름까지 짧은 기간에 이미 『학강산필』 몇 권이 완성된 사실을 전하는 한편, 자신의 필기류 저술과 『학강산필』과의 관계를 덧붙인다. 수여삼필에는 연천과 관련된 내용이 많을 뿐만 아니라, 학문과 문장에 대한 연천의 언급이 상당 부분을 차지한다. 때문에 수여삼필과 『학강산필』은 내용이 다소 중복되기 마련이다. 항해는 수여삼필이 연천의 열람을 거쳤다고 언급하여 『학강산필』의 저술에 영향을 끼쳤음을 은연중에 드러낸다. 이 기록은 연천이 『학강산필』의 저술에 착수하던 정황을 알려줄 뿐 아니라 수여삼필과의 밀접한 관련성을 시사한다.

18세기 조선 학계에 박학과 고증학적 학문 경향이 대두하여, 19세기에 이르러서는 중앙 학계에서 한학과 송학에 대한 학술적 논쟁이 벌어진다. 수여삼필은 당시 중국과 조선 학계에서 풍미하던 한학과 고증학에 대한 비판적 시각을 곳곳에 드러낸다.

> 근세 중국의 경학은 오로지 주소註疏를 숭상한다. 주소가 어찌 취할 것이 없겠는가마는 다만 잘못된 곳은 왕왕 이륜彝倫과 명교名敎에 크게 어그러진다. 송유宋儒의 경전 해설은 설령 조금 오류가 있더라도 다만 장구 사이의 소소한 문의에 불과할 뿐이며, 의리강상義理綱常에 이르러서는 일찍이 터럭 하나도 어그러짐이 없었다. 우리나라 문사 중에 중국을 사모하는 자들은 간혹 정현과 공영달을 숭상하고 받들며 감히 한 글자도 비방하지 못하니 이상하도다.[262]

당시는 주소를 숭상하는 한학이 중국 학계에 풍미하여 이륜과 명교가 크게 어그러지는 상황이었다. 조선도 이미 중국의 영향을 받아 정현과 공영달을 숭상하고 받드는 풍조가 성행한다. 그런 까닭에 항해는 전철을 밟은 중국의 사례를 거울삼아 한학과 고증학의 성행을 경계하고 우려한다. 더욱이 일국적인 시각에서 벗어나, 중국의 학술과 문예 동향을 예의 주시한다.

수여삼필을 비롯한 연천의 『학강산필』과 홍한주의 『지수염필』은 중국 서적의 다량 유입과 유통, 장서가들이 문헌 정보를 상호 교류한 문화적 상황을 배경으로 생성되며, 당시 경화세족이자 문한세가였던 풍산 홍씨가가 그 중심을 차지한다. 이런 점에서 수여삼필을 비롯한 풍산 홍씨가의 필기류 저술은 19세기 경화세족의 학술과 문예적 취향을 가감없이 보여준다.

제2부

인식의 논리와 방향

홍길주는 여러 글에서 지知와 각覺(오悟)을 자주 거론하는데, 이는 조선후기 산문론에서 제기된 견식의 문제와 관련을 맺으면서도 색다른 면모를 보여준다.[1] 항해는 '지' 나 '각(오)' 을 대신해서 '진지眞知' '진지盡知' 혹은 '진각眞覺' '묘오妙悟' 를 사용하고 있어, 기존과 다른 함의를 지닌다. 또한 그는 명분에 집착하지 않고 실질을 중시하며, 일상을 강조하여 논의를 전개한다. 이에 따라 인식의 논리는 진지와 진각을 중심으로 살펴보고, 인식의 방향은 실질과 일상으로 구분하여 검토한다.

1. 진지와 진각을 추구하다

항해는 기존의 '지知'와 '각覺(오悟)'에 대해 끊임없이 의문을 제기한다. 먼저 「지해知解」에서 '지知란 무엇인가'에 대해 진지한 논의를 펼치는데, 공자가 언급한 지를 거론하며 당송팔대가의 한 사람인 소순蘇洵(1009~1066)을 반박한다.

> 소순은 말하기를 "열 개의 물건이 있는데, 내가 그 하나를 들지만 사람들은 내가 나머지 아홉을 모른다는 사실을 알지 못한다. 하나하나 들어 아홉에 이르러 나머지 하나를 알지 못하는 것은 하나를 들어 그 나머지를 헤아리지 못하는 것만 못하다"고 하였다. 아, 이는 전국시대의 권모술수이니 어찌 군자의 아는 것〔知〕이겠는가? 공자는 자로에게 말하기를 "아는 것을 안다고 하고, 모르는 것을 모른다고 하는 것이 아는 것〔知〕이다"라고 하였다. (…) 지금의 이른바 안다는 자는 반드시 기이하고 은미하여 사람들이 알지 못하고 보지 못한 것을 취하여 떠들썩하게 말하며 스스로 안다고 여긴다. 사람들도 능히 진짜

로 아는 자[眞知]가 있지 않아서 또한 그를 따르면서도 그가 아는 것을 의심한다. 만일 진짜로 아는 자가 이르게 되면 그 실정은 드러날 것이다. 교활한 자는 경계하고 스스로 쉽게 아는 것을 입을 다물고 말로 자랑하려 하지 않는다. 사람들이 그것을 보면서 처음에는 그가 감춘 것이 있음을 의심한다. 그러나 이 또한 오래갈 수 없는 것이다. (…) 오직 군자의 대중大中하는 도는 그렇지 않다. 그 아는 것에 있어서는 해와 달같이 밝아 사람들이 모두 우러러보며, 그 모르는 것에 있어서도 일식 · 월식과 같아서 사람들이 모두 바라보며, 아는 것은 자랑하거나 숨기지 않으며, 모르는 것은 억지로 하거나 꺼리지 않으며, 아는 것은 일에 시행하여 그 도를 창성하게 하며, 모르는 것은 더욱 힘써 그 도에 이르기를 기다린다.[2]

소순은 일찍이 「명론明論」에서 성인과 우인을 거론하면서도 '현인賢人의 명明' 을 강조하여 일월日月과 뇌정雷霆, 제위왕齊威王과 거일수구擧一數九에 비유한다.[3] 항해는 그 가운데 지와 관련된 거일수구의 비유를 정면으로 반박하고, 전국시대의 권모술수에 불과하다고 평가절하한다. 이는 아마도 지에 대한 그의 인식과 관련이 있으며, 「명론」에 대한 송우재宋迂齋와 모곤茅坤의 평가도 영향을 미치고 있는 듯하다.[4]

일찍이 공자가 『논어』에서 지를 언급하지만, 세상 사람들은 이를 도외시하고 도리어 소순의 말만을 신봉한다. 그런 까닭에 이른바 안다는 자들은 남들이 알지 못하고 보지 못한 기이하고 은미한 것을 거론하며 안다고 자부하고, 교활한 자들은 경계하여 스스로 쉽게 아는 것을 입 다물고 자랑하지 않는다. 그러나 진짜로 아는 자가 이르게 되면 금세 그 실상이 드러나고 오랫동안 감출 수도 없게 된다.

그러므로 군자의 아는 것과 지금의 이른바 안다는 것은 큰 차이가 있다. 군자는 저들과는 달리, 아는 것을 자랑하거나 감추지도 않고 모르는 것을 억지로 하거나 꺼리지도 않는다. 군자 또한 모든 것을 아는 것이 아니라 모르는 것을 알고자 더욱 힘쓰는 존재다. 그는 세상 사람들이 모두 안다고 여기는 것을 부정하고, 군자와 같이 모르는 것에 대해 끊임없이 알고자 노력해야 함을 강조한다.

다시 말해 안다는 것은 절대적일 수 없으며 모르는 것을 알게 되듯이 어디까지나 상대적이다. 이러한 지에 대한 인식은 「오로원기吾老園記」에서 분명하게 드러난다.

> 사람 중에 전에 알지 못한 것을 알고서 성급하게 스스로 안다고 여기는 자가 있다. 대개 그가 아는 것은 알지 않았던 것은 아니다. 그러나 아는 것 외에 또 미처 알지 못하는 것이 있음을 알지 못한다. 아는 것은 그침이 없다. 스스로 내가 아는 것이 이미 지극하다 여기는 자는 알지 못하는 자이다. (…) 전에 스스로 안다고 생각한 것이 이미 아는 것이 아니거늘 어찌 지금의 모두 아는 것이 훗날에 또한 아는 것이 아니게 될 줄을 알겠는가?[25]

사람들은 저마다 스스로 아는 것이 지극하다고 말하지만, 그는 저들은 도리어 알지 못하는 자라고 단언한다. 지는 끝도 없고 한계도 없기 때문에 상대적인 의미를 지닌다. 그런데 세상 사람들은 자신이 아는 것 이외에 다시 알지 못하는 것이 있다는 사실도 모르고, 또한 지금의 아는 것과 다른 날의 아는 것이 다를 수 있다는 것조차 깨닫지 못한다. 이에 항해는 실재하지 않는 세계를 기술한 「오로원기」에서 지의 상대적인 의미를 거론한다.

이러한 인식은 거대한 우주론을 끌어들여 소지小知와 소능小能을 경계한 글에서 보다 확연히 드러난다.

어떤 이가 다음과 같이 말했다.

"한 하늘 아래 지구와 같은 것은 또한 하나가 아니니다. 온 하늘에 해 · 달 · 별에 각각 한 세계가 있어 크고 작다. 오직 해가 빛이 있고 달과 별은 멀리서 보기 때문에 해를 받아서 빛이 있다. 달과 별세계로부터 본다면 지구 또한 하늘에 매달려 빛이 있는 하나의 별과 같다. 이로써 본다면 지금 배와 수레가 소통하는 수만 리 안은 다만 티끌일 뿐이다. 사람은 오직 스스로 마땅히 할 일을 닦아야지 삼가 소지小知와 소능小能으로 스스로 자랑하여 권자외인圈子外人에게 야유를 받지는 말아야 한다."[6]

거대한 우주론으로부터 점차 범위를 축소해가며 논의를 진전시킨다. 우주의 입장에서 본다면 지구와 같은 별은 무수히 많으며, 지구 역시 하늘에 매달려 빛나는 하나의 별에 불과하다는 것이다. 곧 지구 중심의 세계관은 부정된다. 또한 우주의 입장에서 본다면 지금 배와 수레가 소통하는 수만 리 안은 한낱 티끌에 지나지 않는다. 중국 중심의 세계관도 여지없이 부정되고 만다. 따라서 소지와 소능으로 스스로 자랑하여 지구 밖의 사람에게 야유를 받지 않도록 행동해야 한다.

> 사람 중에 재주 · 학식 · 명예를 지니고 오만하게 스스로 잘난체하는 자가 있는데, 덕을 해칠 뿐만 아니라 깊이 생각해보면 참으로 가소롭다. 지금 천하에 배와 수레의 소통은 대개 수만 리고, 이는 지구 안에 있어서도 수십 수백분의 일에 불과하다. 설사 매우 박식한 자가 수만 리 안의 일을 두루 알더라도, 하늘로부터 본다면 다만 탄환의 작은 구석 안을 알 따름이다. 설사 큰 성인이 수만 리 안에 명성을 떨치더라도, 하늘로부터 본다면 또한 명성이 탄환의 작은 구석 안에서 떨칠 뿐이다. 지금 먼 시골 촌구석 작은 마을에 어떤 사람이 있다고 가정하자. 지식이 마을에서 제일이고 명성은 마을에 떨쳐, 문득 오만하게 스스로 잘난체한다. 나라의 현사대부로부터 그를 본다면, 또한 얼마나 가소롭겠는가? 아, 하물며 문족으로 지위를 잡고 스스로 잘난체하는 자에 있어서랴![7]

동일한 인식선상에서 다소 변화를 주어, 문족門族으로 지위를 잡고 스스로 자랑하는 자를 경계한다. 지금 천하에 배와 수레가 소통하는 수만 리도 지구 입장에서 본다면 수십 수백분의 일에 불과하다. 마찬가지로 매우 박식한 사람과 큰 성인도 수만 리 안에서나 그 의미가 있는 것이지, 하늘로부터 본다면 수만 리는 작은 탄환 중에서도 한구석에 지나지 않을 뿐이다. 마찬가지로 먼 시골 촌구석 작은 마을에서 지식과 명성이 통하는 것이지 나라의 현사대부가 본다면 가소로울 뿐이다. 그렇다면 수만 리에서 행세하는 매우 박식한 사람이나 큰 성인도 아니고, 다만 나라의 문족으로 지위를 잡고 스스로 자랑하는 자는 더욱 가소로운 존재다.

논의는 지구에서 하늘로 확대되었다가 일국으로 축소되고 다시 확대되는 구조다. 항해는 작은 지식과 작은 능력에 상대되는 매우 박식한 사람과 큰 성인을 등장시켜, 지식과 능력도 상대적 개념임을 강조한다. 흡사 연암이 「곡정필담鵠汀筆談」에서 우주 담론을 거론하여 지구 중심의 세계관을 부정하고 나아가 중국 중심의 세계관을 부정하는 대목을 연상시킨다. 즉 18세기 연암이 장자의 상대주의적 인식론을 토대로 우주담론을 펼쳐 중국 중심의 세계관과 지구중심의 세계관을 부정했다면, 항해는 연암의 우주담론을 토대로 지식과 능력의 절대성을 부정하고 상대적인 관점으로 인식할 것을 요구한다.

어제 모르는 것을 지금 처음으로 알게 될 수도 있고, 지금 모르는 것을 내일 알 가능성도 충분하다. 그런 까닭에 세상 사람들이 말하는 지는 인정할 수가 없다. 천하의 이치가 무궁하듯이, 사람의 지해知解도 끝이 없다.[8] 그러므로 진지는 세상 사람들이 인식하는 지에 대한 회의와 반성의 의미에서 제기된다.

이렇게 진지를 중시하는 태도는 만년까지 지속되는데, 연천의 사위인 한필교韓弼教가 영유현에 부임할 때 전송한 글에서도 드러난다.

맛 좋은 술과 어여쁜 여색, 바람과 추위, 음식은 칠정七情을 손상시켜 모두 성명性命에 상극이 되고 오장에 적이 된다는 것은 사람마다 알고 있는 것이다. 그러나 제멋대로 하여 그만두지 못하는 자가 천하에 가득하다. 여기에 어떤 사람이 있다고 치자. 눈을 감고 앉아서 자기 오장육부를 들여다보아 마치 신선이 몸속을 들여다보고 편작이 상지수를 마시는 것과 같이 한다면 그는 반드시 젓가락을 던져 맛 좋은 음식을 물리치고 문을 닫고서 남위와 서시 같은 미인도 거부하며 천금의 유혹이나 부월의 위협으로도 그 지키는 바를 훼손할 수 없을 것이다. 이것으로 지난날 아는 것이 진지가 아님을 알았다. 오늘날 군현의 수령 된 자들은 세금을 독촉하여 거두어들이는 것이 백성들에게 해가 된다는 것을 누군들 알지 못하겠는가? 그런데도 그렇게 하는 것은 국가의 정책이 엄중해서 어기면 죄에 걸려들기 때문이 아니겠는가? 그러나 그 이른바 안다는 것이 나는 진지가 아닐까봐 걱정한다.[9]

백성들로부터 세금을 걷어 나라에 바치는 일도 군현 수령의 임무 중 하나다. 하지만 백성들은 거듭되는 흉년으로 곤궁한 처지를 모면할 수 없는 경우가 비일비재하다. 수령들도 이러한 백성들의 처지를 고려해 세금을 독촉하며 걷는 일이 백성들에게 해가 된다는 사실을 알고는 있지만, 국가 정책을 어기면 자신이 죄를 받기에 어쩔 수 없이 그렇게 한다. 이러한 상황에서 그는 시의 문세를 거론한다. 과연 지금 그렇게 하는 것이 진지인가? 그렇다고 세금을 걷지 말라는 말은 아닐 터이다. 아마도 수령의 임무라고 세금을 독촉하여 걷는 일에만 급급하지 말고, 백성의 삶을 안정시킬 만한 방안을 강구하라는 당부이다. 더욱이 백성의 삶을 안정시킬 수 있는 근본적인 해결 방안을 진지라고 이해한 듯하다.

그렇다면 그는 깨달음〔覺〕을 어떻게 인식하는가? 「몽각夢覺」에서 '몽夢'과 '각覺'의 중의적 함의에 착안해, 꿈에서 깨어나는 것을 몽매함에서 깨닫게 되는 과정으로 비유한다.

나는 일찍이 꿈을 많이 꾸었다. 꿈에서 깨어날 무렵 간혹 꿈인 줄 깨닫고 깨어나길 바라며, 또한 간혹 벌떡 일어나 크게 기뻐하며 스스로 꿈에서 깨어났다고 여겼다. 그러나 진짜로 꿈에서 깨어난 후에야 이전에 꿈에서 깨어난 것도 오히려 꿈이었다는 사실을 알았다. 그러니 오늘날의 이른바 진짜로 깨달았다〔眞覺〕는 자도 대각大覺에서 본다면 또한 오히려 꿈이 아니라는 것을 어찌 알겠는가? 아아, 꿈을 꾸면서도 꿈인 줄 모르는 것은 온 세상 사람이 모두 이러하다. 돌아보건대 또렷이 스스로 꿈에서 깨었다고 여기는 것이 내가 또한 꿈속에서 깨었다는 것이 아님을 어찌 알겠는가? 하물며 스스로 깨었다고 여기면서 진짜로 깨달은 자가 꿈을 꾼다고 비웃음에 있어서랴! 하물며 스스로 깨었다고 여기면서 진짜로 깨달은 자를 꾀어 그로 하여금 함께 꿈으로 나아감에 있어서랴![10]

『장자』의 호접몽胡蝶夢에서 보이는 '나'와 '나비'를 비유한 것과 흡사한 논리다. 지와 마찬가지로 각도 한계가 없다. 세상 사람들은 스스로 깨달았다고 여기지만, 그는 깨달은 것이 아니라 꿈속에서 깨어난 꿈을 꾼 것과 다름없다고 한다. 즉, 그가 인식한 각은 세상 사람들이 말하는 각과는 다르다. 진각에서 각을 바라보면 꿈과 같으며, 진각 역시 대각에서 본다면 꿈에 불과할 뿐이다. 각 역시 절대적인 것이 아닌 어디까지나 상대적이다. 이에 기존의 각을 대신하여 진각을 제기한다.

그는 수여삼필에서 자주 깨달음〔悟〕을 언급하는데, 특히 독서와 관련하여 중시한다. 『중용』과 『대학』을 거론하며 깨달음의 문제를 제기한다. 『중용』의 '중中'과 『대학』의 '명덕明德'은 깨달음과 관련이 깊으며 책의 핵심에 해당한다. 그러나 깨달음이 없기 때문에 그 핵심을 제대로 파악하지 못한다.[11] 그는 책의 핵심을 파악하는 능력을 깨달음과 연결시키는데, 책의 정수를 간추려 읽는 독서법과 연관이 깊다.

재주는 부지런함만 못하고, 부지런함은 깨달음만 못하니, 깨달음〔悟〕 한 글자는 도덕의 원부元符다. 옛사람의 책 가운데 경사經史의 부류는 한 글자도 그냥 지나쳐서는 안 된다. 자질구레한 나머지 책은 한 글자 한 글자 정밀히 궁구하여 심력을 허비할 필요는 없다. 가령 한 권의 책이 칠팔십 장이라도 그 정수를 모으면 십여 장에 불과할 것이다. 세속의 선비들은 처음부터 끝까지 읽더라도 그 정수의 소재를 알지 못한다. 오직 깨달음이 있는 자는 익숙한 솜씨로 책을 펴서 보아도 정수가 설로 눈에 와닿는다. 한 권 안에서 단지 십여 장을 궁구하고 그치지만, 그 효과는 책을 모조리 읽은 자보다 배나 된다. 이 때문에 다른 사람들이 바야흐로 두세 권의 책을 읽을 때, 나는 백여 권을 읽는 셈이고 그 효과는 또한 다른 사람의 배가 된다.[12]

사람이 타고난 재주는 부지런한 노력만 못하고, 부지런한 노력은 깨달음만 못하다. 무엇보다 깨달음이 중요하다. 특히 독서와 관련해서는 더욱 그렇다. 세상의 책은 한우충동할 만큼 많아서 이것을 모두 읽는다는 것은 무모한 일이다. 따라서 경사는 한 글자 한 글자 정밀하게 궁구해야 하지만, 그 외의 책은 그렇게 할 필요가 없다. 그렇다고 하더라도 경사에 관한 책도 모두 읽기에는 시간이 턱없이 부족하다. 그는 여기서 책의 정수를 간추려 읽는 방법을 해법으로 제시한다. 아무리 분량이 많은 책이라도 그 정수만을 간추리면 얼마 되지 않는다. 그리하여 깨달음이 있는 자는 손에 잡히는 대로 펼쳐 읽더라도 정수가 눈에 와닿기 때문에 다른 사람보다 많은 책을 읽으면서도 그 효과는 배가 된다. 그는 자신을 깨달음이 있는 자로 확신하는데, 깨달음[悟]에 대한 진지한 고민을 통해서 얻어진 결과다. 이러한 깨달음은 독서에만 국한되지 않고 사람이 세상을 살아가면서 마주치는 일체의 사물에도 그대로 적용된다.

> 사람은 일체의 사물을 마주할 때마다 현혹되어 많은 생각을 낭비한다. 지나간 이후에 시험 삼아 다시 궁구해보면 단지 이와 같을 뿐 별도로 다른 이치가 아니다. 비로소 당초의 생각이 살피지 못하여 절로 장황해졌음은 모두 깨달음이 없기 때문이라는 것을 알게 된다.[13]

사람은 일체의 사물과 마주치면서 세상을 살아간다. 그러나 누구나 어떤 사물을 처음 맞닥뜨리면 차분하게 처리하지 못하고 그 상황에 현혹되기 쉬워서 그 일을 생각하느라 시간을 허비한다. 이는 깨달음이 없기 때문이다. 만약 깨달음이 있다면 이전에 경험한 것을 미루어 자신이 처한 상황을 손쉽게 해결할 수 있다. 그런 까닭에 깨달음은 천하의 이치는 물론, 도덕, 독서와 문장, 나아가 사람이 세상에 태어나 살아가면서 맞닥뜨리는 현실에서도 중요하다.

이러한 '진지'와 '진각'에 대한 인식은 금수와는 다른 사람의 존재 의미를 설명한 「인해人解」라는 글에서도 확인된다.

> 사람이 금수보다 뛰어난 것은 지각과 언어에서일 뿐이다. 그러나 하늘에 비바람이 몰아치려 할 때, 사람은 알지 못하지만 금수 중에는 미

리 알아채는 경우도 있다. 사람의 말을 금수 중에 간혹 알기도 하지만 사람은 금수의 말을 알지 못한다. 사람이 금수보다 뛰어난 이유는 진실로 여기에 있지 않다.[14]

세상 사람들은 사람이 금수보다 뛰어난 점을 지각과 언어에서 찾고 있으나, 그는 그렇게 보지 않는다. 사람이 지각하지 못하는 기후의 변화에 개미는 미리 알아채고 개미굴을 막느라 부산을 떨며, 사람은 금수의 소리를 듣고도 이해하지 못하지만 앵무새나 구관조는 사람의 말을 그대로 흉내 내기도 한다. 이러한 점을 인정하면 사람이 금수보다 뛰어나다는 말은 모순이다. 이는 사람들이 지각을 단순히 감각기관을 통하여 외물을 인식하는 것으로, 언어를 간단한 단어의 조합으로 이해하기 때문이다.

따라서 사람이 금수보다 뛰어난 점은 지각과 언어에 있지 않다. 그가 생각하는 지각과 언어는 사람들과는 다르다. 지식이란 감각기관을 통하여 외물을 인식하는 것을 뛰어넘어 사물의 이치를 분별해내는 능력이며, 언어란 단어의 조합이 아닌 생각이나 느낌을 전달하는 수단과 체계를 의미한다. 그래야만 사람이 금수보다 뛰어난 점이 지각과 언어에 있다는 말이 성립된다. 즉, 개미는 기후의 변화는 미리 알 수는 있지만 사물의 이치를 분석하고 유추하는 능력은 없으며, 앵무새나 구관조는 간단한 사람의 말을 흉내 낼 순 있지만 사람의 생각이나 느낌을 전달하는 언어 체계를 이해하지는 못한다. 이에 사람이 금수보다 뛰어난 점은 지각과 언어에 있지 않다는 역설이 성립된다. 그러므로 사람이 금수보다 뛰어난 점은 '진지각眞知覺'과 '진언어眞言語'를 가지고 있기 때문이다.

그렇다면 지와 각(오)은 어떠한 관계인가? 그는 스스로 모두 안다[盡知]고 여기는 자도 아는 것이 진보가 있으면 지난날에 모두 아는 것이 아니라는 사실을 깨닫는다고 하여, 지는 각(오)과 밀접한 관련이 있음을 지적한다.

> 척촌尺寸의 지知를 갖고서도 스스로 모두 안다[盡知]고 여기는 자는 반드시 매우 어리석은 사람이다. 대개 시간이 쌓이고 세월이 지나가면 아는 것은 반드시 진보가 있으며, 진보가 있으면 반드시 지난날에 모두 아는 것이 아님을 깨달을 것이다. 이미 지난날에 모두 아는 것이 아님을 깨달았다면 또한 반드시 오늘 아는 것이 자기만 아는 것이 아님을 깨달을 터이다. 스스로 모두 안다고 여기는 바가 반드시 오래가는 것은 아는 것이 진보가 없기 때문이다. 오래 지나도록 아는 것이 진보가 없으니 매우 어리석은 일이 아니면 무엇이겠는가?[내가 이것을 논하는 이유는 대개 한 가지 재주나 능력을 가진 선비를 위하여 말한 것이다. 가령 천하 만물의 이치나 도덕과 문장은 비록 크게 광망狂妄한 자라도 어찌 감히 스스로 모두 안다고 여기는 자가 있겠는가?][15]

아는 것은 시간이 쌓이고 세월이 지나가면 진보가 있으며, 진보가 있으면 지난날 진지盡知로 여기던 것이 잘못임을 깨닫게 된다. 나중에 깨달은 자체가 또한 아는 것이 되기 때문에, 아는 것(지식)은 깨달음의 과정을 통해서 진보한다. 그러므로 지식과 깨달음은 상호 유기적인 관계에 있으며, 독서와 문장은 물론이거니와 일상을 비롯한 세상 만물을 인식하는 과정으로 논의가 확장된다.

항해는 기존의 지와 각(오)에 대한 회의와 반성에서 진지와 진각의 문제를 제기하고 있다. 나아가 지와 각(오)의 절대성을 부정하고, 상대적인 의미를 내포한 진지와 진각을 중시한다. 이러한 진지와 진각의 상대적 인식은 독서와 문장에 국한되지 않고, 사람이 세상을 살아가면서 마주치는 모든 상황과 밀접한 관련을 맺는다. 이에 그는 진지와 진각을 통해서 실질과 일상을 중시하는 방향으로 나아가며, 또한 당대의 현실을 왜곡된 시각에서 벗어나 올바르게 인식하고 비판한다.

2. 실질과 일상을 중시하다

항해는 자신이 발을 딛고 있는 현실 상황에 민감하게 대응한다. 이는 그의 현실 비판적 자세와 관련이 깊으며, 특히 실질과 일상을 중시하는 방향으로 표출된다. 20대 중반에 그는 독서지사로서 자신의 삶을 진지하게 성찰하는데, 아래 인용은 그의 학문 경향을 살필 수 있는 자료다.

> 당신은 학자인가? 어찌하여 성명이기性命理氣의 학설을 궁구하지 않는가? 당신은 학자가 아니란 말인가? 또한 어찌하여 경사經史와 백가百家를 꿰뚫는가? 당신은 유학을 하는 자인가? 그렇다면 어찌하여 꼿꼿이 앉아 용모를 단정히 하고 바르게 걷고 단정하게 종종걸음 치지 않는가? 당신은 노자의 학문을 하는 자인가? 그렇다면 또한 어찌하여 공자 · 맹자를 받들고 정자 · 주자를 말하는가?[16]

학자는 성명이기의 학설을 궁구해야 하고, 유자는 꼿꼿이 앉아 용모를 단정히 하고 바르게 걷고 행동해야 한다. 이는 당시 사대부 사회의 명분이자 통념이다. 그러나 항해는 이러한 명분과 통념을 거부하고 무엇보다 실질을 중시한다. 그는 주자 이후로 반궁反躬과 수덕修德의 실천을 배우지 않고 과사夸辭와 설리說理의 말단을 답습하며, 성명性命과 이기理氣를 학문의 근본으로 삼고 강변과 논증을 유자의 일로 여겨, 마침내 유학은 쓸모없는 시문 창작의 재능이 되었다고 통탄해마지 않는다.[17] 또한 선비랍시고 거드름만 피우고 앉아 손 하나 까딱하지 않고 의식을 해결하면서도 빌어먹을지언정 농부나 공인이나 장사치는 되지 말라고 훈계하는 선비의 세태를 신랄하게 비판한다.[18] 따라서 성명이기의 학설을 궁구하기보다는 경사와 백가의 이치를 궁구하는 데 힘쓰고, 꼿꼿이 앉아 용모를 단정히 하고 바르게 서고 행동하기보다는 공자 · 맹자를 받들고 정자 · 주자를 말하기에 전념한다.

이렇게 실질을 중시하는 면모는 세상을 살아가는 선비의 자세를 언급한 대목에서도 드러난다. "그 뜻을 받들고 그 재주를 감추며 그 실질을 힘쓰고 그 이름을 부끄럽게 여길 뿐이다"라고 하여, 그는 선비로서의 실질적인 역할에 힘쓰기를 다짐한다.[19]

또한 옛사람을 평가하는 데에도 '실'을 중심에 놓는다. 심지어 실사를 우선하고 공언을 뒤로한다고 언급할 정도로 '실'을 중시한다.

> 나는 일찍이 다음과 같이 생각하였다.
> "사람의 재주는 만 가지가 있으니, 배워서 치국평천하에 이르는 것이 으뜸이다. 그다음으로 효제충신한 행실, 정사병융재부政事兵戎財賦의 재능, 농공의복農工醫卜과 같은 한 가지 재주나 능력에 이르며, 그런 연후에 문사는 가장 아래다. 어째서인가? 실사를 우선하고 공언을

뒤로하기 때문이다. 이 때문에 사람들은 반드시 칭찬할 만한 다른 재주가 없은 연후에야 시문으로 일컬으니, 장순張巡 · 육지 · 범중엄范仲淹 · 사마광은 세상 사람들이 일찍이 문인이라 부르지 않는다."[20]

사람의 재주는 만 가지로 다르지만, 치국평천하와 같이 위정자로서 경세를 펼치는 것이 가장 으뜸이다. 따라서 사람의 재주도 실사를 우선하고 공언을 뒤로하기 때문에 문사가 가장 아래에 해당한다.

이처럼 실질을 중시하는 경향은 당시 숭상하고 받들던 정자와 주자를 인식하는 대목에서 보다 분명하다. 당시 중국을 비롯한 조선 학계에 한학과 고증학이 성행 · 풍미하지만 주자학은 여전히 그 권위를 잃지 않았다.

후세의 유자들은 입으로 정자 · 주자를 일컬으면서도 실제로는 정자 · 주자를 알지 못한다. 나는 일찍이 생각하기를 "정자 · 주자의 공적은 의리를 밝히고 윤상倫常을 세워 후세 사람들로 하여금 부자 · 군신 간의 의리가 있음을 알게 한 것이 마땅히 첫번째에 속할 것이니, 비록 우 임금의 치적 아래에 있지 않다고 해도 괜찮을 것이다. 학문과 공부의 차례를 드러내고 함양涵養 · 극기克己 · 지경持敬 등의 명목을 세워 후세의 학자들로 하여금 착수할 곳이 있음을 터득하게 한 것이 그 두번째 공적이다. 이전 사람들이 발명하지 못한 것을 발명한 심성心性 · 이기理氣의 분변은 다만 세번째 공적에 해당할 것이다"라고 하였다.[21]

후세의 유자들은 정자와 주자를 입에 침이 마르도록 말하면서도 실제로는 그 진면목을 알지 못한다. 그는 정자와 주자의 공적을 3등급으로 구분하는데, 이 역시 세상의 유자들과는 다르다. 정작 당시 사람들이 학문의 근본으로 여겼던 심성이기의 분변은 제일 아래 등급이며, 도리어 무심히 지나치고 도외시했던 의리를 밝히고 윤상을 세워 후세 사람들로 하여금 부자 · 군신 간의 의리를 알게 한 것을 첫번째 공적으로 손꼽는다. 이렇듯 실질과는 동떨어진 채 성명이기를 분변하는 데에만 골몰하던 당시 선비들의 세태를 비판하는 것이다. 이는 사물의 이치나 일의 본질을 궁구하는 내용과도 연결된다.

> [1] 먼 곳까지 환히 보는 것을 밝다고 한다면, 가까운 곳을 살피는 것은 밝다고 말할 수 없다. 은미한 것까지 밝게 보는 것을 밝다고 한다면, 드러난 것을 보는 것은 밝다고 말할 수 없다. 그러나 나는 항상 '대명大明은 지극히 가까운 곳에 있고, 지극히 드러난 것에 있다'고 생각하였다. 지금 열 걸음 앞에 채색을 펼쳐놓으면 진실로 청맹과니가 아니라면 누군들 볼 수 없겠는가? 그러나 눈이 밝다는 것은 이에 불과할 뿐이니, 반드시 백 리 떨어진 거리에서 티끌을 분별한 후에 밝다고 하는 것은 아니다.[22]

> [2] 무릇 천하의 사물은 그 처음에는 쓰이지 않을 수 없으나 오래 사용하면 바뀌어 쓸모없는 기교가 되니, 곧 도리어 그 처음을 잃고 그 참을 해친다. (…) 그러나 산 하나를 그렸는데 일찍이 그 산을 본 사람은 그것이 어느 산인지 알고, 한 사람의 초상화를 그렸는데 일찍이 그

사람과 사귄 사람은 그가 누구인지 안다면, 나는 반드시 천하의 훌륭한 그림이라고 말할 것이요, 그 외는 내가 아는 바가 아니다. 먹고 마시고 배가 부르면 나는 좋은 맛이라 할 것이고, 기물이 쓰임에 적합하다면 나는 좋은 기구라 할 것이며, 문장이 일과 말을 전달하여 사람으로 하여금 쉽게 깨닫게 한다면 나는 지극한 문장이라 할 것이다.[23]

1 은 「명해明解」의 서두다. 먼 곳까지 환히 보거나 은미한 것까지 밝게 보는 경우에 밝다고 말하지, 가까운 곳이나 드러난 것을 두고는 말하지 않는다. 그런데 그는 정반대로 대명은 가까운 곳이나 드러난 것에 있으며, 눈이 밝다는 것도 앞에 펼쳐진 사물이나 세계를 보는 것에 불과하다고 한다. 이처럼 그는 밝다[明]는 개념 자체를 다른 방식으로 이해한다. 즉, 세상 사람들은 밝다는 말에 집착하여 먼 곳까지 환히 보거나 은미한 것까지 밝게 보는 데 급급해하며, 도리어 가까운 곳이나 드러난 것은 제대로 보지 못한다. 이로써 가깝고 드러난 자기 주변을 살펴서 다스리지 못하는 현실을 역설적으로 비판한다. 그는 「위언危言」에서 붕당의 폐해는 외척의 국정을 장악하는 사태를 부르고, 결국에는 국정이 환관과 궁첩의 손아귀로 들어갈 것이라고 우려한다. 이는 당시 외척에 의한 세도정치가 행해지던 현실 상황과 관련이 깊다. 그러므로 「명해」를 통해서 세도 정권에서 자기 주변부터 제대로 살피고 다스릴 것을 주문한다.

2 는 「관화설觀畵說」의 일부로 논의는 그림에만 국한되지 않는다. 천하의 사물은 처음에는 그 쓰임새가 있지만, 오랜 시간이 지나면 결국에는 쓸모없는 기교로 빠져들게 마련이다. 그림도 마찬가지다. 그는 이러

한 세태를 비판하며 그 본질을 일깨운다. 어떤 대상이나 인물을 그렸을 때 다른 사람이 알아보면 그것만으로도 훌륭한 그림이 된다. 문장도 마찬가지로 사건이나 말을 제대로 전달하여 보는 사람으로 하여금 쉽게 깨닫게 한다면 지극한 문장이 된다. 이는 문장의 형식과 수사에만 힘쓰고, 도리어 내용과 실질을 도외시하는 당시 세태를 비판하고 경계한다.

이처럼 실질을 중시하는 경향은 현실과 밀접한 관련을 맺으며, 이에 대한 견해를 피력한 대목에서도 확인된다.

> 고금의 학문은 이치를 궁구하는 것을 우선으로 삼는다. 대개 이치를 살피지 못하면 사정시비邪正是非의 분변을 알 수 없기 때문이다. 일에 있어 반드시 막히는 것이 있다면 이치 또한 어찌 궁구할 수 있겠는가? (…) 학자는 이치를 설명할 때 반드시 미루어 태극太極에 다다른 연후에 그친다. 이치를 궁구하는 것을 귀하게 여기는 것은 선을 밝혀서 행동하고 일을 처리함에 마땅히 그러한 법칙을 잃지 않으려는 것이다. (…) 내가 말하는 이치는 사정시비의 분변일 따름이다. 어버이를 섬기면, 어찌하면 효가 되고 어찌하면 불효가 되는가? 임금을 섬기면, 어찌하면 충이 되고 어찌하면 불충이 되는가? 어떤 일을 도모하면 어찌하면 잘되고, 그와 반대로 하면 잘못되는가? 무릇 사정시비의 분변은 흑백의 구분과 같아서, 쪼개어 두 개가 되면 그 경계를 서로 침범할 수 없다. 다만 그 경계를 나누어 쪼개는 것이 어려울 뿐이다. 한번 정한 바가 있으면 무릇 천하만사는 이를 벗어나지 않는다. (…) 일에 당해서 그 시비를 궁구하면 사리를 알 수 있고, 사물에 당해서 그 공용功用을 살펴보면 물리를 살필 수 있다.[24]

이치란 무엇인가를 밝힌 글이다. 이치를 살피지 못하면 사정시비의 분변을 알지 못한다. 따라서 고금을 막론하고 이치를 궁구하는 것을 학문의 최우선으로 삼는다. 당시의 학자들은 이치를 말할 때면 반드시 태극을 들먹인 연후에 그친다. 반면 항해는 이치를 사정시비를 분변하는 것으로 단정하며 그 실례를 거론한다. 그러므로 사정시비의 분변이 한 번 정해지면 천하만사가 모두 이를 벗어나지 않으며, 일에 당해서는 그 시비를 궁구하고, 사물에 당해서는 그 공용을 살핀다면 사리와 물리는 알 수 있다. 즉, 이치는 사정시비의 분변이라서 굳이 태극을 거론할 필요가 없다는 논리다.

그는 성도 이것의 연장선상에서 이해한다. 당시의 학자들은 대부분 성은 본연지성本然之性과 기질지성氣質之性이 있고, 사람과 만물은 성이 다르다고 인식한다. 그러나 그는 사람과 만물이 성이 다를 뿐 아니라, 사람마다 이목구비가 제각각이듯 사람의 성도 다르다고 주장한다. 심지어 성을 본연지성과 기질지성으로 구분하는 것조차 반대한다. 따라서 기질지성도 본연지성과 마찬가지로 하늘이 명한 바이므로 굳이 구분할 필요가 없다.[25] 논리의 타당성 여부를 떠나서, 성을 형이상학적 개념이 아닌 구체적이고 실질적인 개념으로 인식하는 태도가 주목된다.

그의 실질을 중시하는 경향은 독서와 연관이 깊다. 그는 독서의 경험을 어떻게 현실에 적용할 수 있는가에 관심을 집중한다. 따라서 실질을 중시하는 경향은 일상의 문제로까지 확대된다.

> 서경西京의 유자들은 한 권의 경전을 오로지하여 배웠어도, 군郡을 다스리는 데 쓰면 훌륭한 목수牧守가 되었고, 형벌을 다스리는 데 쓰면

> 훌륭한 옥리獄吏가 되었으며, 재부財賦를 다스리는 데 쓰면 훌륭한 유사有司가 되었으며, 천하 국가를 다스리는 데 쓰면 훌륭한 재상이 되었으니, 실사구시가 또한 어찌 방책 밖에 있겠는가?[26]

실사구시란 방책을 벗어나지 않는다고 하여, 독서한 경험을 현실에 어떻게 적용하느냐를 문제삼는다. 단지 독서에 그칠 것이 아니라 자기가 처한 조건에서 적극적으로 적용하고 실천할 것을 주문한다. 이러한 논리는 독서의 현실 적용을 강조한 「명학明學」에 그대로 계승된다. 그는 공자의 말을 인용하면서 『시경』을 읽으면 정사에 통달하고, 사방에 전대專對하는 등의 효용성을 언급한다. 반면 오늘날의 독서는 미지오의微旨奧義를 구하여 망양공원茫洋空遠하여 따질 수 없는 데까지 이른 후에 그쳐 아무짝에도 쓸모가 없다고 진단한다.[27] 이렇듯 독서의 경험을 일상의 현실과 접목시켜 그 의미를 찾는다.

또한 「사제세숙문고서舍弟世叔文藁序」에서 문장의 창작과 관련하여 도道와 문文의 관계를 언급하는데, 도를 추상적이거나 관념적인 내용이 아닌 현실의 일상과 연결시킨다.

> 문장은 말을 싣는 것이요, 말은 도를 싣는 것이다. 도의 소재는 말을 좇아서 문장이 되니, 문장은 말단이요 도는 근본이다. 그러므로 군자는 반드시 도를 귀하게 여기고, 문장을 다음으로 한다. (…) 무릇 소위 도라는 것은 무엇인가? 어버이를 사랑하고, 형제를 공경하며, 마음을 보존하고, 몸을 수양하며, 거처함에 공손하고, 일을 처리함에 공경하며, 말은 반드시 믿음이 있고 행동에는 반드시 성실함이 있으

며, 욕심을 좇지 말며, 이익에 마음을 놓지 말며, 말은 빠르게 하지 말며, 안색은 갑자기 바꾸지 말아야 한다. 이것을 미루어 간다면, 윗사람을 섬길 수 있고 아랫사람을 부릴 수 있으며, 집안을 다스릴 수 있고 나라를 다스릴 수 있으며, 천하에 베풀어도 따르지 않음이 없고 오랑캐 땅에 시행하더라도 좇지 않음이 없을 것이다.[28]

도와 문의 관계를 본말로 인식한다. 따라서 무엇보다 도의 소재가 무엇인가가 문장을 결정짓는다. 그는 현실생활의 일상과 연결시켜 도의 의미를 파악한다. 그런 까닭에 도는 더 이상 추상적이거나 관념적인 내용이 아니라 발을 딛고 선 일상에서 실천할 수 있는 실질적 개념을 의미한다.

이러한 경향은 성인의 가르침을 회복할 것을 주장한 「명교明敎」에서도 확인된다. 그는 일용사위日用事爲나 의식재화 이용衣食財貨利用 등 일상을 외면하는 학자의 행태를 신랄하게 비판한다.

무릇 학자는 일용사위日用事爲의 비근함을 버리고 허공고원虛空高遠한 영역에 뜻을 치력하므로 호리毫釐의 잘못으로 석가와 노장으로 빠져 들어가며, 의식재화 이용衣食財貨利用의 일을 마음에 두지 않고 거만하게 독서궁리한다고 자부하기 때문에 그 쓰임에 미쳐서는 실사에 마땅함이 없어 유속流俗이 그 틈을 엿볼 수 있다. 무릇 성인의 도가 어찌 일용사위의 밖에 있겠는가? 선왕의 가르침이 또한 어찌 독서하는 자가 사유할 수 있는 것이겠는가? 천하 국가를 다스리는 법을 또한 어찌 의식재화를 버리고 다른 곳에서 찾을 수 있겠는가?[29]

성인의 도는 일용사위를 벗어나지 않고, 천하 국가를 다스리는 법은 의식재화이용을 버리지 않는다. 그런데 당시 학자들은 오로지 허공고원한 영역에 뜻을 치력하거나 독서궁리한다고 자부한다. 때문에 석가나 노장 같은 이단에 빠져들거나 유속이 틈을 엿보는 빌미를 제공하기에 이른다. 이는 당시의 학문 경향과 관련이 깊은데, 「명학」의 내용에서 추측할 수 있다. 허공고원한 영역에 뜻을 치력하는 무리는 심성이기를 학문의 근본으로 삼아 이를 분변하는 데 골몰하던 도학자를 말하며, 강변과 논증을 유자의 일로 여겨 자구훈고에만 급급한 고증학자를 의미한다. 저들은 일용사위나 의식재화이용 등 현실의 일상을 중시하던 성인의 도나 천하 국가를 다스리는 법을 궁구하지 않는다. 그는 독서와 문장을 언급하는 대목에서 일상에 대한 문제를 자주 거론한다. 다음 자료는 그의 문하에서 수학한 이헌명에게 제시한 두 가지 독서법이다.

> 근세에 독서하는 자들이 항상 하는 말이 있다. "책은 반드시 한 권을 천 번 만 번 읽어야 효과가 있다." 이것은 자구字句를 읽을 뿐이요 책의 맛을 얻은 것이 아니다. 독서를 잘하는 자는 『주역』을 수십 번 읽은 후에 『춘추』를 읽으면 또한 『주역』이 된다. 『상서』를 백 번 읽은 후에 『시경』을 읽으면 또한 『상서』가 된다. 무릇 그렇다면 종신토록 천하의 책을 읽은 것이 모두 서로 한 권의 책이 될 것이니, 비록 모두 만 번을 읽었다 해도 괜찮을 것이다. (…) 사람의 일용기거日用起居와 시청사위視聽事爲는 진실로 천하의 지극한 문장이 아님이 없다. 사람들은 스스로 문장으로 보지 않고 반드시 책을 펼쳐 몇 줄을 옹알옹알 목소리를 낸 연후에야 비로소 책을 읽었다고 말한다. 이와 같이 하기를

비록 백 번 만 번을 하더라도 무슨 효과가 있겠는가?[30]

하나는 종이 위의 자구를 읽는 것이 아니라 책의 참맛을 음미하는 독서다. 즉, 한 권의 책이 담고 있는 핵심을 파악하는 것이 무엇보다 중요하다. 이렇게 하면 한 권의 책을 읽은 경험이 다른 책으로 연결되기 마련이다. 그러면 『주역』은 『춘추』로 이어지고 『상서』는 『시경』으로 연결되는 독서가 가능하다. 다른 하나는 책을 읽는 것에 국한되지 않고, 사람의 일용기거와 시청사위를 읽어내는 독서다. 이는 사람의 일용기거와 시청사위도 천하의 지극한 문장이기에 가능하다. 다시 말해, 현실의 일상 자체가 훌륭한 책이며, 일상 자체를 읽어내는 행위가 독서다.

이러한 일상을 읽어내는 독서법은 시문 창작으로 연결된다. "아침에는 아침노을로 독서하고, 저녁에는 저녁 안개로 독서하며, 오늘은 비로 독서하고, 내일은 또한 날이 갠 것으로 독서하여 그 색상色相과 신태神態를 관찰한다면 지묵紙墨의 밖에서도 무방할 것이다"라고 하며, 그는 일상을 주의 깊게 관찰하여 문장으로 창작할 것을 주문한다.[31] 또한 「이우재기而優齋記」에서는 일상을 읽어내는 독서가 단순한 독서를 넘어 학문을 보좌하고 정사를 펼치는 바탕이 된다고 파악한다. 그런 까닭에 강호주즙어조江湖舟楫魚鳥의 백변百變과 연도수월괴기쾌활煙濤水月瓌奇快豁의 경관 등 주변의 일상 속에서 지극한 도의 요체를 찾으라고 당부한다.[32] 이러한 일상을 읽어내는 독서와 그것을 표현하는 문장은 그의 문장론과 관련이 깊다. 더욱이 일상생활 속에서 그 변화를 읽어내고 표현하는 것은 바로 선변善變과 문시활물文是活物의 핵심이다.

일상을 중시하는 경향은 그의 저술과도 연관을 맺는다. 그는 저술과 관련하여 날짜별로 그날의 일을 기록하는 일기와 같은 방식을 구상하는데, 여기서도 일상을 주목한다.

> 또한 한 책자를 만들고자 하였는데, 날에 따라 일을 기록하는 것은 대략 일기와 같다. 날씨의 맑고 흐림과 시사의 견문으로부터 자신의 출처, 독서 공부, 여행이나 유람 및 집안의 자질구레한 일까지 빠짐없이 기록하며 상세하고 간략한 것은 마음대로 한다. 붕우를 만나 이야기하여 새로 들은 것이 있으면 기록하고, 가만히 앉아 사색하다가 새로 깨달은 것이 있으면 기록하며, 야승 · 가적 · 연보 · 어록을 기록하고, 시문을 지은 것은 또한 날짜에 따라서 수록한다면 이 한 부의 책은 바로 나의 전서이니 반드시 다시 저술할 필요가 없으며, 또한 반드시 문집을 별도로 간행할 필요도 없을 것이다. 젊은 시절에는 생각이 여기에 미치지 못하였고, 지금은 쇠약하고 게을러 할 수 없다. 우선 여기에 기록하니, 후세의 문사 중에 반드시 취하여 쓸 자가 있을 것이다.[33]

일기는 그날에 있었던 모든 일을 빠짐없이 날짜별로 기록하는 방식이다. 그렇게 되면 그 자체가 바로 전서全書이니, 다시 저술을 하거나 별도로 문집을 간행할 필요도 없다. 이렇듯 그는 자신이 발을 딛고 선 일상을 매우 중시하여 일기와 같은 저술을 고안한다.

지금까지 살펴본바 항해는 명분이나 통념에 집착하지 않고 실질을 우선시하며, 무엇보다 현실의 일상을 중시하는 방향으로 나아간다. 이러한 실질과 일상을 중시하는 태도는 그의 현실 인식에서 비롯된다.

제3부

독서의 함의와 내용

홍길주는 무엇보다 독서를 매우 강조하는데, 이는 인식론 · 문장론과 관련이 깊다. 따라서 독서의 범주와 취향을 검토하고, 『상우서尙友書』와 『서림일위書林日緯』에 대한 심층 분석을 시도하여 독서론의 함의와 내용을 살펴보고자 한다. 『상우서』는 수학기의 독서 관련 저술로 항해의 학문과 사상은 물론이려니와 경세제민의 의지를 엿볼 수 있는 귀중한 자료다. 또한 그는 30세부터 44~45세까지의 기간을 자신의 문장이 극성했던 시기로 자평하는데, 『서림일위』가 바로 여기에 해당한다. 『서림일위』는 독서에 대한 관심과 취향을 보여주는 중년기의 저술로, 19세기 경화세족의 학술과 문예의 특징을 파악할 수 있는 자료다.

1. 독서의 범주와 취향

조선후기 특히 18~19세기에 이르면 서적의 수집과 유통이 이전보다 더욱 확산된다. 중국으로부터의 서적 수입과 감영판의 다양한 보급, 나아가 활자의 주조와 방대한 분량의 출판은 이 시기의 학술과 문예의 특징이다. 특히 문화 군주를 자임하던 정조는 중국에서 간행되는 거질의 서적들도 즉시 수입하여 소장했을 뿐 아니라 다양한 종류의 서석을 출판하는 등 남다른 관심을 보인다. 정조가 1772년부터 1800년까지 편찬한 문헌을 목록화한 『군서표기群書標記』가 대표적이다. 당시 다양한 지식과 신정보에 목말라하던 경화세족은 서적의 유입과 유통을 계기로 더욱 독서삼매경에 빠져든다.

독서지사를 자처했던 항해 역시 독서의 역할과 필요성을 인식해 많은 언급을 남긴다. 다음의 자료는 나태한 아들 홍우건을 준엄하게 훈계한 일화로, 독서에 엄격한 아버지의 모습이다.

간혹 글 읽는 소리가 조금이라도 또렷하지 않거나 음音과 토吐가 조금이라도 불분명하면 반드시 꾸지람을 하였다. 심지어 면전에서 강을 하거나 등지고 암송할 적에도 엄격하게 감독하여, 조금이라도 글 읽기를 싫어하는 기색을 보이면 반드시 크게 꾸지람을 하였다. "사람이 배우지 않으면 무생물만도 못하다."[1]

독서를 중시하는 항해의 모습이 자식을 가르치는 현장에 그대로 묻어난다. 당시 연천과 대산도 독서를 강조하는데, 그만큼 그 중요성에 공감했기 때문이다.[2] 연천은 눈으로 보는 것〔看書〕이 소리 내어 읽는 것〔讀書〕만 못하기 때문에 책은 반드시 소리 내어 읽는 성독聲讀을 해야 한다고 강조한다.[3]

항해의 독서에 대한 남다른 관심은 어떻게 독서해야 하는가에 그 논의가 집중된다. 나아가 옛사람의 글을 어떻게 읽어야 올바르게 이해할 수 있고, 또한 글을 짓는 데 도움이 될 수 있는지를 거론한다.

옛사람의 좋은 작품을 읽을 때는 모름지기 먼저 그 뜻이 말미암은 경로를 찾아야 한다. 그런 뒤라야 가져다 자기 소유로 만들 수 있고, 훗날 글을 지을 적에 문득 그 묘처를 방불할 수 있다. 지금 사람들은 옛사람의 글을 읽으면 한갓 겉으로 드러나는 광채와 기세만을 보고서 먼저 현혹되고 놀라서 스스로 미칠 수 없다고 단정하고는 오직 그 찌꺼기를 주워 모아 공령문의 용도로 삼을 뿐이다.[4]

옛글이나 지금 글이나 핵심을 제대로 파악하는 것이 중요하다. 비록 김득신金得臣(1604~1684)이 백이열전伯夷列傳을 억만 번 이상 읽은 것처럼 똑같이 읽더라도 글이 말미암은 경로를 찾지 못하면 헛수고에 지나지 않는다. 경로를 제대로 찾아 읽고 핵심을 파악해야만 자기 것으로 만들 수 있고, 나아가 글을 지을 적에도 활용할 수 있다. 그러나 지금 사람들은 고금에 통용되는 독서의 기본을 도외시하고 도리어 광채와 기세에 해당하는 글의 외양에 얽매여 진정한 독서로 나아가지 못한다.

항해는 세상 사람들이 천하에 서적이 너무 많아 다 읽을 시간이 없다고 하면서, "모름지기 이러한 사정을 알았던 진시황이 나와, 경전도 아니고 긴요하지 않은 것을 가려내 불태워버린 뒤라야 책을 읽어 배울 수 있다"는 주장과 "천하에 책으로 이름 붙여진 것은 모두 읽을 만하고 볼 만하다"는 주장을 일반적인 이야기도 아니고 받아들이기 어렵다고 일축하면서 자신의 견해를 피력한다.

> 경전과 역사 등 좋은 책은 진실로 읽지 않을 수 없다. 나머지 책은 얻는 대로 보아 어떤 것은 읽고 어떤 것은 읽지 않아도 된다. 경전이 아니면 유익함도 없다고 말한다면 전국시대 제자백가 이하는 모두 불태워야 마땅하고, 작은 이치라도 볼만하다고 말한다면 근세의 자질구레한 총서나 잡찬도 모두 식견과 깨달음을 계발하는 데 보탬이 있을 것이다.[5]

진시황과 같은 분서가 하루라도 시급하다고 주장하는 입장에서는 책과 독서의 기준이 경전 · 긴요함 · 유익함 등에 달려 있다. 한편 책으로 이름 붙은 것은 이것저것 가리지 말고 모두 읽어야 한다는 주장도 있다. 전자의 경우 엄격한 기준을 제시하여 책과 독서의 효용성을 강조하는 측면은 있지만 일견 독서의 다양성을 무시하는 획일적인 사고로 빠지기 쉬우며, 엄격한 기준보다는 다양한 책을 자유롭게 읽자는 후자는 책과 독서에 대한 진지한 성찰이 부족하다. 세상의 책과 독서에 대한 일방적인 주장과는 달리, 항해는 개방적인 태도로 책과 독서의 다양성, 나아가 효용성을 찾는 데 주력한다. 즉, 일방적이고 획일적인 사고에서 벗어나 개방적인 태도로 책과 독서의 의미를 모색한다.

이로써 항해는 세상 사람들이 '자질구레한 이야기'로 치부하여 깔보는 서적도 독서하기에 이른다.

1 근세 중국 사람이 지은 소설 중에 『요재지이聊齋志異』 『신제해新齊諧』 『초당필기艸堂筆記』 따위는 실로 그 조목이 번다하고 지괴志怪나 담환談幻이라 나무라고 경계할 만하다. 어떤 이가 이렇게 말했다.

"근래 중국에는 어찌 그리 신기하고 괴상한 일이 많단 말인가? 아마도 책을 짓는 자가 일부러 이처럼 망령되고 허황하게 했을 것이다."

"우리나라는 작고 풍속도 상습을 따르기 때문에 감히 무리를 놀라게 하는 말을 하지 못하는 것이다. 그러나 나 한 사람이 보고 들은 바를 베껴 모으더라도 기이하고 허황한 자취가 몇 권의 책을 완성할 수 있을 터인데, 더구나 중국처럼 큰 나라는 어떠하겠는가?"

일찍이 친구 몇 명과 약속하여 각기 보고 들은 바를 기록하고 모아서 중복된 것을 빼버리고 합쳐서 한 권의 책을 만들어 중국과 더불어 기이함을 다투고자 하였으나, 경전도 아니고 유익함도 없어 실행하지 못하였다.[6]

2 한번은 시렁 위에 『설부說郛』를 놓아두었는데, 손님이 우연히 그중

한 권을 꺼내어 채소 심는 말이 있는 것을 보고는 물러나와 『설부』는 농서라고 하였다. 또 한번은 유서儒書 한 책을 얻었는데, 빈 면에 잡병을 앓은 경험을 몇 조목 써놓은 것을 손님이 때마침 보고서 의가서라고 생각했으니, 이는 참으로 비루한 사람이다. 학식이 넓은 선비 역시 간혹 이런 병폐가 있다. 기윤이 『사고전서四庫全書』를 교감할 적에 권질이 방대하여 미처 두루 살펴보지 못해 우연히 한두 군데 잘못을 지적하여 마침내 책 전부를 평가했으니, 이 어찌 손님이 『설부』를 본 것과 다르겠는가?[7]

포송령蒲松齡(1640~1715)의 『요재지이』, 원매袁枚(1716~1798)의 『신제해』, 기윤紀昀(1724~1805)의 『열미초당필기閱微草堂筆記』 등 그 내용이 지괴나 담환에 불과한 중국 소설을 거론하며, 이에 대응하는 우리나라 소설을 만들려고 시도했던 옛일을 추억한다. 또한 도종의陶宗儀가 편찬한 『설부』를 농서로 착각한 일화와 기윤이 『사고전서』를 교감하다가 저지른 실수담을 통해서 일부분을 근거 삼아 책 전부를 잘못 판단한 사례를 지적한다. 무엇보다 거론된 책의 성격과 내용이 주목된다. 책에 대한 간략한 언급에 불과하지만, 그가 이러한 책들을 읽었다는 사실을 통해서 다양한 독서 취향과 개방적 태도가 감지된다.

이외에도 허무맹랑한 저술로 지목되는 『산해경山海經』,[8] 연의소설의 최고 걸작으로 손꼽히는 나관중의 『삼국지연의』,[9] 한에서 북송 초기까지의 소설류를 광범위하게 수집한 『태평광기太平廣記』,[10] 청나라에서 발간한 『소림광기笑林廣記』 『권희원가勸喜寃家』[11] 등 다양한 중국 서적을 탐독하고 있다는 점에서 항해뿐 아니라 경화세족의 독서 취향을 일면 엿볼 수 있다.

더욱이 그는 『문선文選』과 같은 화려한 문장이나 명말의 소품문小品文도 모두 육경에 근원한다고 주장하는데, 이는 문체가 모두 육경에서 비롯한다는 인식의 반영이다. 따라서 화려한 문장이나 명말 소품을 일정 정도 긍정하며,[12] 심지어 그러한 인식은 소품문, 전기문傳奇文, 세속의 부첩문簿牒文과 항요배학衖謠俳謔으로까지 확대된다.[13]

다양한 독서와 개방적 태도는 『홍씨독서록』과 『사부송유四部誦惟』를 통해서도 발견된다. 『홍씨독서록』 4권은 1810년 연천이 항해를 위해 자신이 읽은 서적과 읽어볼 만한 서적 424종을 선정하고 경·사·자·집으로 분류하여 저술한 것으로,[14] 체제는 「사고전서간명목록」을 모방했으나 취사선택이 매우 정밀하고 엄격하며 간략하면서도 두루 갖추고 순정하면서도 법도가 있다는 평가를 받는다.[15] 이와 달리 『사부송유』는 1828년 항해가 해거에게 구경·육사·제자·백가의 문장을 4부로 구분하여 암송하고, 생각하며 힘써 독서할 것을 당부하며 저술한 것이다.[16] 이렇듯 두 저술은 동일한 맥락에서 서적을 선정하고 분류하여 독서의 대상으로 삼았다는 점에서 상당한 의미가 있으며, 나아가 서적에 대한 해박한 지식과 독서의 범위를 추측할 수 있게 한다.

18~19세기 문화적 특징의 하나는 경화세족 가운데 개인 장서각을 만들 정도로 많은 장서를 소유한 장서가의 출현이다. 홍한주洪翰周(1798~1868)의 『지수염필』에 의하면, 심상규沈象奎(1766~1838)의 적당積堂에는 4만 권, 조병구趙秉龜(1801~1845)와 윤치정尹致定(1800~?)은 3~4만 권, 서유구는 8000권의 장서를 소유하고, 이경억李慶億(1620~1673)은 '만권루萬卷樓'라 불리는 누각을 갖고 있었다. 당시 서울의 오래된 집안

으로 천 권 만 권의 책을 소유한 자는 이루 다 손꼽을 수 없을 정도다. 이러한 언급은 중국 서적의 유입과 유통, 이에 대한 문헌의 보급과 확산이 개인 장서각의 건립과 장서가가 출현하는 데 밀접한 관련이 있음을 시사한다. 『홍씨독서록』과 『사부송유』에 거론된 서적의 분량으로 본다면, 항해 역시 상당량의 서적을 소유한 장서가로 판단된다. 다음은 『숙수념』 가운데 표롱각에 대한 내용으로 장서각의 규모와 모양, 서적의 종류 등을 엿볼 수 있다.

> 연천선생이 일찍이 말하였다.
> "항해지의 문장은 마치 커다랗게 집을 짓고 긴 기둥을 세우며 구름이 일고 물결이 치는 것과 같으니, 청묘나 명당이라 하면 표묘縹緲가 너무 지나치고, 현포나 요대라 하면 농지礱砥가 너무 조밀하다."
> 항해자는 감히 합당하지 않다고 여겼다. 항해자의 문장은 이미 이것을 삼당하기에 부족하며, 비록 옛사람의 문장도 이러한 비유에 합당한 것이 없으니, 오직 고금의 사부서四部書 천만 권을 모아 합한 뒤라야 혹 비슷할 것이다. 이에 그 말을 취하여 장서각을 이름하여 표롱縹礱이라 하였다. 표롱각 장서는 위로는 육경으로부터 아래로는 백가에 미쳤으니, 무릇 천하에 읽을 만한 책은 있지 않은 것이 없다. 큰 가옥과 깊은 처마는 그 덕을 넓혀주고, 비단갑과 수놓은 장정은 그 문장을 아름답게 하며, 시렁으로 구분하고 첨축籤軸으로 표시한 것은 그 분변을 엄격히 한 것이며, 경부經部를 으뜸으로 하고 사부史部를 부차적으로 하며 자부子部와 집부集部를 그다음으로 한 것은 그 등급을 밝힌 것이다.

객 가운데 바다 밖 다른 나라에 갔던 자가 있었는데, 공동완위空同宛委의 선비를 만나서 이야기하였다.

"내가 일찍이 그대의 나라를 바라보니, 상서로운 구름과 무지개 노을이 서로 비추어 일어나 영롱하고 찬란하며, 오색이 모두 갖추어져 왕왕 용 · 규룡 · 봉황 · 난새 · 비단 자수 · 상서로운 옥의 모양을 만들더니, 그 기운이 곧장 하늘을 꿰뚫었다. 먼 곳을 잘 보는 자로 하여금 만리경으로 비추어보니 그 아래 화려한 집이 있는데, 장차 인간 세상의 건축이라 하면 허공의 중간에 아득하여 아마도 땅에 초석을 놓았다고 생각하지 못하였으며, 장차 인간 세상의 건축이 아니라고 하면 그 갈고 아로새김은 또한 천하 여러 장인의 기교를 지극히 하였다. 그대는 아는가?"

객이 반복하여 묻고서 그것이 표롱각인가 의심하였다. 마침내 그 대략을 아뢰자 그 사람이 말하였다.

"천하에 장서각은 많다. 그 권질이 이보다 풍부하고 그 장축이 이보다 호사스러운 곳은 또한 몇 곳이나 있는지 알 수 없다. 어찌하여 유독 이곳에 이러한 기운이 있는 것인가? 이는 필시 그 사람에게 기이함이 있어서이다."

객이 평소 항해자와 친해서 드디어 그 평생을 모두 말하고, 아울러 복거와 저서의 대략을 설명하였다. 그 사람은 매우 놀라더니 산과 바다가 막혀 종유하지 못함을 한으로 여겼다.[17]

표롱각은 연천이 항해의 문장을 평가한 표묘와 농지에서 한 글자씩 떼어내 명명한 것이다. 또한 장서각의 규모와 모양, 풍부한 장서와 경사자집으로 분류한 서적의 종류에 대해 간략히 언급한다. 표롱각이 실재했는지의 여부는 구체적으로 확인할 수 없으나, 서적을 경사자집으로 분류하고 비단 갑 · 수놓은 장정 · 시렁 · 첨축 등으로 세분한 것에서 그 자신의 서목書目을 남기고 있다고 판단된다. 또한 『숙수념』에서 『성리대전性理大典』에 대응하는 『동국성리대전東國性理大典』의 편찬을 의식한 「동국성리대전서東國性理大典序」, 『근사록近思錄』에 대응하는 『동국근사록東國近思錄』의 편찬을 의식한 「동국근사록서東國近思錄序」, 『세설世說』에 대응하는 『동세설東世說』의 편찬을 의식한 「동세설서東世說序」, 『사문유취事文類聚』에 대응하는 『동사문유취東事文類聚』의 편찬을 의식한 「동사문유취서東事文類聚序」 등을 기획한 점에서 어느 정도 짐작할 수 있다.[18]

2. 천고의 벗을 사귀다

『상우서』

항해는 다른 사람과 교유하는 데 매우 신중해 객을 만나 대화할 때도 듣기만 할 뿐, 자신의 속내를 드러내지 않는다.[19] 심지어 연천이 좌의정에 올랐을 때에는 자신의 마음을 몰라서 청탁하는 자가 있을까 걱정하여, '찾아오는 사람의 청탁과 시정의 일에 대해 언급하는 것을 경계하라'고 큰 글씨로 써서 벽에 걸어놓기도 했다.[20]

일찍부터 알던 사람들도 예외는 아니다. 젊은 시절 과장을 드나들 때 면식이 있던 사람도 중년 이후에는 한 번도 찾아가지 않았다. 김초순金初淳과 김홍근金弘根의 경우도 전라도 감영에 머무를 적에 잠시 서로 오가며 정담을 나누었을 뿐, 서울로 돌아온 후에는 발길을 끊는다.[21] 이렇듯 다른 사람과의 교유에 신중을 기했던 이유는 그가 처한 상황과 관련이 깊다. 형 연천은 현달하여 벼슬이 좌의정에 이르렀고, 아우 해거는 어린 나이에 정조의 부마가 되어 세상 사람들이 그 가문을 예의주시했다. 이 때문에 그는 교유관계에서 자신을 엄하게 단속했던 것이다.

항해는 당대에 교유할 인물이 없다면 차라리 천고의 벗을 사귀겠다는 의도로 『상우서』를 저술하는데, 그의 학문과 사상이 그대로 묻어난다.

> 지금 사람 중에서 찾는다면 존귀하면서 덕망이 있는 자를 스승 삼고, 어질면서 학업이 있는 자를 벗하며, 옛사람 중에서 구한다면 성인을 스승으로 삼고 현인을 벗으로 삼을 것이다. 이것이 맹자가 말한바 상우尙友이다. 나는 지금 사람 중에 벗할 사람이 적음을 슬퍼하여 옛사람 가운데 내가 흠모하고 경애하는 사람을 취해서 『상우서』를 지었다. 이것을 가지고 아침저녁으로 열람한다면 그 사람을 좇아 노니는 것과 같을 것이니, 어찌 반드시 눈을 씻고 소매를 잡으며 말과 웃음을 직접 접한 뒤에야 벗한다고 하겠는가?[22]

『상우서』는 당대의 인물 중 벗할 만한 사람이 없음을 슬퍼해 자신이 흠모하는 옛사람을 취하여 벗한다는 취지로 저술한 것이다. '상우'는 『맹자』에서 뜻을 취한 것으로,[23] 그는 아침저녁으로 이 책을 마주하여 읽으면 마치 옛사람을 종유하는 것과 진배없다고 단언한다. 따라서 옛사람 가운데 벗할 인물로 109인을 선정하고, 갑(21인) · 을(21인) · 병(52인) · 정(15인)으로 구분하여 수록한다. 또한 글의 말미에 "그 사람을 알고자 한다면 그 벗을 보면 알 수 있다"는 옛말을 인용하면서, 자신이 어떤 사람을 숭상하고 어떤 문장을 좋아하는지 『상우서』를 읽는 사람은 알 수 있을 것이라고 덧붙인다.[24]

항해는 『상우서』 갑집에 유약 · 염경 · 염옹 · 전손사 · 남궁도와 나란히 원헌을 수록하고서, 모두 철인에 해당하지만 원헌을 더욱 중히 여긴다고 천명한다.[25] 아마도 원헌이 일찍이 가난한 것을 편안히 여기고 자

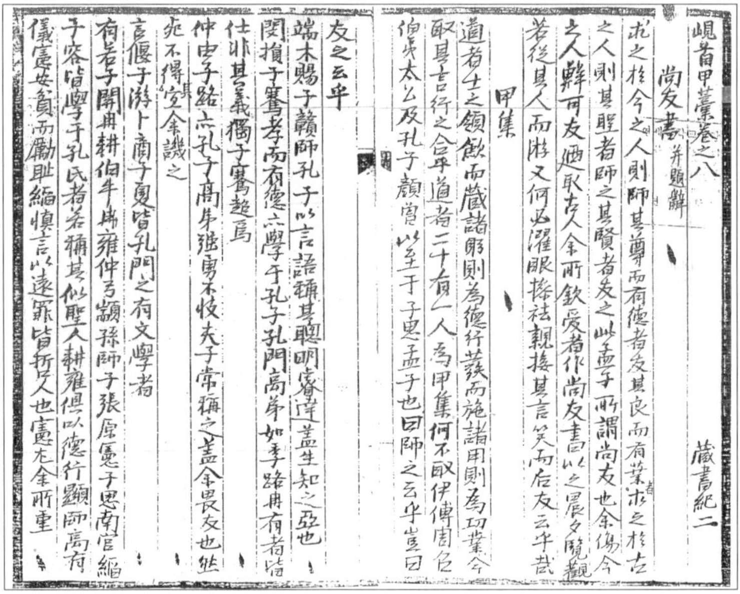

『상우서』, 『현수갑고』 권8, 연세대 도서관 소장(한씨문고본)

공에게 부끄러운 마음을 갖도록 했다는 점을 높이 평가한 듯한데, 안빈을 중시하는 면모가 확인된다. 또한 을집에는 몸을 깨끗이 하여 세상을 피해 산 사람을 12인이나 선정하는데, 이는 전체 21인 가운데 과반이 넘는 수치다.[26] 그가 26세에 스스로 과거를 포기하고 독서지사를 자처하며 은거의 길로 접어들었던 상황에서 다른 무엇보다 은일을 숭상했음을 보여주는 대목이다.

이러한 그의 면모는 『상우서』 도처에서 발견된다. 다음은 엄광 · 도연명 · 이비 등을 평가한 내용인데, 은일을 바라보는 그의 시선이 감지된다.

선비들이 은둔했던 것은 대부분 혼탁한 세상을 만나 세상에 등용되지 못했기 때문이다. 자릉은 이미 한나라의 중흥기를 만났고, 황제 또한 널리 인재를 구하여 힘써 등용하였는데도 끝내 떠나버렸으니, 어째서인가? 그런데도 자릉의 공적은 풍이나 등우보다 높았으니, 대개 은거가 출사보다 나았기 때문이다.[27]

힘쓰지 않아도 깨끗하였고 억지로 하지 않아도 곧았으며, 백이같이 살지도 않았고 유하혜같이 살지도 않았으면서도 천성을 온전히 하여 참으로 돌아갔다. 전국시대 이후로 청렴하고 고상하며 속세를 떠난 선비로는 오직 노연명이 으뜸이 된다.[28]

그 인물이 궤탄詭誕한 것 같으나 실상은 도가 있었다. 그 임금이 꺼리는 바를 보고서 처음의 뜻을 버렸으니, 어찌 몸을 깨끗이 하여 깊이 숨고 세상에 모습을 숨기지 않고서 이처럼 구차했단 말인가?[29]

은일을 중심에 놓고 세 인물을 평가한다. 엄광은 한의 중흥기를 만나고 황제가 널리 인재를 등용하는 가운데서도 결연히 세상을 떠나 은거한 인물이고, 도연명은 천성을 온전히 하여 참으로 돌아가 전국시대 이후 은일 가운데 으뜸을 차지한다. 이들과 달리 이비는 임금의 의중에 따라 자신의 뜻을 굽히고 말았으니, 도리어 몸을 깨끗이 하여 깊이 숨는 은거를 택하는 것만 못하였다고 평가한다. 특히 엄광은 풍이나 등우만큼 현달한 처지는 아니었으나 은거의 길을 선택했기에 그 공적이 도리어 높다고 평가한 대목에서 항해가 얼마나 은일을 숭상하고 있는가를 눈으로 확인할 수 있다. 이러한 점으로 볼 때, 그는 선비의 출처에 있어 무엇보다 은일을 중시하고 숭상한다. 또한 혼란한 현실을 살아가는 선비의 자세를 언급하면서 자신의 견해를 분명히 드러낸다.

> 선비가 선비 되는 까닭은 지키는 바가 있기 때문이고, 하지 않는 바가 있기 때문이다. 처한 시대의 성쇠가 다르지만, 한결같이 공명영리를 기쁨으로 삼는 자는 지키는 것이 손상되지 않을 수 없고, 하지 않아야 할 일을 부득불 때때로 행하기 마련이다. 지키는 것을 진실로 손상시키지 않고자 하고, 하지 않아야 할 일을 진실로 때때로 행하지 않고자 하여, 이른바 공명영리를 내가 힘을 다하여 밀쳤으니, 어찌 운명을 탓하겠는가?[30]

선비는 사농공상 가운데 하나지만, 지키는 바와 하지 않는 바가 있기 때문에 저들과는 다른 존재다. 그럼에도 세상의 선비들은 그 본분을 망각한 채 시대의 성쇠에 상관없이 오로지 공명영리를 추구하는 데 골몰한다. 그는 이러한 당시 세태를 목도하면서 다시금 선비의 자세를 가다듬고 세상과 영합하기를 거부한다. 이는 세상의 선비와는 확연히 다른 모습으로 벼슬길을 단념하고 은일을 숭상하고 추구하던 그의 삶을 대변한다.

그는 『상우서』에서 옛사람의 삶을 평가하면서 혼란한 국정과 사대부의 무능력, 인재 등용의 문제 등 당대 현안에 대한 견해를 드러낸다. 따라서 쇠락한 시대의 무능력한 사대부와 난국을 타개할 만한 인재가 등용되지 못하는 현실을 비판하는 내용이 상당 부분을 차지한다.

쇠락한 시대의 사대부들은 시대에 이로움을 줄 만한 재주도 없고 백성들에게 이로움을 미칠 만한 공적도 없이, 지위가 높고 총애도 성대하여, "임금께서 나를 쓰려 하고 나도 장차 큰일을 하려 한다"라고 하면서 굳건히 자리를 지키고 물러나려 하지 않는다. 이윽고 화를 초래하고 재앙이 닥친 뒤에는 후회해도 되돌릴 수 없다.[31]

지금 나라의 재정이 점차 위축되고 해마다 거듭 흉년이 드니, 나는 공의 하나의 재능을 얻어 넉넉히 쓸 것을 생각한다. 아, 어찌 진실로 그런 사람이 없겠는가? 옛날에도 재산을 잘 다스리는 자로 한나라에는 경수창, 당나라에는 유안과 한황 등이 있었다. 나는 그들을 다 선택하지 않고 다만 공으로 그들까지 겸하도록 하였다. 상앙과 상홍양의 무리는 바로 도척이 조정에 있는 것이다.[32]

시대나 백성들에게 이로움을 줄 만한 재주나 공적도 없이 높은 지위와 성대한 은총을 차지하고 있는 무능력한 사대부들을 신랄하게 비난하고, 나아가 국가의 재정이 고갈되고 흉년이 거듭되는 상황 속에서도 인재가 없다고 탄식만 일삼는 위정자의 그릇된 행태를 들춰낸다. 세상에 어찌 그런 사람이 없겠는가마는 당시 사대부와 위정자들은 자신의 호의호식과 탐욕을 일삼는 데 눈이 멀어 도리어 이를 외면하고 회피하기에 급급하다. 그렇다고 상앙과 상홍양 같은 무리를 등용한다면 조정에 도척을 두는 것과 진배없기 때문에, 그는 무엇보다 인재 등용에 신중할 것을 재차 당부한다.

이러한 당대 현실에 대한 관심과 우려는 경세제민의 의지를 표명하기에 이르며, 특히 제갈공명과 곽자의를 평가한 대목에서 자신의 목소리를 드러낸다.

출처는 이윤과 같고, 정사는 관중과 같으며, 어린 임금을 보필함은 주공과 같고, 계책을 내고 승리함은 장자방과 같다. 크고 깊은 경세제민의 뜻과 빛나는 충의, 바르고 큰 지조, 온화하면서도 엄격한 기상 등에 이르러서는 대개 성인의 모습을 완전히 갖추고 있는 사람이나, 하늘이 돌보지 않아 끝내 죽어 일을 이루지 못하였다. 세상에서 간혹 한두 가지의 작은 흠을 가지고 말하는 자가 있는데, 어찌 사람이라 하겠는가? 공은 삼대 이후의 1인자이니, 내 어찌 우러러 절하지 않겠는가?[33]

곽자의는 현종 · 숙종 · 대종 · 덕종 등 4대에 걸쳐 지혜와 용맹과 충성과 명철로 대응했다. 부유하면서도 공손하고 존귀하면서도 겸양하여 공적은 높을수록 뜻은 더욱 낮았다. 의심하는 군주와 간신이 정권을 잡았을 때를 만나서도 몸이 위태롭지 않았으며, 복을 누리고 장수했으며 자손도 많아 지금까지 이르고 있다. 위로 사대부로부터 아래로 천한 사람들에 이르기까지 복을 누린 사람을 말할 때는 반드시 곽자의라고 하며 그처럼 되기를 바라지 않는 사람이 없으니, 사실은 이러한 이유 때문이다.[34]

제갈공명이 난세를 바로잡으려 노력한 인물이라면, 곽자의는 시의적절한 처세술로 난세에도 복을 누린 사람이다. 이로써 본다면, 너나없이 당대를 난세로 인식한다. 모두들 곽자의처럼 난세에도 복을 누리기를 갈구한 반면, 그는 난세를 바로잡고 경세제민할 수 있는 제갈공명과 같이 뛰어난 인재를 물색한다. 이러한 항해의 현실 비판적 인식과 경세제민의 의지는 문집의 잡저雜著에 오롯이 남아 있다.

『상우서』 정집에는 문장에 뛰어난 옛사람 15인이 선정되어 있는데, 당시 항해가 어떠한 문장을 숭상했는지 살펴볼 수 있다. 다음은 문장에 대한 자신의 견해를 함축적으로 피력한 대목이다.

> 세상에서 시를 말하는 자들은 당시를 으뜸으로 여긴다. 그러나 천지는 시간과 더불어 움직여 변화하기 때문에 사람의 소리나 기운도 들어맞지 않게 된다. 지금을 억지로 하여 옛것을 모방하는 것이나 북쪽을 뒤집어 남쪽을 그려내는 것은 성인이라도 할 수 없는 것이요, 만일 할 수 있더라도 가짜인 것이다. 이른바 옛날을 배운다는 옛 법을 따르고 옛 방식을 좇을 뿐이지 음조와 기운이 미칠 바가 아니다.[35]

그는 당시만을 으뜸으로 여기는 세태를 비판하면서, 천지가 때에 따라 변화하듯이 문장이란 것도 고정되지 않고 변화하기 마련이라고 역설한다. 굳이 오늘날에 살면서 옛것을 무조건 모방하는 행위는 북쪽을 뒤집어 남쪽을 그려내는 것과 다를 바 없으며, 성인조차 할 수 없다고 단언한다. 옛것을 본받는다 함은 그 법도와 방식에 한정된 것이지 음조와 기운은 상관없다는 그의 발언을 통해서 시대마다 그에 걸맞은 시문이 창작되어야 한다는 시변時變의 논리를 읽을 수 있다. 그는 이러한 논리를 들어 당시 문단의 세태를 비판하는 데 앞장선다.

대저 시는 그 격률의 고하를 말할 필요가 없으니, 어느 것이 한시가 되고 어느 것이 육조시가 되며 어느 것이 당시나 송시가 되는가? 시는 『시경』에서 비롯했으니 이를 취하여 읽어보면, 상송과 주송은 체가 다르고 패풍 · 제풍 · 당풍 · 진풍이 격조가 같지 않지만, 논하는 자는 진실로 주송이 상송으로 될 수 없음을 병통으로 여기거나 패풍과 제풍이 당풍과 진풍으로 될 수 없음을 흠으로 여기지 않으니, 성기의 다름은 부득불 그러한 것이다.

시는 소리를 발하고, 소리는 기를 말미암으며, 기는 운수를 위주로 하며, 운수는 하늘에 연관이 된다. 지금의 운기는 한진당송의 운기가 아니니, 지금의 시는 한진당송의 시가 될 수 없음은 주송이 상송으로 될 수 없고, 패풍과 제풍이 당풍과 진풍으로 될 수 없는 것과 같다. 이백과 두보의 시가 어찌 갑자기 소무 · 이릉 · 응창 · 유정의 아래에서 나왔겠는가? 그 시는 당시이지 한시나 진시가 아니다. 소동파나 육기의 종횡무진한 문장이 또한 어찌 허혼과 유창의 부류이겠는가? 그 시는 송시이지 당시가 아니다. 지금은 송나라의 거리가 몇 백 년이거늘, 자구 사이에서 한당을 구하는 데 급급한 것은 멀지 않겠는가?[36]

그는 지금 시대에 살면서 오히려 한시나 당시를 지으려고 급급해하는 것은 잘못이라고 지적한다. 『시경』에서 주송과 상송이 다르고 패풍 · 제풍 · 당풍 · 진풍이 격조가 다른 것은 성기가 다르기 때문이다. 또한 시는 그 시대의 운기와 관련이 깊다. 즉, 지금의 운기는 한진당송의 운기가 아니니, 지금의 시는 한진당송의 시가 될 수 없다. 이렇게 본다면 지금 시대에서 한시나 당시를 지으려는 것은 이치에도 맞지 않는 행동이다.

그는 또한 이정리가 오늘날의 공령대우功令對偶를 비판하자, 지금 시대에 태어났다면 지금 시대의 하는 바를 따르지 않을 수 없다는 시변의 논리를 들어 반박하고 공령대우를 짓는 행위 자체를 긍정한다.[37] 이러한 시변의 논리는 항해 문장론의 핵심으로, 「삼한의열녀전서三韓義烈女傳序」에서 더욱 정채를 발한다.

항해는 자신의 저술을 상당수 이정리에게 보이며 질정을 구하는데, 『시언』과 『상우서』가 대표적이다. 특히 『상우서』는 그와 여러 차례에 걸친 편지 왕래를 통해서 논의를 수렴한다. 다음은 이정리에게 보낸 편지의 말미에 『상우서』를 언급한 내용이다.

> 『상우서』 한 권은 예전에 장난삼아 지은 것인데, 군자께서 보시면 그 뜻을 알 수 있을 것입니다. 3년간 보관해두고 지금까지 남에게 내보이지 않았던 것은 졸렬해서가 아니라 그 취사에 있어 제 마음속의 저울로 측량한 바가 있는데, 스스로는 지극히 은미하고 지극히 정심하다 생각하지만 남에게 말로 전할 수 있는 것이 아니니, 세상에서 이것을 본 사람들이 혹여 이것을 가지고 떠들썩하게 시비할까 우려해서였습니다. 지금 집사께 감히 숨기지 않겠으나 글이 아직 탈고하지 않은 상태라 초고를 봉해서 올립니다. 삼가 바로잡아주시되, 다른 사람의 눈을 번거롭게 하지는 말아주시기를 바랍니다. 만일 집사께서 제 원고에 글 한두 줄을 써주신다면 더욱 영광일 것입니다.[38]

『상우서』를 희작으로 소개하지만, 수학기의 학문과 사상을 오롯이 담고 있다. 이를 3년간이나 남에게 보이지 않고 보관하다가 조심스럽게 이정리에게 보이며 질정을 구한다. 당시 이정리도 항해와 비슷한 처지에 놓여 있던 터라, 두 사람은 서로 흉금을 터놓고 지내는 막역한 사이였다. 두 사람 사이에 『상우서』를 두고 편지 왕래가 빈번했음을 알 수 있는데, 다음에서 그러한 정황이 감지된다.

> 오직 집사께서는 본디 저와 뜻이 같으니 만일 집사와 맞지 않는 것이 있다면 반드시 제게도 맞지 않는 것입니다. 처음에는 비록 그릇된 길로 들어갔을지라도 나중에는 깨달을 수 있기에 이렇게 여러 차례 편지를 주고받는 것이니, 그 번거로움을 마다하지 마시고 그저 모든 것을 가르쳐주기만 하십시오. 곳간과 창고를 다 기울여 쏟아내듯 숨길 것이 있겠습니까? 제가 집사께 바라는 것이 이와 같습니다. 이제 열흘도 안 있으면 저희는 이웃이 됩니다. 그러니 앞으로도 몇 글자의 편지로 서로 학문을 연마하여 도움을 구한다면 매우 기쁘겠습니다.[39]

『상우서』에 대한 이정리의 견해를 듣고서 재차 질정을 구한다. 견해가 상충되는 내용을 두고 두 사람이 논의를 수렴하고 조율하는 과정을 고스란히 보여준다. 그런 까닭에 항해가 수학기에 저술한 『상우서』는 이정리와의 편지 왕래를 통해서 희작의 굴레를 벗고 보다 체계를 갖춘 저술로 완성된다. 그렇다면 『상우서』는 언제 완성한 저술인가? 이는 편지의 말미에 "이제 열흘도 안 있으면 저희는 이웃이 됩니다"라는 언급에서 그 해답을 찾을 수 있다.

항해는 어려서부터 부친 홍인모의 임지를 자주 왕래했고, 1807년부터 1811년까지 5년간 서흥에서 부친과 함께 지낸다.[40] 그러다가 1811년 4월 부친이 체직되어 서흥 생활을 청산하고 서울로 돌아오는데, 위의 내용은 바로 그 시점이다. 따라서 『상우서』는 그가 서울로 돌아오는 1811년 무렵에 비로소 저술다운 면모를 갖추기 시작하고, 이정리와의 편지 왕래를 통해서 수정 · 보완되어 완성된다.

3. 서적으로 한 해를 엮다

『서림일위』

『서림일위書林日緯』는 『속수사』와 더불어 항해의 대표적인 유희한묵으로 일컬어진다.[41] 1829년에 책력에 따라 표목을 정하고, 1년 360일 중 중국의 전대 문헌에서 해당 날짜의 기록을 집대성한 저술로, 일명 '독서록'에 해당한다. 비록 유희한묵의 희작적 성향을 배제할 수 없지만, 중년기에 해당하는 항해의 독서에 대한 관심과 취향을 보여주며, 나아가 19세기 경화세족의 학술과 문예의 특징을 파악할 수 있는 귀중한 자료다. 다음은 『서림일위』를 저술한 후 중국 사람이 엮은 『월령수편月令粹編』을 본 상황이다.

내가 기축년(1829) 봄에 『서림일위』를 엮고서 스스로 옛사람이 미치지 못한 바를 창안했다고 생각하였다. 이듬해 중국 사람이 엮은 『월령수편』을 보니, 그 뜻과 범례가 꼭 같았지만 목차는 더 상세하고 수집은 더 광범위하여 나도 모르게 망연자실했다. 그러나 책이 완성된 연월을 살펴보니, 내가 아이가 된 이후라서 동시에 지었다고 해도 좋

을 것이니, 옛사람이 이미 이런 것이 있다고 말할 필요는 없다.[42]

『서림일위』는 1829년 봄에 완성되는데, 황주성의 「장취원기」에서 영향을 받아 기존 저술과는 전혀 다른 구성과 체제로 환골탈태한 10념 16관의 『숙수념』을 저술한 시기와도 겹친다. 항해는 『서림일위』가 중국의 『월령수편』과 체제가 매우 흡사하며, 목차와 수집은 오히려 미치지 못함을 토로한다. 『월령수편』은 청의 진가모秦嘉謨가 역대 문헌 가운데 해당 날짜의 월령과 세시 등을 뽑아 가경嘉慶 17년(1812)에 편집한 것이다. 체제만 놓고 본다면, 항해의 말대로 『서림일위』와 『월령수편』은 매우 흡사하나. 그러나 해당 날짜의 기록을 살펴보면 금세 다른 점을 확인할 수 있다. 『서림일위』는 중국 전대 문헌에서 해당 날짜의 기록을 집성하되, 월령과 세시 등을 뛰어넘어 경전과 문집, 기타 필기류 저술 등을 총망라한다. 이는 『숙수념』이 「장취원기」에서 영향을 받았지만 환골탈태하여 전혀 새로운 저작으로 완성된 것과 유사하다. 따라서 『서림일위』는 진가모의 『월령수편』을 능가하는 새로운 형태의 독서록이라 하겠다.

『서림일위』는 1년 360일을 기준으로 해당 날짜와 유관한 전대 문헌을 집성하는데, 적게는 1개의 문헌에서 많게는 10개의 문헌을 기록한다. 독서록은 통상적으로 해당 날짜에 독서한 내용을 간략하게 요약하거나 그 감회를 피력하는 수준인데, 『서림일위』는 역으로 해당 날짜와 유관한 전대 문헌을 집성한 점이 독특하다. 이는 해당 날짜와 유관한 전대 문헌을 독서했다고 볼 수도 있지만, 오히려 예전에 독서한 전대 문헌을 대상으로 해당 날짜의 내용만을 간추려 뽑았을 가능성이 높다. 그런 까닭에 독서록의 일반 범주에서 논하기보다는 당시 항해의 독서 대상과 범위를 파악할 만한 자료적 가치로서 중시해야 한다. 다음은 '10월 1일'에 해당하는 『서림일위』의 기록으로, 그 구성과 내용을 집약적으로 보여준다.

> 十月朔日黍曜謂之秦歲首(黍曜義未詳), 今北人此日設麻羹豆飯.〔荊楚歲時記〕
>
> 城市內外九月下旬買寒衣靴鞋席帽衣段以備十月朔日燒獻.〔夢華錄〕
>
> 都人十月朔沃酒炙臠肉于爐內團坐飲啗謂之煖爐.〔歲時記〕
>
> 十月朔舊賜紅錦袍淳化代以細花盤鵰錦袍.〔孔帖〕
>
> 十月朔黃祖在艨艟上會設黍曜.〔禰衡列傳〕
>
> 十月一日祀井.〔太常記〕
>
> 崔希眞十月一日遇老父于門獻松花酒, 老父曰; '無味.' 取懷中丸藥置酒中, 味極美. 此葛洪第三子. 其藥乃千歲松醪也.〔原化記〕
>
> 杜十月一日詩曰; '蒸裏如千室, 焦糖幸一柈.'〔杜詩〕
>
> 燕市賣靴人以朔日爲靴生日供具祭之以其陰晴卜一冬寒燠極驗.〔宛署記〕
>
> 朱子十月朔旦懷先壟有詩.〔朱子大全〕[43]

모두 10개의 문장에 대해 10개의 중국 전대 문헌을 인용한다. 월령과 세시를 먼저 기록하고 시문을 뒤에 배치하며, 시대별로 본다면 종름宗懍의 『형초세시기荊楚歲時記』를 시작으로 한 사마천의 「예형열전禰衡列傳」, 당 황보씨皇甫氏의 『원화기原化記』, 송 맹원로孟元老의 『동경몽화록東

京夢華錄』, 송 주자시朱子詩에 이른다. 그 구성과 내용은 월령과 세시 등과 관련이 깊고, 전대 시문에 대한 깊이 있는 이해와 문학적 재능도 요구된다.

이렇듯 『서림일위』는 백여 종이 넘는 중국의 전대 문헌을 인용하는데, 우선 소식과 주자(1130~1200), 육유(1125~1210) 관련 문헌이 상당한 비중을 차지한다.

소식 관련 문헌으로 『동파집東坡集』 『동파연보東坡年譜』(송 왕종직王宗稷), 『동파시주東坡詩註』(시주소시施註蘇詩, 송 시원지施元之), 『동파서첩東坡書帖』 『기년록記年錄』 『기사록記事錄』이 등장하며, 이를 통해 동파에 대한 항해의 남다른 애호를 짐작할 수 있다. 고려시대에도 동파가 극도로 유행해 선비들이 탐독해 마지않았기에 해마다 방榜이 나붙으면 사람들이 '올해도 동파가 30명 나왔다[今年又三十東坡出矣]'는 말이 성행할 정도였다. 그러다 18, 19세기에 특히 동파가 애호된 것은 경화세족의 생활문화의 전반적 상황과 관련이 깊다. 시뿐만 아니라 서법과 그림에 대한 애호는 이 시기에 유별나며, 문방사우를 포함한 일용기물 및 고동古董을 완상하거나 차 · 향 · 화훼 등에 탐닉하곤 했다. 이러한 문화적 흐름과 함께 동파와 교유한 여러 인물에 대해 정리하고 동파 시 약간 수를 수록한 『동파원류東坡原流』는 동파 애호와 밀접한 관련이 있는 듯하다.[44] 그러므로 당시 경화세족은 주자학의 이기심성론理氣心性論으로 대표되는 이기설理氣說, 인심도심설人心道心說, 사단칠정론四端七情論, 인물성동이론人物性同異論 등 철학적 논쟁에서 벗어나, 박학을 추구하는 학문 경향과 일상생활에서 고동서화의 애호와 완상 같은 예술 취향을 추구하는 등, 동파를 동일시하는 대상으로 삼았다고 판단된다.

항해는 일찍이 『상우서』에서 동파를 '기이한 변화는 헤아릴 수 없어 실로 문장에서 신의 경지에 이른 사람'으로 높이 평가하고,[45] 특히 만년의 글에 대한 애호는 매우 각별하다.

> 소동파가 만년에 지은 글은 횡설수설하여 되는 것도 없고 안 되는 것도 없다. 읽어보면 흡사 전편의 줄거리조차 갖추지 않고서 곧장 처음부터 써내려간 듯하다. 중간에 마음대로 붓을 내달린 곳에선 이따금 앞뒤에 얽매이지 않아 마치 구절이 빠졌는데도 빠진 곳을 채우지 않은 듯하다. 그때그때 돌아보고 깨달은 것을 내키는 대로 적은 것이 이와 같은데도 글은 모두 활발히 변화하고 살아 움직여서 한 글자 한 구절도 법도에 맞지 않는 것이 없다. 참으로 변화하되 알아차릴 수 없는 신령함이다.[46]

주자 관련 문헌은 『주자대전』의 시, 편지글, 서발문, 주의문에 이르기까지 매우 다양하다. 항해는 당시 주자학 일변도의 송학에 대한 반발로 고증학과 한학이 성행하고 풍미하는 상황을 우려하고, 나아가 한학과 송학을 둘러싼 학술적 논쟁에서 고증학과 한학을 비판하고 송학을 옹호하는 주장을 시종일관 견지한다.[47] 또한 한학과 송학으로 구분한 학문의 범주는 실상 하나라서 다툼 자체가 있을 수 없다고 단언하고, 주자학으로 대변되는 송학이 작금의 학술적 논쟁을 해결할 열쇠라고 인식한다. 즉, 송학의 입장에서 한학과 송학의 합일이 바로 그가 제시한 해법이자 대안이다.[48]

『상우서』에서 주자를 '육경에 장구를 달아 후학에게 길을 열어주었으니, 그 공적은 맹자보다 못하지 않다' 고 추켜세운다.[49] 항해는 후세의 유자들이 입에 침이 마르도록 정자 · 주자를 거론하며 심성이기心性理氣의 분변에만 골몰하는 세태를 비판하고, '의리를 밝히고 윤상倫常을 세워 후세 사람들로 하여금 부자와 군신 간의 의리가 있음을 알게 한 것은 우 임금의 치적 아래에 있지 않다' 고 단언한다. 정자 · 주자의 공적에서 실질을 중시하는 항해의 의도를 여실히 보여준다.

> 후세의 유자들은 입으로 정자 · 주자를 일컬으면서도 실제로는 정자 · 주자를 알지 못한다. 나는 일찍이 생각하기를, "정자 · 주자의 공적은 의리를 밝히고 윤상을 세워 후세 사람들로 하여금 부자 · 군신 간의 의리가 있음을 알게 한 것이 마땅히 첫번째에 속할 것이니, 비록 우 임금의 치적 아래에 있지 않다고 해도 괜찮을 것이다. 학문과 공부의 차례를 드러내고 함양涵養 · 극기克己 · 지경持敬 등의 명목을 세워 후세의 학자들로 하여금 착수할 곳이 있음을 터득하게 한 것이 그 두번째 공적이다. 이전 사람들이 발명하지 못한 것을 발명한 심성 · 이기의 분변은 다만 세번째 공적에 해당할 것이다"라고 하였다.[50]

육유 관련 문헌으로 『위남집渭南集』『검남집劍南集』『입촉기入蜀記』『노학암필기老學庵筆記』가 인용된다. 『상우서』에서 육유를 '강개한 마음에 뜻과 기개를 시로 표현했다. 그 시는 말하지 않은 것이 없으니 역시 대가이다' 라는 언급만 있을 뿐[51] 다른 어떤 평가도 남기지 않는다. 항해가 육유를 애호한 이유는 정조의 육유에 대한 남다른 평가에서 어느 정도 유추할 수 있다. 정조는 1792년 『기관詩觀』 560권 중 육유의 시 9303수

54권, 1798년 두보와 육유의 율시를 엄선하여 『이가전율二家全律』 15권을 간행하는 등 육유를 높이 평가한다.

1 육유는 고금을 관통하는 지식과 천하를 움직일 만한 역량, 그리고 뛰어난 창작능력과 목숨을 가벼이 여기는 기백을 가졌으니, 육유와 같은 사람은 정말로 두보를 배워서 능히 그 마음을 얻은 자일 것이다. 또 우국충정과 애민의 마음을 한시도 잊지 못하는 까닭에 그의 시는 모든 사물을 포용하고 모든 이치에 통달하여 저절로 정신과 합일되니, 이것이 그가 대가가 된 이유이다.[52]

2 당나라 때는 두보, 송나라 때는 육유가 있었는데, 이들은 마치 우순의 시대에 기夔와 고도皐陶가 각기 음률과 법률을 잘 다루어 음률의 오묘한 원리를 찾아내고 적용할 법률의 수위를 정밀하게 했던 것과 흡사함이 있었다. 그후로는 어느 누구도 감히 그들 앞에 우열을 논하는 자가 없어서, 봉소鳳簫의 조화를 이루는 가락처럼 정연하고 상위象魏에 걸린 교령敎令처럼 위압을 주니, 깊고도 성대하구나. (…) 또 방옹 같은 이는 그 시가 내용이 풍부하고 규모가 크고 넓어 종래 시인의 수준을 훨씬 능가하지만 오늘날 시를 쓴다는 이들은 남조시대의 화려한 문체나 서곤체西崑體의 공허한 문체에 빠져서 방옹의 근처에도 가보지 못한 이들이다. 그러고도 오히려 태연하게 자부심을 갖고는 "방옹을 논할 게 뭐 있는가"라고 말한다. 이들의 태도야말로 반딧불의 빛이 태양보다 더 밝다 하고, 마소의 발자국에 고인 물의 깊이가 큰 골짜기보다도 더 깊다고 하는 것 아니겠는가. 내가 이런 이유에서

뭇사람들의 조롱과 비웃음 속에서 방옹을 끌어내 곧바로 소릉少陵에 짝을 삼고, 이어 그의 시 전고를 빠짐없이 실어 '이가二家'라고 명명하였다.[53]

『시관』과 『이가전율』의 간행으로 육유의 시가 재평가되고, 관련 문헌이 당대에 널리 읽히고 유통되는 계기가 된다. 항해의 육유에 대한 애호는 이와 무관치 않으며, 당시 경화세족을 중심으로 육유의 문집을 집중적으로 탐독하는 분위기가 형성된다.

다음으로 범성대范成大(1126~1193)의 『참란록驂鸞錄』과 『오선록吳船錄』, 소식의 『우역지于役志』, 육유의 『입촉기入蜀記』 등 일종의 일기 형식의 필기잡록류가 많이 인용된다. 아마도 해당 날짜와 유관한 내용을 전대 문헌에서 집성해야 하는 어려움 때문에 일기 형식이 필요했을 법하다. 필기잡록류는 월령과 세시 등과 마찬가지로 날짜를 기준으로 기록한다는 점에서 문집과는 그 성격이 다르다.

이외에도 정우문程羽文의 『청한공淸閒供』 『서경』, 왕응린王應麟(1223~1296)의 『옥해玉海』가 빈번히 인용되며, 도종의陶宗儀의 『설부』에 수록된 저작도 상당수 등장한다. 항해가 평소 시렁에 두고 탐독하던 서적 가운데 하나가 바로 『설부』인데, 이를 통해서 본다면 『서림일위』에 등장하는 중국의 전대 문헌 대부분은 그가 소장한 서적일 확률이 매우 높다. 따라서 『서림일위』를 통해서 항해의 독서 범위와 취향, 나아가 19세기 경화세족의 학술과 문예의 일단을 짐작할 수 있다.

다음 자료는 이정관에게 보낸 편지 말미에 『서림일위』의 서문을 부탁한 내용이다.

『서림일위』 한 권은 유희에서 나온 것이라 학술에 보탬은 없습니다. 또한 긁어모아 엮은 것이라 체제가 난잡하고 거칠어 저술에 덧붙일 수도 없습니다. 다만 정력을 쏟은 것이라 차마 찢어버리지 못하고, 사람을 시켜 초록하고 모아 한 권의 책을 만들었으니 참으로 족하께서 글재주를 발휘하기에는 부족합니다. 그러나 '훌륭한 장인에게 쓸모없는 재료는 없고, 말을 잘 모는 사람에게 노둔한 말은 없다' 했으니, 족하께서 한번 읽어보시고 붓을 뽑아들어 그 서두를 장식하신다면, 해진 솜과 누더기 옷이 변해서 온전한 한 필의 비단이 되지 않을 줄 어찌 알겠습니까? 족하께서 이 책을 읽을 적에 반드시 순계가 함께할 것입니다. 제가 순계에게 부탁드리지 않고 족하께 부탁드리는 까닭은 다만 거친 시렁과 낡은 글상자 속에 쌍옥을 갖추고 싶어서입니다.[54]

『서림일위』를 유희에서 비롯한 것으로 소개하지만 그 내용은 중년기의 독서에 대한 관심과 취향을 오롯이 담고 있을 뿐 아니라, 경화세족의 학술과 문예의 특징을 사실적으로 보여준다. 또한 『서림일위』를 이정리와 함께 볼 것을 권하면서 두 편의 서문을 고대한다.

이렇게 완성된 『서림일위』는 당대에 이미 널리 읽히고 유통된다. 연천의 기록에 의하면, 『서림일위』를 두고 형제와 친구들이 각각 10일씩 나누어 시를 짓기로 약속했다고 한다. 연천 역시 10편을 짓는데, 그 가운데 1월 1일과 8월 18일에 해당하는 두 편만이 『연천집』에 남아 있다.[55]

『서림일위』는 이후 널리 향유되고 계승되는데, 현전하는 두 이본으로 확인할 수 있다. 두 이본 모두 항해가 편집한 것에 내용을 약간 증보한 수준이지만, 증보한 것이 서로 다르다. 이는 두 이본이 각기 다른 경로로 읽히고 유통되었음을 시사한다.

먼저 고려대 소장본 『서림일위』는 "항해자 홍길주 집沆瀣子 洪吉周 輯, 소아 조성희 증보小雅 趙性熹 增補, 소암 정건채 서邵庵 鄭建采 書"로 후대에 조성희가 증보하고 정건채가 필사한 것이다. 그런데 필사하는 과정에서 오자와 탈자가 많아 해당 문헌을 정확하게 파악하기 어렵다.

증보한 소아 조성희에 대해서는 현재 한국학중앙연구원 장서각에 소장된 『영표기유초嶺表紀遊草』(조성희 지음, 송태회 주병서)를 통해서 어느 정도 파악할 수 있다. 조성희는 본관은 함안, 호는 소아 또는 인재認齋다. 생육신의 한 사람인 어계漁溪 조려趙旅(1420~1489)의 후손으로 부친은 도사를 지낸 조민식趙敏植이며, 1839년 1월 15일에 태어나 고종 8년(1871) 대신의 추천으로 공릉참봉을 시작으로 지방 군수를 두루 역임하고 1899년 1월 12일에 죽었다. 한 가지 주목할 점은 『영표기유초』가 유기遊記에 해당하는데, 그 내용을 설명하고 보충하는 '주註'를 덧붙인다.

이는 항해가 1830년(45세) 아들 우건과 이만용을 데리고 나흘에 걸쳐 서울에서 장단을 왕복하며 선영을 찾아가고 윤정진을 만난 사실을 기록한 내용을, 『대학장구』를 연상시키는 구성과 체제를 갖춰 집필한 『고진경전』과 연관이 있을 듯하다. 이를 통해서 본다면, 조성희는 『서림일위』를 증보하는 과정에서 항해의 문장에 상당히 경도되었음을 추측할 수 있다.

다음으로 연세대 소장본 『신정서림일위新訂書林日緯』를 살펴보면 "항해자 수즙沆瀣子 手葺, 광아재 장廣雅齋 藏"이라 적혀 있으며, '신정新訂'이란 명칭에서 후대에 약간 수정·증보한 사실을 확인할 수 있다. 첫 장에는 '우당愚堂' '낙도재樂陶齋' '소취小醉' '이용구인李容九印' 등 4개의 인장이 위에서부터 아래로 찍혀 있어, 현재 연세대가 소장하기까지 여러 사람의 손을 거친 듯하다.[56] 따라서 『신정서림일위』가 늦어도 1910년 초반에 작성되었음을 추측할 수 있다. 또한 『서림일위』와 관련하여 중요한 정보를 제공한다. 지금까지 『서림일위』는 항해가 1829년 봄에 완성했다고만 알려져 있을 뿐인데, 『신정서림일위』에는 2월 19일 "항해자 서림일위 성沆瀣子書林日緯成"이라 명기하고 있다. 이는 『신정서림일위』가 『서림일위』 관련 정보를 총망라하고 있음을 보여주는 사례다.

『신정서림일위』에는 매달 1일에 '화월령花月令'을 윗부분의 공란에 부기하여 총 12편이 기록되어 있다. 다음은 1월에 해당하는 '화월령'이다.

> 花月令
>
> 是月也 迎春生 櫻桃胎 望春盈眸 蘭蕙芳 李能白 杏花餙其靨
>
> (一本) 蘭蕙芳 瑞香烈 櫻桃始葩 徑草綠 望春初放 百花萠動[57]

두 편의 '화월령'은 각각 명의 진시교陳詩教와 정우문의 작품이다. 진시교는 꽃과 관련한 저서로 널리 알려진 『화리활花里活』의 저자이고, 정우문은 앞서 소개한 『청한공』의 저자로 '화월령'이 별도로 널리 간행·유통되고 있다.

또한 새롭게 증보한 내용 역시 윗부분의 공란에 부기한다. 한 달에 서너 건에 불과하나, 항해가 보지 못한 내용을 증보하고 문헌 출처까지 밝히는 점에서 『서림일위』가 향후 지속적으로 향유·계승되었음을 확인할 수 있다.[58] 아울러 19세기 조선의 한시사를 대표하는 옥수玉垂 조면호趙冕鎬(1804~1887)의 언급이 두 차례 등장한다.[59] 이는 조면호와 친분이 두터운 인물이 평소 그의 말을 귀담아 듣고 새롭게 추가한 것으로 보인다. 이렇듯 『신정서림일위』는 1910년 초반에 작성된 이후 진시교와 정우문의 '화월령'을 보충하고, 그 외 여러 세시·월령 등을 비롯한 문헌을 새롭게 추가한 상태로 지금까지 전해지고 있다.

그러므로 『서림일위』는 항해가 1829년 2월 18일에 완성했으며, 그 형제를 비롯하여 친분이 두터운 친구들을 중심으로 『서림일위』의 내용을 두고 시를 창작하는 분위기가 형성된다. 이후 여러 이본의 형태로 널리 향유·계승되어 오늘날 『서림일위』(고려대 소장본)와 『신정서림일위』(연세대 소장본)가 전한다. 특히 『신정서림일위』는 근대에 이르기까지 그것이 어떻게 향유되어 내려왔는지를 구체적으로 보여준다.

제4부

문장론의 성격과 양상

홍길주는 문장의 창작에서 진문장을 추구하는 경향이 강하다. 따라서 그의 문장론을 진문장으로 규정할 수 있으나, 그 성격과 양상은 시기에 따라 미묘한 변화와 차이를 드러낸다. 특히 문시활물과 문장중원은 진문장과 밀접한 의미망을 형성하면서도 다른 특징을 지닌다. 또한 그는 30세부터 44~45세까지를 문장이 극성한 시기로 언급하여 이전 시기와 뚜렷하게 구분한다. 그런 까닭에 그의 문장론을 탈모방과 진문장 · 선변善變과 문시활물 · 오지문장吾之文章과 문장중원으로 구분하고, 그 성격과 양상에 주목하여 살펴본다. 아울러 청초 고문삼대가로 불리는 위희魏禧(1624~1681)와 동성파桐城派 문론文論을 완성한 요내(1732~1815) 등과 그 영향관계를 검토한다.

1. 진문장을 지향하다

탈모방과 진문장

항해는 일찍부터 문학적 재능과 저술에 대한 남다른 관심으로 자신의 문집을 손수 편집할 만큼 자부심과 애착도 각별했다. 그런 까닭에 3종의 문집을 비롯한 다양한 저술을 남긴다. 문장에 대한 관심과 방대한 저술은 그의 문장론의 바탕을 이룬다.

항해는 일찍이 '문장이란 무엇인가?'를 탐색한 글에서, 옛사람의 다양한 문장을 학습하던 상황을 거론하고서 문장에 대한 자신의 견해를 밝힌다.

> 마음에 확립한 것을 뜻이라 하고, 뜻을 충만하게 한 것을 기라 하며, 기를 표현하는 것을 말이라 하며, 말을 간추린 것을 문장이라 하니, 문장이 학문에 있어 어찌 크지 않겠는가? 세상의 학자는 그 근본을 헤아리지 않고 옛사람의 성기聲氣를 모색하여 문장이라 자호하니 어찌 그릇되지 않겠는가? (…) 내가 일찍이 옛사람의 글을 읽어 문장 짓는 것을 배운 지 여러 해가 되었다. 초사와 이소를 읽으면 그 문사

는 처완悽惋하고자 하였고, 장자를 읽으면 그 말은 호방浩放하고자 하였으며, 좌구명과 사마천의 글을 읽으면 문득 사실을 기록하고자 하였으며, 순자 · 양웅 · 왕통 · 한유의 말을 읽으면 문득 도를 논하고자 하였으며, 읽은 것이 산천누관山川樓觀의 기문이면 그 문장은 질탕跌宕하고 소쇄瀟灑하고자 하였으며, 읽은 것이 잠송비뢰箴頌碑誄의 문집이면 그 문장은 전오典奧하고 간중簡重하고자 하였다. 그러므로 누차 그 법도를 바꾸어 오직 추종하였으나 옛사람과 같지 않음이 병통이었다. 이윽고 깨달아서 다음과 같이 말했다.

"문체는 진실로 하나일 뿐이다. 지금 내가 사람마다 배우고 말마다 본받고자 한다면, 이것은 바람이 하나의 기로 초목애곡산택草木崖谷山澤의 변화를 따라서 그 소리를 모두 얻는다는 것을 알지 못함이다. 비록 내가 종신토록 서책 가운데 골몰하더라도 반드시 성취하는 것이 없음을 알 것이다. 독서하여 내 마음을 보존하고 도를 구하여 내 뜻을 받들며, 용기를 길러 내 기에 짝하고 이치를 밝혀 내 말을 꿰어내며, 육경의 법도를 근본하고 제자의 방도를 참고하면, 가리키는 바에 따라서 궁구하지 못한 것을 넓혀서, 입에서 나와서 붓을 따르고 만변萬變에 이르더라도 가는 곳마다 적중하지 않음이 없을 것이니, 또한 어찌 사람마다 배우고 말마다 본받겠는가?"[1]

문장은 '심心→지志→기氣→언言→문文'의 단계를 거쳐 형성된다. 그러므로 옛사람의 성기를 모색하고 그 근본을 헤아리지 않는 것은 문장이 될 수 없다. 성기란 문장의 외연에 불과한데, 근본을 헤아리지 않고 이것만을 모색한다면 쭉정이에 지나지 않는다. 나아가 옛사람의 글을 읽어 문장 짓는 것을 배우고자 했던 지난날을 떠올린다. 옛사람의 글을 읽을 때마다 그와 같은 문장을 지으려고 노력하여, 누차 법도를 바꾸어 추종했지만 도리어 옛사람과 같지 않은 것이 병통이다. '문체는 진실로 하나다' 라는 사실을 망각하고, 정작 옛사람의 글을 배우면서 다만 성기만을 따른 셈이다. 그럼 어떻게 해야만 옛사람과 같은 문장을 지을 수 있는가? 서두에서 제기한 '심→지→기→언→문' 의 단계를 끌어다가 그 해법을 제시한다. 독서하여 내 마음〔心〕을 보존하고 도를 구하여 내 뜻〔志〕을 받들며, 용기를 길러 내 기〔氣〕에 짝하고 이치를 밝혀 내 말〔言〕을 꿰어내며, 육경의 법도를 근본으로 하고 제자의 방도를 참고하면, 가리키는 바에 따라서 궁구하시 못한 깃을 넓혀서, 입에서 나와서 붓을 따르고 만변에 이르더라도 가는 곳마다 적중하지 않음이 없는 문장이 된다. 옛사람의 성기만을 모색하고 모방만을 일삼는 세상의 문장과는 엄격하게 다르다. 따라서 다양한 문장의 습득과 체득을 통해서 모방을 추구하는 데서 벗어나 문체가 하나인 원리를 깨날으면, 사연스립게 올바른 문장을 창작할 수 있다.

당시 만연한 모방적 글쓰기 세태는 「힐우詰優」에 상세하다. 여기에는 배우가 등장하여 옛글의 모방만을 일삼아 천편일률적인 글을 양산하는 현실 세태를 풍자한다. 흡사 『장자』의 「천도天道」에서 윤편輪扁이 '군께서 읽는 것은 옛사람의 찌꺼기에 불과합니다〔君之所讀者 古人之糟魄已夫〕' 라고 일갈했던 것과 일맥상통한다. 배우라는 가공인물의 입을 빌려 당시 학자들의 허상을 여지없이 폭로한다.[2]

모방적 글쓰기를 배격하는 문장론은 문학적 교유를 통해서 점차 진문장으로 체계화된다. 문장의 법도와 표현, 그리고 옛 작가의 글쓰기에 대해서도 이렇게 말한다.

> 문장에 비유하자면, 그 짜임새가 매우 크고 규모가 매우 넓더라도 발하여 말이 되면, 그 승묵繩墨과 법도는 또한 지극히 작아서 간격이 없는 것이 있을 것입니다. 그러므로 그 큰 것을 당해서는 우주라도 마치 포함하여 싣지 못할 것 같고, 그 작은 것을 당해서는 분촌分寸으로도 마치 헤아릴 수 없는 것과 같습니다. 두 가지 중 하나라도 빠지면 내가 말하는 문장이 아닙니다. 그대가 큰 강선대와 작은 무산의 폭포를 구경한다면 문장에 이것이 있음을 알 수 있을 것입니다. 장자와 사마천은 말을 토해내 뜻을 전달함에 그 가는 바를 지극히 하고 호광웅변豪曠雄辯하여 만물은 거부함이 없으나, 국어와 곡양의 문장은 또한 오심준재奧深峻裁하여 빽빽하면서도 기이하고 찬란하면서도 그윽한 빛이 있습니다. 후세의 문장을 짓는 자는 감히 이 몇몇 작가를 버릴 수 없으며 또한 감히 하나를 받들고 하나를 비난할 수 없습니다. 그대는 연광정과 부벽루가 같지 않음을 구경한다면 또한 문장에도 이러한 것이 있음을 생각할 수 있을 것입니다.[3]

문장은 그 대상에 따라 표현하는 방법도 달라진다. 그 결구와 규모는 우주라도 포괄하여 실을 수 없을 것 같이 거대하며, 승묵과 법도는 분촌으로도 헤아릴 수 없을 것 같이 작아야 한다. 문장에서 결구와 규모, 승묵과 법도 중 어느 것 하나 결여돼선 안 된다. 또한 장자와 사마천의 글이 국어와 곡양의 글과 다르듯이, 옛 작가의 글은 서로 다르기 마련이다. 따라서 어느 하나만을 받들고 다른 하나를 비난하는 행위는 옛 작가의 글을 제대로 이해하는 태도가 아니다. 바로 옛 작가의 글에서 각각 변화를 감지하고 이해하는 것이 필요하다. 항해는 문장에서 결구와 규모, 승욱과 법도는 물론이거니와 옛 작가의 글에서 그 변화를 감지하고 이해할 것을 주장한다.

이러한 논의는 시대마다 그에 걸맞은 시문이 창작된다는 시변의 논리로 진전된다. 시변의 논리는 특히 「삼한의열녀전서」에서 그 정채를 발한다.

다음 자료는 이정리에게 보낸 편지의 일부로, 진문장의 면모를 짐작할 수 있다.

> 저는 일찍이 당송 간의 작가를 본받는 데 급급한 지가 오래되어서야 의취意趣가 이루俚陋하고 언어가 만루蔓縷하다는 것을 깨달았습니다. 근래에는 진한秦漢의 여러 책을 읽어 문득 구습을 모두 벗어버리고 배우고자 하였으나, 또한 가난한 집이 갑자기 비단옷을 입고 호사스런 기물을 갖추고자 비록 그 집 안의 솥과 항아리를 모조리 팔아도 그 바람을 충족할 수 없는 것과 같습니다. 그러므로 우연히 저술한 것이 있어도 한 글자라도 옛것에 가깝지 않으면, 마치 오래 굶주린 듯 마음으로 항상 서운해하고, 자구책에 게을러 힘써 독서하여 바탕으로 삼지 못한 것을 한스럽게 여겼습니다. (…) 저는 일찍이 망령되이 '도덕이 쌓이지 않으면 문리文理가 조밀하지 않고, 문리가 조밀하지 않으면 지취旨趣가 마땅하지 않다. 이와 같으면서도 장구를 수식하여 겉을 화려하게 하고 속을 텅 비게 한다면 문장의 귀함이 아니다. 옛사람이 글자를 만들 적에 어찌 일찍이 사조辭藻와 사부詞賦가 기이괴려奇異怪

麗하여 변화가 백출百出하려고 했겠는가? 오직 일을 서술하고 도를 논할 뿐이다' 라고 생각했습니다. (…) 오직 도덕이 속에 쌓이고, 문리가 밖에 조밀하여, 일을 서술하면 치란治亂에 근원이 있고, 도를 논하면 시비에 기강이 있은 연후에 진문장일 것입니다.[4]

이정리와 왕복한 편지에서 문장과 관련한 자신의 견해를 상세하게 피력한다. 진문장이란 도덕이 속에 쌓이고 문리가 밖에 조밀하며, 일을 서술하면 치란에 근원이 있고, 도를 논하면 시비에 기강이 있는 문장이다. 진문장은 지난날 자신의 모방적 글쓰기에 대한 반성에 말미암은 것이다. 이에 장구를 수식하여 화려하게만 하고 속은 텅 빈 문장을 배격하고, 사조와 사부가 기이괴려하여 변화가 백출하는 글쓰기를 거부한다. 진문장은 이러한 글쓰기의 폐단을 극복하려는 대안으로 제기된 개념으로, 도덕과 문리를 중심에 놓고 논의를 전개한다.

이정리에게 보낸 또다른 편지에서 "문장과 도는 두 가지 일이 아닙니다. 덕이 충만하면 빛이 밝고, 빛이 밝으면 소리가 적중하여 마치 포정庖丁이 칼을 휘두름에 칼이 닿는 곳마다 법도에 응하지 않음이 없는 것과 같다면, 도는 지극하고 또한 문장도 지극한 것입니다"라고 언급한 대목과 연관이 깊다.[5] 다만 도덕을 덕德으로, 문리를 광光으로 다르게 표현할 뿐이다.

탈모방과 진문장에 대한 논의는 자연스럽게 문장의 법도로 옮겨간다. 도를 의거함에는 『논어』를 근본으로 하고, 기를 운용함에는 『맹자』를 스승 삼으며, 법도를 세움에는 좌구명을 모방하며, 주제를 설정함에는 장자를 본받으며, 말을 구사함에는 사마천을 따르며, 감정을 서술함에는 굴원을 본받으며, 장과 구를 모아 한 편의 글을 완성함에 미쳐서는 또한 한유를 참고한다.[6] 즉, 문장의 법도는 옛글에서 모범을 삼아야 함을 강조한 대목인데, 그렇다고 맹목적인 모방을 의미하는 것은 아닐 터이다.

이는 문장의 번간繁簡과 고리古俚에 대한 견해에서 확인된다. 마음에서 발한 것이 말이고 말에서 고른 것이 문장이라면, 말이 마음에서 나오지 않으면 이는 궤언詭言이 되고, 문장을 말에서 얻지 않으면 이는 위문僞文이 된다. 그런 까닭에 지극히 화려하여 사람의 마음과 눈을 현혹하는 제양수당齊梁隋唐의 작품이나 고오高奧에 뜻을 치력하여 스스로 사마천에 견주었던 이반룡李攀龍(1514~1570)과 왕세정王世貞(1526~1590)의 문사는 문장이라 하지 않았다. 문사의 번간과 법도의 고리는 유연하게 성정을 발하고, 마음을 말미암아 말하며, 말로부터 문장이 되며, 뒤섞여 하나가 된 연후에 문장으로 드러나기 마련이다. 이런 점에 비춰본다면, 화려한 수식을 추구하던 제양수당의 작품이나 사마천의 예스러움을 본받고자 했던 이반룡과 왕세정의 문사는 자연스런 성정의 발로가 아닌 인위적인 조작이 가해진 궤언이고 위문이다.[7]

또한 고문古文과 금문今文의 차이를 설명하는 대목에서 문장의 번간을 언급한다. 문장의 번간은 글자의 다소多少에 있는 것이 아니라, 자자구구가 사람을 일어나 춤추게 하고 사람의 가려운 곳을 긁어준다면 비록 다른 사람이 한두 마디로 끝날 것을 천 마디 만 마디로 부연하더라도 번다한 것이 아니다.[8] 문장의 번간은 문장의 표현과 밀접한 관련을 맺는 것으로, 선변과 문시활물에서 자주 거론되는 내용이다.

다음 자료는 진문장과 관련하여 자신의 견해를 피력한 편지다. 단편적으로 문장을 언급한 이정리와 왕복한 편지 내용을 집약하여 진문장을 간명하게 밝힌다.

오직 문장 또한 마찬가지입니다. 반드시 말을 달리듯 내달려 이르지 않는 곳이 없은 연후에 비로소 그 화려함을 없애 질박해지고 그 맛을 제거하여 담백하게 됩니다. 만약 처음부터 육경을 배운다면 결국에는 힘이 다하지 않음이 없으니, 이것은 혈기가 방장한 사람이 스스로 양생하기를 늙은이같이 하여, 앉거나 누울 때 사람에게 부축하게 하고 다진 고기를 먹고 미음을 마신다면, 일 년이나 반년도 이르지 않아서 지체가 몹시 약해져 마침내 폐질에 걸린 사람이 되고서 그만두는 것과 같습니다. 이와 같이 하면서도 스스로 '내 생활과 양생이 아무개 노인과 같으니, 아무개 노인처럼 응당 장수하리라' 라고 생각한다면, 옳다고 하겠습니까? 가령 지금 문장을 짓는 자들은 그 폐단이 세 가지입니다. 화려하게 꾸미기를 힘쓰는 자는 옛사람이 이미 했던 말을 취하여 그 뜻을 따르고 그 글자를 바꾸어 수식을 더합니다. 이것은 썩은 가죽에 문양을 넣고 마른 백골에 회칠을 하는 것과 같아서, 얼핏 보면 화려하게 눈을 놀라게 하지만 가까이 다가가서 살펴보면 진부합니다. 고상하고 예스러움을 힘쓰는 자는 얼굴과 모양, 의상과 갓과 신이 왕왕 옛사람과 같지만, 성정性情과 신채神采는 그와 함께하지 못합니다. 이것은 흙으로 빚은 인형과 비슷하다고 말할 수 있습니다. 평범하고 비근함을 힘쓰는 자는 흙먼지 · 똥거름 · 기와나 벽돌 따위를 모두 거두어 가리지 않으니, 조악하고 탁하고 더러워 다가가서 볼 수조차 없습니다. 오직 뜻을 안에서 운용하되 문장은 밖으로 전달하며, 법도는 옛것에서 취하되 말은 자기가 만들어, 평탄하여 구차하거나 어렵지 않고 우뚝하여 저절로 가까이하여 생각할 수 없습니다. 무릇 그런 연후에 진문장일 것입니다.[9]

처음부터 육경의 문장을 배우는 행위는 혈기가 방장한 사람이 늙은이처럼 양생하다가 폐질에 걸리는 것과 다를 바 없다. 문장 역시 단계를 밟아 순차적으로 육경의 경지에 올라야 한다. 이와 더불어 지금 문장을 짓는 자들의 세 가지 폐단을 지적한다. 화려하게 꾸미기를 힘쓰는 자는 앞서 언급한 제양수당의 작품을 연상시킨다. 또한 고상하고 예스러움을 힘쓰는 자는 마찬가지로 이반룡과 왕세정의 문사를 떠올리게 한다. 마지막으로 평범하고 비근함을 힘쓰는 자는 위와는 정반대로 이들 역시 폐단이 있다. 따라서 진문장은 오직 뜻을 안에서 운용하되 문장은 밖으로 전달하며, 법도는 옛것에서 취하되 말은 자기가 만들어, 평탄하여 구차하거나 어렵지 않고 우뚝하여 저절로 가까이하여 생각할 수 없는 경지다. 이는 맹목적인 모방적 글쓰기에 대한 비판적인 의미다. 탈모방을 통해서 진문장을 창작할 수 있다는 그의 논리는 당시 만연한 모방적 글쓰기에 대한 비판적 인식에서 형성된다.

2. 문장은 살아 있는 물건이다

선변과 문시활물

항해는 『수여연필』에서 20세부터 50세까지 자신이 학습한 문장을 두루 거론하고서 자신의 문장을 자평한다. 이러한 기록을 통해서 어느 시기에 어떤 문장을 주력하고 숭상했는지를 짐작할 수 있다.

> 20세 전후에 고문은 다만 당송팔가만 있는 줄 알았고, 점차 송명 이후는 또한 과거 공부에 빼앗겨 전공할 수 없었다. 그러나 옛사람의 훌륭한 대목을 볼 때마다 본받고자 하였다. 25~26세에는 『문선』을 즐겨 읽었고, 그후부터 점차 한유를 좋아하였으나 숭상한 것은 다만 『전국책』과 제자에 있었다. 30세 이후 44~45세까지는 대개 내 문장이 극성하던 시기다. 내 문집을 읽은 자는 절로 정평定評이 있으니 지금 스스로 논할 필요는 없을 것이다. 벼슬길에 오른 후로는 또한 문서와 판결문을 작성하는 데 빼앗겨 날로 책과 소원해졌으니, 근래의 작품은 점차 쇠약하여 볼만한 것이 적다.[10]

20세를 전후한 무렵에는 당송팔가문唐宋八家文을 배우는 데 치력한다. 앞서 이정리에게 보낸 편지에서 확인되며, 당송팔가문에서 집자集字하여 연천과 편지를 왕복한 사실에서 얼마나 그에 심취했던가를 알 수 있다.[11] 25~26세에 『문선』을 즐겨 읽고, 이후 한유의 문장을 좋아한다. 또한 『전국책』과 제자를 숭상했다는 언급은 그의 문장에 대한 서유구와 홍한주의 언급에서도 확인된다.[12] 특히 30세부터 44~45세까지의 기간을 자신의 문장이 극성했던 시기로 평가할 만큼 상당히 자부한다. 이는 『표롱을첨』이 『현수갑고』나 『항해병함』에 비해 방대한 분량을 차지하는 점에서도 알 수 있다. 또한 자신의 문장에 대한 다른 사람의 정평이 있다고 밝혀, 이 시기의 문장론과 관련이 있음을 추측할 수 있다. 김매순은 "신령한 생각과 기묘한 구상이 텅 빈 곳으로부터 솟아오르는 것 같다"[13]고 격찬하는데, 선변과 문시활물의 논리와 관련이 깊다.

다음 자료는 문장에 대한 당시 세태를 거론한 대목으로, 자신의 호오에 따라 문장을 평가하는 것을 병통으로 여긴다.

> 단맛을 즐겨서 신맛을 물리치면 맛을 알지 못하는 사람이며, 궁宮만을 전력하여 상商을 헐뜯으면 소리를 알지 못하는 사람이다. 오직 문사文詞도 또한 마찬가지다. 자기가 좋아하는 바를 주장하여 남에게 적용하고 이를 어기면 배척하니, 비록 문사에 뛰어나더라도 나는 문장을 알지 못한다고 할 것이다. 그러나 지금의 이른바 문사文士는 여기에 병통이 없는 자가 드물다.[14]

> 맛난 음식은 단맛 · 쓴맛 · 신맛 · 쓴맛 · 매운맛 · 짠맛이 조화를 이룰

때 완성되고, 아름다운 음악은 궁상각치우 5음이 조화를 이룰 때 완성되는 법이다. 그런데 단맛을 즐겨서 신맛을 물리치거나 궁만을 전력하여 상을 헐뜯는 행위는 맛과 소리를 알지 못해서 생긴 일이다. 문장도 마찬가지다. 자신이 좋아하는 것만을 가지고 남의 문장을 평가한다면 이 역시 문장의 참다운 맛을 알지 못하는 행위다.

다른 사람의 문장을 평가하는 것도 지난한 일이지만, 문장을 짓는 데도 어려움은 따른다. 문장의 세 가지 어려움은 문장을 짓는 자라면 누구나 의식하지 않을 수 없다. 문장을 배우는 어려움, 문장을 짓는 어려움, 문장을 후세에 전하는 어려움이 그것인데, 특히 문장을 후세에 전하는 것은 더욱 어렵다.[15] 그렇다면 어떠한 문장을 지어야만 후세에 전해지는 것일까? 죽계 김소행이 지은 『삼한의열녀전』에 붙인 서문에서 그 해답을 추측해본다.

> 좌구명으로 하여금 초나라 회왕 때 태어나게 하여 이별하고 근심하며 방축放逐을 당하여 부賦를 짓게 한다면, 그 문장은 반드시 「이소」와 같을 것입니다. 장자로 하여금 한나라 무제 때 태어나게 하여 금궤옥실金匱玉室의 방책을 관장하여 역사를 기술하게 한다면, 그 문장은 반드시 『사기』와 같을 것입니다. 나머지 몇몇 사람도 모두 그러할 것이니, 또한 이 몇몇 사람으로 하여금 제양수당의 사이에 태어나게 하여 변려와 대우를 짓게 한다면, 반드시 유신 · 왕발과 같을 것입니다. 이들로 하여금 개원과 천보 사이에 태어나게 하여 악부 · 고시 · 율시 · 절구를 짓게 한다면, 반드시 이백 · 두보와 같을 것입니다. 이들로 하여금 홍원과 정원 사이에 태어나게 하여 주의奏議를 올려 일을 논하게

한다면, 반드시 육지와 같을 것입니다. 이들로 하여금 당과 송에 태어나게 하여 제조논책비지서기制詔論策碑誌序記 등의 문장을 짓게 한다면, 반드시 한유 · 소식과 같을 것입니다. 이들로 하여금 원과 명의 교체기에 태어나게 하여 소설과 전사塡詞를 짓게 한다면, 반드시 나관중 · 왕실보와 같을 것입니다. 이들로 하여금 지금 세상에 태어나게 하여 향랑의 의열을 기술하게 한다면, 반드시 죽계와 같을 것이고, 이들로 하여금 향랑의열전을 읽고 그 서문을 짓게 한다면 반드시 나와 같을 것입니다. 미루어 추측하면 모두를 알 수 있습니다. 예전에 내가 고古로 고古를 살펴보고 금今으로 금今을 살펴보아서 아우를 수 없었으며, 좌구명으로 좌구명을 살펴보고 장자로 장자를 살펴보며 사마천으로 사마천을 살펴보아서 소통할 수 없었습니다. 이 때문에 깨닫지 못했던 것입니다. 내 말을 듣고서 명언으로 확신하지 못하는 자는 이 책을 함께 읽을 수 없으며, 내 말을 듣고서 그 가리키는 바를 이해하지 못하여 다시 그 말을 요구하는 자는 이 책을 함께 읽을 수 없습니다. '이 말은 괴변이고 도리에 지나치고 비루하다. 저 좌구명과 사마천이 어찌 일찍이 그렇게 말을 했겠는가?' 라고 말하는 자는 이 책을 함께 읽을 수 없으며, '이 책은 왕왕 옛사람의 구절을 답습하였다. 저 순자와 장자가 어찌 일찍이 그러했겠는가?' 라고 말하는 자는 이 책을 읽을 수 없을 뿐만 아니라, 시경 · 서경 이후로 저 몇몇 사람의 책, 유신庾信과 왕발王勃의 병려駢儷, 이백과 두보의 시, 육지의 주의, 한유와 소식의 문장, 나관중의 『서유기』와 왕실보의 『서상기』, 나의 서문에 이르기까지 모두 함께 읽을 수 없을 것입니다.[16]

죽계가 『삼한의열녀전』을 지을 수밖에 없었던 이유와 자신이 서문을 이렇게 쓸 수밖에 없는 사정을 시변의 논리로 정당화한다. 앞서 시대의 운기를 거론하여 지금의 시가 한시나 당시가 될 수 없음을 지적한 대목과, 지금 시대에 태어났다면 지금 시대의 공령대우를 지을 수밖에 없다는 언급의 연장선상이다. 따라서 이들로 하여금 지금 세상에 태어나게 하여 향랑의 의열을 기술하게 한다면 반드시 죽계와 같을 것이고, 이들로 하여금 향량의열전을 읽고 그 서문을 짓게 한다면 반드시 나와 같을 것이다. 아울러 자신의 경험담을 들려주면서 호통互通의 논리로 죽계의 이 책과 자신의 서문을 읽어줄 것을 당부한다. 문장을 지을 때는 시변의 논리를 강조하는 한편, 문장을 읽고 평가할 때는 호통의 논리를 중시한다. 『수여연필』에서 이러한 내용을 '역지사지'로 언급하는데,[17] 시변과 호통의 또다른 표현이다.

다음 자료는 이치천에게 보낸 편지다. 이치천은 의고문擬古文에 특장이 있었던 인물로, 신석우申錫愚(1805~1865)가 이치천의 글을 번소술樊紹述에 견주어 물으니, 신위申緯(1769~1845)는 은반殷盤과 주고周誥를 너무 숭상하여 읽을 수조차 없다고 대답했다 한다.[18]

> 문장은 육경을 조종으로 삼고, 선진양한을 그다음으로 합니다. 육경에서 근본하지 않으면 이치가 서지 못하고, 선진양한에서 참고하지 않으면 기가 충만하지 못합니다. 이치가 서지 못하면 문사가 통달하지 못하며, 기가 충만하지 못하면 문장이 드러나지 못합니다. 오직 문사가 통달하지 못하기 때문에 지루하여 요약할 수 없고, 오직 문장이 드러나지 못하기 때문에 나약하여 견고할 수 없습니다. 육조의 기

려綺麗와 명계明季의 섬교纖巧는 아름다워 좋아할 만하지만, 끝내 몇몇 대가에 낄 수 없는 것은 이 때문입니다. 지금 그대는 흉중에 축적한 것이 지극히 많아서, 표현하면 넘실대며 흘러 다함이 없습니다. 그러므로 병통은 간혹 번다함에 있는 것입니다. 재정才情이 지나치게 높고 문채文采가 지나치게 발하여, 횡설수설하여 그 가는 바대로 맡겨두고 꺼리지 않습니다. 따라서 병폐는 간혹 방종함에 있습니다. 그대는 더욱 육경을 읽어 그 간략하면서도 법도가 있음을 터득하고, 더욱 선진양한의 책을 읽어 그 노련하면서도 후덕함을 터득하기 바랍니다. 규구規矩와 승묵繩墨은 비록 문장에서 중요하게 여기지는 않지만, 장인匠人은 이것이 없으면 기물을 완성하지 못하는 것과 같습니다.[19]

문장은 육경을 근본으로 하고 선진양한에서 참고해야만 한다. 그렇지 않으면 이치가 서지 못하고 기가 충만하지 못할 뿐 아니라, 나아가 문사가 통달하지 못하여 지루하여 요약할 수 없고 문장이 드러나지 못하여 나약하고 견고하지 않다. 이치천의 문장은 육조의 기려처럼 번다한 병통이 있고, 명계의 섬교처럼 방종한 병폐가 있다. 따라서 번다한 병통은 육경을 읽어 그 간략하면서도 법도가 있음을 터득하고, 방종함은 제자를 읽어 그 노련하면서도 후덕함을 터득하라고 주문한다.

육조의 기려는 앞서 언급한 제양수당의 작품을 말하며, 명계의 섬교도 역시 이반룡과 왕세정의 문사를 가리킨다. 이에 따라 문장의 번간과 법도의 고리에 대한 기존의 견해와 동일한 맥락에서 논의를 전개하고, 육경과 제자를 읽어 극복하라고 조언한다.

항해는 문장에서 선변을 중시하는데, 『연암집』을 읽고 그 감회를 피력한 대목에서 확인된다. 그는 1828년을 전후한 무렵에 이정리를 통하여 『연암집』을 접한다.

[1] 지금 나는 거울을 가져다가 지금의 나를 살펴보고, 책을 펼쳐 그 사람의 문장을 읽어보니, 그 사람의 문장은 바로 지금의 나였다. 이튿날 또 거울을 가져다가 살펴보고, 책을 펼쳐 읽어보니, 그 문장은 바로 이튿날의 나였다. 이듬해 또 거울을 가져다가 살펴보고, 책을 펼쳐 읽어보니, 그 문장은 바로 이듬해의 나였다. 내 얼굴은 늙어가면서 더욱 변해가고, 변해가면서도 옛 얼굴을 잊어버리지만 그 문장은 변하지 않는다. 또한 더욱 읽을수록 더욱 기이하여, 내 얼굴을 따라서 닮아갈 뿐이다.[20]

[2] 『연암집』은 수십 년간 자나 깨나 한번 읽어보려던 것으로 지금에야 얻으니, 몇 달 동안 몸은 『산해경』에 실린 봉린제주鳳麟諸洲의 기산이경奇山异境 가운데 있어, 자비고하紫緋膏夏의 나무를 베개 삼아 베고, 금훼인면金喙人面의 새를 길들여서, 망연히 집 앞의 홰나무와 은행나무가 자라고 솔개와 제비가 날아다니는 것도 알지 못했습니다. 제가 일찍이 꿈속에서 책을 읽었는데, 종이 위의 글이 잠시 후에 변하여 다른 글이 되었고, 간혹 종이에 글자를 베껴 쓰면 또 변하여 다른 글자가 되었으며, 간혹 변하여 맛난 음식이 되어 다섯 가지 맛이 모두 갖추어졌습니다. 꿈에서 깨어나 남에게 '꿈속의 환상은 진실로 평일과는 같지 않다' 고 말하니, 어떤 이는 '문장은 변화를 잘하는 것을 귀하게 여기니 신이 그대에게 알려준 것이다' 라고 했습니다. 옛사람의 문

장은 비록 꿈속의 글자가 변하는 것과는 같지 않습니다. 그러나 그 신경神境과 광기光氣는 읽을 때마다 신묘하니, 비록 변하여 다른 글이 되었다고 해도 괜찮을 것입니다. 지금 연암의 문장을 읽고서야 지난날의 꿈을 깨달았습니다. 인하여 망령되이 '연암공도 어릴 적에 또한 간혹 이런 꿈을 꾸어서, 「녹앵무경서綠鸚鵡經序」에서 일컬은 배구치검일월성신구층누대背口齒劍日月星辰九層樓臺 따위는 모두 이런 꿈의 형상일 것이다' 라고 생각했습니다.[21]

1 은 「독연암집讀燕岩集」의 일부분이고 2 는 이정리에게 보낸 편지다. 모두 『연암집』을 읽고서 그 감회를 솔직하게 토로하는데, 자신의 변해가는 모습 속에서 연암을 발견했다고 언급할 정도로 연암의 글에 심취한다. 또한 연암의 문장을 자신의 꿈과 연결시켜 이해하는 대목은 주목을 요한다. 항해는 연암의 문장을 접하면서 변變에 대한 인식이 심화된다. 그는 일찍이 꿈을 자주 꾸었고, 심지어 꿈속에 기문장奇文章과 대문장大文章이 있다고 언급할 정도로 꿈에 의미를 부여한다. 또한 연암도 어릴 적에 이러한 꿈을 꾸어서 「녹앵무경서」를 지은 것이 아닐까 추측하기도 한다. 즉, 그는 연암의 문장을 통해서 꿈속의 광경도 하나의 문장이 될 수 있음을 깨달았다고 판단된다.

『숙수념』을 동방삭이 지었다는 『십주기』『신이경』과 마찬가지로 '신유神遊' 로 단정하는데, 이는 그 성격을 밝히는 중요한 단서다. 『숙수념』은 바로 신유의 세계를 문장으로 표현한 것이다. 『숙수념』은 황주성의 「장취원기」에서 영향을 받았지만, 실제로는 연암의 문장이 상당한 영향을 미치고 있다. 이는 자신이 어린 시절에 지은 「십이루기十二樓記」를 연암의 『방경각외전』에 견주는 대목에서도 확인된다. 항해는 당시 『숙수념』을 저술하면서 연암을 상당히 의식한다. 따라서 신유에 해당하는 『숙수념』도 연암의 저술 가운데 『열하일기』에 견줄 수 있다. 연암이 연행을 통해서 『열하일기』를 저술했다면, 항해는 신유를 통해서 『숙수념』을 저술한 셈이다. 이처럼 연암의 문장을 접하고서 선변에 대한 인식이 심화되고, 『숙수념』의 저술에 영향을 받는다. 『숙수념』의 독특한 내용과 체제에서 확인할 수 있듯이, 선변은 문장의 내용과 법도를 아우르는 의미다.

이전의 진문장에서 진일보하여 문자와 문장에 대한 인식이 심화된다. 특히 문장의 표현을 언급한 '문시활물'에서 그 실마리가 보인다.

문장은 살아 있는 물건이므로 크게 할 수도 작게 할 수도 있으니, 저마다 그 제목을 따를 뿐이다. 되〔升〕를 제목으로 한다면 홉〔龠〕을 만들어도 안 되고, 또한 말〔斗〕을 만들어서도 안 된다. 만약 잔〔勺〕·홉·되·말은 물론이요, 아울러 섬〔斛〕을 만든다면, 이는 어떠한 모양이 되겠는가? 가령 매우 비속하고 더러운 물건을 제목으로 한다면, 모름지기 그 비속하고 더러운 모양과 똑같아지도록 힘써, 사람으로 하여금 그 실물을 보는 것처럼 해야지 문장이 우아하고 화려하지 않을까 근심하지 않아야 한다. 만약 필묵이 더럽혀질까 꺼려서 고상하고 아리땁고 부드럽고 섬세한 말을 지어내어, 독자들로 하여금 이것이야말로 미인의 보물이라고 여기게 한다면 도리어 문장이 빼어나다고 말할 수 있겠는가?[22]

문장은 살아 있는 물건이다. 그런 이유로 문장은 제목에 맞게 크게 할 수도 작게 할 수도 있다. 또한 대상이 무엇이냐에 따라 실물을 접하는 것과 같은 효과를 내도록 표현해야 한다. 이러한 논리는 문장은 그 대상에 따라 표현하는 방법도 달라야 한다는 연장선상에 있으면서도, 대상에 대한 핍진하고 정확한 표현을 더욱 강조한 대목이다. 더욱이 문장의 표현과 관련하여 제기한 '문시활물'은 문자와 문장으로 그 의미가 확대된다.

이는 천지간에 항상 살아 있어 죽지 않는 것을 문자로 언급한 내용에서 보다 분명하게 드러난다.

> 매번 대도회의 시장에 들어가서 천 인 만 인이 모여 떠들썩한 것을 보는 것은 마치 제자의 문장을 펼쳐 읽는 것과 같다. 무릇 사람은 그 머리·눈·귀·입·어깨·등·허리·배·손·발이 같은가? 천지가 개벽한 이래 지금까지 수만만억조의 사람 가운데 한 사람도 같은 자가 있지 않았다. 문장은 그 자구字句와 언의言意가 같은가? 문자가 생긴 이래 지금까지 수만만억조의 작품 가운데 하나라도 같은 것이 있지 않았다. 사람이 비록 그 형상은 같으나 그 기질이 다르니, 나무로 기물을 만드는데 기물은 각각 한결같이 나무인 것과 같다. 오직 문자만 그렇지 않다. 내가 사용하는 것은 바로 남이 이미 사용한 것이지만, 이와 같이 다함이 없고 이와 같이 하나도 같은 것이 있지 않다. 그러므로 '천하의 항상 살아 있어 죽지 않는 것은 오직 문자일 뿐이다'라고 하는 것이다.[23]

사람과 문장의 같고 다름을 통해서 문자의 의미를 파악한다. 천지가 개벽한 이래 수많은 사람이 태어나고 죽었지만 한 사람도 똑같은 자가 없으며, 글자가 생긴 이래 지금까지 수많은 작품이 있었지만 한 편도 같은 글이 없다. 이는 사람과 문장의 공통점이다. 사람은 저마다 기질이 다르더라도 그 형태는 같지만, 글자는 아무리 써도 다함이 없고 하나도 같은 것이 없다. 이것이 사람과 문장의 차이점이다. 문장은 한 글자 한 글자가 모여 구절을 이루고, 구절과 구절이 모여 편을 이룬다. 그러므로 천하의 항상 살아 있어 죽지 않는 것은 문자밖에 없다. 문시활물의 다른 표현으로, 문자를 문장으로 표현하는 단계에서 이미 모방적 글쓰기가 배제된 상태다.

문자와 문장에 대한 인식은 세상의 만물을 독서로 인식하는 태도로 연결된다. '문장은 다만 독서에 있지 않고 독서는 다만 책 속에 있지 않다' 고 하여, 일상의 문제를 중시한다.

> 나는 일찍이 논하기를 '문장은 다만 독서에 있지 않고, 독서는 다만 책에 있지 않으며, 산천운물조수초목山川雲物鳥獸艸木의 사이와 일용의 자질구레한 사무에 이르기까지 모두 독서다' 라고 하였다. 간간이 이러한 뜻을 저술에 누차 드러내어 간혹 원고 가운데에 있다. (…) 이와 같은 절세의 기문奇文은 좌구명과 사마천도 뒤에서 놀라서 눈을 동그랗게 뜰 것이다. 나는 이 두 번의 여행에서 천하의 기문을 읽은 것이 수십 수백 편이어서 나도 모르게 손과 발이 춤을 추었으니, 반드시 책을 펼쳐 몇 줄의 글자를 옹알옹알 소리 내어 읽은 연후에 독서했다고 여기는 자는 어찌 이것을 말할 수 있겠는가?[24]

인간이 세상을 살아가는 것은 마치 책을 읽는 것과 같다. '독서하여 내 마음을 보존한다'고 밝혔듯이[25] 독서는 문장의 바탕을 이룬다. 따라서 세상 만물을 독서로 인식하는 태도는 바로 문장을 의식한 발언이다. 독서를 책에 국한시키지 않고 세상 만물로 확대하는 점이 주목된다. 이는 세상 사람들이 책을 펼치고 옹알옹알 소리 내어 읽는 독서와는 다르다. 천지간에 항상 살아 있어 죽지 않는 것을 문자로 인식한 대목과 그 논리가 흡사하다. 다시 말해 천지간의 항상 살아 있어 죽지 않는 문자를 읽어내는 것이 곧 독서이며, 그를 표현하는 것이 바로 문장이다. 이처럼 일상을 읽어내는 독서는 문시활물과 연결된다.

다음 자료는 세상 사물을 인식하는 독특한 견해를 피력한 내목으로, 문시활물과 관련이 깊다. 문장으로 세상을 바라본다는 '이문관지以文觀之'의 논리가 그것이다.

> 무릇 사람이 사물을 대함에 남들은 일로서 대하지만 나는 문장으로 보며, 남들은 물건으로 접하지만 나는 문장으로 본다. 진실로 능히 이와 같이 한다면, 무릇 천지간에 새 · 물고기 · 동물 · 식물, 큰 것 · 작은 것 · 긴 것 · 짧은 것, 산이 우뚝하고 강이 흐르는 것, 구름이 일고 연기가 사라지는 것, 음악 · 여색 · 재물 · 이익과 기침 · 가래 · 웃음 · 꾸짖음에 이르기까지 나의 문장이 아님이 없다. 문장의 깨달음의 경지가 여기에 이른다면 성취했다고 말할 수 있다. 비단 문장만 아니라 시도 마찬가지다.[26]

세상을 살아가면서 너나없이 사물을 만나지만 이를 대하는 방식은 저마다 다르다. 세상 사람들은 사물을 만나면 그 자체를 사물로 여겨서 처리한다. 그러나 저들과는 달리 항해는 문장으로 바라본다. 즉, 천지간의 만물을 문장으로 바라보면 어느 것 하나 문장 아님이 없다.

항해는 일찍이 일용의식日用衣食이나 사사물물事事物物도 무엇으로 보느냐에 따라 다르며, 포정이 소를 잡는 행위와 장욱張旭이 검무를 보고서 초서草書를 깨달은 대목을 거론한다.[27] 그러므로 문장으로 만물을 바라보는 '이문관지'의 논리는 그 연장선상에 있다.

또한 '이문관지'의 논리는 문시활물과 일맥상통하고, 나아가 독서와 창작을 모두 아우를 수 있는 개념이다. 문장으로 만물을 바라보기 때문에, 천지간의 만물은 그 자체가 훌륭한 독서물이요 문장이 된다.[28] '이문관지'의 논리는 독서와 창작의 경계를 초월하는 그의 독특한 문장론을 반영한다.

때문에 그의 문하에서 수학한 제자 이헌명은 항해의 문장이 우리나라의 비루한 습속을 한바탕 씻어냈다고 평가하고서, '괴이하고 기이하여 한 가지 재능에만 능하지 않다' '기이하여 이무기와 용이 숨어 있는 것 같고, 무성하여 구름과 안개가 일어나는 것 같다'는 한유의 말을 인용한다.[29] 이는 선변과 문시활물로 대변되는 문장론을 두루 포괄하는 언급이다.

선변과 문시활물은 청초 고문삼대가로 불리는 위희의 논의와 매우 흡사하다. 그는 「육현포문서陸懸圃文序」에서 문장의 법도를 규구規矩와 산수山水에 비유하고, '변은 법도의 지극함이다'라고 주장한다.[30] 항해는 『수여방필』에서 청의 문장으로 위희와 왕완汪琬(1624~1691)을 거벽으로 평가하고서,[31] 별도로 그의 문장에 대해서 "위희의 문장은 당송팔가 이후에 초유初有에 해당하니, 동시에 여러 사람과 그 우열을 비교하여 논해서는 안 된다"라고 언급할 정도로 흠모한다.[32] 이를 통해 항해가 문장의 법도에 대한 위희의 주장을 상당 부분 수용하고 있음을 추측할 수 있다.

이처럼 문장의 내용과 법도에서 선변을 강조하고, 문시활물에서 문자와 문장에 대한 인식이 더욱 심화된다. 이는 모방을 배격하는 진문장과는 다른 면모다.

3. 문장의 중원을 차지하다

오지문장과 문장중원

항해는 꿈을 풀이한 글에서 나의 문장이 문장의 중원이라고 단언한다. 중원은 본래 문명국인 중국을 일컫는 말이다. '덕교德教를 닦고 예악禮樂을 밝혀 오랑캐를 다스리면 나의 중원이다' 라고 하여, 중원의 개념을 문장과 연결시킨다.[33] 다음 자료는 자신의 문장을 거론한 대목이다.

> 문장에도 중원이 있으니, 이곳을 벗어나면 오랑캐일 뿐이다. (…) 그러므로 문장을 짓는 자는 과정과 범위에서 반드시 육경을 배워야 하는 것도 아니고 반드시 육경을 배우지 않아야 하는 것도 아니다. 반드시 좌구명 · 굴원의 이소 · 순자 · 장자 · 사마천을 배워야 하는 것도 아니고, 반드시 좌구명 · 굴원의 이소 · 순자 · 장자 · 사마천을 배우지 않아야 하는 것도 아니다. 반드시 조비 · 육기 이하 한유 및 후세의 문장에 이르기까지 배워야 하는 것도 아니고 반드시 조비 · 육기 이하 한유 및 후세의 문장에 이르기까지 배우지 않아야 하는 것도 아니다. 반드시 번다하게 수식해야 하는 것도 아니고 반드시 간결하고 질

박하게 하는 것도 아니다. 의리義理를 근간으로 광기光氣를 장대하게 하여 백가를 굴복시킨다면 나의 문장일 것이다. 예전에 문장을 짓지 못한 것은 중원을 몰랐기 때문이며, 지금 문장을 짓지 못하는 것도 중원을 모르기 때문이다.[34]

문장을 짓는 자는 반드시 육경을 배워야 하는 것도 아니며 반드시 육경을 배우지 않아야 하는 것도 아니다. 이러한 언급은 앞서 「원문原文」[35]과 「삼한의열녀전서」[36]에서 거론한 내용으로, 젊은 시절 옛사람의 글을 읽을 때마다 배우고자 했던 경험담에 해당한다. 그러므로 반드시 배워야 하는 것도 아니고 그렇다고 반드시 배우지 않아야 하는 것도 아니다. 이는 「여인논문서與人論文書」에서 '법도는 옛것에서 취하되 말은 자기가 만든다'는 언급의 다른 표현이다. 이러한 '불필不必～, 불필불不必不～'의 논법은 그의 다른 글에서는 보이지 않고, 김소행에게 보낸 연천의 편지에서 유사한 논법이 확인된다. 연천은 "문장은 반드시 지어야 하는 것도 아니고 또한 반드시 짓지 않아야 하는 것도 아니며, 문장은 반드시 교묘하게 하는 것도 아니고 또한 반드시 교묘하게 하지 않아야 하는 것도 아니니, 나는 내 마음 다스리는 것을 알 따름이다"라고 하여, 문장에 대한 견해를 피력한다.[37] 항해는 연천의 이러한 논법을 끌어다가 '법도는 옛것에서 취하되 말은 자기가 만든다'는 의미로 사용한다.

또한 반드시 번다하게 수식해야 하는 것도 아니며, 반드시 간결하고 질박하게 하는 것도 아니다. 이러한 언급도 이정리[38]와 이치천[39]에게 보낸 편지에서 이미 거론한 내용이다. 번다하게 수식하는 것은 육조의 기려로 지극히 화려하여 사람의 마음과 눈을 현혹하는 제양수당의 작품을 말하며, 간결하고 질박한 것은 명계의 섬교로 고오에 뜻을 치력하여 스스로 사마천에 견주었던 이반룡과 왕세정의 문사를 가리킨다. 그러나 저들은 자연스러운 성정의 발로가 아닌 인위적인 조작이 가해진 궤언과 위문으로, 문장이라 할 수 없다.

아울러 의리를 근간으로 광기를 장대한다는 것은 기존의 '도덕이 속에 쌓이고 문리가 밖에 조밀하다'는 것과 '덕이 충만하면 광이 밝고, 광이 밝으면 성이 적중한다'는 내용을 적절히 아우르는 의미다. 다만 중원을 의식하여 '백가를 굴복시킨다'는 표현을 덧붙인다. 진문장의 내용과 별반 차이가 없는 듯하나, 오지문장吾之文章이라고 명명할 정도로 자신의 문장에 대한 인식이 극대화된다.

문장중원文章中原은 문장의 지극함으로 오지문장과 관련이 깊다. 항해는 문장의 중원과 자신의 문장에 대한 관계를 이렇게 거론한다.

> 문장의 지극함은 음서淫書와 패설稗說로 하여금 모두 시례詩禮로 변화시킬 수 있다. (…) 문장의 지극함은 벌레 소리, 귀신 소리, 괴이한 목석, 아득하고 괴이하며 그윽하고 은밀하여 끝내 따져 물을 수 없는 것으로 하여금 서로 이끌고 와서 조문하고 그 추악함을 감추고 그 능한 것을 바치게 할 수 있다. 이것이 문장의 중원이니, 어찌 도리어 진짜 중원보다 큰 것이 있지 않겠는가? 능히 이와 같은 연후에 문장을 지을 수 있다. 그렇지 않으면 비록 전모典謨를 품고 단계彖繫를 담아내어 형상과 정신이 똑같아서 분별할 수 없더라도 또한 그대의 육경은 아닐 것이다. 그대가 문장을 짓지 못하는 것은 진실로 이와 같을 뿐이다.[40]

문장의 지극함을 문장의 중원으로 정의한다. 앞서 이정리에게 보낸 편지에서 '문장과 도는 두 가지 일이 아닙니다. 덕이 충만하면 빛이 밝고, 빛이 밝으면 소리가 적중하여, 마치 포정이 칼을 휘두름에 칼이 닿는 곳마다 법도에 응하지 않음이 없는 것과 같다면, 도는 지극하고 또한 문장은 지극한 것입니다'[41]라고 하여, 문장의 지극함을 거론한다. 그렇다면 문장의 지극함은 바로 오지문장에 해당한다. 따라서 문장의 지극함은 음서와 패설로 하여금 모두 시례로 변화시킬 수 있다. 또한 문장의 지극함은 벌레 소리, 귀신 소리, 괴이한 목석, 아득하고 괴이하며 그윽하고 은밀하여 끝내 따져 물을 수 없는 것으로 하여금 서로 이끌고 와서 조문하고 그 주악함을 감추고 그 능한 것을 바치게 할 수 있다. 이것이 문장의 중원이며 바로 항해 자신의 문장이라는 논리다. 이러한, 내 문장이 문장의 중원이라는 선언은 진시황의 분서갱유라는 역사적 사실을 거론하며 육경이 끝내 전하지 않더라도 걱정할 것이 없다고 외치기에 이른다.

> 진시황은 책을 불살랐으니 천고의 어리석은 사람이다. 책을 어찌 불사를 수 있겠는가? 이것은 다만 죽간이나 책에 실린 것을 책이라고 했기 때문에 불살라서 없앨 수 있다고 생각한 것이다. 책은 진실로 천지와 더불어 태어나 장차 천지와 더불어 없어질 것이니, 어찌 불살라 없앨 수 있겠는가? 창힐과 주양이 태어나기 전에도 천지 사이에 애초부터 책이 없었던 것은 아니다. 한번 일찍이 아침 무렵 구름과 바다 사이를 바라보면, 항상 수억 수만 권의 문자가 있으니, 비록 만 명의 진시황이 있더라도 어찌 이것을 불사를 수 있겠는가? 진시황이 불사른 책은 유생들이 암송하여 전하여 한나라에 이르러 육경의 문장이

차례대로 다시 세상에 나왔으니, 세상 사람들은 이것을 다행이라 여긴다. 그러나 설령 육경이 끝내 전하지 않더라도 구름과 바다 사이에 수억 수만 권은 진실로 절로 존재하니, 어찌 육경이 다시 지어지지 못할 것을 근심하겠는가?[42]

진시황이 책을 불살랐는데, 과연 책을 불사를 수 있는가라고 반문한다. 천지 만물이 모두 독서의 대상이고 천지간에 항상 살아 있어 죽지 않는 것이 문자이니, 책을 불살랐던 진시황은 천고의 어리석은 사람이다. 그러므로 설령 육경이 끝내 전하지 않더라도 구름과 바다 사이에 수억 수만 권의 책이 절로 존재하기 때문에 다시 육경을 지을 수 있다. 이는 내 문장이 곧 문장의 중원이 되듯이, 구름과 바다 사이에 존재하는 수억 수만 권의 책을 자신이 읽고 문자로 표현하면 바로 문장의 중원에 해당하는 육경이 된다는 논리다.

또한 '문장은 화려해선 안 된다'는 기존 관념에 반기를 들고, 문장의 개념을 다른 시각에서 정립한다.

선생의 문장이 너무 드러난다고 말하는 자에게 선생이 이렇게 말했다. "이는 진실로 당연합니다. 문文은 문채文彩이고, 장章은 무늬가 드러나는 것입니다. 문채가 드러나지 않는다면 또한 어찌 문이라 하겠습니까? 대개 옛날의 문장은 『시경』과 『서경』보다 높은 것이 없으니, 편과 구절 사이에 어찌 문채가 드러나지 않았겠습니까? 대개 문은 기를 쌓아서 절로 이루어지는데, 기는 또한 기질을 기른 것입니다. 진실로 그 기를 길러 절로 문을 이룬 것이라면, 비록 문채가 하늘에 뻗

치더라도 문장을 짓는 데 해가 되지 않습니다. 진실로 기질의 함양 없이 한갓 문으로 일삼는다면 이는 이른바 부화한 문장입니다. 부화한 문장은 장 역시 드러나지 않으니, 단지 마른 나무와 식은 재에 다른 빛을 빌린 것이요, 문은 아닙니다."[43]

'문은 문채(무늬)이고 장은 무늬가 드러남이다.' 간단명료한 한마디 말로 기존의 관념을 뒤집는다. 문장은 속성상 겉으로 드러날 수밖에 없으며, 『시경』과 『서경』도 편과 자구 사이에 문채가 드러나기 마련이다. 그렇다고 화려함만을 일삼는 부화한 문장이 훌륭한 문장일 수는 없다. 기질의 함양이 없는 부화한 문장은 마른 나무와 식은 재에 빛을 빌려온 것에 불과하다. '문장은 화려함을 추구해서는 안 된다'는 기존 논리를 반박하여 문장에 새로운 의미를 부여한다.

그는 육경 가운데 『시경』과 『서경』을 중시하는데, 다음은 그의 학문이 어디에 근원을 두고 있는지 알 수 있는 자료다.

선생은 매양 가을과 겨울 기나긴 밤에 나로 하여금 『시경』을 암송하게 하고 궤석에 기대어 들었다. 이따금 무릎을 치며 "천하 문장의 오묘한 경지는 모두 『시경』에 있다"고 하였다.[44]

천하 문장의 오묘한 경지가 모두 『시경』에 있다. 항해는 방대한 분량의 산문에 비해 시가 상대적으로 소략하다. 그렇다고 시의 기능과 효용성조차 외면한 것은 아니다. 그는 일찍이 성정性情을 도야陶冶하고 풍교風敎를 비보裨補하며, 시사時事를 서술하고 충애를 표현했던 『시경』과 두보의 시를 주목하고,[45] 『시경』을 읽어야만 문장의 묘해妙解와 신운神韻을 제대로 표현할 수 있다고 지적한다.[46] 『시경』의 기능과 효용성에 주목한 발언으로 이를 얼마나 중시했는가를 짐작할 수 있다.

『시경』에 대한 인식은 「화악서소기華岳書巢記」에 잘 드러나는데, 문순文錞의 발언을 『시경』 구절과 연결시키고 다시 묻고 답하는 형식으로 글을 전개한다.[47] 무려 다섯 차례에 걸쳐 『시경』 구절을 인용한다는 점에서 그 중요성을 다시 한번 확인할 수 있다.

『시경』의 중시는 풍산 홍씨 가문의 가학과 연관이 깊다. 앞서 그 집안은 부모를 모시고 형제와 자매가 한자리에 모여 시를 창수했다고 했는데, 이러한 분위기가 자연스럽게 『시경』을 중시하는 방향으로 나아간다. 연천도 선비가 반드시 읽어야 할 경전으로 『시경』을 손꼽는데,[48] 이를 통해서 풍산 홍씨 가문의 가학과 『시경』의 연관성을 짐작할 수 있다.

그가 문장에 관심을 갖고 치력했던 것은 널리 알려진 바다. 당시의 학문 세태를 지적하고, 문장과 연결시켜 이를 이해한다.

> 공령문功令文에 익숙한 자는 고문古文에 익숙하지 못하고, 일찌감치 작가에 뜻을 둔 자는 왕왕 과거문科擧文에 소원하며, 경전을 궁구하고 도를 담론하는 선비는 문사文詞와 공령문에 모두 통하지 못하고 막힘이 있다. 이것은 익숙하게 익힌 것 때문에 그렇게 되는 것이니, 실로 또한 원두처源頭處에 깨달음이 부족하기 때문이다. 진실로 그 근본을 찾아서 도달하면 육경과 제자, 오늘날의 상첩찰독牀牒札牘도 어찌 일찍이 서로 다른 두 가지 공부이겠는가?[49]

당시 학문의 유형은 크게 공령문에 익숙한 자, 작가에 뜻을 둔 자, 경전을 궁구하고 도를 담론하는 자로 나뉜다. 그러나 공령문에 익숙한 자는 고문에 익숙하지 못하고, 작가에 뜻을 둔 자는 과거문에 소원하며, 경전을 궁구하고 도를 담론하는 자는 문사와 공령문에 능하지 못하다. 그 원인은 사실 익숙하게 익힌 것 때문이고 깨달음이 부족하기 때문이다. 저들은 육경과 제자, 오늘날의 상첩찰독이 모두 한가지 공부라는 사실을 깨닫지 못하여, 경전을 궁구하고 도를 담론하는 자는 육경의 문장만을 숭상하고, 작가에 뜻을 둔 자는 제자의 문장에만 힘쓰며, 공령문에 익숙한 자는 오늘날의 상첩찰독에만 골몰한다. 육경과 제자, 오늘날의 상첩찰독도 그 근원을 찾아가면 한가지 공부이듯이, 서나나 숭상하고 힘쓰는 학문도 종국에는 하나일 뿐이다.

이러한 논의는 동성파 문론을 완성한 요내가 학문을 의리 · 고증 · 문장으로 구분하고, 삼자의 조화와 통합을 중시한 대목과 관련이 깊은 듯하다.[50] 이는 항해가 중국의 학술과 문예 동향에 깊은 관심을 기울인 점에서 추측할 수 있다.

그렇다고 문장의 고금과 고하도 모두 같다고 인식한 것은 아니다. 육경의 문장은 당상堂上에 앉은 수령이 관청의 뜰에 있는 백성에게 훈계하는 것과 같고, 선진양한의 문장은 아전이나 겸인傔人을 통해서 말을 전하는 것과 같으며, 당송 이하의 문장은 거공이나 대가라도 선진양한의 문장에 대적할 뿐이며, 이후 변설辨說과 근세의 문장은 관청 뜰에 엎드려 호소하는 것과 같다. 즉 고금의 문장과 그 수준에 따른 각자의 역할을 비유적으로 설명한다.[51] 문장은 그 근원이 하나지만, 육경 · 선진양한 · 당송 이하 등과 같이 그 내용에 따라 문장의 고하가 구분된다.

항해의 문장론은 시기에 따라 그 성격과 양상이 변모한다. 당시의 모방적 글쓰기에 만연한 문단 상황을 비판하며 진문장을 주장하고, 이후 문장의 내용과 법도에서 선변을 강조하는 한편, 문자와 문장에 대한 인식은 더욱 심화되어 문시활물로 연결되며, 문장중원에 이르러서는 육경이 전하지 않더라도 다시 지을 수 있다고 자부할 만큼 오지문장을 강조한다.

그의 문장론은 청초 삼대가로 불리는 위희와 동성파 문론을 완성한 요내의 주장과 흡사하다. 이는 항해가 중국의 학술과 문예 동향에 깊은 관심을 기울이고 있었다는 점에서 어느 정도 짐작할 수 있다. 항해의 문장론은 우리나라는 물론, 중국의 학술과 문예를 바탕으로 형성되고 있음을 확인할 수 있다.

제5부

현실 비판적 산문

홍길주는 당대 현실과 관련한 내용을 잡저雜著에 집중적으로 수록하고, "잡저는 뜻대로 말을 세우고 자연에서 발하기 때문에 도를 논하고 감회를 서술한 작품이 왕왕 여기에 많다. 다른 작가의 志氣와 문장을 보려면 마땅히 여기를 살펴야 한다."[1] 고 언급할 정도로 의미를 부여한다. 더욱이 백성들의 삶과 밀접한 관련이 있는 토지제와 군포제軍布制, 나아가 관리등용에 관한 문제에 이르기까지 현실의 문제를 매우 광범위하게 다룬다.

그러므로 『춘추묵송春秋默誦』과 『의발책擬發策』에 대한 심층 분석을 통해서, 26세에 돌연 과거를 포기하고 독서지사를 자처하며 방대한 저술을 통해서 현실의 부조리를 비판하고 대안을 모색했던 그의 현실비판적 활동을 규명하는 데 치중하고자 한다. 『춘추묵송』은 임금의 권위가 실추되고 외척에 의한 세도정치가 횡행하는 당시 사대부 사회가 안고 있는 총체적인 문제를 집약적으로 거론한다. 또한 『의발책』은 19세기 한학과 고증학의 성행 · 풍미로 인한 중앙학계의 한학과 송학의 학술적 논쟁을 공론화하여, 한학과 고증학에 대한 비판적 인식과 송학의 입장에서 한학과 송학의 합일을 추구하는 학문적 경향을 분명하게 드러낸다.

1. 현실을 비판하고 대안을 모색하다

『춘추묵송』

항해는 혼란한 현실에서 평생 저술을 통하여 비판적 자세를 견지한다. 그는 혼란한 현실을 살아가는 선비의 자세에 대해 언급하는데, 세상의 선비와는 전혀 다르다.

> 선비가 선비 되는 까닭은 지키는 바가 있기 때문이고, 하지 않는 바가 있기 때문이다. 처한 시대의 성쇠가 다르지만, 한결같이 공명영리를 기쁨으로 삼는 자는 지키는 것이 손상되지 않을 수 없고, 하지 않아야 할 일을 부득불 때때로 행하기 마련이다. 지키는 것을 진실로 손상시키지 않고자 하고, 하지 않아야 할 일을 진실로 때때로 행하지 않고자 하여, 이른바 공명영리를 내가 힘을 다하여 밀쳤으니, 어찌 운명을 탓하겠는가?[2]

선비는 사농공상 가운데 하나지만, 지키는 바와 하지 않는 바가 있기 때문에 저들과는 다르다. 그럼에도 세상의 선비들은 그 본분을 망각한 채 시대의 성쇠에 상관없이 오로지 공명영리를 추구하는 데 골몰한다. 항해는 당시 세태를 목도하면서 다시금 선비의 자세를 가다듬고 세상과 영합하기를 거부한다. 이러한 비판적 시선은 현실의 문제를 냉철하게 진단하고 비판하기에 이른다. 다음 자료는 지知와 지志의 대화를 통해서 당대 현실을 풍자한 내용이다.

> 지知가 지志에게 묻기를 "어찌하여 팔지 않는가?"라고 하자, 지志가 대답하기를 "내가 어그러져서이다. 무릇 어그러지면 비록 팔더라도 반드시 치욕을 받는다"라고 하였다. "무엇을 어그러진다고 하는가?" "높은 것을 우러르고 낮은 것을 업신여기는 것은 인지상정이다. 그런데 나는 숭산을 업신여기고 개미 언덕을 경외한다. 강한 것을 피하고 약한 것을 깔보는 것은 당연한 이치다. 그런데 나는 범과 승냥이를 해치고 개미와 이를 두려워한다. 또한 어찌 크게 어그러지지 않겠는가?"[3]

자신의 마음을 표현한 지志는 세상과 어그러지기만 한다. 높은 것을 우러르고 낮은 것을 업신여기는 것은 인지상정이고, 강한 것을 피하고 약한 것을 깔보는 것은 당연한 이치다. 그런데 세상 사람과는 달리, 숭산을 업신여기면서 도리어 개미 언덕을 경외하고 범과 승냥이를 해치면서 도리어 개미와 이를 두려워한다. 이는 세상과 영합할 수 없는 자신의 처지를 단적으로 표현하면서, 당대 현실을 비판적 시선으로 바라볼 수밖에 없는 자신의 심리 상태를 솔직하게 토로한 것이다. 이러한 현실 인식은 당대의 모순을 진단 · 비판하고 나아가 개혁과 대안을 모색하는 방향으로 나아간다.

그렇다면 현실적인 개혁과 대안이란 무엇인가? 수레의 사용과 관련하여 의견을 피력한 대목에서 그 실마리를 찾을 수 있다. 수레는 북학자로 널리 알려진 박제가朴齊家(1750~1805)가 일찍이 『북학의』를 저술하여 그 필요성을 역설한 바 있으나 여전히 사용되지 않고 있었다.

> 강성군이 중국에 들어가 목화씨를 얻어 우리나라에 심었는데, 시들어버리고 싹이 나지 않았다. 이듬해 또 사람을 보내 씨를 구해와 심었으나, 또 싹이 나지 않았다. 이같이 십 년을 한 뒤에 비로소 한두 줄기가 자라났다. 마침내 성안에 두루 퍼져 지금도 백성들의 옷이 되고 있다. 지난번 이삼 년 싹이 나지 않았을 때, 갑자기 토양에 적합하지 않다고 생각하여 다시 심지 않았다면 우리나라 백성들은 옷이 거의 없었을 것이다. (…) 지금 진실로 수레를 사용하고자 한다면, 반드시 옛것을 좋아하고 사물에 박식하며 재주가 있는 사를 선발하여 중국에 들여보내, 눈으로 보고 입으로 배우며 손으로 익히고 마음으로 궁구하며 익숙하게 익히고 정밀하게 만들며 수레를 탈 때는 반드시 그 법도를 말미암고 수레가 지날 때는 반드시 그 방법을 잃지 않아야 한다. 무릇 그런 뒤에 험한 곳을 지나고 먼 곳까지 통행할 수 있을 것이다.[4]

고려시대 문익점文益漸(1329~1398)은 중국에서 목화씨를 들여와 백성들이 옷을 지어 입는 데 편의를 제공한 바 있다. 그러나 목화씨를 성공적으로 재배하기까지 10여 년에 걸친 시행착오를 거듭한다. 마찬가지로 수레의 사용은 백성들에게 큰 편의를 제공하는 면이 있지만, 지금 당장 시행한다면 목화와 같은 시행착오를 되풀이할 수밖에 없으며 그로 인한 폐단도 발생하기 마련이다. 때문에 수레를 사용하고자 한다면 이미 수레가 널리 사용되고 있는 중국 현지를 답사하고 그와 관련한 온갖 기술을 습득한 후에 시행할 것을 주장한다. 이는 당대 현실에 대한 면밀한 검토와 인식을 바탕으로 시행착오와 폐단을 최소화시킬 대안을 강구한 것이다.

항해는 다양한 저술을 통해서 당대 현실의 부조리를 진단하고 비판하는 데 앞장섰다. 특히 춘추대의를 천명하여 당시 사대부의 행태를 날카롭게 비판한 『춘추묵송』이 대표적이다. 이는 『춘추』에 대한 이해와 생각을 정리한 것으로 가학과도 연관이 깊다. 일찍이 부친 홍인모는 춘추전, 특히 『공양전公羊傳』과 『곡량전穀梁傳』에 관심을 두어 『춘추공곡합선春秋公穀合選』을 엮으며, 홍석주는 춘추 경문의 조목에 따라 11조로 정리한 『춘추비고春秋備考』를 저술하고 다시 「춘추문답春秋問答」에서 통론通論으로 정리한다. 이러한 저술은 『춘추』 해석에서 자득한 자신의 생각을 천명한 것으로, 당시 사대부들의 『춘추』에 대한 인식을 엿볼 수 있다.[5]

항해는 『춘추』에 대한 가학을 계승하는 한편, 이를 재해석하여 당대 현실에 견준다. 이는 『춘추』에 대한 단순한 이해와 생각을 넘어 그 현재적 의미를 부여한다는 점에서 주목되며, 그의 비판적 현실 인식과도 일맥상통한다.

그는 정자의 말을 거론하며, 학자가 알아야만 하는 것이 『춘추』라고 강조하면서 후세에 이를 배우는 자들의 잘못을 지적한다.

『춘추』는 성인의 저울이다. 그러나 그 은미한 말과 깊은 뜻은 다 알 수가 없으니, 정자가 말한 해와 별처럼 빛나는 대의 수십 조목은 또한 학자가 알아야만 하는 것이다. 그런데 후세에 『춘추』를 배우는 자는 간혹 그 알지 못하는 것에 나아가 억지로 따지고 끊임없이 떠들어대며, 입신과 행사를 고찰하는 것은 해와 별처럼 빛나는 대의 수십 조목과 함께 모조리 버리고 반대로 행한다. 아, 이는 또한 어째서인가?[6]

후세에 『춘추』를 배우는 자들이 자신이 알지 못하는 은미한 말과 심오한 뜻을 떠들썩하게 억지로 따져 묻고 그치지 않으면서도 그 대의는 모조리 버리고 도리어 반대로만 행하는 현실을 개탄한다. 아울러 오늘날 사대부의 그릇된 세태를 10가지로 나누고 춘추대의와 하나씩 결부시켜 조목조목 비판한다.

난신적자를 성토하는 것이 춘추대의지만, 그 의리는 지극히 공변되어 사사로움이 없다. 그런데 오늘날의 군자는 간혹 한마디라도 논의가 부합하지 않으면 상대방에게 반역의 죄를 씌워버린다. 왕도를 귀하게 여기고 패도를 천하게 여기는 것이 춘추대의지만, 그 의리는 실질을 내세운 것이지 명분을 따른 것이 아니다. 그런데 오늘날의 군자는 간혹 몸소 저자의 속된 일을 행하면서도 성대하게 유자라는 명분으로 서로 추켜세운다. 중국을 받들고 오랑캐를 내치는 것이 춘추대의지만, 중국이 법도가 없다면 배척하여 오랑캐로 여기고 오랑캐라도 법도를 갖추고 있다면 중국으로 나아갈 수 있다. 그런데 오늘날의 군자는 사람의 현賢·불초不肖와 일의 시비를 따지지 않고 오직 붕당의 같고 다름만을 가지고 서로 죽이고 서로 살린다. 춘추의리는 군자

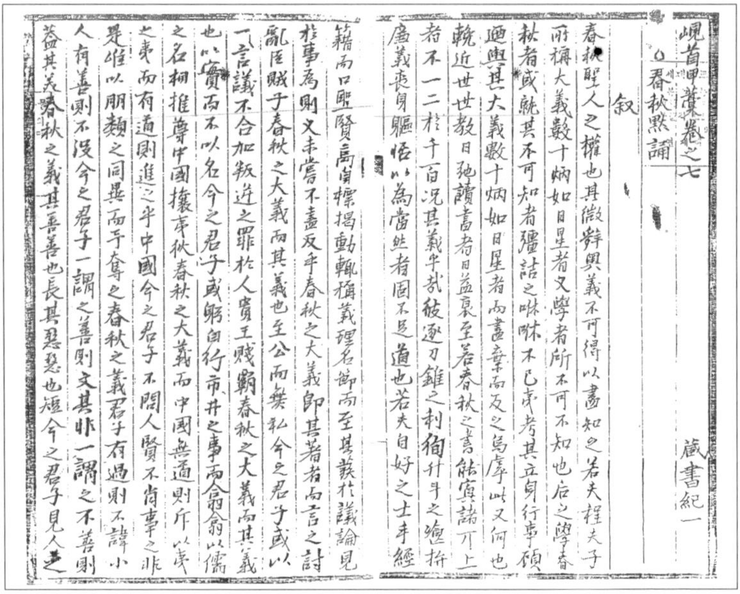
峴首甲藁卷之七　藏書紀一
○春秋默誦
叙
春秋聖人之權也其微辭奥義不可得以書知之若夫程夫子所稱大義數十炳如日星者又學者所不可不知也后之學春秋者或就其不可知者彊詰之咻咻不已末考其立身行事頗迺與其大義數十炳如日星者而盡棄而反之嗚虖此又何也蓋近世世教日弛讀書者日益衰至若春秋之書能寘諸几上者不一二於千百況其義乎哉彼逐刀錐之利徇升斗之塗拚廬義喪身軀恬以為當然者固不足道也若夫自好之士未經籍而口聖賢高自標揭動輒稱義理名節而至其發於議論見於事爲則又未嘗不盡反乎春秋之大義卽其著者而言之討亂臣賊子春秋之大義而其義也至公而無私今之君子或以一言議不合加叛逆之罪於人賓王賤霸春秋之大義而其義也以實而不以名今之君子或躬自行市井之事而翕翕以儒之名相推尊中國攘夷狄春秋之大義而中國無道則斥以夷之夷而有道則進之乎中國今之君子不問人賢不肖事之非是惟以朋類之同異而予奪之春秋之義君子有過則不諱小人有善則不沒今之君子一謂之善則文其非一謂之不善則揜其美春秋之義其善善也長其惡惡也短今之君子見人之

『춘추묵송』, 『현수갑고』 권7, 연세대 도서관 소장(한씨문고본)

가 허물이 있으면 감추지 않았고 소인이 선행이 있으면 숨기지 않았다. 그런데 오늘날의 군자는 한번 선하다고 하면 그 잘못도 수식하고 한번 불선하다고 하면 그 선행도 덮어버린다. 춘추의리는 선을 표창하는 것은 길고 악을 미워하는 것은 짧다. 그런데 오늘날의 군자는 남의 선행을 보면 시기하여 불신하고, 남의 악행을 들으면 감춰진 것까지 끄집어내어 부연한다. 춘추의리는 제후가 서로 전쟁하면 비록 선한 자가 있더라도 성인은 의리로 여기지 않았으니 왕실을 잊었기 때문이다. 그런데 오늘날의 군자는 권세와 이익으로 서로 공격하면서도 스스로 명분과 의리라고 여겨 사직에까지 화가 퍼지게 되었다. 춘추의리는 공족경대부가 국정을 쥐고 제멋대로 위세를 부리면 비록 유능한 자라도 성인은 공적으로 여기지 않았으니 그 정사가 후세에까지 미치기 때문이다. 그런데 오늘날의 군자는 무리를 지어 붕당을 만들고 귀척을 끌어들이고서도 스스로 선량한 무리라고 하며 임금을 위에 고립시킨다. 춘추의리는 홍수나 가뭄, 재앙과 흉년이 들면 반드시 기록하였으니 백성의 생활을 중시했기 때문이다. 그런데 오늘날의 군자는 오직 세력과 지위를 도모하고 봉록과 이익을 좇으며 오직 으르렁대며 다투기만을 힘써 백성의 생활은 거들떠보지도 않고 심지어 거듭된 흉년에 남은 곡식이 없더라도 자신들만 즐길 뿐 근심하지 않는다. 춘추의리는 전쟁이 있으면 반드시 기록하였으니 전쟁을 삼가려는 때문이다. 그런데 오늘날의 군자는 오직 편안함을 즐기고 오직 부귀에 미혹되어 구차하게 스스로 즐겁게 지내며 시급한 일도 생각하지 않아 군대의 방비를 묻지도 않고 심지어 변방이 위급하더라도 대응할 방책이 없다. 춘추의리는 궁실을 지으면 반드시 기록하였으니 사치함을 경계하기 위해서이다. 그런데 오늘날의 군자는 백성의 궁핍과 재물의 고갈을 보고 구제하지 못하면서도 스스로 큰 집과 누대를 짓고 의복과 자리를 화려하게 꾸미며 심지어 기물 하나에 수천 금을 허비한다.[7]

당시 사대부들은 춘추대의를 내세우면서도 그 행태를 살펴보면 춘추대의와는 전혀 딴판이다. 춘추대의는 제 기능을 상실하여 한낱 사대부들이 입에 올리는 명분으로 전락하고 만다. 그러므로 그는 춘추대의를 다시 정립하고 이를 토대로 현실의 모순을 비판하고 바로잡고자 한다.

이러한 사대부들의 행태는 외척에 의한 세도정치가 횡행하던 당시 사회의 총체적인 문제를 집약적으로 보여준다. 때문에 춘추대의를 끌어다가 오늘날에 징험하여 세상을 경계하려는 의도로 『춘추』에서 53조목을 뽑아 당대 현실에 견주어 새롭게 의미를 부여하고 재해석을 시도한다. 또한 당시 사대부의 현실 세태에서 춘추대의를 유추해내고, 거기에 하나씩 대응시켜 논의를 전개한다.

항해는 일찍이 이정리가 지은 「자연동설自然銅說」을 읽고서 현실 세태를 거론하며 논의를 펼치고,[8] 아울러 그의 재실에 붙인 「실사구시재기實事求是齋記」에서는 실사를 독서와 연결시켜 그 의미를 부여한다.[9] 이는 춘추대의를 현실적인 맥락과 연결시킨 『춘추묵송』의 저술과 관련이 깊다. 그는 군신의 도리를 천명한 것이 『춘추』라는 점을 재차 강조하고 오늘날 군신 간의 잘못된 행태를 들춰낸다.

> 군신의 도리는 만세의 큰 기강으로 『춘추』를 지은 근본이 된다. 그런데 오늘날에는 임금이 근심하여도 신하는 슬퍼하지 않고 임금이 명령해도 신하는 받들지 않으며, 일신의 편리를 도모하고 사사로운 은혜와 원수를 갚을 뿐, 공실公室의 안위는 연월燕越을 바라보듯 한다. 아, 글을 읽는 선비가 어찌 차마 이렇게 하겠는가? 다만 대의에 밝지 못하기 때문에 끝내 스스로 여기에 빠지면서도 깨닫지 못하는 것이다.[10]

오늘날은 만세의 기강인 군신의 도리가 무너져, 임금은 유명무실한 존재로 전락해버리고 신하는 제멋대로 행동하며 나라의 안위 따위는 거들떠보지도 않는다. 그렇다고 독서하는 선비조차 방자한 신하의 행동을 그대로 좇을 수도 없는 노릇이다. 때문에 춘추대의를 밝혀 타락한 세상을 구제하는 것이 바로 독서하는 선비의 책임이다.

그는 일찍이 "군자가 독서하지 않으면 도리를 깨달을 수 없고, 이미 깨닫고도 저술하지 않는다면 쇠락한 세상을 깨우치고 후진을 징계할 수 없다"[11]고 하여, 독서지사는 저술활동을 통해서 그 책임을 수행해야 한다고 강조한다. 이렇듯 그는 저술을 통한 현실 비판에 앞장서는데, 만년에 김매순에게 보낸 글에서도 이러한 면모가 확인된다.[12]

그렇다고 춘추대의가 오늘날 전혀 쓸모없는 것인가? 항해는 도리어 임금의 권위가 실추된 상황에서 신하의 방자한 행위를 처벌하려는 의도로 『춘추』가 지어졌다고 말한다.[13] 그러나 세상 사람들은 이를 깨닫지 못하기에 독서하는 선비가 앞장서서 춘추대의를 천명하여 세상을 바로잡아야 한다. 이는 『춘추』를 통해서 오늘날의 실추된 임금의 권위를 회복하고 방자한 신하를 엄단해야 한다는 그의 의도를 보여주는 대목이다.

일찍이 홍석주는 『춘추비고』에서 춘추필법을 정례定例·변례變例·이례異例로 구분하고, 춘추대의를 존왕尊王과 인륜人倫·예법禮法을 중심으로 이해한다.[14] 반면 『춘추묵송』은 춘추대의를 중심에 놓고 오늘날 사대부들의 그릇된 행태를 비판하는 데 초점을 맞춘다. 따라서 춘추대의는 『춘추』에 국한되는 것이 아니라 현재적 의미를 지닌 비판적 성격이 농후하다. 이처럼 『춘추묵송』이 당대의 총체적인 문제를 집약시켜 춘추대의에 견주어 논의를 전개했다면, 이후 사안별로 구체화되고 논의가 확장·심화되어 현실 비판적 산문으로 수렴된다.

세상에는 천하를 다스리고 백성을 위무하는 천자로부터 자신의 힘으로 생계를 꾸려가는 서인에 이르기까지 각각 맡은 바가 있기 마련이다.

그런데 자신의 임무를 저버리고 분수 밖의 일을 꾀하다가는 죄를 모면하기 어렵다. 이는 너나없이 알고 있는 일이지만 오히려 이를 거슬러 죄에 걸려들기 일쑤다.

> 무릇 천하를 다스리고 백성을 위무하는 것은 천자의 일이다. 나라를 다스리고 왕실을 지키는 것은 제후의 일이다. 국정을 보좌하고 군주의 잘못을 바로잡는 것은 경대부의 일이다. 맡은 바에 신중하여 나라를 다스리는 일을 함께 하는 것은 백관과 유사의 일이다. 뜻을 돈독히 하고 자신을 수양하여 남이 알아주기를 구하지 않으며 조정의 득실을 논하지 않는 것은 선비의 일이다. 힘으로 노동하고 생업에 힘써서 윗사람을 섬기고 스스로 생계를 꾸리는 것은 서인의 일이다. 천자로부터 서인에 이르기까지 각자 맡은 일이 있으니 서로 침범하면 안 된다. 제후이면서 천하를 차지하려는 것을 '적'이라 하고, 경대부이면서 나라를 차지하려는 것을 '모반'이라 하며, 백관과 유사이면서 국정에 간여하는 것을 '방자하다'고 하며, 사대부와 서인이면서 나라 다스리는 일을 함부로 의논하는 것을 '참람되다'고 한다. 그 죄는 모두 주살을 면치 못한다.[15]

신분의 고하를 막론하고 각각의 도리에 맞게 맡은 바를 수행한다면 세상은 태평하여 법률과 형벌이 필요치 않다. 그런데 군신의 도리가 한 번 무너지면 임금의 권위가 실추되고 만다. 그러면 너나없이 분수에 넘치는 일을 일삼아 세상은 혼란에 빠진다. 따라서 춘추대의는 좌시하지 않고 형벌로써 다스린다. 실제로 그가 살았던 당대는 외척이 국정을 장악한 세도정치가 횡행하던 무렵으로 임금의 권위가 실추되어 군신의 도리를 찾아볼 수 없는 지경이다. 이런 까닭에 『춘추』의 내용을 끌어다가 당대 현실에 견주고 춘추대의로 준엄하게 심판한다.

그는 군신의 도리를 강조하는데, 왕권의 실추는 곧 신하의 방종을 초래하기 때문에 임금의 처신 또한 신중하지 않을 수 없다. 임금은 신하의 말을 무조건 따라주는 것이 아니라 그 시비를 가리고 결단하여 위엄을 보여야 한다. 때문에 신하의 말을 따를 뿐 거스르지 않는 것은 아녀자의 도리이지 임금의 도리는 아니다.[16] 이는 나라를 다스리고 백성을 위무하는 임금의 역할을 중시한 대목이다.

더욱이 임금의 정사는 일반 백성의 삶과도 연결된 중대한 사안으로, 혼란한 정국을 안정시키기 위해서는 현명한 임금의 출현이 무엇보다 절실하다.

> 천하의 대지大知가 아니면 천하의 대도大道를 통달할 수 없고, 천하의 대용大勇이 아니면 천하의 대사大事를 결단할 수 없다. 지금의 정사를 논하는 자들은 "국가를 다스리려면 서무에 두루 밝지 않을 수 없다. 장차 정치를 잘하려고 한다면 크게 분발하여 개혁할 것이 있을 것이다"라고 한다. (…) 성인이 천하 국가를 다스릴 적에 다만 큰 근본을 들었고 세무細務에 대해서는 살피는 바가 없는 것 같이 했다. 백관과 유사의 관직을 각각 그 적임자에게 주어 맡길 뿐이요, 성인이 어찌 모두 관여할 수 있겠는가? 그러므로 대지는 부지不知와 같다는 것이다. 대사를 맡기고 대정을 시행함에 비록 지극히 의심스럽고 큰 변경의 때에도 반드시 음성과 낯빛을 바꾸지 않고, 편안하여 작위하지 않는

> 것 같으며, 담소하며 조용히 실천할 뿐이니, 또한 어찌 말로 드러내고 마음을 움직이겠는가? 그러므로 대용은 무용無勇과 같다는 것이다. 지금 시대는 정법政法이 모두 피폐하여, 백성은 곤궁하고 재물은 바닥나고, 기강은 문란하고 법령은 무너졌다. 진실로 정사를 하여 정치를 잘하고자 한다면 예악禮樂 · 형벌刑罰 · 직관職官 · 선거選擧 · 금곡金穀 · 갑병甲兵의 제도는 모두 바꾸지 않을 수 없으니, 이것은 반드시 두루 밝고 분발하는 자가 있은 연후에 능히 할 수 있는 것이다. (…) 대지는 어리석은 것으로 자처하지만 먼저 그 근본을 가지고 바로잡고, 번다한 서무는 장차 성인을 대신하여 다스리는 자가 있을 것이다. 대용은 나약한 것으로 자처하지만 오늘 한 가지 일을 행하고 다음 날 한 가지 정사를 행하여 사람들이 보면 변경하는 것이 없는 것 같으나 오래 지나면 법으로 삼아 폐단은 모두 바뀔 것이다.[17]

당대는 정법이 모두 피폐하여, 백성은 곤궁하고 재물은 바닥나고 기강은 문란하고 법령은 무너진 상황이다. 때문에 천하의 대도를 통달할 수 있는 천하의 대지와 천하의 대사를 결단할 수 있는 천하의 대용이 출현하기를 학수고대한다. 대지와 대용은 성군에 해당하는 현명한 임금을 말하는 것으로, 어지러운 세상을 바로잡아야 한다. 당대는 현실적 모순이 극에 달한 상황이기 때문에 오직 대지와 대용을 겸비한 임금이 이를 바로잡고 개혁해야만 한다.

또한 『춘추』는 기후의 변화나 재해 등을 빠짐없이 기록했으니, 정사와 깊은 관련이 있기 때문이다. 다시 말해, 정사가 제대로 닦이지 않으면 홍수와 가뭄과 같은 재해가 발생하는 법이다. 항해는 춘추대의를 천명하여 당대 현실에서 발생하는 재해도 이와 무관하지 않음을 드러낸다. 때문에 각자 맡은 바를 충실히 수행하여 정사를 닦으면 재해는 자연 사라지게 된다고 단언한다.[18]

항해의 이러한 인식은 이후 당대 현실에서 소외된 계층으로 논의가 확장된다. 특히 일반 백성에 대한 그의 관심과 우려는 홍경래의 난을 다른 시각에서 바라본다.

> 천하의 환란은 항상 소홀한 데서 발생하지 경계한 데서 생기지 않는다. 무릇 권력을 소유한 자는 사람들이 경계하여 그것을 대비한다. 곤궁하고 피폐하며 침울한 자는 사람들이 소홀하여 그것을 대비하지 않는다. (…) 물의 흐름은 일찍이 해를 끼치지 않으나, 재방이 오래되어 터지면 반드시 집이 떠내려가는 데 이른다. 세상 사람들은 소홀한 데 익숙하여 근심하지 않으니, 슬프도다.[19]

당시는 외척에 의한 세도정치가 맹위를 떨치던 무렵으로 위정자들은 자신의 권력 야욕에 빠져 백성들의 삶은 거들떠보지도 않는다. 또한 거듭되는 흉년과 탐관오리들의 부정부패는 백성들의 산발적인 봉기로 이어지고, 결국에는 홍경래의 난과 같은 집단적인 행동을 초래한다. 그는 천하의 환란에 비유하여 이 문제를 거론한다. 누구나 권력을 소유한 자는 경계하지만, 곤궁하고 피폐하며 침울한 자는 소홀히 생각하기 쉽기 때문에 대비조차 하지 않는다. 그러나 오래된 재방이 한번 터지면 집이 떠내려가는 지경에 이르듯이, 저들의 울분이 한번 터지면 걷잡을 수 없는 상황에 처하게 될 것이다. 그동안 소외된 백성의 울분이 홍경래의 난으로 분출되었던 역사적 사건이 이를 뒷받침한다. 이러한 경계와 우려는 사대부 사회 내부에서도 감지되는데, 소외된 계층이 바로 그들이다.

> 오직 부귀영화에 가까우면서도 권력이 없는 자는 오로지 할 수 있는 처지에 있으면서도 오로지 하지 못하고, 제 맘대로 할 수 있는 기회를 잡고서도 제 맘대로 하지 못하여, 밤낮으로 오로지 하고 제 맘대로 하는 자를 보고서 부끄럽기도 하고 부럽기도 하여, "저들과 나는 형세도 서로 대등하고 힘도 서로 대적할 만한데, 어찌하여 저들은 홀로 능히 하는데 나는 그렇지 못한가?"라고 말한다. 무릇 진귀한 음식도 먹어본 자는 싫증을 내지만, 보지도 못한 자는 생각조차 않는 법이다. 오직 날마다 곁에 늘어놓고 자기와 필적하는 자는 먹고 자기는 맛보지 못한다면 반드시 침이 위까지 흘러 온갖 계책을 써서 빼앗고자 한다. 그 또한 부귀영화에 가까워 그 술수는 지원을 불러서 그 틈을 엿본다. 권력을 소유한 자는 스스로 그 막중함을 믿고 그를 소홀히 여겨 살피지 않으며, 차츰차츰 뒤바뀌어 날로 빼앗겨도 깨닫지 못한다. 만약 하루아침에 뜻을 이루어 오랫동안 쌓인 울분을 씻으려고 생각한다면 그 화는 장차 사람을 죽일 것이다.[20]

임병 양란 이후 사대부 사회는 계층 분화가 이뤄지기 시작해, 19세기에 이르러서는 계층 간의 분화로 인한 갈등이 더욱 노골화된다. 이러한 갈등 양상은 사회 전반에 걸쳐 드러나는데, 그는 특히 부귀영화에 가까우면서도 권력이 없는 자들의 불평불만에 시선을 고정한다. 당시 외척에 의한 세도정치와 이로 인해 몇몇 가문을 중심으로 정치권력이 집중

되던 상황은 저들을 더욱 소외시키고 만다. 무소불위의 권력을 휘두르며 권세를 유지하던 부류와는 달리, 저들은 형세나 힘은 대등하면서도 권력을 차지할 수 없게 되자, 사회에 대해 못마땅한 마음이 쌓이고 그로 인한 울분을 삼키며 지내던 처지였다. 때문에 뜻을 이루어 그동안의 울분을 한번 씻어낼 것을 다짐하고 현실적 어려움을 인내하며 호시탐탐 기회만을 엿본다. 일반 백성이 홍경래의 난으로 자신들의 울분을 분출한 것과 마찬가지로 사대부 사회에서 분화되고 권력에서 소외된 부류들은 언제든지 사회의 위험 세력으로 성장할 수 있는 상황이다. 더욱이 세도정치가 점차 공고해짐에 따라 이러한 모순은 더욱 첨예화된다. 따라서 그는 저들이 뜻을 이루어 자신의 울분을 씻고자 한다면 살육이 난무하는 상황에 처하게 될 것이라고 경계를 늦추지 않는다.

나라가 태평성대를 구가하려면 훌륭한 임금이 나와 정사를 다스려야 하고, 현명한 인재가 등용되어 적재적소에서 맡은 바 임무를 충실히 수행해야 한다. 그렇지 않으면 조정에 붕당이 생겨 서로 반목하고 다투는 지경에 이른다. 그러므로 『춘추』는 인재의 등용을 중요시하고 붕당을 배척하고 경계한다. 항해는 춘추대의를 끌어다가 이러한 내용을 자주 거론한다. 당대 현실에서 무엇보다 시급한 것이 바로 인재의 중용과 붕당의 배척임을 보여주는 대목이다. 항해는 활을 쏘아 환공의 대구를 맞춘 관중이 도리어 환공에게 중용되었던 사실을 끌어다가 인재의 중용을 강조한다.

> 후세의 군자는 사람을 등용하고 내침에 있어 간혹 한 번이라도 의견이 맞지 않으면 배척하여 원수로 여기며 '이 사람은 우리 당이 아니

다' 라고 하니, 하물며 다른 사람을 섬긴 자에 있어서랴! 간혹 한마디 말 잘못을 가지고 반역의 이름을 씌워버리니, 하물며 환공을 쏘아 대구帶鉤를 맞춘 자에 있어서랴! 이에 서로 붕당을 세우고 각기 적수가 되어 내몰아 제거하지 않으면 만족하지 못하니, 하물며 감히 정사를 맡기겠는가![21]

오늘날의 군자는 한 번이라도 의견이 맞지 않으면 원수로 여기고, 한마디 말 잘못에 반역자로 취급하며, 서로 붕당을 세우는 데 급급할 따름이다. 그러니 저 옛날 포숙과 환공이 관중을 추천하고 중용한 역사적 사실과는 거리가 멀다. 오늘날에는 덕과 재주, 지혜와 능력의 고하에 따라 관직이 돌아가지 않고, 오로지 지체와 경력, 권세에 의해 관직을 나누어 가질 뿐이니,[22] 어찌 세상의 인재가 중용되기를 바랄 수 있겠는가?

세상 사람들은 세상이 쇠퇴하여 뛰어난 인재가 나오지 않는다고 탄식만 할 뿐이지만 항해는 인재가 배출되지 않는 이유를 찾는 데 앞장선다.

사람들은 "세상이 쇠퇴하여 뛰어난 인재가 항상 나오지 않는다"고 하지만, 이는 잘못된 말이다. 효제독행孝悌篤行은 세상에 일찍이 그 사람이 없던 적이 없었으며, 충신돈덕忠信惇德은 세상에 그 사람이 없던 적이 없었으며, 기위준척奇偉儁倜은 세상에 일찍이 그 사람이 없던 적이 없었으며, 염개특립廉介特立은 세상에 일찍이 그 사람이 없던 적이 없었으며, 재기홍달材器弘達은 세상에 일찍이 그 사람이 없던 적이 없었으며, 박학다예博學多藝는 세상에 일찍이 그 사람이 없던 적이 없었다. 대개 높이 날아올라 깊숙이 웅크려 바위언덕에서 늙어 드러나지 않았기 때문이다. 그러나 나는 일찍이 지금 세상에 지사智士가 없다고 하였다. 무릇 사람이 재학지행才學志行이 있으면 장차 백성들에게 복록을 베풀고자 할 것인데, 이미 때가 불가하여 감출 뿐이니 이것이 불행이다. 비록 당세에 베풀지 못하더라도 도리어 후세에 사라지지 않아 후세로 하여금 내가 재학지행이 있다는 것을 알게 한다면 오히려 다행일 것이다.[23]

뛰어난 인재가 나오지 않는다는 주장에 맞서 정반대의 논리를 펼친다. 세상에는 뛰어난 인재가 없었던 적이 없다. 다만 그 재주를 펼칠 만한 때를 만나지 못해서 인재가 없다. 세상 사람들이 표면적으로 드러나는 결과만을 거론하지만, 그는 인재 등용의 모순된 구조 속에서 그 원인을 찾는다.

정치의 근본은 걸출한 인재를 등용하여 적재적소에 배치하는 것인데, 당대 현실은 전혀 그렇지 않다.

천하의 일은 본말이 있지 않음이 없다. 그 근본을 들어 바로잡으면 다스려지지만, 다만 그 말단을 다스린다면 수고는 배로 들지만 효과는 볼 수 없다. 근본을 아는 데는 방법이 있으니, 먼저 그 말단을 취하여 다스리고, 다스려지지 못한 연후에 천천히 다스려지지 못한 연유를 살펴보면 그 근본이 드러나게 될 것이다. (…) 국가가 대대로 전한 지가 이미 오래고, 태평한 시대가 또한 수백 년이다. 걸출한 인재가 등용되지 못하므로 훈명덕행勳名德行한 가문이 벼슬과 공훈을 세습한다. 그리하여 명문세족의 권력은 거의 임금보다 무겁다. 무릇 한 가지 정사나 한 가지 일도 명문세족에게 불리한 것은 비록 임금의 위엄으로도 행할 수가 없다. (…) 그러므로 지금 나라에서 정사를 행하는 자는 반드시 명문세족의 권력을 깎아내는 것이 근본임을 알았다. 그러나 지금의 정사를 행하는 자는 모두 명문세족의 사람이니, 또한 누가 이러한 계책을 세우겠는가? 또한 누가 그를 도와서 이루게 하겠는가? 아아, 대지대용한 사람 수십 명을 얻어 묘당에 두지 못한다면 나의 계책도 또한 빈말일 뿐이다.[24]

걸출한 인재가 등용되지 못하고 명문세족이 대대로 벼슬과 공훈을 독차지한다. 명문세족의 권력은 임금을 능가하며, 임금의 위엄으로도 이들을 통제하지 못하는 지경이다. 더욱이 당대 현실은 명문세족이 세상을 좌지우지하는 암울한 상황이다. 따라서 그 권력을 약화시키고 임금의 위엄을 세우는 것이 시급한 문제라고 여긴다.

천하의 일은 본말이 있어 그 근본을 들어 바로잡으면 다스려지기 마련이다. 그는 걸출한 인재를 등용하지 못해서 그러한 폐단이 생겼다고 진단하면서 수십 명의 대지와 대용을 등용하여 폐단을 없애야만 한다고 주장한다. 여기서 재차 거론하는 대지와 대용은 걸출한 인재를 의미한다. 즉, 당대의 현실은 현명한 임금이 없어 바로잡을 수 없는 상황이므로, 그러한 인재를 등용해야만 다스릴 수 있다. 이러한 대안 모색은 선비에 대한 그의 인식과 밀접한 관련을 맺는다. 그러므로 하루빨리 대지와 대용의 인재를 등용해야 한다고 촉구한다.

특히 그는 인재 등용의 문제에 대해 각별한 관심을 기울인다. 그가 26세에 과거를 포기한 것도 당시 과거제의 문란이 주된 이유였다는 점에서 알 수 있듯이, 과거제를 비롯한 기존의 인재 등용 방식에 대해 상당히 회의적이다. 「의리議吏」는 관리 등용에 대한 방안을 제시한 내용인데, 다산의 「원목原牧」과 「탕론湯論」에서 보이는 하이상下而上의 방식이다.

> 나는 음선蔭選의 규정을 혁파하여 공경대부의 자제로부터 사士와 서민에 이르기까지 나이가 어리고 재주가 총명하나 향리의 거자擧子에 참여하지 않은 자들을 모두 이서吏胥의 업무에 종사케 하여 그들로 하여금 부서簿書와 재회財賄를 밝게 익히고 백성의 정위情僞를 통달하게 한다. 혹 10년이나 15년에 성적을 평가하여 포부간귀逋負奸宄가 없고 백성을 괴롭히지 않고 재물을 멋대로 사용하지 않은 자는 올려서 관리에 임명한다. 이로 말미암아 현령을 삼고 군수를 삼으며 주군의 목사를 삼으며, 재주와 성적이 매우 뛰어난 자는 방백에 이르게 하며, 또한 더욱 월등한 자는 재상에 이르게 한다. 포부간귀가 있고 백성을 괴롭히고 재물을 멋대로 사용한 자는 중벌에 처하고 자손을 노비로 만든다. 이와 같이 한다면 선비는 모두 백성의 일에 두루 익숙하여 관리가 되어 서무를 처리할 수 있으며 아랫사람에게 속임을 당하지 않을 것이다. 아전은 작록을 권장하고 형벌을 두려워하여 관장을 속일 수 없으며, 그 사람도 진실로 모두 사대부라서 간혹 도리를 알고 염치를 보존하며 반드시 서로 거듭 간사하고 거짓됨을 경계할 것이니, 한 번 법을 시행하여 두 가지 이익이 생기는 것이다. 무릇 그런 연후에 오랫동안 임명하는 제도를 만들어 이어서 시행한다면, 나라는 다스려져 백성은 편안하고 재물은 넉넉할 것이다.[25]

이러한 대안은 선비는 백성의 일에 어두워 관리가 되어도 서무를 처리하지 못하며 아전에게 농락을 당하고, 아전은 관장을 속이고 온갖 간사한 행위를 일삼았던 당대 현실에서 제기된다. 따라서 기존의 관리 등용 방식으로는 문제를 전혀 해결할 수 없다. 그는 자신의 방안으로 현실의 제반 문제를 해결할 뿐만 아니라, 나라도 다스려지고 백성은 편안해지며 재물은 넉넉하게 될 것이라고 주장한다. 이러한 하이상의 관리 등용 방안은 과거제의 폐단에 대한 끊임없는 비판을 통해서 얻어진 결과다. 또한 그는 일찍이 인재 등용과 관련하여 현실 문제를 거론하는데, 여기서 대안의 단초가 발견된다.

> 세상 사람들은 모두 말하기를 '조정에서 인재를 등용함에 오로지 문족과 권세를 중히 여기고, 과거 또한 전혀 공정한 법도가 없다. 그리하여 문학하는 선비는 바라고 흥기함도 없다. 이것이 인가人家의 자제가 한묵翰墨을 공부하지 않는 이유이다' 라고 한다. 그러나 다만 벼슬하는 무리에서 박아한 선비를 보기 드물 뿐이요, 벼슬하지 않는 선비로 견문이 쌓이고 훌륭한 재주를 가진 자는 매우 많다. 다만 선비들의 무리에서 글 읽는 것을 보기 드물 뿐이요, 고을 서리로 공령문에 빼어난 자는 끊임없이 많다. 저 비휴안목貔貅鴈鶩 같은 무리가 어찌 바라고 흥기하겠는가?[26]

인재 등용은 오로지 문족과 권세를 위주로 하며, 과거제 역시 매우 문란하여 유명무실하게 존재할 뿐이다. 이러한 상황에서 그는 박아한 선비는 오히려 벼슬하지 않는 선비에서 찾을 수 있고, 글 읽는 소리도 고을 서리들이 공령문에 더욱 빼어난 솜씨를 지니고 있다고 전한다. 아울러 빼어난 재주를 지니고서도 등용되지 못하는 저들의 현실을 안타까워 한다. 이러한 인식은 앞서 살핀 바와 같이 하이상의 새로운 관리 등용 방식을 제안하기에 이른다.

인재가 세상에 중용되지 못하면 조정에는 붕당이 생기는 법이다. 이러한 붕당의 폐해는 『춘추』에서 이미 지적하지만, 당대는 탕평책이 유명무실하고 외척의 세도정치로 인해 또다른 붕당이 세워지게 된다. 다음 자료는 귀척貴戚과 권요權要를 중심으로 붕당이 세워지는 상황을 거론한 대목인데, 다음은 바로 그가 목도한 당대 현실이다.

> 후세의 군자는 같은 조정에서 임금을 섬기면서도 권세와 이익으로 인해 서로 다투며 왕왕 피를 보는 지경에 이르러도 그만두지 않으니, 의론과 행위에 어찌 한쪽이 잃고 한쪽이 얻는 경우가 없겠는가? 그 주인을 물으면 귀척이 아니면 권요다. 사대부는 아무개에게 붙지 않으면 다른 아무개에게 붙으니, 다시 임금이 위에 있음을 알지 못한 지가 오래다. 이 때문에 그 끌어다대는 말이 비록 선왕의 예이고 성현을 받들고 도술을 강론하는 일이라도 군자는 훌륭하게 여기지 않는다.[27]

현실에 대한 진단과 비판은 외척에 의해 주도되던 세도정치로까지 논의가 확장된다. 이는 붕당정치의 폐해를 지적한 「위언危言」에 잘 드러난다. 일찍이 구양수는 군자의 붕당과 소인의 붕당을 구분하여, 군자의 붕당만을 인정한다. 그러나 그는 「붕당론」을 지은 구양수를 도리어 생각이 깊지 못하다고 나무란다.

심하도다. 붕당이 나라를 재앙에 빠트림이여. 구양자는 「붕당론」을 지어 군자의 붕당은 비록 많더라도 해가 없다고 하였는데, 그가 깊이 생각하지 못했다. 이것은 다만 군자와 군자가 붕당을 하고 소인과 소인이 붕당하는 것을 알았을 뿐이요, 군자 가운데 또한 각각 붕당을 하여 서로 원수가 되고 소인이 그 뒤를 계승한다는 것을 알지 못한 것이다. 옛날의 어진 신하가 임금을 섬김에 어찌 일찍이 이끌어주고 힘써서 심력을 하나로 하여 돕지 않은 자가 있겠는가? (…) 후세의 군자는 조정에 벼슬하여 평소 미미한 말로 인하여 서로 배격하고 따라서 일어나는 자가 혹 좌로 가고 혹 우로 간다. 처음을 따져보면 모두가 선비로 소인이 참여하지는 않았다. 말류에는 반드시 눈을 부릅뜨고 칼을 꺼내 서로를 적군처럼 여긴다. 나와 같으면 칭찬하고 받들어 그 사람이 현명한지의 여부나 재주의 여부는 묻지 않는다. 반면 나와 다르면 천하게 여기고 욕하여 그 사람이 현명한지의 여부나 재주의 여부는 묻지 않는다. 나와 같으면 총애하여 헌면규석軒冕珪舃의 상을 주면서도 그 사람의 능력 여부를 묻지 않으며, 나와 다르면 두려워하여 도거정확刀鋸鼎鑊의 형벌을 내리면서도 또한 그 사람의 죄의 유무를 묻지 않는다. 이에 조정에서 벼슬에 올리고 내치는 조치는 오직 이것일 뿐이고, 포의로 독서하는 선비가 훌륭한지 여부를 논의하는 것도 오직 이것일 뿐이다. 임금의 득실을 묻지 않고, 백성의 생활은 마음에 두지 않으며, 창고나 무기의 상태를 돌아보지 않으며, 천재지변과 홍수와 가뭄, 도적의 환란을 근심하지 않는다.[28]

군자 가운데 또한 각각 붕당을 하여 서로 원수가 되고 소인이 그 뒤를 계승한다. 현실은 붕당의 말류적 현상이 도처에서 일어나는 상황이다. 오직 붕당의 같고 다름이 중요할 뿐 그 사람이 현명한지의 여부나 재주의 여부는 묻지 않는다. 조정은 물론이려니와 심지어 벼슬하지 않는 선비조차 시류에 영합하는 상황이다. 더욱 우려되는 폐해는 사대부 군자들의 붕당이 결국에는 소인들의 붕당으로 계승되어 걷잡을 수 없는 상황에 이르게 된다는 점이다.

붕당이 조정에서 오래 행해지면 외척이 반드시 국정을 장악하고, 외척이 국정을 장악한 것이 오래되면 환관과 궁첩이 반드시 국정을 마음대로 하는 지경에 이르게 된다. 아울러 사대부와 환관 · 궁첩은 거리가 멀지만, 붕당의 습속이 사대부에게서 일어나 몇 번 만에 환관과 궁첩이 국정을 마음대로 하는 지경에 이르게 되니, 그들이 국정을 마음대로 하는데 사대부가 그 노예가 되지 않는다면 반드시 죽임을 당하게 될 것이라고 경고한다.[29] 당시는 외척에 의한 세도정치가 횡행하여 국정을 좌지우지하던 상황이다. 따라서 그는 붕당의 폐해를 거론하면서 은연중에 당시의 세도정치를 날카롭게 비판한다.

2. 한학과 고증학 비판에 앞장서다

「의발책」

이수광李睟光(1563~1628)의 『지봉유설芝峰類說』은 17세기 초엽에 완성된 백과사전에 해당하는 저작으로, 조선후기 실학의 기풍을 여는 데 선도적인 역할을 한다. 박물학적 지식과 고증학적 관심은 이후 고증학(명물고증학名物考證學)적 학풍이 성행하는 데 시초가 된다.[30] 또한 18세기 이후 중국 서적의 대량 유입과 유통은 신지식을 생성하고 문예와 학술의 새로운 방향을 연다. 이는 주자학으로 대변되는 송학 중심의 학술 범주에서 탈피하여 새로운 학문의 분위기가 생성되는 계기가 된다.[31] 이렇듯 고증학은 초보적인 관심 단계를 뛰어넘어 차츰 학문의 범주로 인정받는다.

특히 19세기는 한학과 고증학이 성행·풍미하던 시기로 고증학에 대한 비판적 인식은 물론, 한학과 송학을 둘러싼 학술적 논쟁이 중앙 학계에서 벌어지기에 이른다. 홍석주와 연경재研經齋 성해응成海應(1760~1839)이 『사고전서총목四庫全書總目』을 돌려보면서 왕복한 서신에는 고증학에 대한 비판적 인식과 아울러 한학과 송학에 대한 뚜렷한 견해차가 드러난다. 서로 다른 학문적 성향이 그 일차적인 요인이지만, 그 이면에는 주자학 일변도의 송학을 학문적 이념으로 확립한 조선 학계가 당시 성행 · 풍미하던 고증학과 한학을 수용 · 비판하는 과정을 담고 있다.

이후 항해는 한학과 송학을 둘러싼 학술적 논쟁을 더욱 공론화시키고자 「의발책擬發策」을 저술한다. 이는 그의 비판적 인식에서 비롯한 것으로, 나아가 한학과 고증학에 대한 당시 학계의 위기의식과 우려를 그대로 반영하고 있다.

19세기 중국은 건륭제와 그 뒤를 이은 가경제의 치세로 이른바 '건가성세乾嘉盛世'라 하여 청조 문화의 난숙기이면서 대성의 시대로 일컬어졌다. 당시 우리나라는 성소의 문화 정책으로 학술과 문예의 부흥기를 구가한 이후였는데, 경화세족은 경제력을 바탕으로 중국으로부터 대량의 서적을 유입 · 유통하고, 이를 바탕으로 당대 학술과 문화를 선점했을 뿐 아니라 중국의 학술과 문예 동향에도 민감하게 대응했다. 특히 고증학적 학풍이 성행하고 풍미하면서 학계의 주요 관심사로 부상한다. 이후 한학과 고증학의 성행은 중앙 학계에서 한송 논쟁으로 비화되기에 이른다.[32]

홍석주와 성해응 사이에 고증학을 중심으로 벌어진 한학과 송학의 학술적 논쟁은 이들 학문의 수용에 대한 당시 학계의 정황을 살필 수 있는 자료다. 우선, 당시 고증학을 비롯한 한학에 대한 학계의 인식부터 살펴보자.

정약용은 일찍이 「오학론五學論」을 저술하여 당시 학계의 상황을 비판적인 시각에서 점검한다. 당시 훈고학[33]이 학계에 폭넓게 수용 · 확산된 면모뿐 아니라 이에 대한 위기의식이 감지된다.

옛날에 학문하는 데는 다섯 가지 방법이 있었으니, 널리 배우고〔博學〕 자세히 묻고〔審問〕 신중히 생각하고〔愼思〕 명백하게 분변하고〔明辨〕 독실하게 실행하는〔篤行〕 것이다. 그런데 지금의 학자들은 한결같이 박학만 부르짖을 뿐 심문 이하는 염두에 두지 않고 있다. 무릇 한유漢儒의 학설이면 요령要領을 불문하고 그 귀취歸趣도 살펴보지 않은 채, 다만 심지心地를 전일하여 신봉하고 있다. 그래서 가까이는 마음을 다스리고 성품을 다스리는 것은 생각조차 않고, 멀리는 세상을 교도하고 백성 잘 다스리기를 원치 않고 있다. 오직 박학강기博學强記와 굉사호변宏詞豪辨을 자랑하면서 한 세상을 고루하다고 깔볼 뿐이다. 만세에 해를 끼칠 만한 잘못된 의리와 부정한 학설은 모조리 수용하면서 '천하의 이치는 무궁한 것이다' 라고 말한다. 이는 선성先聖과 선왕先王의 격언과 지훈至訓을 모두 인멸시켜 드러내지 못하고 마멸시켜 확립하지 못하는 처사이니, 어찌 비통한 일이 아니겠는가.[34]

박학 · 심문 · 신사 · 명변 · 독행 등 다섯 가지 학문 방법은 일찍이 공자가 말한 내용인데도, 오늘날의 학자들은 오로지 박학에만 힘쓰며 한유의 학설을 무조건 신봉한다. 심지어 잘못된 의리와 부정한 학설을 모조리 수용하여 성현의 가르침을 인멸시키고 무너뜨리는 처사도 서슴지 않는다. 18세기 이후 중국의 한학과 고증학이 본격적으로 조선 학계에 수용되면서 야기된 문제를 거론한 내용인데, 훈고학에 대한 시선이 매우 부정적이다. 훈고학은 중국에서 성행하던 한학을 숭상하는 학풍으로, 고증학과 관련이 깊다. 이처럼 중국뿐 아니라 우리나라에도 한학으로 대변되는 훈고학, 고증학이 점차 맹위를 떨치기 시작한다.

또한 김매순도 "명 · 청 이래 선비 가운데 재기를 지니고 전심으로 주자를 섬기지 않는 자는 대부분 모기령이나 정현을 떠받들고 고아하다고 자부하며, 장구와 집주를 공령功令의 속학으로 돌려버리고서 거만하게 깔보며 고상한 운치라고 여기고 있다. 이것은 그 마음과 안목이 이미 치우치고 가려져 공정하지 못하기 때문이니, 또한 어떻게 밝고 분명한 마음으로 금철金鐵과 민옥珉玉의 분별을 어긋나지 않게 할 수가 있겠는가"[35]라고 하여, 중국 학계가 온통 한학의 열풍으로 들끓던 상황을 전한다.

이러한 언급은 중국과 우리나라 모두 한학을 숭상하는 학풍을 우려하는 시선이다. 따라서 홍석주와 성해응의 한송 논쟁은 이러한 당시 학계의 상황을 여과 없이 반영한다.

두 사람 사이에 벌어진 논쟁은 『사고전서총목』에 대한 견해차에서 출발한다.[36] 성해응은 "『사고전서총목』에서 칭술한 바는 대개 한학을 받들고 숭상하여 정자 · 주자에 대해 감히 드러내놓고 비방하지는 않았으나 왕왕 근거 없는 말로 은근히 공격하였으니, 그 마음씨의 병폐를 알 수 있다"고 폐단을 지적하면서도 고증의 정밀함은 폐할 수 없음을 강조한다.[37] 이를 계기로 홍석주는 고증학과 기윤이 총괄한 『사고전서』에 대해 거침없는 어조로 통렬하게 비판하고, 성해응도 이에 맞서 자신의 견해를 피력한다.[38] 이처럼 두 사람 간의 학술적 논쟁은 고증학과 『사고전서』에만 그치지 않고[39] 한학과 송학으로 그 논의가 확대 · 심화되어 당시 학계의 분위기를 사실적으로 담아낸다.

먼저 한학과 고증학을 비판하는 홍석주의 논의부터 살펴보자. 그가 만년에 저술한 『학강산필』에는 경학을 비롯하여 고증학과 관련된 내용이 상당 부분을 차지한다. 고증학이 풍미하는 학계의 분위기를 비판적으로 인식하는데, 이는 당시 중국 학계의 상황과 관련이 깊다. 때문에 중국 학계에 고증학이 만연한 상황을 진단하고 심각한 우려를 드러낸다.[40] 다음 자료는 그의 견해를 대변하는 것으로, 고증학 비판의 초점이 어디에 있는가를 시사한다.

> 무릇 고증이 학자에게 공적이 있음은 또한 두텁습니다. 몸소 실천하되 예를 상고하지 않으면 실행할 수 없으며, 음률로 맞추되 악을 상고하지 않으면 이룰 수 없으며, 해 · 달 · 별의 운행 도수를 상고하지 않으면 때의 운행을 대처할 수 없으며, 산천 · 강역의 형세를 상고하지 않으면 땅의 이로움을 제때에 맞춰 행할 수 없습니다. 더구나 거짓이 참을 어지럽히고 사악함이 바름을 빼앗으며, 이단의 말과 백가의 학설은 어지럽게 옛사람에 의탁하여 세상을 미혹시키고 민중을 속임에 있어서랴! 고증하여 분별하지 못한다면 또한 어떻게 백성의 뜻을 안정시키고 도술을 하나로 통일할 수 있겠습니까?[41]

홍석주는 우선 고증을 학문하는 중요한 방법으로 인식한다. 더욱이 거짓과 사악함이 난무하고 이단과 백가의 학설이 횡행하는 작금의 상황에서 고증의 효용성은 진가를 발휘한다. 이는 맹자가 『상서尙書』와 『시경』의 고증을 통해서 여러 가지 의문점을 명쾌하게 불식시킨 사례에서 보다 분명하게 드러난다.[42]

또한 『학강산필』에서 고증학의 폐단을 말하고 강렬한 어조로 비판한 내용은 학계에 고증학이 잘못 성행하는 상황을 지적한 것이다. 즉, 학문적 방법으로 유용한 고증학 자체를 부정한 것이 아니라, 그 폐단을 묵과할 수 없었던 것이다.[43] 나아가 여타의 학문을 제쳐두고 오로지 고증학에만 집착하는 당시의 학문 세태를 좌시하지 않고 비판의 칼날을 벼린다.

> 의리義理 · 경제經濟 · 문장文章의 학문은 한대를 거쳐 송대에 이르러 이미 그 대략이 갖추어졌다. 후대의 학자들이 이어받아 그것을 확충하였지만 끝내 선배 학자들을 능가할 수가 없었다. 다만 자잘하고 불요불급한 점에서는 간혹 선배 학자들이 미치지 못한 바가 있을 뿐이다. 따라서 후대 학자들이 선배 학자들보다 뛰어나고자 한다면 형세로 보아 결국 선배 학자들이 언급하지 못한 점을 찾지 않으면 안 되고, 진실로 고증으로부터 시작할 수밖에 없다. 그런데 고증학의 큰 얼개는 선배 학자들이 이미 다 만들어놓았으므로 이제는 형세로 보아 지극히 작고 말단적인 것에서 나오지 않을 수 없다. 아아, 이제부터 천하의 학술은 날로 더욱 쇠미해질 것이다.[44]

의리를 중시하는 송학(성리학), 경세제민을 목표로 하는 경세학, 문장으로 대변되는 문학을 학문의 큰 범주로 인식할 뿐, 학계에 널리 드리운 한학과 고증학은 아예 거론조차 없다. 더욱이 고증은 후대 학자들이 선배 학자들을 능가하기 위한 방편으로 활용되어, 지극히 작고 말단적인 것에서 출발한다고 진단한다. 때문에 고증의 효용성도 그 생명력을 잃어버리고 도리어 천하의 학술이 날로 쇠미해지는 데 결정적 역할을 한다고 비판한다. 고증은 문헌의 징험과 의문의 분별을 위해서는 필수적인 요소지만, 그 말폐는 회복 불가능한 상태다.

성해응도 중국에 널리 유행하는 고증학을 우려하는 기색이 역력하다. 당시 고증학은 육왕학陸王學이 한학에 가탁하여 정주학의 권위에 도전하는 것으로, 한학이 주자의 자잘한 실수를 풍선처럼 부풀리고 비난하기를 마다하지 않는다고 진단한다.[45] 그러나 그는 고증학의 가치를 긍정하고 한학을 적극적으로 옹호하는 방향으로 나아간다. 다음 자료는 고증을 긍정하는 성해응의 견해를 피력한 대목이다.

> 무릇 고증은 박학 중의 한 가지 일입니다. 무릇 만물이 가지는 같으나 열매가 다른 것은 적확한 근거를 끌어대어 증명하지 않을 수 없으며, 뜻이 옳은 듯하나 실상 틀린 것은 다른 학설을 널리 인용하여 증명하지 않을 수 없습니다. 성에 대해 개와 소는 다르며 색도 백마와 흰 눈은 다르다는 비유는 맹자께서 또한 일찍이 말했습니다.[46]

고증은 박학 중 하나에 불과하지만, 세상 만물을 분별하고 경전의 심오한 뜻을 징험하는 데 필수적이며, 이는 일찍이 맹자가 활용했음을 밝힌다. 고증의 긍정은 한학을 옹호하기 위한 사전 포석을 의미한다는 점에서 홍석주의 논리와는 전혀 다르다. 더욱이 한학과 송학에 대한 자신의 견해를 일목요연하게 제시한 내용에서 분명한 목소리를 드러낸다.

> 무릇 한학은 명물도수에 조예가 깊으나 이理가 그 속에 깃들어 있으며, 송학은 천인성명에 분변이 있으나 수數가 그 안에 있으니, 그 귀결점은 매한가지입니다. 지금 한학을 일삼는 자는 송학을 빈말이라 비방하고, 송학을 일삼는 자는 한학을 진부한 말이라고 헐뜯으며, 한

학은 육경을 위주로 하고, 송학은 사서를 위주로 합니다. 그러면서도 육경은 사서와 부합하여 애초부터 구분이 있지 않았으니, 『주역』「건괘」의 '용언용행庸言庸行'의 가르침은 바로 한 부의 『중용』이며, 『상서』「요왈」의 '극명준덕克明峻德'은 바로 한 부의 『대학』이라는 사실을 알지 못합니다. 『시경』『예기』『춘추』는 『논어』『맹자』와는 표리를 이루는 것인데, 육경을 연구하여 사서를 버리고 사서를 공부하여 육경을 버리는 행위는 진실로 해서는 안 될 일입니다. 해응은 어려서부터 한학과 송학을 합치하여 그 요체를 잡고, 이를 얘기하되 수를 버리지 않고, 수를 말하되 이를 버리지 않으며 돌이켜 박문약례博文約禮의 가르침으로 돌아가고자 한 것이지, 저 고증학을 어찌 하고자 해서였겠습니까? 다만 그 넓고 풍성함을 보니 마치 조수운연鳥獸雲煙이 이목을 기쁘게 하는 것과 같았지만, 이미 지나치면 문득 아득하여 다시 기억하지 못합니다. 하물며 지금 백발의 나이에 무슨 정신이 있어 다시 여기에 종사하겠습니까?[47]

한학과 송학을 둘이 아닌 하나로 인식한다. 한학의 명물도수와 송학의 천인성명은 귀결점이 동일하며, 육경과 사서도 표리와 마찬가지로 하나다. 때문에 하나를 취하고 다른 하나를 버리는 것이 아니라, 중도적 입장에서 둘의 장점을 수용하고 절충하려는 모습을 보인다. 이는 홍석주가 한학과 송학을 구분하고, 송학의 입장에서 한학의 장점을 수용하려는 태도와는 판이하다. 그의 학문 경향은 이른바 '한학과 송학의 절충'으로 대변되는데, 이것이 어떠한 함의를 지니는지 살펴볼 문제다.

정약용은 일찍이 "지금의 이른바 훈고학은 한학과 송학을 절충한다

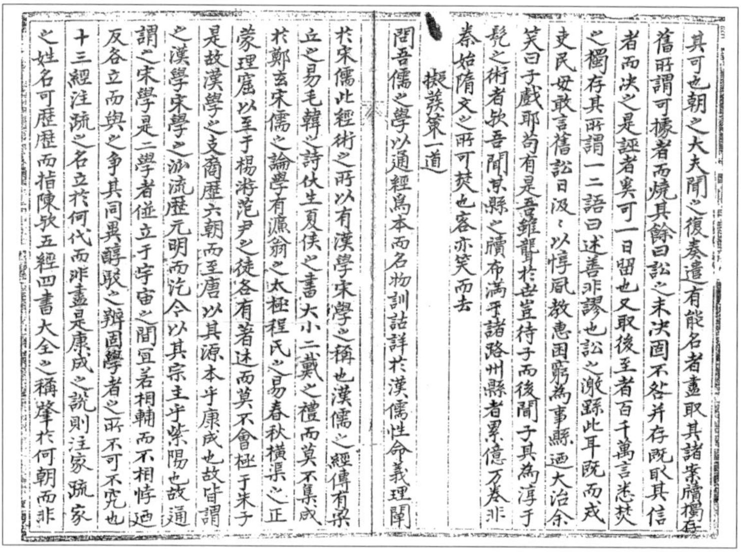

其可也朝之大夫聞之復奏遣有能名者盡取其諸案牘獨存
舊所謂可據者而燒其餘曰訟之未決固不容并存旣取其信
者而決之是誣者奚可一日留也又取後至者百千萬言悉焚
之獨存其所謂一二語曰述善非謬也訟之激踈此耳旣而戒
吏民毋敢言舊訟日汲汲以悖亂教患困窮爲事縣迺大治余
笑曰子戲耶苟有是吾雖聾於世豈待子而後聞子其爲淳于
髡之術者歟吾聞京縣之牘布滿乎諸路州縣者累億万卷非
秦始隋文之所可焚也客亦笑而去
擬發策一道
問吾儒之學以通經爲本而名物訓詁詳於漢儒性命義理闡
於宋儒此經術之所以有漢學宋學之稱也漢儒之經傳有梁
立之易毛韓之詩伏生夏侯之書大小二戴之禮而莫不集成
於鄭玄宋儒之論學有濂翁之太極程氏之易春秋橫渠之正
蒙理窟以至于楊游范尹之徒各有著述而莫不會極于朱子
是故漢學之支裔歷六朝而至唐以其源本乎康成也故皆謂
之漢學宋學之泒流歷元明而迄今以其宗主乎紫陽也故通
謂之宋學是二學者並立于宇宙之間宜若相輔而不相悖迺
反各立而與之爭其同異醇駁之辨固學者之所不可不究也
十三經注疏之名立於何代而非盡是康成之說則注家疏家
之姓名可歷歷而指陳歟五經四書大全之稱肇於何朝而非

「의발책일도」, 『항해병함』 권1, 연세대 도서관 소장(한씨문고본)

는 명분을 내세우고 있지만, 실상은 한학만을 숭상할 뿐이다〔今之所謂訓詁之學者 名之曰折衷漢宋 而其實宗漢而已〕"라고 단언한다. 이는 당시 학계에 훈고학이 성행하면서 빚어진 한학과 송학의 대결 양상을 증언하는 한편, 둘을 절충하려는 시도에 대한 비판적 인식이다. 즉, 당시 한학과 송학의 절충을 추구하는 일련의 움직임은 송학 일변도의 학문 범주에서 탈피하여 고증학과 한학을 수용하려는 학계의 변화를 포착한다. 그러므로 둘을 절충하려는 성해응의 학문 경향은 이러한 변화의 흐름을 대변한다. 더욱이 기윤이 찬술한 「사고전서총목」 '경부총서經部總敍'의 내용을 상당 부분 수용한 「육경설六經說」은 그의 학문 경향을 드러낸다. 때문에 한학과 고증학을 긍정 · 옹호하고, 나아가 한학과 송학의 절충을 시도한다.

이처럼 19세기는 한학과 고증학이 널리 뿌리를 내린 시기로 이에 대한 비판적 견해와 아울러 한학과 송학을 둘러싼 학술적 논쟁이 중앙 학계에서 벌어진다. 이러한 홍석주와 성해응의 한송 논쟁은 19세기에 주목할 만한 학문적 성과다. 이후 한송 논쟁은 표면적으로 일단락된 듯 보이지만, 여전히 논쟁의 불씨는 식지 않은 채 홍길주의 「의발책」에서 구체적으로 공론화되기에 이른다.

항해는 일찍이 "근세 고증학은 한갓 정력을 소비할 뿐 심신에는 무익하니, 학문하는 자는 마땅히 깊이 경계해야 한다"[48]며 고증학의 폐해를 심각하게 우려한다. 또한 「의발책擬發策」을 저술하여 한학과 송학을 둘러싼 학술적 논쟁을 공론화한다. 고증학과 한학의 성행은 여전히 학계의 주요한 관심사로, 「의발책」은 그 종지부를 찍고자 했던 그의 견해와 비판을 오롯이 담고 있다. 당시 한학과 송학을 둘러싼 학술적 논쟁을 지켜보면서 그는 그 원인을 예리하게 적출한다.

> 근세 경전을 해설하는 자는 한학과 송학의 논쟁이 있으니, 그 폐단은 중국에서 성대하여 점차 우리나라에까지 퍼지고 있다. 대개 명과 조선이 송현宋賢을 높이 받들고 천하 사람들의 입을 막아, 흉중의 막힌 기운을 토로하지 못하게 하여 마침내 한학의 무리를 출현하게 하였으니 스스로 강력한 적수를 수립한 것이다.[49]

여타의 학문을 배척하고 주자학 일변도의 송학을 학문적 이념으로 확립한 정책적 실패는 고증학을 앞세우며 한학을 일삼는 무리를 출현시킨다. 즉, 학문과 이념에 대한 강제적인 통제는 도리어 한학과 고증학이 풍미하는 부작용을 초래한다. 더욱이 중국은 물론 조선 학계에서도 한학과 송학을 둘러싼 학술적 논쟁이 벌어지고, 그 폐단이 국경을 넘어 점차 확산되는 지경이다. 그런 까닭에 한학과 고증학에 대한 관심과 비판은 문집과 필기류 저술에서 두루 나타난다.

먼저 「의발책」은 그의 비판적 인식에서 비롯한 것으로, 고증학과 한학에 대한 당시 학계의 위기의식과 우려를 대변한다.

이러한 관심은 중국 학계에 성행하는 고증학과 우리나라 문사들의 정현과 공영달에 대한 맹종을 예리하게 지적한 대목에서도 확인된다.[50] 다음은 연행을 다녀온 인물로부터 전해 들은 중국의 상황이다.

> 참판 조두순이 중국에 사신 갔다가 돌아와 내게 중국이 한학을 숭상하고 고증을 좋아하는 폐단을 이야기하였다.
> "고증 자체가 말단의 학문이다. 오늘날의 고증은 오로지 자획의 편방만 따지니, 고증에서도 말단이다."
> "한학과 송학은 서로 공격하고 반목하여 조정에서 붕당을 세우는 지경에 이르러, 천자 역시 조정할 수 없게 되었다."[51]

한학과 송학의 논쟁이 서로 공격하고 반목하여 급기야 붕당을 세우는 지경이다. 이는 한학과 송학을 둘러싼 학술적 논쟁이 정치 문제로 비화되는 상황이다. 이러한 중국의 사정은 당시 학계에서 결코 간과할 수 없는 중대한 문제였다. 이미 국내에는 방대한 양의 중국 서적이 유입·유통되고, 경화세족의 학문 경향은 박학을 추구하여 한학과 고증학이 성행하고 있다. 때문에 중국의 전철을 밟지 않기 위해서는 한학과 고증학에 대한 경계를 조금도 늦출 수 없다. 다음 자료는 중국 풍속과 한학의 성행을 우려한 대목으로, 당시 학계의 위기의식을 적나라하게 드러낸다.

> 어떤 이가 다음과 같이 말했다.
>
> "우리나라가 중국의 풍속을 모방하는 것이 지금과 같은 적이 없다. 오직 한학이 송학을 능가할 수는 없다. 그러나 박학굉사의 선비 가운데 왕왕 정현과 공영달을 몹시 흠모하는 자가 있으니, 훗날 어찌 점점 서로 이끌어 한학으로 바뀌지 않을 것을 알겠는가? 우리나라는 당론이 수백 년간 그친 적이 없어 백성과 나라에 폐해를 끼쳤다. 훗날 중국의 풍속이 더욱 성행하여 한학이 성행한다면 당론은 줄어들지 모르나 한학의 폐단은 당론보다 심할 것이다."[52]

한학의 성행이 그다지 심각하지 않지만 그 폐해는 당론보다 심각할 것이라고 경계한다. 수백 년간 사색당파로 분열되어 지속된 당론이 백성과 나라에 심각한 폐해를 끼친 역사적 경험에 비춰본다면, 중국의 풍속과 한학의 성행은 시급히 바로잡아야 할 중차대한 문제다. 더욱이 중앙 학계에서 벌어진 한송 논쟁은 이에 대한 위기의식과 우려를 증폭시킨다. 이에 따라 「의발책」을 통해서 한학과 송학의 학술적 논쟁을 공론화하는 데 결정적 요인으로 작용한다.

「의발책」은 책문의 형식을 모의하여 한학과 송학에 대한 논의를 제시하고, 다른 사람의 견해를 두루 청취하고 살펴보려 한다. 이에 먼저 유학의 근본을 명시하고, 한학과 송학으로 대별되는 학문의 경향을 제시하여 포문을 연다.

유학은 경전을 통달하는 것을 근본으로 삼는데, 명물훈고는 한유에게서 두루 갖추어지고 성명의리는 송유에게서 천명되었으니, 이것이 경술에서 한학과 송학의 명칭이 있게 된 까닭이다. 한유의 경전에는 양구梁丘의 『역易』, 모한毛韓의 『시詩』, 복생하후伏生夏侯의 『서書』, 대소이대大小二戴의 『예禮』가 있으나 정현에게 집성되었으며, 송유의 논학에는 염옹濂翁의 『태극太極』, 정씨程氏의 『역易』 『춘추春秋』, 횡거橫渠의 『정몽正蒙』 『이굴理窟』이 있고, 양시 · 유초 · 범조우 · 윤돈의 무리에 이르기까지 각각 저술이 있으나 주자에게 모여져 지극하게 되었다. 이 때문에 한학의 지류는 육조를 거쳐 당에 이르렀으나 정현에게 근본하고 있으므로 한학이라 부르며, 송학의 부류는 원 · 명을 거쳐 지금에 이르렀으나 주자를 종주로 삼으므로 송학이라 통칭한다. 이 두 학문은 우주 간에 병립하여 마땅히 서로 보완하여 어그러짐이 없어야 하거늘, 끝내 도리어 각립하여 서로 다투고 있으니, 그 같고 다름과 순수하고 잡박함의 분별은 진실로 학자가 궁구하지 않을 수 없는 것이다.[53]

한학과 송학은 의당 서로 보완하는 관계인데, 현실은 전혀 그렇지 않다. 도리어 각각의 입장에서 상대방을 헐뜯고 비방하는 데 온통 혈안이다. 때문에 두 학문의 동이수박同異粹駁을 변론하고 궁구하는 것이 학자의 당연한 의무다. 한학과 고증학이 성행하고 풍미하는 당시 학계의 정황을 고려하여 한학을 송학과 대등한 지위로 인정한다. 이는 홍석주가 학문의 범주로 언급조차 꺼리던 때와는 전혀 상황이 다르다. 이러한 내용을 서두로 한학과 송학에 대한 20여 조목에 가까운 물음을 던지는데, 당시 학계에 쟁점이 되는 사안이다.[54]

더욱이 도처에 한학과 송학에 대한 자신의 견해를 피력하는데, 한학과 고증학을 비판하고 송학을 옹호하는 주장이 보인다.

> 경전은 성인이 학문하던 큰 도구이고, 학문은 성인이 수기치인修己治人하던 큰 방도다. 성인이 태어나지 않아 도술은 천하에 분열되었고, 시서육직은 진시황에게 소멸되었으며, 이단사설은 한진漢晋에서 분분히 일어났으나, 다행히 남은 경전을 수습하고 부지런히 보수하여 서로 강송하고 전습한 그 공적은 진실로 업신여길 수 없는 것이다. 그러나 학설을 주창함에 대체로 견강부회하고 표절도습을 면하지 못하여 훈고의 자잘한 말단에 구속되고 의리의 큰 근본을 버려서, 천하 사람들을 낙심케 하여 장야회맹長夜晦盲 속으로 들어가게 한 것이 거의 천년이나 되었다. 송의 낙양과 건녕에서 여러 선생이 나온 이후에야 육경이 크게 열렸고 유학이 크게 밝혀졌으며, 치지주경致知主敬의 공부와 존양성찰存養省察의 명목은 학자로 하여금 안신입명安身立命하게 하고 이것을 말미암으면 위로는 천덕왕도天德王道에 도달하게 하였다. 송부터 지금까지 천지간에 눈을 치켜뜨고 몸에 옷을 두른 자는 이것에 힘입어 윤강倫綱이 실추해서는 안 되고 명수名數가 침범당해서는 안 된다는 것을 알았으니, 이는 누구의 공적인가?[55]

진시황의 분서갱유라는 초유의 역사적 시련을 딛고서 경전을 수습하여 전습한 것은 무시할 수 없는 한학의 공적이지만, 도리어 견강부회하고 표절도습한 논의를 펼치고 훈고에 구속되고 의리를 저버려 천하 사람들을 장야회맹한 어둠 속에 빠뜨린 것은 씻을 수 없는 잘못이다. 이와는 달리, 치지주경과 존양성찰로 요약되는 송학은 학자를 안신입명케 할 뿐 아니라 천덕왕도에 도달하게 한다며 그 가치를 높게 평가한다. 더욱이 인간의 존재 의의를 통해서 송학의 중요성을 부각시킨다. 이는 홍석주의 견해를 충실히 계승하는 한편 한학에 대한 비판적 인식에서 비롯한다. 또한 송학의 입장에서 한학의 장점을 수용하려는 태도를 드러낸다. 나아가 두 학문에 대한 명확한 구분을 통해서 당시 학계가 안고 있는 문제점을 일거에 해소하고자 하는데, 「의발책」을 저술한 의도가 드러난다.

돌아보건대 지금 조정의 많은 선비들은 경전을 매일 밥 먹듯이 익히고 염민濂閩의 학문을 추종하니, 한학과 송학에 대한 순수함과 잡박함의 분별은 본래부터 강론하여 밝게 알고 있다. 만일 송학의 천심정조淺深精粗와 한학의 천착와류穿鑿訛謬를 모두 진술하고, 근세 모기령 무리들이 전습하는 사론피설邪論詖說에 이르기까지 하나하나 조목을 열거하여 통렬히 분석하여, 유학이 사라지지 않게 하고 이단사설이 날뛰지 못하게 하며, 정학正學을 보좌하고 세교世敎를 드러내며 음탕한 말을 내치고 부화함을 배척하는 중요한 방법을 모조리 펼쳐서 지금 중국으로부터 우리나라로 밀려오는 폐단의 근원을 막을 수 있다면 실로 우리 선비들의 큰 행운이며 주자의 공신일 것이다. 각자 공령의 투식을 따르지 말고, 답안을 빨리 또는 늦게 제출하는 것에 구애받지 말며, 평소 마음속에 품었던 바를 쏟아내 모두 글에 드러내도록 하라.[56]

논의의 핵심은 중국으로부터 우리나라로 밀려오는 폐단의 근원을 막는 문제다. 이는 다름 아닌 한학과 고증학의 성행과 풍미를 말하며, 한학과 송학을 둘러싼 학술적 논쟁을 일컫는다. 때문에 한학과 송학의 장단점은 물론이려니와 근세 한학과 고증학이 풍미하는 내용을 조목조목 열거하고 통렬히 분석해야만 그 폐단을 막을 수 있다. 따라서 「의발책」은 한학과 송학에 대한 항해 개인의 견해를 피력하는 수준을 넘어, 당시 한학과 고증학이 노정한 문제와 그 대안을 모색한다. 또한 고증학과 한학에 대한 당시 학계의 비평적 시선을 반영하는 한편, 송학으로의 회귀를 촉구한 것으로 읽혀지기도 한다.

특히 필기류 저작에 보다 치밀한 비판과 인식이 드러난다. 이러한 관심과 비판은 「의발책」에 그치지 않고 지속적으로 나타나며, 송학의 입장에서 한학과 송학의 합일을 추구한다. 아마도 항해가 한학과 고증학을 비판하는 이유이자 목적이 아닌가 한다.

내가 일찍이 모의하여 지은 책문(「의발책」) 한 편에서 한학의 병폐를 대략 거론하였고, 근래 또 시를 지어 순계 형제가 연행가는 것을 전송하면서 중국 고증가들이 정자와 주자를 비난하고 모욕하는 폐단을 극렬하게 말하였다. 친구 중에 글을 읽은 자가 말하길 "한유는 배척해서는 안 되니, 한학과 송학은 마땅히 조정해야 한다"고 하였고, 어떤 이는 "한학과 송학은 애초부터 다툼이 없는데 무슨 일로 조정하며, 또한 어느 것을 떠받들고 어느 것을 억누르겠는가?"라고 하였다. 내 생각에는 이 몇 가지 말은 모두 한학을 숭상하고 송학을 억제하는 자의 예기銳氣를 조장함을 면하지 못한 것이다. 무릇 한유는 육경에 있어 그 공정을 업신여길 수 없다. 서한의 유자가 아니었다면 정자와 주자는 무엇을 좇아서 육경을 보았겠는가? 동한의 유자가 아니었다면 정자와 주자는 무엇에 힘입어 훈고를 깨달았겠는가? 다만 명물도수 외에 문의를 풀이하고 도리를 말하는 것은 왕왕 견강부회하고 심지어 이륜을 크게 어그러지게 하였으니, 내가 「의발책」에서 이미 몇 단락을 거론하였다. 어찌 성인의 경전에 공이 있다고 아울러 그 단점을 숨길 수 있겠는가? 또한 명물훈고의 장점은 주자가 진실로 모두 취하여 사용하였다. 이미 앞사람의 풀이를 취하여 사용했다면 그 말은 좇아서 번거롭게 반복할 수 없는 것이다. 성명이기의 오묘함과 윤강풍교의 막중함은 한유가 소략하여 온 세상이 몰랐던 것은 중언부언하여 크게 밝히지 않을 수 없었던 것이다. 후세의 유자들은 주자가 여기에 상세하고 저기에 소략함을 보고서 마침내 주자학은 명물을 뒤로하고 성리를 오로지하였으니 이를 본받지 않으면 주자를 배우는 것이 아니라고 말한다. 마침내 주석 아래에 주석을 첨가하고 의문 밖에 의문을 일으켜서 책 가득 넘쳐 끊임없이 생겨나니, 이 또한 주자의 뜻은 아니다. 주자는 명물에 대해 한유가 이미 갖추었기 때문에 소략하게 하였는데, 주자 이후의 사람은 어찌 주자가 이미 갖추었기 때문에 소략하게 해서는 안 되는가? 지금 한학과 송학의 논쟁은 한마디 말로 판결할 수 있으니, 한유의 공적은 폐할 수는 없지만 문의를 풀이하고 도리를 말한 것은 따라서는 안 된다. 주자는 명물과 훈고에 대해 이미 한유의 장점을 따랐지만, 성리를 말한 것은 도리어 환하게 빛났으니, 후세의 유자는 오로지 주자를 한결같이 따른다면 한유의 따를 만한 것은 그 속에 포함되어 있다. 군자가 경전에 통달하고 옛것을 배우는 것은 장차 자신을 닦아 남을 다스리는 데 사용하기 위함이다. 이것은 한유와 송현의 동일한 목표인데, 후세에 한학과 송학을 일삼는 자는 여기에 대해서는 모두 내버려두고 있다. 나는 한학과 송학의 같음을 보았지 그 다름을 보지 못하였으니 어찌 다툼이 있겠는가? 나는 오늘날의 학자가 오로지 주자를 한결같이 좇아서 지엽을 잘라내고 수기치인의 실질에 힘쓸 것을 바랄 뿐이다.[57]

한학과 송학에 대한 자신의 견해를 숨김없이 피력한 글이 「의발책」이라면, 이 글은 한학과 송학을 둘러싼 학술적 논쟁의 결론을 제시한다. 지금까지 한학과 송학으로 구분한 학문의 범주는 실상 하나라서 다툼 자체가 있을 수 없다. 나아가 주자학으로 대변되는 송학이 바로 지금의 문제를 해결하는 열쇠다. 더욱이 한학과 송학의 구분이 도리어 한송 논쟁의 빌미가 되었음을 반성하고, 송학을 대변하는 주자를 배움으로써 문제를 해결하는 확실한 대안임을 강조한다. 즉, 송학의 입장에서 한학과 송학의 합일이 그가 제시한 해법이자 대안이다.

항해는 19세기 한학과 송학을 둘러싼 학술적 논쟁을 목도하고, 고증학뿐 아니라 한학과 송학에 대한 자신의 견해를 「의발책」으로 표출한다. 이는 표면적으로 일단락된 한송 논쟁의 불씨를 재점화하고 공론화를 통해서 문제를 해결하고 그 대안을 모색하려는 시도였다. 이러한 한송 논쟁과 항해의 「의발책」은 김정희와 이규경에 의해 실사구시적 학풍이 수립되는 시점과 맞물려 있으며, 한학과 고증학에 대한 당시 학계의 비평 양상을 이해하는 데 중요한 자료이다.

제6부

철리적 산문

홍길주는 철학적 내용을 내포한 산문을 상당수 남기고 있어, 그의 세계관이나 철학적 사유를 추측할 만한 단서를 제공한다. 특히 초기 저술 『진장경眞藏經』을 비롯한 『시언時言』과 『회언悔言』은 철학적 내용을 담아내고 있을 뿐만 아니라 산문세계와도 밀접한 관련을 맺는다.

항해는 고도의 유추능력을 통해서 사물을 인식할 것을 강조하고, 꿈의 세계를 작품으로 표현하는 등 꿈을 중시한다. 또한 절대적인 가치를 부정하고 상대적인 관점에서 사물을 인식한다. 따라서 산문은 유추적 사고와 꿈에 대한 인식, 상대적 관점이 투영된 글이 대다수다. 이는 그의 세계관과 철학적 사유를 담은 철리적 산문에서 단초가 보인다. 따라서 철리적 산문에 해당하는 『진장경』『시언』『회언』을 분석하고, 이를 토대로 유추적 사고, 순환적 세계관, 상대적 인식과 연관시켜 살펴보도록 한다.

1. 유추하여 본질에 접근하다

『진장경』

『진장경』은 30세 이전의 저술로 우언소품寓言小品에 해당한다. 항해는 우언소품은 묘오妙悟를 열어주고 문기文氣를 쌓을 수 있다고 그 가치를 천명한다.[1] 또한 "이 글 가운데 몇 단락은 실로 『숙수념』의 중요한 관건이 되는 것이니 독자는 잘 살펴야 한다"[2]고 언급하며, 『숙수념』과의 연관성을 강조한다. 한편 한장석은 "노자의 『도덕경』보다 현묘한 것으로는 『진장경』이 있다"[3]고 견준다. 『진장경』은 철리적 산문으로 그의 세계관이나 철학적 사유를 피력한 글로 판단된다.

다음은 『진장경』 가운데 세계관과 관련이 깊은 내용으로, 한장석의 말대로 노자의 『도덕경』을 연상시킨다.

[1] 지극히 허虛한 것은 천天이 되고, 지극히 실實한 것은 지地가 된다. 허는 실의 근본이요, 실은 허의 상대이다. 지극히 허한 것은 실이 없고, 지극히 실한 것은 허가 없다. 끝없이 드넓은 것은 천이 아니고, 굳고 단단한 것은 지가 아니다. 천지가 꽉 막혀 있는 가운데 솟아나고

퍼지고 충돌하는 것은 인人이 된다. 이는 천지가 빚어낸 것이다.[4]

2 눈은 보는 기능을 말하지만 보지 못하는 것에도 존재하며, 귀는 듣는 기능을 말하지만 듣지 못하는 것에도 존재하며, 마음은 생각하는 기능을 말하지만 생각하지 못하는 것에도 존재한다.[5]

3 기뻐하는 마음을 깎아내고 발끈하는 마음을 멈추어야 정덕精德이 화합하여 가득하며, 빛을 거두고 소리를 가라앉혀야 조화가 모여 편안하다. 소경이나 귀머거리의 경지에 들어가는 것을 대홍大弘이라 하고, 마른 나무나 인형의 경지가 되는 것을 대성大成이라 한다.[6]

4 눈을 감아야 섬세한 것까지 볼 수 있으며, 귀를 막아야 멀리까지 들을 수 있다. (…) 문채가 사라져야 대시大眡가 생겨나며, 종고鐘鼓가 그쳐야 대청大聽이 생겨난다.[7]

5 시각의 화려함을 그쳐 천하의 눈을 기르고, 소리의 번다함을 없애 천하의 귀를 기르며, 맛난 음식을 끊어 천하의 입을 기르고, 화려한 채색을 막아 천하의 몸을 기른다.[8]

1 천 · 지 · 인을 언급하고 그 관계를 정립한다. 천은 지극히 허한 세계이고, 지는 지극히 실한 세계다. 천지가 서로 조화를 이루듯이, 허와 실도 상대적 · 대립적 관계다. 그런데 인간은 천지의 조화와 허실의 작용으로 생겨나서 평생 대천이지戴天履地하며 허실의 세계를 살아가기 마

련이다. 그는 천지를 언급하면서 허실의 관계를 거론한다. 그의 세계관을 이해하는 데 허실이 어떤 의미망을 구축하고 있느냐가 중요한 문제다. 「담농와기澹濃窩記」에서 담농의 문제를 거론하는데, 허실과 관련이 깊다.

> 물에다 꿀을 타서 골고루 저어 섞이게 한다. 숟가락으로 떠서 먹으면 수백 수천 숟가락이 되는데, 숟가락으로 저어서 떠 먹으면 꿀과 물이 잘 섞여 있다. 가령 꿀물의 맑은 물은 물이 많고 꿀이 적으니, 꿀은 반드시 그릇 바닥에 가라앉아 엉겨붙어 찌꺼기를 이룬다. 윗물은 담백할 뿐 맛이 없고, 아랫물은 꿀맛이 짙을 뿐 쓸모가 없다. 담백함을 귀하게 여기는 것은 그 진한 맛이 바탕을 이루기 때문이다. 비유하자면, 흰 바탕에 채색을 더하는데 흰 바탕이 아니면 채색을 베풀 수 없는 것과 같다.[9]

꿀물을 타서 마시는 비유를 통해서 '담농'의 문제를 언급한다. 꿀물을 마실 적에는 꿀과 물이 골고루 섞여 담백한 맛[澹]과 진한 맛[濃]이 적절히 조화를 이뤄야만 제 맛이 난다. 그림도 마찬가지로 흰 바탕에 채색이 더해져 완성되는데, 흰색과 채색이 서로 조화를 이룰 때 훌륭한 작품이 완성된다. 즉, 꿀물의 담농과 그림의 백채白采는 허실에 상응하는 개념이다. 그렇다면 그가 생각하는 세계는 허와 실이 조화를 이루는 상태에 가깝다.

항해는 일찍부터 꿈에 주목하고 남다른 애착을 보이며, 『숙수념』을 신유의 지침서로 제시한다.[10] 『숙수념』은 실재하지 않는 세계(꿈)와 실재하는 세계(현실)가 조화되어 기문을 이룬다. 따라서 천과 허는 실재하지 않는 세계(꿈)를 의미하며, 지와 실은 실재하는 세계(현실)에 해당한다.[11] 다음은 꿈에 대한 내용으로 허실의 의미를 확인할 수 있다.

> 꿈속의 기이한 광경은 깨어난 후에도 몸은 그곳에 있는 것 같으나 입으로는 한 글자도 형용할 수 없다. 또한 간혹 현실에서 눈앞에 만나는 광경도 흡사 예전에 이미 경험한 세계 같으나, 또한 말로 표현할 수 없다. 이것은 모두 문장의 오묘한 깨달음에 매우 미묘한 지점이다(또 간혹 어떤 광경을 만나면 흡사 예전 꿈속에서 본 것 같으나, 기록할 수가 없다).[12]

꿈속의 기이한 광경이 허라면, 현실의 광경은 실이다. 꿈속의 기이한 광경과 마찬가지로 현실에서 눈앞에 만나는 광경도 형용하거나 표현할 수 없음을 토로하고, 아울러 현실에서 꿈속의 광경을 만나기도 한다고 덧붙인다. 즉, 항해는 꿈(허)과 현실(실)을 끊임없이 반복되고 순환하는 하나의 세계로 인식한다.

[2] 사물을 인식하는 감각기관인 눈과 귀는 물론이거니와 마음 역시 한계를 지닌다. 눈은 눈대로, 귀는 귀대로, 마음은 마음대로 각각 사물을 인식하는 기능이 있지만, 이것으로 인식할 수 없는 세계가 엄연히 존재한다. 즉 눈과 귀, 마음으로 인식할 수 있는 세계와 그렇지 못한 세계가 공존한다. 그는 눈과 귀 같은 감각기관과 나란히 마음을 거론한다. 마음이 무엇을 함의하는지 따져볼 문제다. 「원문」에서 '심心에 확

립한 것을 지志라 하고, 지를 충만하게 하는 것을 기氣라 하며, 기를 표현하는 것을 언言이라 하며, 언을 간추린 것을 문文이라 한다'고 하여, 마음이 문장으로 표현되는 과정을 설명한다.[13] 그렇다면 "마음은 생각하는 기능을 말하지만 생각하지 못하는 것에도 존재한다"는 언급은 문장을 의식한 발언이며, 마음의 한계는 표현의 한계, 즉 문장의 한계를 의미한다. 따라서 그의 논리대로 본다면 보지 못하는 것까지 보아야 하며, 듣지 못하는 것까지 들어야 하며, 생각하지 못하는 것까지 생각해야 한다. 즉, 인식의 한계를 뛰어넘어 인식하지 못하는 세계까지 나아갈 것을 주문한다.

3 희로애락과 같은 인간의 감정, 시각과 청각의 감각 기능을 완전히 배제한 상태가 바로 대홍과 대성이다. 그러므로 기뻐하거나 발끈 성내는 인간의 감정이 없는 마른 나무와 인형, 앞을 볼 수도 소리를 들을 수도 없는 소경과 귀머거리에게 정덕과 조화가 드러난다. 이는 인간의 감정을 제대로 통제할 수 없고 감각기관의 기능이 완전할 수 없는 세계다.

4 사물을 인식하는 감각기관인 눈과 귀의 한계가 극복된 상황으로, 사물을 인식하는 주체와 대상(사물)을 구분한다. 하나는 사물을 인식하는 주체가 눈과 귀라는 감각기관을 봉쇄한 상태이고, 다른 하나는 대상(사물) 자체가 사라진 상태다. 그런데도 오히려 눈은 섬세한 것까지 볼 수 있고 대시가 생겨나며, 귀는 멀리까지 들을 수 있고 대청이 생겨난다. 과연 무엇을 통해 이렇게 된 것인가?

항해는 '영瀛'의 개념을 통해서 설명한다. '영'은 진眞이 모여 존재하기 때문에 진실로 썩지도 세지도 않으며 널리 밝히며 환히 비춘다.[14] 진이 사물의 진리나 본질을 의미한다면, '영'은 사물의 진리나 본질을 알고 깨달은 상태, 즉 진지 혹은 진각을 의미한다. 따라서 사물을 인식하는 주체가 감각기관을 봉쇄하거나 대상(사물) 자체가 사라진 상태가 되더라도 진지나 진각으로 무장하고 고도의 유추능력을 통해서 제대로 인식할 수 있다.

5 감각기관의 올바른 사물 인식을 위해서 모순된 현상(세계)을 통제하는 경우다. 화려함, 번다한 소리, 맛난 음식, 화려한 채색만을 일삼다가는 눈 · 귀 · 입 · 몸은 본래의 기능을 상실하고 만다. 이러한 폐단을 근절시켜야만 감각기관이 제 기능을 발휘할 수 있다. 이는 앞서 언급한 사물의 본질이나 진리를 제대로 인식하기 위한 전초 단계다. 따라서 진지나 진각을 통해서 사물을 인식하기 위해서는 먼저 감각기관이 제 기능을 회복해야만 가능하다.

이러한 항해의 사유는 18세기 혜환惠寰 이용휴李用休(1708~1782)나 연암 박지원의 인식론과 밀접한 관련을 맺는다. 일찍이 혜환은 「증정재중贈鄭在中」에서 '외안外眼, 육체의 눈이 현혹되는 것은 반드시 내안內眼, 마음의 눈으로 바로잡을 수 있다'[15]고 하여, 눈이 멀어 마음의 눈을 뜨게 되었으니 오히려 눈 먼 것을 축하하고 싶다고 토로한다. 혜환은 현상의 어지러움 속에서 진실을 파악하는 능력으로 마음을 언급한다.[16] 또한 연암은 「소완정기素玩亭記」에서 '눈으로 보려 말고 마음으로 비추어 보라'[17]고 하는데, 이는 이성적 마음의 조명을 거쳐야 비로소 참다운 앎이 이루어진다는 의미로 해석된다.[18] 또한 「일야구도하기一夜九渡河記」에서의 '명심冥心'[19]이나 「도강록渡江錄」에서의 '평등안平等眼'[20]도 이러한 인식의 연장선상이다.[21] 그런 까닭에 연암은 감성 인식이 가지고 있는 한계와 그 현실적인 문제점을 절실하게 느끼고 이성 인식으로 극복 · 지양할 것을 요망한다.

감각기관이 제 기능을 발휘하지 못하고 모순된 세계 속에서 18세기의 혜환과 연암이 마음이나 이성 인식을 무엇보다 중시했다면, 19세기의 항해는 진지나 진각으로 무장하여 고도의 유추능력을 발휘하여 사물의 진리나 본질에 접근한다. 「진장경」의 이러한 사유는 『숙수념』은 물론 문학세계 전반에 커다란 영향을 미친다.

항해는 『숙수념』에서 "오직 성리性理를 해설하는 것은 진지와 실득이 있어 이전에 발명하지 못한 바를 발명하지 않으면 종이에 써서 지리멸렬하여 덧붙인다는 기롱을 받아서는 마땅하지 않다"라고 하여, 무엇보다 진지를 강조한다. 또한 「동계정기東溪亭記」에서는 "이 말을 듣고도 능히 동계정을 직접 보는 것 같이 하지 못한다면, 그로 하여금 『숙수념』을 읽게 해서는 안 된다"[22]고 언급한다. 따라서 『숙수념』은 진지를 바탕으로 고도의 유추능력을 발휘하여 설계하고 구상한 세계다. 특히 『숙수념』의 복거卜居에 해당하는 기문에 유추능력을 발휘하여 사물의 진리나 본질에 접근할 것을 주장한다. 다음 자료는 북산北山 일대에 조성한 오로원吾老園에 대한 내용이다.

항해자의 저택에 들어와 두루 당우堂宇와 관원館院을 구경하고 놀라서 태어나서 보지 못한 것이니 남에게 자랑할 만하다고 생각한다. 얼마 후에 데리고 오로원에 들어가 양담의 폭포와 절벽의 기이함을 보고 삼광동천三光洞天을 구경하며 태허부太虛府를 보고는 또 망연히 지난날에 자랑한 것을 후회한다. 사람 중에 전에 알지 못한 것을 알고서 성급하게 스스로 안다고 여기는 자가 있다. 대개 그가 아는 것은 알지 않았던 것은 아니다. 그러나 아는 것 이외에 또 미처 알지 못하는 것이 있음을 알지 못한다. 아는 것은 그침이 없다. 스스로 내가 아는 것이 이미 지극하다 여기는 자는 알지 못하는 자다. 오로원을 보지 못한 자는 진실로 정원을 알지 못하는 것은 아니지만 오로원을 구경한 뒤라야 전에 아는 것이 모두 아는 것이 아님을 알 것이다. 양담을 보지 못한 자는 진실로 폭포와 절벽과 연못과 여울을 알지 못하는 것은 아니지만 양담을 구경한 뒤라야 전에 아는 것이 모두 아는 것이 아님을 알 것이다. 삼광동천과 태허부를 보지 못한 자는 진실로 동학洞壑과 대사臺榭를 알지 못하는 것은 아니지만 삼광동천과 태허부를 구경한 뒤라야 전에 아는 것이 모두 아는 것이 아님을 알 것이다. 그러나 이미 오로원과 양담과 삼광동천과 태허부를 보고서, "지금 이후에야 내가 비로소 다하였다"고 말한다면 이는 알지 못하는 것이 또한 전과 같은 것이다. 전에 스스로 안다고 생각한 것이 이미 아는 것이 아니거늘 어찌 지금의 모두 아는 것이 훗날에 또한 아는 것이 아니게 될 줄을 알겠는가? 오로원 밖에 북산이 있고, 북산 밖에 어떤 곳이 있는지 모르며, 어떤 곳 밖에 또 어떤 곳이 있는지 모르니, 끝없이 이어져 끝도 없고 다함도 없다.[23]

오로원에 조성한 여러 승경에 대한 기술은 하지 않고 뜬금없이 '지

知'를 거론한다. 사람들은 저마다 스스로 아는 것이 이미 지극하다고 말하지만 저들은 도리어 알지 못하는 자다. 으레 오로원의 전체적인 규모나 승경에 대한 기술을 예상했던 독자로 하여금 당혹감마저 느끼게 한다. 그렇다면 왜 오로원에서 '지'의 문제를 거론하는 것인가? 이는 항해의 치밀한 계산에서 나온 의도적인 발언이다. 저택은 규모가 제아무리 크고 화려하더라도 인간이 생활하는 공간이기에 현실에 구속받지 않을 수 없다. 그러나 장원은 다르다. 굳이 현실을 반영하더라도 구속받을 이유가 없는 공간이기 때문이다. 사람의 지식은 한계가 있어, 그 한계를 벗어난 세계에 대해 인정하지 않고 그 존재조차 부정하려 한다. 그가 구상한 상원이 바로 이러한 세계다. 이에 오로원에서 돌연 지의 문제를 꺼내, 눈앞에 펼쳐질 장원을 암시하는 한편 주위를 환기한다.

「장재정기壯哉亭記」는 유추를 통해서 사물의 진리나 본질에 이르는 과정을 '진眞'으로 표현한다.

> 지금 그 이름을 듣고서 놀라고, 그곳을 생각하고서 즐거워하였다. 간혹 생각이 깊어져 그 극치에 나아가 눈에 그려보고, 이내 스스로 생각하기를 "내 생각이 지극할 뿐이다. 그 진이 어찌 갑자기 여기에 미치겠는가?" 하였다. 이와 같이 오래 한 후에 진에 나아가게 된다. 바야흐로 그 진에 가까우면서도 이르지 못했을 때는 또한 요리조리 골똘히 생각하고 형용이 이르지 않음이 없어야 돌연 진을 마주하게 된다.[24]

귀로만 듣고 마음으로 생각해서는 사물을 제대로 인식할 수 없다. 앞서 「진장경」에서 확인했듯이 눈과 귀는 물론 마음도 한계를 지니기 때문이다. 따라서 귀로만 듣는 것에 집착하지 말고 마음으로 생각하며 눈으로 그려보는 반복적인 행위를 통해서만 진에 접근할 수 있다. 즉, '마음으로 생각하고 눈에 그려보는' 일련의 행위는 유추의 과정이며, '마음으로 요리조리 골똘히 생각하고 눈에 온갖 형용을 한다는 것'은 고도의 유추능력이 발휘된 상황이다.

청부정淸芙亭의 아름다움을 거론하는 자리에서도 고도의 유추능력이 요구된다.

> 술에 취하고 즐거움이 한창일 때 공손히 객에게 물었다. "이곳의 아름다움은 어디에 있는가?" 어떤 이는 "물이 맑은 데 있습니다"라고 하며, 어떤 이는 "연꽃이 고운 데 있습니다"라고 하며, 어떤 이는 "정자가 그윽하고 가려진 데 있습니다"라고 하였다. 이들은 모두 함께 경치를 보아서는 안 된다. 일찍이 암석과 봉우리와 물가를 그린 그림을 보면서 그림을 가리키며 빼어난 점을 논하는데, 모두 그림을 알지 못하는 자들이다. 그림의 품격은 그림 밖의 나머지 공간에 있는 것이다. 사람들이 그림의 품격이 나머지 공간에 있다는 것을 안다면 도를 배워 오묘한 경지에 이를 수 있고, 만사에 응대하여 여유가 있으며, 천하 국가를 다스려 백성을 태평한 시대에 이르게 할 수 있다. 땅 가운데 연못이 있고, 연못 가운데 연꽃이 있으며, 연못가에 정자가 있으니, 정자 밖과 연꽃 위는 무엇인가? 이는 허공의 사이다. 옛 시인 중에 연꽃을 읊은 자는 백을 헤아릴 정도지만, 오직 이태백의 '맑은 물에 연꽃이 솟아나니 천연스러워 꾸밈이 없네'라는 두 구절이 가장

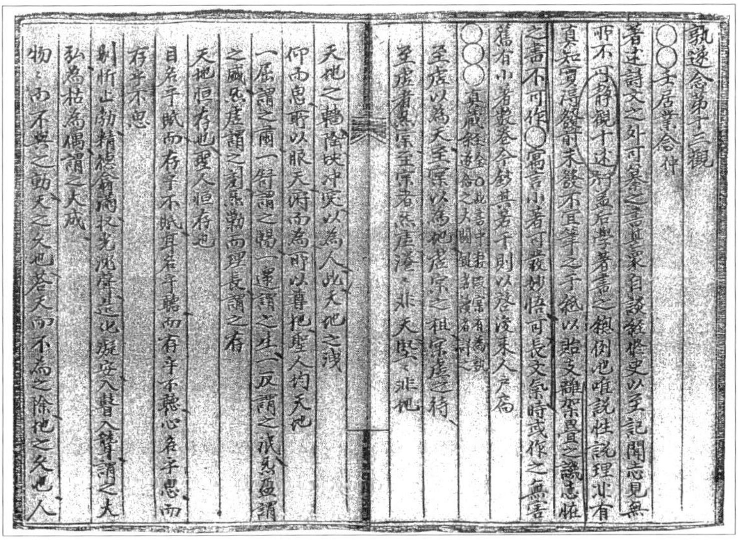

『진장경』, 『숙수념』 13관, 연세대 도서관 소장(한씨문고본)

빼어나다고 한다. 이 말이 어째서 가장 빼어나다고 하는지 물으면 모두 대답하지 못한다. 이 구절의 오묘함은 그림 밖의 나머지 공간과 같고, 정자 밖과 연꽃 위의 허공의 사이와 같다.[25]

그림의 품격이 그림 밖의 나머지 공간에 있듯이, 청부정의 아름다움도 눈으로 인식하는 맑은 물과 고운 연꽃, 그윽한 정자에 있는 것이 아니다. 정자 밖과 연꽃 위 허공 사이에 아름다움이 있으며, 이태백이 연꽃을 읊은 시 구절에 견준다. 즉, 눈이라는 감각기관을 통해서 인식하지 못하는 세계를 고도의 유추능력을 발휘하여 인식해야 한다. 청부정의 진정한 아름다움에 대한 물음은 「동계정기」에서 만물을 어떻게 인식할 것인가에 대한 문제로 나아간다.

이러한 허다한 것은 시에 모두 묘사할 수 없으니, 묘사한 것은 그 가운데 한둘에 불과하다. 시를 잘 보는 자는 그것을 읽으면 반드시 그 나머지 전부를 알 것이다. 시구는 다만 산수를 묘사했을 뿐이지만 그들이 앉아 있는 곳은 반드시 누각일 것이다. 시구는 다만 꽃과 새를 묘사했을 뿐이지만 그곳에는 반드시 계곡이 있을 것이며 날은 반드시 화창할 것이며 마주한 사람은 반드시 좋은 붕우일 것이다. 시구는 다만 어부와 초동을 묘사했을 뿐이지만 계절은 반드시 봄일 것이며 날은 반드시 저녁일 것이며 마음은 반드시 근심할 것이다. 가령 산수나 누대의 기記를 보면 기에 기록하지 않은 노정의 곡직曲直과 원근, 옥사屋榭의 규모와 향배는 모두 눈앞에 펼쳐지는 듯하다. 성현 · 은일 · 영웅 · 기사의 전을 보면 서술하지 않은 용모와 모발, 언어와 기침, 웃음소리가 모두 나의 주위에 있는 듯하다. 이와 같지 않으면 시문을 읽을 수 없으며, 읽는 사람으로 하여금 이와 같이 느끼게 할 수 없다면 시문을 지을 수 없는 것이다. 마음이 신령하고 정신이 밝아 훤히 천 년 이상으로 부합하는 자의 경우는 그 보는 것이 또한 뛰어나서 장자방이 황석공黃石公을 만나 병서를 받는 대목을 읽으면 이교圯橋의 계천溪川과 교로橋路가 굽이치고 끊어졌다 이어지는 모양과 노인의 얼굴과 외모가 구부정하고 마른 체구에 검은빛의 유순한 사람임을 알게 된다. 왕휘지가 눈 속에 친구를 찾아가는 대목을 읽으면 섬계剡溪의 눈 내리는 언덕의 형세와 대가戴家의 숲속 길과 바위문의 층층이 꺾이는 것과 향배에 대해 알게 된다. 이 또한 한둘의 광경을 묘사하고 기전記傳에서 일일이 서술하는 것을 어찌 필요로 하겠는가?[26]

어떠한 광경이나 상황을 문장으로 표현하는 데는 한계가 있기 마련이다. 그러므로 문면에 드러난 것을 보고 그 행간에서 의미를 읽어내야 한다. 시를 읽더라도 표현된 외물에 집착하지 말고 작가가 시를 창작하는 상황을 전체적으로 파악해야 하며, 기나 전을 읽을 때도 표현하지 않은 부분을 눈앞에 펼쳐지듯 그려보고 내 주위에 있는 것처럼 이해해야 한다. 이는 독자나 작자 모두에게 요구되는 사항이다. 즉 고도의 유추능력을 발휘하여 문장으로 다 표현하지 못한 부분을 읽어내고 창작해야 한다. 그런 까닭에 「청부정기」에서 청부정의 아름다움을 정자 밖과 연꽃 위의 허공 사이라고 한 언급은 청부정을 둘러싸고 있는 주변 환경과 그곳에서 술을 마시며 즐기는 상황을 전체적으로 포괄한다. 때문에 그 아름다움을 그 일부에 해당하는 맑은 물이나 고운 연꽃, 혹은 그윽한 정자라고 대답하는 사람과는 전체를 제대로 조망하지 못했기 때문에 함께 경치를 보아서는 안 된다.

이러한 유추적 사고는 다만 『숙수념』에 국한되지 않고 산문 전반에 두루 나타난다. 다음은 『기리경記里經』의 서문에 붙인 글로, 『기리경』의 내용에서 연천의 문장을 유추하여 평가한다. 연천은 1809년 서흥부사로 재직하던 부친을 찾아뵙고, 공양전과 곡양전의 체제를 모방하여 『기리경』을 저술한다.[27]

서울부터 서흥까지는 340리인데, 그 사이에 고을이 여덟이고, 성곽이 넷이며, 험준한 길이 하나며, 가파른 고개가 스물넷이며, 넓은 평원이 셋이며, 강이 커서 배를 타고 건너는 곳이 하나며, 강이 작아 다리로 건너거나 옷을 걷고 건너는 곳이 열다섯이며, 묵어가는 객사가 서른하나며, 말을 갈아타는 역참이 열셋이다. 이것이 우리 형이 지은 『기리경』에 실린 내용이다. (…) 우리 형의 문장은 근엄하고 법도가 있으며 짜임새가 정연하여, 마치 기와와 기둥과 행랑이 가지런하여 제 위치를 잃지 않은 것과 같으니, 대개 고을에서 취한 것이다. 우리 형의 문장은 공력을 쌓아서 우뚝하여 더욱 높고 마음은 견실하고 문장은 두터워 대적해도 침범할 수 없으니, 대개 성곽에서 취한 것이다. 세상의 글을 짓는 자들은 마음을 졸이며 고상해지기를 바라고 글자를 빌려다 오묘해지기를 구한다. 우리 형은 천연에서 얻어 인위를 용납하지 않으나 우뚝하게 솟구쳐 우러러볼 뿐 오를 수가 없으니, 대개 험준한 길에서 취한 것이다. 세상의 글을 짓는 자들은 비근함을 익히지 않고서 갑자기 고원함을 추구한다. 우리 형은 순서에 따라 점차 나아가 스스로 얼마나 나아갔는지 알지 못하지만 우뚝하게 선진양한의 위에 서 있으니, 대개 고개에서 취한 것이다. 세상의 글을 짓는 자들은 평이한 것은 쉽게 내버리고 광활한 것은 감당하지 못한다. 우리 형은 굽이치면서도 두텁고 평탄하면서도 기름져 쓰임에 마땅하지 않음이 없어 오곡이 무르익은 것과 같으니, 대개 평원에서 취한 것이다. 넘실대며 세차게 내달려 하루에 천 마디 말을 지어내는 것은 대개 큰 강에서 취한 것이며, 빙빙 돌면서 흘러 나아가는 듯 되돌아오는 것은 대개 작은 강에서 취한 것이다. 크게는 풍비豐碑과 현책顯冊이 되고 작게는 척구隻句와 단장短章이 되어 묻는 대로 대답하고 항상 구비한 것처럼 응대하는 것은 대개 객사에서 취한 것이다. 백가의 갈림길 가운데 하나만 힘쓰지 않고 아침저녁으로 경사를 익혀 번갈아 나아가도 피로하지 않은 것은 대개 역참에서 취한 것이다. 이것이 우리 형 문장의 대략이다. 문장을 짓는 방법은 먼 길을 가는 것과 같다. 무릇 말을 배우고 글자를 알고 난 이후 몇 리를 가야만 책을 받아 구두를 분별하는 데 이르고, 또 몇 리를 가야만 글을 짓는 데 이르며, 또 몇 리를 가야만 옛사람의 문장을 모방할 수 있으며, 또 몇 리를 가야 마침내 우뚝하게 일가를 이루게 되니, 가야 할 길이 또한 먼 것이다. 그러나 『기리경』의 말미에 "내가 가는 길은 여기에 그치지 않는다"고 하였으니, 대개 서흥의 서북에서 압록강의 경계까지는 또한 천여 리이기 때문이다. 일가의 발로부터 비루어 육경에 이르는 것은 또한 몇 리인지 알 수 없다.[28]

서울부터 서흥까지 340리의 여정에 있는 고을 · 성곽 · 험준한 길 · 고개 · 평원 · 큰 강 · 작은 강 · 객사 · 역참 등에서 연천 문장의 특징을 끄집어내고, 340리의 여정에서 문장을 짓는 방법을 유추한다. 또한 역으로 연천 문장의 특징을 여정에 있는 대상에 하나씩 대비시켜 언급한다.

문장에 법도가 있고 글의 짜임새가 탄탄한 것은 고을과 같고, 공력을 쌓은 문장은 견실하고 두터워 대적해도 침범할 수 없는 것은 성곽과 같다. 인위적이지 않고 천연하나 고상하고 오묘한 문장은 험준한 길과 같고, 차근차근 단계를 밟아 선진양한의 경지에 오른 문장은 가파른 고개와 같으며, 두루 포괄하고 평탄한 문장은 드넓게 펼쳐진 평원과 같다. 장강대하가 세차게 흘러가듯이 하루에 천 마디 말을 쏟아내는 문장의 기세는 큰 강과 같고, 곡진하고 반복하는 문장은 작은 강이 골짜기를 굽이쳐 흐르는 것과 같다. 요구하는 대로 풍비과 현책은 물론 척구와 단장을 지어내는 문장 솜씨는 항상 모든 물건을 갖춰두고 길손이 찾는 대로 응대하는 객사와 같으며, 제자백가와 경사를 두루 익혀서 지어낸 문장은 역말을 준비해서 번갈아 공급하는 역참과 같다. 말미에 문장을 짓는 방법을 그 여정에 대비시키고, 다시 연천의 문장을 거론한다.

무릇 말을 배우고 글자를 알고서 책을 받아 구두를 분별하는 데 이르고, 또한 글을 짓는 데 이르며, 옛사람의 문장을 모방하는 경지에 이르며, 마침내 우뚝하게 일가를 이루게 된다. 그러나 연천은 자신이 가는 길은 여기에 그치지 않는다는 언급을 통해서, 지금 문장의 일가를 이룬 연천은 육경의 경지를 목표로 한다며 글을 맺는다.

이렇듯 여정의 특정 대상에서 의미를 유추해내는 방식은 1816년 단양 · 청풍 · 화양동 일대를 여행한 글에서도 보인다. 그 일대의 승경 가운데 귀담龜潭 · 도담島潭 · 은주암隱舟巖 · 석문石門 · 옥순봉玉笋峯 · 삼선암三仙巖 · 사인암舍人巖 · 한벽루寒碧樓 · 파관巴串 · 선유동仙游洞 등 9가지로 언급하고, 이를 다시 승경을 관람하는 자와 하나씩 대응시키고 있다.[29] 또한 연천의 문장을 먼 길을 가는 여정에 견주었다면, 자신의 문장 학습과정을 글자가 생긴 이후 당대까지의 문장 변화에 대응시킨다.[30]

「진체관기津逮館記」는 유추적 사고로 엮어진 독특한 글로, 한 글자에서 유추하여 뜻을 풀이하고 다시 다른 글자와 연결시켜 의미망을 형성한다.

진체관의 방위는 진辰, 동남향에 해당한다. 진은 만물이 진동하는 것이니, 만물을 진동하는 것은 문장만 한 것이 없다. 진은 율력으로 고

세姑洗, 3월이니, 옛것을 제거하고 새로운 것을 취하는 것은 문장만 한 것이 없다. 이 달은 생기가 바야흐로 성대하여 구절이 모두 나오고 싹이 모두 자라나니 활발의 지극함은 문장만 한 것이 없다. 이 달은 명사와 예의 바르고 어진 자를 초빙하여 머물게 하니 선비를 양성함이 가까울 것이다. 이 달은 백공百工에게 명하여 재주가 없는지 불량한지를 살펴서 머물게 하니 공장工匠을 양성함이 근사할 것이다. 이 달은 크게 여러 악기를 합주하여 머물게 하니 서적을 풍성하게 하고 저술을 번성하게 하여 천지간의 대온大蘊을 펼치고 천지간의 대화大和를 울리게 함이 또한 비슷할 것이다. 진은 진실로 십이지의 하나지만 십이지 또한 총징하여 신이라 한다. 문은 진실로 온갖 기예 중에 하나지만 덕행 · 예악 · 의복 · 화재 등 무릇 천하의 일은 모두 문이다. 이 것은 또한 진체관이 부득불 진에 해당하는 까닭이다.[31]

'진'이란 글자에 착안하여, 방위로서의 진은 만물이 진동하고, 만물을 진동하는 것은 문장만 한 것이 없다. 또 율력으로 진은 3월로 고선에 해당한다. '고선'은 만물이 모두 옛것을 제거하고 새로운 것을 취하여 선명하지 않음이 없다. 이를 다시 문장과 연결시킨다. 또한 3월은 만물이 싹을 틔우는 시기라 활발의 지극함은 문장만 한 것이 없다. 다음에는 월령과 연관시켜, 명사와 예의 바르고 어진 자를 초빙해야 하고 백공에게 명하여 재주의 유무를 살펴야 하며 크게 여러 악기를 합주해야 하고, 선비를 양성하고 공장을 양성하며 서적을 풍부히 하고 찬술을 창성하게 해야 한다. 본래 진체관의 역할[32]을 하나씩 유추해내어 논의를 전개한다. 말미에서는 진이 십이지의 하나이면서 십이지의 총칭이 되듯이, 문장도 마찬가지라고 단정한다. 한마디로 진체관의 역할을 진과 문으로 연결시켜 재차 강조하면서 글을 맺는다.

다음 자료는 1839년에 서유구가 광여루曠如樓에 붙인 기문으로, 당시 서유구는 벼슬을 그만두고 번계에 임원林園을 설계하여 거처하는 처지다.

> 공은 읽은 책이 수천만 권이고 찬술한 것이 『임원지』『소화총서』 총 수백 권이다. 금년 76세로 벼슬을 그만두고 교외(번계)에 살면서도 여전히 수집하고 보충하는 데 부지런하여 쉬지 않는다. 생각하건대 공이 이 누대를 광여루로 이름한 것은 여기에 있는 것이지, 저 외관에 있는 것이 아니다. (…) 공은 이 누대에 올라 휴식할 때, 바라보이는 산과 나무와 평야로 말미암아 넓혀서, 홀연 나라 안의 산천 가운데 예전에 유람했던 곳을 생각하고, 홀연 나라 밖의 익숙히 들었으나 가보지 못한 곳을 생각하며, 홀연 세상은 광대하고 고원하여 『산해경』과 『곤여도』에서 언급하지 않은 곳을 생각하며, 세상 밖 해와 달과 별 위에 어떤 세상이 있는지를 생각하며, 홀연 삼황 이전과 지금 이후 몇만만 년은 어떤 시대가 되는지를 생각하며, 홀연 읽은 책 수천만 권 외에 사고四庫를 채울 책이 몇 배나 되는지를 생각하며, 홀연 『임원지』『소화총서』가 구비하지 못한 것이 몇십 배나 되는지를 생각할 것이다. 무릇 이런 많은 상념이 번갈아 생겨나 짧은 순간에도 우주를 열 바퀴나 도니 멍하니 그 몸이 광여루에 의지한 것을 깨닫지 못할 것이다.[33]

서유구가 번계에 살면서 『임원지』와 『소화총서』 등의 저술을 수집하고 보충하는 작업에 여념이 없음을 밝힌다. 따라서 광여루는 단지 주변의 외관을 감상하기 위해 지은 것이 아니라, 그가 이룩한 학문과 저술에 대해 끊임없이 사색하는 공간이다. 즉, 광여루에서 나라 안과 밖으로 확장되고, 다시 세상 안과 밖의 세계까지 생각이 미친다. 이를 다시 삼황 이전과 지금 이후의 세계로 전환하고, 서유구의 독서와 저술로 마무리한다. 그러므로 이러한 생각이 번갈아 생겨나 실제로 광여루에 기대어 쉬고 있다는 사실조차 깨닫지 못할 것이라고 한다. 항해는 주변의 광경 묘사를 위주로 하는 기문과는 달리, 서유구의 독서와 저술에 초점을 맞추어 광여루에서 끊임없이 사색하는 그의 모습을 유추한다. 이처럼 『진장경』에서 고도의 유추능력을 발휘하여 사물의 진리나 본질에 접근할 것을 강조하는데, 이러한 유추적 사고는 산문 전반에 두루 나타나는 특징적 면모다.

2. 세계는 반복되고 순환한다

『시언』

항해는 『숙수념』의 세계를 꿈과 현실이 어우러진 신유의 세계로 인식한다.[34] 따라서 세계는 꿈와 현실이 반복되고 순환하는 구조다. 이러한 인식은 「진장경」과 마찬가지로 30세 이전에 지은 『시언時言』에서 그 일단을 엿볼 수 있는데, 『숙수념』의 세계와 밀접한 관련을 맺는다. 특히 「물언物言」은 순환적 세계관을 피력한 글로, 서두에서 만물은 물과 같고 말은 고리와 같다고 단정한다. 이후 각각의 내용에 부합하는 이야기를 삽입하여 논의를 전개하고 말미에서 위의 내용을 통해서 세계는 반복되고 순환한다고 글을 맺는다.

[1] 흘러가도 끝이 없는 것은 만물〔物〕이니, 만물은 물〔水〕과 같다. 옮겨다녀도 다함이 없는 것은 말〔言〕이니, 말은 고리〔環〕와 같다.[35]

[2] 초楚 공자公子 중에 수수께끼를 좋아하는 자가 있었다. 양객梁客이 찾아뵙고 "수수께끼로 겨루어보기를 청합니다"라고 하자 공자가 승

낙하였다.

"푸르고 푸르면서 아래를 덮고 있는 것은 무엇입니까?"

"구름과 비를 베푼다."

"그렇다면 뿔과 비늘이 있습니까?"

"아니다. 이것은 명해冥海에 있다."

"여섯 달을 쉬고 하늘을 등지고 남명南溟으로 가는 것이 아닙니까?"

"이것은 날개가 있다."

(…)

"이것은 기氣는 있으나 형태는 없다."

"그렇다면 푸르고 푸르면서 아래를 덮고 있는 것입니다."[36]

3 무릇 양객의 말은 천전만반千轉萬返하여 중간에 흩어져 이르지 않는 곳이 없다가 다시 처음으로 돌아왔으니, 말의 선전善轉은 이와 같다. 그러므로 "그 근본을 구하지 않고 그 같기만을 좇는다면, 하늘은 용이 될 수도 있고 말은 바람이 될 수도 있다. 더구나 덕과 이익은 아주 작은 것에서 달라지니 비록 지혜로운 자라도 분변하기가 어려운 것이다." 즉 "반드시 그 근본을 구해야 한다"고 하는 것이다. 관중管仲의 국량이 작은 것을 가지고 그가 검소하다고 의심하고, 관중의 검소하지 못함을 가지고 그가 예를 안다고 의심한다. 이것은 하늘이 구름과 비를 베푸는 것을 가지고 그것은 용이라고 의심하고, 말이 사람을 싣는 것을 가지고 그것은 바람이라고 의심하는 것과 같다.[37]

4 어떤 이가 물었다.

"그대는 바라는 것이 무엇인가?"
"성인이 되고 싶습니다. 성인 또한 바라는 것이 있습니까?"
"있다. 성인은 하늘이 되고 싶어한다."
"하늘 또한 바라는 것이 있습니까?"
"어찌 없겠는가? 저 하늘은 도리어 사람이 되고 싶어한다."
"어째서 그렇습니까?"
"하늘은 사람을 한결같이 보아서 고루 사랑하지만, 지혜로운 자는 그보다 지나치며 어리석은 자는 그에 미치지 못한다. 저 하늘이 어찌 많은 사람을 선善으로 함께 돌아가게 하고 싶지 않겠는가? 몽매한 사람은 하늘에 비하면 몽매하고 몽매한 것이다. 만약 천명으로 인교人敎를 행한다면 천하에 어찌 불선不善을 하는 자가 있겠는가? 이것이 하늘이 도리어 사람이 되고 싶어하는 이유다."
"그렇다면 누가 바라는 것이 없겠습니까?"
"어찌 바라는 것이 없는 자가 있겠는가? 세상은 서로 바라고 서로 주어서 순환한다."
"감히 그 이유를 묻습니다."
(…)
이로 말미암아 본다면, 세상에 어찌 스스로 만족하여 바라는 것이 없는 자가 있겠는가?[38]

5 지극히 큰 것은 하늘이다. 그러나 한쪽 눈을 기울여 틈으로 엿보아도 환한 하늘을 볼 수 있다. 그러나 하늘이라 말하지 않음이 없다. 그러므로 "지극히 큰 것은 작게 할 수 있다"고 하는 것이다. 도랑의 물

은 물 가운데 작은 것이다. 그 종국에는 내쳐 흘러서 바다로 들어간다. 바다의 근원은 도랑이다. 따라서 "지극히 작은 것은 크게 할 수 있다"고 하는 것이다.[39]

[1] 서두 부분으로 전체의 내용을 집약하여 기술한다. 만물과 말의 속성을 거론하는데, 「물언」이란 제목은 만물의 물物과 말의 언言에서 한 글자씩 취한 것이다. 만물과 말을 어떻게 인식하고 있는가를 살필 수 있다. 만물은 물과 같아서 작은 샘물이 흘러 냇가를 지나고 강으로 흘러 바다로 들어가지만, 다시 비와 눈이 되어 세상을 적신다. 이와 마찬가지로 만물도 끊임없이 모습을 바꿔가며 변하지만 그 본질은 물처럼 동일할 뿐이다. 그렇다면 말은 어떠한가? 한 사람의 입에서 나온 말은 다른 사람의 입을 통해 전해지고 또 다른 입을 통해서 세상에 퍼진다. 그러나 종국에는 말을 시작한 사람에게 다시 돌아오기 마련이다. 따라서 마치 고리와 같아서 순환하는 구조를 이룬다. 이러한 인식은 그의 만년 작품에도 투영되어 그는 세계를 순환하는 구조로 인식한다.[40]

[2] 말의 속성이 고리처럼 순환한다는 내용을 설명하기 위해 삽입한 이야기다. 초 공자와 양객이 말장난에 가까운 수수께끼를 하면서 문답을 주고받는다. 이는 유한준兪漢雋(1732~1811)이 「언기諺記」에서 끝말잇기 속언을 수록한 것과 관련이 깊다.[41] 유한준은 우리말을 진부하지 않고 참신한 표현 수법으로 인식하는데,[42] 항해는 순환적 세계관을 설명하는 데 활용한다. 즉 우리말을 단순히 문장에 사용하는 수준을 넘어서 인식론에 해당하는 세계관을 설명하는 중요한 근거로 제시한다.

3 말은 고리와 같다는 내용을 마무리하는 부분이다. 그는 반드시 그 근본을 구해야 한다고 강조한다. 따라서 근본을 구하지 않고 같기만을 좇는 행위는 초 공자와 양객이 주고받은 수수께끼와 같다. 그러므로 관중을 제대로 이해하지 못해서 빚어지는 의심도 수수께끼와 별반 다르지 않다는 논리다. 그는 말이 고리와 같다는 것을 통해서 세상의 만물도 반드시 그 근본을 구해야 한다는 사실을 도출한다.

4 만물의 속성이 흘러가도 끝이 없는 물과 같다. 누구나 지금의 자신에 만족하지 못하고 더 나은 것을 바라는 인간의 심리를 근거로 논의를 전개한다. 흡사 홍만종의 『순오지旬五志』에 나오는 '두더지의 결혼〔野鼠婚〕'을 연상시킨다. 홍만종이 두더지의 결혼을 통해서 인간의 심리를 간파했다면, 항해는 이러한 인간의 심리를 근거로 만물의 속성을 밝힌다.

5 「물언」의 결론이다. 하늘은 지극히 크지만 작은 틈으로 볼 수 있다. 따라서 '지극히 큰 것은 상대적으로 작게 할 수 있다.' 물은 이와는 정반대다. 도랑의 물은 바닷물에 비하면 더없이 작고 초라하지만, 냇가를 지나 강으로 흘러 바다로 들어간다. 따라서 '지극히 작은 것은 크게 할 수 있다.' 하늘과 물도 마찬가지로 크게도 할 수 있고 작게도 할 수 있는 존재이며, 서로 순환하는 구조를 지닌다. 항해는 이러한 하늘과 물의 비유를 통해서 세계는 반복되고 순환한다는 점을 재차 강조한다.

순환적 세계관은 꿈에 대한 인식과 관련이 깊다. 항해는 평소에도 늦잠을 자는 습관이 있을 만큼 잠자기를 즐긴다.[43] 또한 수여삼필이란 필기류 저술에서 짐작할 수 있듯이, 자신의 저술을 꿈과 연관시켜 표현한다. 이는 현실에 대한 불만과 염원을 잠과 꿈을 통해서 해소하려는 의도로 보인다.

다음은 『상예회수象藝薈粹』를 편집할 무렵의 꿈이다. 『상예회수』는 중국과 우리나라의 변려문騈儷文 가운데 명문을 정선해서 편집한 책으로, 연천과 항해가 선발하고 해거가 참정參訂한 삼형제의 합작품이다.

> 나는 기이한 꿈을 많이 꾸었는데, 대개 책 속에서 벗어나지 않았으나 대부분 탄만澶漫하고 미란迷亂하여 꿈에서 깨고 나면 곧장 잊어버렸다. 『상예회수』를 편집할 때, 꿈속에 어떤 장자가 나에게 말하길 "그대는 사륙문에 있어 유신庾信·서릉徐陵·왕발王勃·낙빈왕駱賓王을 받들고 있으니, 참으로 제양齊梁 이전에는 이러한 문체가 없었다. 그런데 옛날에는 우연히도 이런 문체가 없었던 것이다. 설령 있었다면 상주商周시대의 사륙문은 반드시 『시경』의 주고은반周誥殷盤과 같았을 것이며, 선진先秦시대의 사륙문은 반드시 『좌전左傳』『국어國語』와 같았을 것이다. 후세에는 다만 뛰어난 인재가 없었을 뿐이요, 사륙문이 『시경』『서경』『춘추』의 체단体段을 짓지 못한 것은 아니다. 진실로 이와 같다면 저 유신·서릉·왕발·낙빈왕을 어찌 논할 수 있겠는가?" 하였다. 나는 입을 멍하니 벌리고 대꾸조차 못 하고 꿈에서 깨어났다.[44]

그의 꿈은 일반 사람과는 다르다. 대부분 독서한 내용과 관련하여 꿈을 꾼다. 한참 『상예회수』를 편집할 무렵에도 예외 없이 꿈을 꾸고, 꿈에서 장자를 만난다. 장자는 제양시대의 사륙병려문四六騈儷文을 숭상하는 태도를 비판하면서, 『서경』의 주고은반과 『좌전』 『국어』도 변려문에 해당한다고 지적한다. 이는 문체란 그 시대를 반영한 산물이므로 사륙변려문도 제양시대를 대표하는 하나의 문체에 불과하다는 인식에서 비롯한다.

당시 그는 『상예회수』를 편집하고 사륙변려문으로 「상예회수서」를 짓는 등, 사륙변려문에 한동안 심취했던 듯하다. 꿈속의 장자 논리는 「여이원상서與李元祥書」에서 대우공령문對偶功令文에 대한 이정리의 비판적인 시선에 대해서 시변의 논리를 들어 반박하는 내용과 일맥상통한다.[45] 그렇다면 꿈속의 장자는 바로 항해의 또 다른 모습이다. 따라서 앞서 「자이현산자서自貽峴山子書」에서 얼른 왕세정王世貞과 전겸익錢謙益의 책을 불속에 던지고 동인東人의 여러 문집을 시렁에 묶어놓고 성현의 책을 읽으라고 주문하는 상황과 마찬가지로, 사륙변려문에 심취한 자신에게 던진 반문이다.

이처럼 항해에게 꿈은 현실과 밀접한 관련을 맺으며 서로 영향을 주고받는 순환적 구조를 이룬다. 꿈에 대한 의미 부여는 문장론으로 확대되어 심지어 '꿈속에 기문장奇文章이 있고 대문장大文章이 있다' 고 선언을 하기에 이른다.

> 나는 일찍이 천지간의 기문장은 꿈에 있고, 천지간의 대문장 또한 꿈에 있다고 생각하였다. 평소 생각이 항상 미치던 바는 진실로 꿈에 있으며, 평소 생각이 반드시 미치지 못한 바도 꿈에 있다. 바야흐로 인과의 필연적인 것은 진실로 꿈에 나타나며, 바야흐로 인과의 필연적

이지 않은 것도 꿈에 나타난다. 섬미纖微하여 발붙일 곳도 없고 광활하여 그 끝을 짐작할 수도 없다. 꿈을 꾸려 해도 실마리가 없고 꿈에서 깨어나면 흔적조차 없이 사라지고 만다. 밝은 것은 분명하고 또렷한데 어두운 것은 어둡고 혼미하다. 간혹 그곳에 머물더라도 그 형상을 잊어버리고, 그 사이에 있으면서도 그 말을 잃어버린다. 장자와 태백도 그 환궤幻詭를 형용할 수 없으며, 양자운이나 사마상여도 그 기려綺麗를 다 표현할 수 없다. 문자가 생긴 이후로 이른바 기문장·대문장으로 대개 이와 같게 할 수 있는 자는 없었다. 그러므로 나는 매번 한 번 꿈을 꾸고 깨어나면 꿈이 한 층의 문오文悟를 자라게 해주지만, 재주가 그 깨달음을 통달하지 못하여 끝내 몽경夢境과 같은 문장을 한 편도 짓지 못했음을 한탄할 뿐이다.[46]

항해는 꿈과 현실을 동일선상에 놓고 논의를 전개한다. 우선 눈에 띄는 대목은 꿈을 인식하는 태도다. 평소 생각이 항상 미치던 것이나 그렇지 못한 것도 꿈에 나타나고, 인과의 필연적인 것이나 그렇지 않은 것도 꿈에 나타난다. 이러한 네 가지 꿈의 유형에 대한 제시는 일찍이 「증몽파정자서贈夢坡鄭子序」에서 꿈을 분류한 것과도 유사하다.[47] 한발 더 나아가 꿈의 속성까지 거론하며 인식이 한층 심화되기에 이른다. 사람의 얼굴이 천차만별인 것처럼 꿈의 세계는 크기를 짐작하기 어려울 정도로 변화무쌍하다. 억지로 꿈을 꿀 수도 없고, 깨고 나면 흔적도 없이 사라져버린다. 더욱이 꿈속의 광경은 장자와 태백, 양자운과 사마상여도 형용할 수도 말할 수조차 없다. 그러므로 '꿈속에 기문장이 있고 대문장이 있다'는 선언은 지금까지 누구도 이루지 못한 문장의 최고 경지를 표현하는 한편, 꿈에 대한 그의 강한 동경과 의지를 내포한다.

그렇다면 천하의 기문장과 대문장은 끝내 이룰 수 없는 것인가? 그는 '문오〔문학적 깨달음〕'를 통달하면 문장은 몽경과 같아질 것이고, 천하의 기문장 · 대문장을 이룰 수 있다고 말한다. 즉, 꿈을 통한 깨달음을 문장으로 표현하여 몽경과 같다면, 이것이 바로 천하의 기문장이요 대문장이다. 그의 말을 빌리자면, 꿈과 현실이 어우러진 신유의 세계 곧 『숙수념』의 세계가 여기에 해당한다.

이러한 순환적 세계관은 『고진경전』을 저술한 후, 이만용에게 보낸 편지 가운데 윤정진에게 받은 서문을 소개하는 대목에서도 확인된다.

> 1 내가 항해자를 사귀길 바란 지가 십여 년인데, 올해 비로소 만났다. 꽃에서 자고 강에 배를 띄우고 중성루에서 크게 주연을 베풀었다. 생황과 비파, 경쇠와 쇠북은 번갈아 앞에서 연주되고 정이와 준대는 좌우에 벌여 있었다. 누대 앞 큰 나무는 높이가 수백 척으로, 잎은 둥글고 검푸른 비취빛이었다. 열매는 진한 빨간빛으로 크기가 사발만하여 축축 늘어져 떨어질 듯했다. 그 아래에는 자색의 기러기와 녹색 앵무새가 있었다. 자리 맞은편에는 너댓 명의 객이 푸른 눈동자에 백발을 늘어뜨리고서 함께 염제 때의 일을 이야기했다. 그 소리가 요란하여 호랑이가 울부짖고 조수가 밀려오는 것 같았다.[48]

> 2 대문을 나서 백 걸음도 가지 않아, 갑자기 큰물이 드넓어 그 끝을 볼 수 없었습니다. 파도가 세차게 일렁거려 사람의 마음을 두렵게 했고 교룡과 악어, 자라들이 서로 싸우는 듯 출몰했습니다. 두려운 나

머지 돌아가려는데 강가 언덕에는 큰 배가 아직 닻줄을 풀지 않았고, 배 안에 한 수려한 선비가 두건을 쓰고 키에 기대어 앉아서는 "왜 이리 늦느냐?"며 소리쳤습니다. 자세히 보니 경당이기에 크게 웃으며 배로 올라가 물 가운데로 배를 띄우니, 때마침 바람이 편안해지고 물결도 잦아들었으며 아름다운 산수가 펼쳐졌습니다. (중략) 창백한 얼굴에 흰 수염, 소박한 옷에 털이개를 들고 가운데 앉아 있던 사람은 열초옹(정약용)이라 했고, 선도건을 쓰고 학창의를 입고 마주 앉아서 유심히 쳐다보고 있는 자는 해거도인(홍현주)이라 하였습니다. 자리 한쪽 구석에 꿇어 앉아 있던 맑은 얼굴에 깨끗한 복장을 한 자는 유산처사(정학연)라고 하였고, 긴 눈썹에 맑은 눈, 앞에서 손에 붓을 들고 종이를 펼치고 있던 사람은 동번생(이만용)이라고 하였습니다. 나머지 두세 사람도 모두 단정하니 보기 좋았으나 내가 알지 못하는 사람도 있었습니다. 웃음을 멈추고 이야기를 하는데 이리저리 바꾸어가며 끝없이 이어졌습니다. 처음에는 강산의 승경을 말하다가 강 이야기에서 바다 이야기로 옮겨갔고, 바다 이야기에서 다시 바다 바깥으로 옮겨갔습니다. 또 옮겨와 천지가 개벽하던 태초를 말하였고, 또 내려와 삼황오제가 예악과 학교, 군대와 농업을 제정한 것을 말하였으며, 또 내려와 역대의 치란을 말하였습니다. (중략) 그 소리가 쩌렁쩌렁 언덕과 골짜기를 진동하여, 그만 크게 놀라 소리치며 일어나니 몸은 죽서의 작은 서재에 있었고 책상에는 『고진경전』 한 권이 놓여 있었습니다. 경당이 지은 서문에서 '강에 배를 띄우고' 이하는 모두 다른 말이었습니다.[49]

1 은 윤정진이 보낸 『고진경전』 서문의 일부이고, 2 는 윤정진의 글에 촉발되어 꿈을 꾼 내용이다. 항해는 1830년 4월 2일부터 5일까지 4일간 아들 우건과 이만용을 데리고 서울에서 장단을 왕복하며 선영을 찾아가고 윤정진을 만난다. 『고진경전』은 바로 당시 여정의 기록으로, 그가 이만용 · 윤정진과 좀 더 친밀해지는 계기가 된다. 항해는 지난날의 여정을 회상하는 한편, 윤정진의 글을 매개로 또다시 꿈속의 여행을 떠난다. 윤정진과 나란히 떠나는 여행과 거기서 만나는 열초옹(정약용) · 해거도인(홍현주) · 유산처사(정학연) · 동번생(이만용)은 사실 꿈속의 내용에 불과하지만, 현실과 밀접한 관련을 맺는다. 이들 모두 당시 항해와 교유가 빈번한 인물들로 언제든지 마음만 먹으면 의기투합할 수 있는 사람들이다. 따라서 자신을 비롯한 홍우건 · 이만용 · 윤정진의 유람을 기록한 『고진경전』을 읽으면서, 한편으로 정약용 · 홍현주 · 정학연 등 교유가 빈번하며 의기투합하던 친밀한 사이인데도 당시 함께하지 못한 서운함을 드러낸다. 이런 까닭에 꿈속의 여행을 통해서 이들과의 유람을 고대한다. 따라서 『고진경전』 서문을 읽는 현실에서 꿈의 세계로 들어가 이들과 유람한 다음, 꿈에서 깨어나 현실로 돌아오니 책상에는 『고진경전』 한권이 놓여 있을 뿐이다. 즉, 윤정진의 글을 매개로 현실에서 꿈으로, 꿈에서 현실로 되돌아오는 순환적 세계관을 피력해 『고진경전』에 견줄만한 새로운 여행을 학수고대한다. 이러한 현실-꿈-현실의 구조를 통해서 항해는 순환적 세계관을 표현하는 한편, 당시 교유가 빈번하고 의기투합하던 저들과의 또다른 여행을 꿈꾼다.

3. 만물은 상대적이다

『회언』

항해는 『숙수념』 노저에서 중국과 대등한 위치에서 우리말과 문헌의 상대적 가치를 높이 평가한다. 이러한 상대적 관점은 『회언』에서 잘 드러나며, 산문 전반에 걸쳐 상대적 관점이 투영된다. 『회언』은 각각의 이야기가 무질서하게 나열되어 있으나 전체를 관통하는 것은 상대적 인식이다.

1 저 산을 오르는 자를 보지 못했는가? 앞서가는 자는 잡아끌고 뒤따르는 자는 부축하여, 벼랑을 오르고 나무에 매달리며 열 걸음에 여덟 번이나 넘어지며 고개를 만나면 앉아 땀을 식히고 숨을 고르며 스스로 천하의 높은 곳을 다하였다고 생각한다. 어떤 자는 태산의 정상에 올라서도 도리어 스스로 부족하다고 생각한다. 이 두 사람은 그 보는 것이 어찌 같을 수 있겠는가?[50]

2 이 때문에 위가 없으면 막힘이 없고, 아래가 없으면 형벌이 없다.

위가 있고 아래가 있어 막힘이 생기고 형벌이 있게 된다. 사람들은 진실로 매우 어리석은 자(下愚)가 되는 것을 불안하게 여겨 뜻을 지닌 선비가 되기를 바라며, 남들도 뜻을 지닌 선비가 되기를 바란다. 이미 뜻을 지닌 선비라도 그 위에는 도를 지닌 선비가 있으니, 미루어 올라가면 성인에 이른 뒤에야 위가 없을 것이다. 무릇 현인이 되어 그친다면 밤낮으로 성인이 하는 바를 생각하지만 능히 성인이 되지 못하니, 근심하고 슬퍼하며 스스로 항상 곤궁하다고 여긴다. 남들도 성인이 되기를 바라서 능히 성인이 되지 못하면 허물과 비난이 모이게 된다. 오직 저 지극히 어리석은 자(至愚)는 그렇지 않으니, 천하에 이러한 것이 있는 줄도 몰라 근심이 없으며, 남들도 이러한 것으로 요구하지 않아 비난이 없다. 근심이 없어 편안하고 비난이 없어 즐겁다. 그러므로 큰 소원을 이룰 수 없다면 차라리 소원이 없는 것이 낫고, 항상 실천하는 소원은 근심을 부른다고 하는 것이다.[51]

[1] 산을 오르는 서로 다른 두 사람의 이야기다. 어떤 이는 벼랑을 오르고 나무에 매달리는 등 갖은 고생을 하며 산을 오르다가 작은 언덕이라도 만나면 땀을 식히면서 천하의 높은 곳을 다하였다고 스스로 자부한다. 반면 어떤 이는 일찍이 공자도 태산에 올라 천하가 작음을 알았다고 한 것과는 달리, 그 정상에 올라서도 도리어 스스로 부족하다고 여긴다. 두 사람 모두 산을 올랐지만 그 관점은 천양지차다.

항해는 산을 올라 바라보는 행위를 거론하는데, 이는 지知와 각覺의 문제와 밀접한 관련을 맺는다. 태산을 오르고도 부족하다고 느끼는 자는 진지와 진각을 깨닫기 위해서 매진하는 사람이라면, 작은 언덕을 오르고도 천하의 높은 산을 다 오른 것처럼 자부하는 자는 자신이 알고 깨달은 것이 전부라고 말하는 사람이다. 그러므로 지와 각도 상대적인 것처럼, 세상 만물도 상대적인 인식으로 바라볼 것을 요구한다.

[2] 사람의 끝없는 욕망에 대한 이야기다. 사람들은 누구나 남보다 뛰어나기를 바라며, 남들도 그렇게 되기를 기대한다. 때문에 끝없이 위만 바라보고 오르다보면 성인의 경지에 오른 뒤에야 위가 없기 마련이다. 그런데 성인의 아래에 해당하는 현인의 경지에 이르러서도 성인이 되지 못한 것을 슬퍼한다. 남들도 성인이 되기를 바라서 그렇게 되지 못하면 도리어 허물과 비난을 일삼는다. 반면 지극히 어리석은 자는 이러한 것이 있는 줄도 몰라 근심이 없고, 남들도 굳이 바라지도 않기 때문에 비난도 하지 않는다. 그러므로 근심이 없어 편안하고 비난이 없어 도리어 즐겁다. 이는 세상 사람들의 생각과는 전혀 딴판으로, 사람의 소원은 근심을 부르기 때문에 도리어 지극히 어리석은 사가 낫다는 논리다. 항해는 고정된 시선과 인식을 거부하고 상대적인 관점에서 바라보기 때문에 세상 사람들과는 다르다. 이는 천하의 어리석은 사람을 바라보는 시각에서도 분명하게 드러난다.

[1] 어리석은 자가 오른손에 종기가 나서 치료하려 해도 약이 의심스러웠다. 약을 알려고 생각하니 의술을 공부하지 않을 수 없고, 의술을 공부하려고 생각하니 그 처방을 읽지 않을 수 없으며, 그 처방을 읽으려고 생각하니 또한 글자를 모르는 것이 근심이었다. 바야흐로 장차 글방 선생을 따라 글자를 배우려고 하자 사람들이 모두 비웃었다.

송나라 사람이 기러기가 모여 있는 것을 보고 쏘아서 잡으려고 하였으나 활이 없었고, 활을 만들고자 하나 좋은 재목이 없었다. 마침내 집으로 돌아와 동산에 뽕나무를 심었다.
초나라 사람 가운데 연못에서 풀을 베는 자가 있어 어떤 이가 그 이유를 물었다.
"장차 곡식曲植을 만들려고 합니다."
"곡식은 무엇하러 만드는가?"
"누에를 치려고 합니다."
"누에를 쳐서 무엇을 하려는가?"
"길쌈을 하려고 합니다."
"길쌈을 해서 무엇을 하려는가?"
"비단을 짜려고 합니다."
"비단을 짜서 무엇에 쓰겠는가?"
"비단을 묶어 폐백을 만들려고 합니다."
"어째서 폐백을 만드는가?"
"스승을 맞이하려고 합니다."
"스승에게 무엇을 배우려고 하는가?"
"장차 『연산』과 『귀장』의 술법을 배우려고 합니다."
"장차 무엇을 하겠는가?"
"우리 고을은 가물은 지가 지금 일 년이 되었습니다. 벼슬아치가 '능히 점을 쳐서 비가 언제 쏟아질지 아는 자에게 백금을 상 주겠다' 고 영을 내렸습니다. 나는 이것을 차지하려는 것입니다."[52]

2 이 세 사람은 진실로 천하의 어리석은 사람이다. 그러나 나는 어리석지 않다고 생각한다. 글자를 배우는 것은 진실로 종기를 치료하는 것과는 소원하다. 그러나 이로 말미암아 글을 알게 된다면 어찌 쓰임이 없겠는가? 뽕나무를 심는 것은 진실로 기러기를 잡는 것과는 거리가 멀다. 그러나 뽕나무가 자라서 재목이 된다면 어찌 소용할 바가 없겠는가? 풀을 베는 것은 진실로 비가 내릴 것을 점치는 것과는 합당하지 않다. 그러나 발을 짜서 누에를 친다면 추위에 떠는 일은 없을 것이다. 이 세 사람은 어찌 놀고먹으며 하는 일 없이 날을 허비하는 자보다 낫지 않겠는가? 『맹자』에 '칠 년 묵은 병을 고치려면 삼 년 말린 쑥을 구하는 것과 같다. 진실로 쑥을 미리 준비하지 않으면 죽을 때까지 얻지 못할 것이다' 라고 하였으니, 진실한 말이다.[53]

1 천하의 어리석은 세 사람에 관한 이야기다. 손에 난 종기를 치료하기보다는 글을 배우려 글방 선생을 찾아가는 사람, 기러기를 잡기 위해서 동산에 뽕나무를 심는 사람, 비가 언제 내릴지 맞추는 자에게 백금을 상 준다는 말에 현혹되어 연못에서 풀을 베는 사람. 저들은 하나같이 직면한 문제를 곧장 해결할 방안을 강구하지 못하고, 도리어 그것과는 소원한 일에만 골몰한다. 그러므로 저들의 행위는 천하 사람들의 비웃음거리가 되고 만다.

2 앞의 이야기에 대한 항해의 생각을 피력한 대목이다. 그는 천하의 어리석은 세 사람을 도리어 어리석지 않다고 말한다. 그 이유는 저들의 행위가 비록 직면한 문제를 해결하는 것과 거리가 멀지만 나중에는 자

신들을 이롭게 만들기 때문이다. 그렇다고 어리석은 사람들의 행위를 무조건 두둔하는 것은 아닐 터이다. 이는 무위도식하며 허송세월하는 부류를 겨냥한 의도적 발언으로 보인다. 이러한 부류에 비한다면, 비록 어리석어 직면한 문제를 올바르게 해결하지는 못하지만 무언인가 해보려고 발버둥을 치는 천하의 어리석은 자들이 오히려 낫다.

항해는 천하의 어리석은 세 사람의 이야기를 통해서 무위도식하며 허송세월하는 부류들을 비판하는 데 초점을 맞춘다. 일찍이 이정리에게 보낸 편지에서 또한 선비랍시고 거드름만 피우고 앉아 손 하나 까딱하지 않고 의식衣食을 해결하면서도 빌어먹을지언정 농부나 공인이나 장사치는 되지 말라고 훈계하는 선비의 세태를 신랄하게 비판한다.[54] 또한 우리나라와는 달리, 중국의 곤궁한 선비들은 책을 판가해서 생활하는 등 나름대로 자구책을 강구한다. 그러나 우리나라 선비들은 법을 어기면서까지 이익을 추구하다가 결국에는 몸을 해치고 집안을 망치는 상황을 초래한다고 지적한다.[55] 따라서 천하의 어리석은 자들의 이야기는 당시 선비들의 행태를 비판하려는 의도가 다분하다.

그는 만물을 절대적인 가치가 아닌 상대적으로 인식하고 사물의 존재 의미를 인정한다. 이는 세상에서 말하는 췌贅와 서瑞의 개념을 거론한 대목에서도 확인된다.

> 금수에 비유하면 소는 밭을 경작하고 말은 멀리까지 내달릴 수 있으며, 호랑이 · 표범 · 무소 · 코끼리는 모두 가죽과 뿔과 상아가 소용됨이 있으나 오직 기린만은 쓰이는 바가 없다. 천하에 기린이 없었던 것이 또한 2천 년이 되었으나 백성들이 이로 인해 그 생활이 부족하지

않았다. 이 기린은 또한 천지의 일개 췌贅인 것이다. 그러나 천하의 서瑞를 말하면 반드시 기린을 거론하지 소 · 말 · 호랑이 · 표범 · 무소 · 코끼리를 언급하지 않는다. 무릇 그렇다면 물物은 반드시 무용하여 췌에 가까운 뒤라야 서가 되는 것인가?[56]

췌와 서는 어디까지나 상대적이다. 기린은 실용적인 의미에서 본다면 아무짝에도 쓸모없는 췌에 불과하여 소나 말보다 못하지만, 가치판단을 필요로 하는 서를 말할 때면 기린은 너나없이 거론한다. 그런 까닭에 췌나 서의 개념은 판단의 기준이 무엇이냐에 따라 상대적일 수밖에 없으며, 만물은 절대적 기준으로 평가할 수 없는 각각의 존재를 인정받게 된다. 이러한 상대적 인식은 사물을 바라보고 공간을 인식하는 데도 동일하게 적용된다.

세상 밖에서 보면 천지는 넓지 않다. 그 안으로 들어가 거처하면 가는 곳마다 넓지 않은 곳이 없다. 높은 곳에 올라 바라보면 큰 성곽도 바둑판에 놓인 바둑돌과 같다. 큰 성곽 안에는 가옥 수천 개가 있으며, 한 집 안에도 수십 개의 방이 있다. 한 방을 들어가니 수십 명을 수용할 정도로 넓고, 남은 공간에 책상과 서적 및 기완器玩을 늘어놓아도 여유가 있다. 그러므로 세상 속으로 들어가 그 내부를 논한다면 방은 애당초 넓지 않은 것이 아니며, 세상 밖으로 벗어나 그 외부를 논하면 큰 성곽도 애당초 넓지 않다. 넓다는 것〔廣〕과 넓지 않다는 것〔未廣〕이 어찌 정해진 형태가 있겠는가?[57]

바라보는 위치가 어디냐에 따라 넓다[廣]는 기준도 바뀐다. 저 멀리 세상 밖에서 보면 세상은 넓지 않고, 높은 곳에서 바라보면 성곽도 바둑판의 바둑돌처럼 작게 보인다. 그러나 정작 세상 안에서 보면 가는 곳마다 넓지 않은 곳이 없으며, 성곽 안의 방 한 칸도 수십 명을 수용하고 온갖 기물을 늘어놓고도 여유가 있을 만큼 넓다. 따라서 넓다 혹은 넓지 않다는 공간적 의미도 바라보는 위치에 따라 상대적일 수밖에 없다. 세상의 만물과 공간도 상대적일 뿐만 아니라, 학문과 지식도 그 기준에 따라 상대적인 가치를 지닌다.

세상의 이른바 서적을 두루 읽고 언변이 뛰어나 고금의 이치를 꿰뚫어 손바닥을 가리키듯이 담론하는 자도 어떤 일을 만나거나 행동을 할 적에 간혹 앞을 보지 못하는 소경처럼 두려워하고 어둡다면, 이는 진실로 몽매하다고 말할 수 없겠는가? 덕성이 넓지 못하면 학문에 있어 몽매한 것이요, 사무를 두루 처리하지 못하면 지혜에 있어 몽매한 것이며, 이익을 보고 청렴하지 못하면 의리에 있어 몽매한 것이며, 남과 사귀면서도 믿음을 주지 못하면 행실에 있어 몽매한 것이다. 오직 문사도 마찬가지다. 지금 나와 그대가 저 글 배우는 동자들을 본다면 몽매하다고 할 수 있다. 그러나 무릇 말을 토해내는 대로 문장을 이루는 종사석유宗師碩儒가 나와 그대를 본다면 어찌 몽매하다고 하지 않겠는가? 또한 천백 년 위로 사마천과 한유가 오늘날의 종사석유를 본다면 또한 몽매할 뿐이다. 나아가 성인이 본다면 사마천과 한유 역시 몽매한 무리일 것이다.[58]

동자들에게 글을 가르칠 목적으로 지은 몽양재蒙養齋에 붙인 글이다. 몽매하다〔蒙〕는 말을 중심으로 논의가 전개된다. 어떤 일을 만나거나 행동할 때 사리에 어두운 경우 흔히들 몽매하다고 한다. 그러나 몽매하다는 것도 상대적이라서 학문과 지혜, 의리와 행실에도 두루 적용할 수 있다. 이를 다시 문장으로 말한다면, 글 배우는 동자들은 나와 그대에게는 몽매하지만, 종사석유가 나와 그대를 본다면 도리어 몽매하다고 할 것이다. 또한 사마천과 한유는 지금의 종사석유를 몽매하다고 하지만, 성인에 견주면 이들 역시 몽매한 무리에 불과하다. 그렇다면 몽매하다는 말은 어느 특정 대상에 국한된 것이 아니다. 누구나 입장을 바꿔보면 몽매할 수도 있고 몽매하나고 말할 수도 있다. 그는 몽매하다는 말을 상대적인 의미로 해석하여, 글을 부탁한 사람에게 글을 가르친다고 자만하지 말고 열심히 학문에 매진할 것을 당부한다.

항해는 일찍이 바닷가에 나갔다가 귀도 멀고 말도 못하는 장부에게 다음과 같은 이야기를 듣는다.

> 그대는 정말로 귀머거리와 벙어리가 천하의 폐질廢疾이라 생각합니까? 천하에 귀가 밝은 사람은 사광師曠만 한 자가 없습니다. 그러나 들리지 않는 소리에 대해서는 나와 사광이 모두 귀머거리입니다. 천하의 말 잘하는 사람은 장의張儀만 한 자가 없습니다. 그러나 따지지 못하는 지식에 대해서는 나와 장의가 모두 벙어리입니다. 더구나 외부에서 천지는 광대하고 고금은 오래되고 만물이 교접하는 것은 무궁하지만 내부에서 깊이 생각하여 응대하는 것은 한계가 있기 때문에 이때를 당하여 온 천하의 사람은 귀머거리거나 벙어리가 아닌 자

가 없을 것입니다. 사람이 하늘에서 얻은 것은 마음이 위주가 됩니다. 내가 세상에 귀 밝음을 자랑하고 말 잘함을 믿고서 성리聲利의 길에서 노니는 자를 보니, 그 마음의 병은 왕왕 가슴앓이 · 치질 · 학질 · 문둥병의 추악함보다 심한 것이 있습니다. 저들이 하늘에서 얻은 것을 유독 온전하다고 하겠습니까? 귀가 있으면서도 덕의德義의 말을 듣지 못하는 자는 마음의 귀머거리〔心聾〕가 되는 것이 병이고, 입이 있으면서도 충신忠信한 일을 말하지 못하는 자는 마음의 벙어리〔心啞〕가 되는 것이 병입니다. 지금 내가 비록 귀머거리에 벙어리지만 귀로 듣는 것을 온전히 하고 입으로 말하는 것을 부합하게 하여 모두 마음으로 돌리더라도 나의 마음은 다행히도 병이 되지 않으니, 내가 하늘에서 얻은 것은 또한 두터운 것이 아니겠습니까? 나는 이 때문에 내 질병을 즐거워하여 근심하지 않으며, 또한 내가 어릴 적에 징험한 바도 있습니다. (…) 이러한 귀머거리와 벙어리는 아마도 하늘이 내 삶을 이롭게 한 것입니다. 이 때문에 나는 내 질병을 즐거워하고 근심하지 않습니다.[59]

귀와 입은 인간에게 꼭 필요한 감각기관이다. 소리를 듣거나 음식을 먹고 말하는 단순한 기능을 넘어, 사물을 인식하고 표현하는 데 더없이 중요하다. 때문에 우리는 귀머거리나 벙어리를 병신이라 조롱하기도 한다. 그러나 장부의 논리는 다르다. 장부는 귀와 입의 기능을 부정하고, 귀머거리와 벙어리도 상대적인 것으로 간주한다. 그러므로 귀가 밝았던 사광이나 말 잘하는 장의도 자신과 다를 바 없다. 오히려 마음의 귀머거리와 마음의 벙어리보다 자신의 신체적인 결함이 낫다. 즉 귀가 있으면서도 덕의의 말을 듣지 못하는 자는 마음의 귀머거리가 되고, 입이 있으면서도 충신한 일을 말하지 못하는 자는 마음의 벙어리가 된다. 따라서 장부에게 귀머거리와 벙어리는 더 이상 장애가 되지 않으며, 도리어 마음의 귀머거리와 마음의 벙어리가 천하의 폐질이 된다. 그가 말하는 귀와 입은 모든 재앙의 화근이다. 귀와 입의 감각기관에 매몰되어 사물을 제대로 인식하지 못하는 상태다. 그런 까닭에 오히려 귀머거리와 벙어리가 낫다.

이러한 인식은 「진장경」과 연장선상에서 파악해야 한다. 항해는 "시각의 화려함을 막아야 천하의 눈을 기르며, 번다한 소리를 없애야 천하의 귀를 기르며, 맛있는 음식을 끊어야 천하의 입을 기르며, 화려한 채색을 막아야 천하의 몸을 기른다"[60]고 하여, 외물外物이 감각기관의 제 기능을 마비시키는 것을 경계한다. 장부의 논리와 그대로 맞아떨어진다. 그러므로 장부는 항해의 논리를 대변하는 존재다.

또한 장부는 누구나 병신이라 조롱하는 귀머거리와 벙어리라서 도리어 자신의 삶이 이롭게 되었다고 하면서 질병을 즐거워하고 근심하지 않는다. 이는 "눈을 감아야 섬세한 것까지 볼 수 있으며, 귀를 막아야 멀리까지 들을 수 있다"[61]는 것과 일맥상통한다. 귀를 막는다는 것은 귀로만 세상의 소리를 듣지 말고 마음으로 들으라는 의미일 터이다. 이러한 상대론적 인식이 가장 정채를 띠는 글은 「곤요린기崑瑤隣記」다.

> 나보다 한 살 많은 사람은 내가 자네〔爾汝〕라고 부르며 함께할 수 있다. 자네라고 부르는 자가 또한 자네라고 부르는 사람도 내가 자네라고 부르며 함께할 수 있다. 이와 같이 하여 그치지 않는다면 혼돈混

沌 · 태시太始의 백성도 모두 내가 자네라고 부르며 함께할 수 있다. 이는 참으로 장난스런 말이지만 또한 큰 것을 비유할 수 있다. 나보다 한 살 많은 사람으로부터 쌓아 올라가면 혼돈 · 태시에 이를 수 있으니, 나보다 한 살 어린 사람으로부터 내려가면 반드시 몇만만 년의 후대에 이르러도 끝이 없을 것이다. 여기에 한 사람이 있다고 치자. 나보다 조금 똑똑하다면 나는 그에게 미치기를 바라고, 그가 미치기를 바라는 사람도 나 역시 미치기를 바랄 것이며, 얼마 지나지 않아 대순大舜 · 선부宣父에 이를 것이다. 여기 한 사람이 있다고 치자. 나보다 조금 모자란다면 내가 그에게 물들고, 그가 물들었던 사람도 나 역시 물들 것이며, 얼마 지나지 않아 악래惡來 · 도척盜蹠에 물들 것이다. 곤륜과 요지는 천하의 서쪽 끝이다. 내 동생 해거재(홍현주)가 내침內寢의 서쪽 방을 짓고 '곤요린'이라 편액 했으니, 어찌 내 동생이 이런 말에 뜻이 있었겠는가? 이 방은 내 동생 집에 있어 수십 보 서쪽에 불과하다. 또 서쪽으로 수십 보는 뜰과 담장이 되며, 뜰과 담장은 방에 있어 이웃에 불과하다. 또 서쪽으로 수십 보는 서쪽 담장 너머 다른 사람의 집이 되며, 이 집은 서쪽 담장에 있어 이웃에 불과하다. 이와 같이 하여 포개어 그치지 않는다면 곤륜과 요지가 이웃에 불과함을 어찌 근심하겠는가? 서쪽 담장으로부터 보면 이 방은 또한 수십 보 동쪽일 뿐이다. 또 동쪽으로 수십 보를 가서 끌어당겨 그치지 않는다면 또한 태원과 개명이 이웃에 불과함을 어찌 근심하겠는가? 어찌 내 동생이 이 방이 곤륜과 요지를 이웃할 수 있음을 알고 이 방이 태원과 개명을 이웃할 수 있음을 몰랐겠는가?[62]

동시대의 사람들은 물론이려니와 위로는 혼돈과 태시의 백성에서 아래로는 만만년 후세의 백성에 이르기까지 다 자네〔爾汝〕라고 부르며 함께할 수 있다. 또한 천하의 서쪽 끝에 위치한 곤륜산과 요지도 이웃할 수 있으며, 동쪽 끝에 위치한 태원과 개명도 이웃할 수 있다. 이러한 상대적 인식으로 인해, 고금이란 시대적 · 시간적 구분은 무너지고 원근이란 공간적 의미도 무의미해진다. 따라서 모든 만물을 상대적으로 바라보게 된다.

제7부

우의적 산문

홍길주는 우의적 수법을 산문에 자주 활용한다. 우언과 희문의 창작은 물론이려니와 『숙수념』은 전체가 우의적 산문에 해당한다. 특히 우언과 희문의 창작은 그의 문체에 대한 인식과 관련이 깊다. 그는 『문선文選』 같은 화려한 문장이나 명말의 소품문도 육경에 근원한다고 여겨, 화려한 문장이나 명말 소품도 일정 정도 긍정한다.[1] 나아가 소품문 · 전기문 · 세속의 부첩문簿牒文과 항요배학衖謠俳謔도 저마다 극묘처極妙處가 있기 때문에 새로운 것을 흠모하는 것도 당연하다고 여긴다.[2] 심지어 근세의 총쇄잡찬叢瑣雜纂도 견식과 깨달음에 도움이 된다고 인정하기에 이른다.[3]

다양한 문체에 대한 인식과 긍정은 수많은 우언과 희문의 창작으로 연결된다. 그는 어릴 적부터 유희한묵하며 종종 희문을 저술하여 10언 율시의 격식을 만들거나[4] 『주역』의 64괘를 이용하여 놀이를 했을 정도였다.[5]

우의적 산문은 크게 '우언에 빗대어 세상을 말하다[寓言]' '권위적 글쓰기에 도전하다[戱文]' '누가 내 꿈을 이루어줄 것인가?[『숙수념』]' 로 나눌 수 있다.

1. 우언에 빗대어 세상을 말하다

우언

항해의 우언[6]은 대부분 당대 현실을 토대로 이루어진다. 「힐우詰優」는 배우라는 가공인물을 등장시켜 문답을 통해서 모방만을 일삼는 당시 학자들의 행태를 풍자한다.

옛날의 배우는 장사치보다 천했지만 지금의 배우는 선비보다 낫습니다. 또한 선생이 읽는 것은 배우의 글이요, 흠모하는 것도 배우의 말이니, 또한 어찌 배우의 병폐이겠습니까? 순박純樸이 이미 흩어지고 육경이 드러나지 못하여 사람마다 말을 세워 스스로 문호를 열었습니다. 좌구명의 기사는 배우의 과장이며, 굴원의 「이소」는 배우의 노래이며, 『장자』와 『열자』의 허황함은 배우의 광망함과 같으며, 합종을 거두고 연횡으로 옮긴 것은 배우의 묘사와 같으며, 박식함은 사마상여와 같고, 기이함은 양웅과 같으며, 한유와 소식에 이르러 배우로 문장을 지었습니다. 기침 소리 · 웃음 · 울음 · 읊고 부르는 소리와 말을 붓을 쥐고 쓰는 자는 선비이고 입으로 말하는 자는 배우입니다.

(…) 지금 배우는 천기를 유동시키고 발하여 성음聲音이 되는데, 말은 속되지만 뜻은 깊습니다. 의기양양하게 마음대로 살아가지만 지극히 진실하여 사사로움이 없으며, 즐거워하며 일어나면 남을 기약하지 않아도 사람들이 따릅니다. 생각하건대 태초의 충막沖漠한 기운은 오히려 오직 배우에게 있을 뿐입니다. 하물며 선생이 촛불로 해를 잇고 입을 오물거리며 생각을 끄집어내 종이가 해지고 붓이 닳도록 부지런히 쉬지 못하는 것은 오직 배우의 말에서 구할 수 있으니, 또한 어찌 배우의 탓이겠습니까?[7]

흡사 『장자』의 「천도天道」에서 윤편輪扁이 '군께서 읽는 것은 옛사람의 찌꺼기에 불과합니다〔君之所讀者 古人之糟魄已夫!〕'라고 일갈했던 것과 일맥상통한다. 배우의 입을 통해 학자들의 허상이 여지없이 폭로된다. 배우는 학자들이 읽는 책이며 갖은 고생 끝에 지어낸 문장도 자신의 말에 불과하다고 서슴없이 말한다. 왜 학자가 배우만 못하고 문장도 배우의 말에 불과하다는 것인가? 이는 배우가 남의 말과 행동을 흉내 내고 본뜨듯이 학자들도 옛글을 읽고 문장을 짓는 데 모방만을 일삼기 때문이다. 따라서 배우는 학자들이 천편일률적인 글을 양산하는 세태를 싸잡아 비판하는 한편 문장가로서의 각성을 촉구한다.

서홍의 남산으로 사냥을 나갔다가 사냥꾼과의 대화를 기록한 「기렵자대記獵者對」는 사냥꾼의 입을 빌려 선비들의 무능을 날카롭게 지적한다.

또한 세교世敎가 쇠퇴하고 법도가 시행되지 않은 지 오래되었습니다. 아첨하고 언변이 있는 무리는 과연 멀리했습니까? 그렇다면 상방검

尙方劍을 어찌하여 빌려주지 않습니까? 교활하고 사특한 무리는 과연 사라졌습니까? 그렇다면 응전鷹鸇의 뜻을 어찌하여 힘쓰지 않습니까? 조정은 과연 깨끗합니까? 그렇다면 전상호殿上虎(유안세劉安世의 작호)의 위엄을 어찌하여 볼 수 없습니까? 풍교風敎는 과연 순수합니까? 그렇다면 총마사驄馬使의 명성은 어찌하여 들을 수 없습니까? 사직司直의 신하는 입을 닫아 말하는 것이 없고, 법을 집행하는 관리는 손을 움츠려 하는 일이 없으면서도, 매위韎韋와 부주跗注를 입은 군사는 활과 갑옷을 힘으로 감당하지 못하고 무기고의 창과 화살촉이 부식되어도 따져 묻지 않습니다. 어찌 오늘날 조정에 의관을 차려입고 호적에 이름을 올린 자가 과연 도철饕餮과 은거嚚亢의 환란이 없겠습니까? 변방 보루와 국경지대에 과연 난폭하고 교활한 무리가 틈을 엿보아 일어나지 않을 것임을 알겠습니까? 천하가 평안하고 백성의 교화가 두텁더라도 과연 무왕武王·성왕成王·강왕康王의 세상과 전부 같을 수 있겠습니까? 사냥에 비유하면, 승냥이와 이리가 사람을 해치고 만물을 죽여 포개진 시체를 짓밟고 들판을 종횡무진하는데도 사로잡지 못하는 것과 같습니다. 오늘날 관석關石을 밝히고 계월棨鉞을 잡아 나라의 유사有司가 된 자들은 모두 이른바 책을 읽고 이치를 아는 선비인데도 오히려 이와 같습니다. 선생은 이것은 따져 묻지 않고 사냥꾼만 힐난하니 너무 지나친 것이 아닙니까?[8]

사냥꾼은 사냥에 한정하지 않고 당대 사회의 전반적인 문제점을 지적한다. 조정에는 아첨하고 언변이 있는 무리와 교활하고 사특한 무리가 활개를 쳐서 전상호나 총마사는 찾아볼 수 없으며, 조정의 관리와 신하는 제 역할을 수행하지 못한다. 군사들은 무기와 갑옷조차 감당할 수 없을 정도로 피폐하고 무기고의 무기는 부식되어도 누구 하나 따져 묻지 않는다. 세상은 매우 혼란한 상황이다. 그런데 이를 바로잡고 개혁해야 할 선비들은 시대 현실을 외면하고 수수방관하며 제 역할을 하지 못한다. 실제 사냥꾼의 말이기보다는 항해가 사냥꾼의 입을 빌려 당시 현실 세태를 비판하고 선비들의 무능을 지적한 것에 가깝다.

1817년에 귓병을 앓고서 지은 「부총復聽」은 이것의 연장선상에 있는 문제작이다. 의원은 귓병으로 고생하는 항해에게 다음과 같은 말을 던진다.

> 하늘이 그대의 귀를 멀게 한 것은 아마도 은혜로 그대를 보살피려는 것이니, 내 어찌 치료할 수 있겠습니까? 무릇 요란한 음악 소리는 사람을 방탕하게 하고, 떠들썩한 명성과 위세는 사람을 부러워하게 하며, 동이同異를 구분하여 헐뜯고 칭찬하는 것은 사람을 다투게 하며, 저자의 비속한 소란은 사람을 음탕하게 합니다. 무릇 아침부터 저녁까지 귀를 시끄럽게 하는 것은 사람의 뜻을 해치고 사람의 마음을 어지럽히게 되는데, 귀가 멀게 되면 이런 것이 없습니다. 이치를 궁구하되 투철하지 못하면 마음의 귀머거리〔心聾〕이고, 일을 처리하되 기미에 어둡다면 지혜의 귀머거리〔知聾〕이며, 의리를 보고도 용맹하게 나서지 못한다면 행실의 귀머거리〔行聾〕이며, 도리를 지키되 견고하지 못하면 뜻의 귀머거리〔志聾〕입니다. 이는 모두 이른바 덕에 있어 귀머거리입니다. 덕에 있어 귀머거리가 되어 뜻을 해치고 마음을 어지럽히는 것이 어찌 세상에 귀머거리가 되어 덕을 온전히 하는 것만

같겠습니까?"[9]

세상의 온갖 소리는 사람의 뜻을 해치고 마음을 어지럽히기 때문에, 하늘이 귀를 멀게 한 것은 은혜로 그대를 보살피려는 것이라 고칠 수 없다. 차라리 마음의 귀머거리〔心聾〕, 지혜의 귀머거리〔知聾〕, 행실의 귀머거리〔行聾〕, 뜻의 귀머거리〔志聾〕가 될지언정 덕에 있어 귀머리가 되어서는 안 된다. 한마디로 하늘이 귀를 멀게 한 것은 세상에 귀머거리가 되어 덕을 온전히 하라는 암묵적인 계시다. 의원의 말은 「진장경」과 「농아재기聾啞齋記」에 등장하는 장자의 논리와 흡사하다. 따라서 의원은 바로 항해의 논리를 대변하는 존재로 등장하여, 이치를 투철히 궁구하고, 일을 처리하되 기미를 살피며, 의리를 보고 용맹하게 나서며, 도리를 견고히 지킬 것을 경계한다.

산문에 등장하는 의원은 병을 고치는 존재이기보다는 세상의 이치를 깨우쳐주거나 천하의 병폐를 지적하는 인물에 가깝다. 항해는 의원이라는 가공인물을 통해서 자신이 의도하는 방향으로 논의를 이끌어가는 수법을 자주 활용한다. 특히 진허眞虛선생과 의원의 문답을 통해서 세상 사람들의 병폐를 조목조목 거론한 「양의문답良醫問答」에서 더욱 확연히 드러난다.

진허선생이 말했다.

"이뿐이 아니오. 내 병은 참으로 이보다 깊어 단서조차 잡을 수 없으니, 끝까지 들어주시게. 나는 젊어서 올바른 도리를 배웠으니, 늙어서 두려움이 없어야 마땅하네. 그런데 어째서 이 몸에 날마다 온갖 것이 모여드는 것인가? 귀신도 아니고 마귀도 아니라 참으로 표현할 수도 없고, 감히 가까이 다가갈 수도 없지만 바라보고 듣기만 해도 거슬리네. 그 가운데 도끼를 갈아 혀로 삼고 얼음을 입어 장식하여 주사와 납으로 몰래 둔갑했지만 똥거름이 뱃속에 가득 찬 것도 있어, 저들을 만나면 어제 먹은 저녁밥과 새벽에 마신 물이 모두 거꾸로 뒤집히네. 그 가운데 좀벌레를 부추겨 책을 먹게 하고 해충을 놓아주어 곡식을 먹게 하여 오장을 기름지게 하고 입과 눈을 아름답게 한 것도 있지만, 저들이 지나가면 더러움이 겹겹 휘장에 스며들어 단향과 사향도 향기를 잃어버리네. (중략) 이러한 여러 형상이 거리에 죽 늘어서서 대문을 나서면 마주치고 대문을 닫으면 다가오네. 흉측한 모습에 머리는 커다랗고 발톱은 뾰족하고 수염은 돌돌 말려, 『산해경』에도 없고 우정禹鼎에서도 찾을 수 없네. 다른 사람들은 모두 보지 못하는데 나만 보네. 집에 돌아와 가위에 눌려, 자면서도 깜짝 놀라고 깨어나서도 정신이 없네. 전날도 두렵고 걱정했는데 이튿날도 마찬가지고, 새벽도 괴로운데 날이 저물면 다시 옭아매어, 오장이 다 병들고 육부도 상했네. 지금 치료하지 않는다면 장차 얼마나 후회하겠는가?"

말을 마쳤는데도, 의원이 말없이 빤히 쳐다보다가 상자에 책을 넣고 붓을 붓두껍에 넣었다. 저울을 넣고 상자를 잠그더니 미소를 지으며 느긋해했다. 잠시 후에 말했다.

"선생께서는 저를 놀리십니까? 이는 모두 다른 사람의 병이지, 선생의 병은 아닙니다. 다른 사람이 병들었는데, 어찌 선생을 치료하겠습니까? 선생께서 천하를 치료하는 자를 찾아가 물으십시오. 저는 사람을 치료하는 자라서 진실로 이 일을 할 수 없습니다."[10]

이름에서 짐작할 수 있듯이, 진허선생은 가공인물이다. 진허선생은 자신이 앓고 있는 병을 낱낱이 이야기하고 그 처방을 의원에게 묻는다. 그러나 의원은 세상 사람들의 병이지 선생의 병은 아니기 때문에 고칠 수 없다며 손사래를 친다. 즉, 항해는 진허선생을 통해서 세상 사람들의 병폐를 지적하려는 의도가 강하기 때문에 애초부터 그 처방을 구한 것이 아니다. 따라서 두 사람의 대화는 세상 사람들의 병은 어느 의원도 고칠 수 없다는 결론으로 끝맺는다. 이와 같이 항해는 우언에 빗대어 세상의 부조리와 폐단을 거론한다.

다음 자료는 당대 현실을 어떻게 인식해야 하는가의 문제를 거론하면서 위기가 팽배한 상황으로 인식한 대목이다.

> 제일 으뜸은 기미를 아는 것이고, 다음은 실마리를 아는 것이며, 그 아래는 일이 이른 연후에 아는 것이니, 대개 또한 일이 이르러도 알지 못하는 경우가 있기 때문이다. 기미와 실마리는 어찌 다른가? 비에 비유하면, 기미는 항상 바람이 조용하고 해가 밝으며 허공에 작은 구름조차 없는 때에 있다. 동풍이 불어오고 먹구름이 모이면, 이는 실마리요 기미는 아니다. 호랑이와 표범이 앞에 있어도 소경은 보지 못하고, 벼락이 기둥을 내리쳐도 귀머거리는 듣지 못한다. 어리석은 사람은 일에 있어 소경과 귀머거리이니, 어찌 일이 이르러도 알지 못하는 것을 의심하겠는가? 땅속에서 옥구슬을 주운 자는 반드시 몸을 구부리고 달려가서 다른 사람이 큰 돌로 그 머리를 내리쳐도 살피지 못한다. 그 마음이 바야흐로 이욕利慾에 빠져 옥구슬 이외에 대해서는 살필 겨를이 없었으니, 어찌 일이 이르더라도 알지 못하는 것을 의심

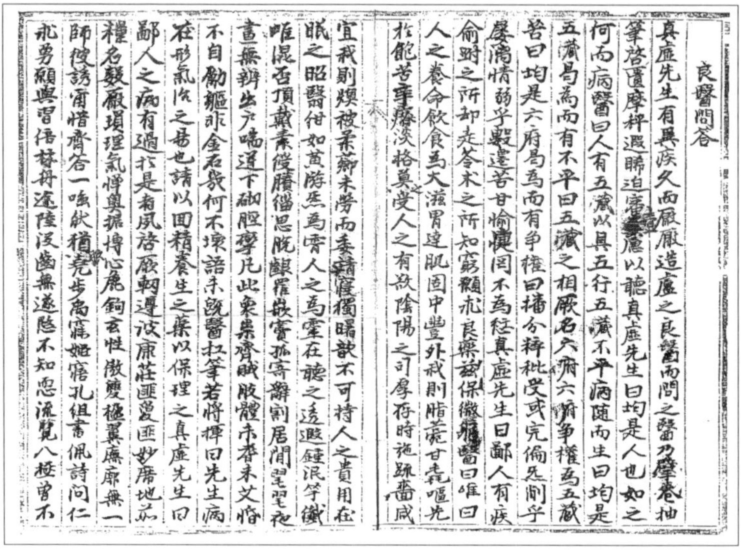

良醫問答

「양의문답」, 『항해병함』 권1, 연세대 도서관 소장(한씨문고본)

하겠는가? 가뭄은 홍수가 있을 조짐이고, 흰색은 검은색의 근원이다. 이것을 안다면 기미를 아는 것이다. 하나의 기둥이 썩으면 큰 가옥은 반드시 뒤를 이어 기울어질 것이고, 한 손가락이 마비되면 몸 전체는 반드시 뒤를 이어 폐질이 될 것이다. 이것을 안다면 실마리를 아는 것이다. 아아, 지금 알지 못하는 것이 기미인가? 실마리인가? 아니면 일이 이르러도 알지 못하는 것인가?[11]

어떤 일의 기미를 알아채는 것이 무엇보다 중요함을 역설한 「지기知幾」라는 글이다. 기미를 아는 것이 으뜸이지만, 도리어 일이 이르러도 알지 못하는 경우도 있기 마련이다. 때문에 옥구슬을 주운 자는 눈앞의 이욕에 빠져 돌로 머리를 내려쳐도 알지 못한다. 항해가 무엇을 염두에 두고 이러한 논의를 펼치는지 구체적으로 확인할 수는 없으나, 앞서 벼슬길에 나아가려는 정세익에게 편지를 보내 경계한 내용과 관련이 깊다.[12] 당시 선비들이 벼슬길에 급급하여 함정을 덮고 있는 비단에만 눈이 멀어 함정에 빠지는 줄도 모른다고 지적하는데, 기미를 알아채야 한다는 이 글도 그런 의미로 읽을 수 있다. 또한 기둥 하나가 썩으면 큰 가옥도 무너지기 마련이며, 손가락 하나가 마비되면 몸은 폐질에 이르는 법이다. 이러한 점으로 본다면, 이는 당대 현실을 총체적인 위기 상황으로 인식한다. 그러므로 '지금 알지 못하는 것이 기미인가? 실마리인가? 아니면 일이 이르러도 알지 못하는 것인가?' 라고 반문하며 글을 맺는다.

2. 권위적 글쓰기에 도전하다

희문

항해는 장자의 구기口氣가 농후한 작품을 상당수 남긴다. 그 면면을 살펴보면, 장자의 내용을 패러디한 일종의 유희문자에서 상대주의적 인식론을 발전시켜 진지와 진각을 설파한 것에 이르기까지 편폭이 다양하다. 그가 장자의 매력에 얼마나 심취하고 탐독했는가를 말해주며, 나아가 그의 문학이 장자와 깊이 맞닿아 있음을 보여준다. 더욱이 인식론의 핵심에 해당하는 진지와 진각이 장자의 상대주의적 인식론을 바탕으로 전개된다는 점이 주목된다.

우선 눈에 띄는 글이 「독장자讀莊子」인데, 오늘날의 독서 감상문으로 장자에 대한 첫인상이다.

> 『장자』는 세상 사람들이 기이한 문장〔奇文〕이라고 일컫는데, 그 말은 다음과 같다.
> "북쪽 바다에 물고기가 있는데 그 크기는 수천 리가 되며, 변해서 새가 되는데 그 등이 수천 리이다. 알에 털이 있다. 닭은 발이 셋이다.

거북은 뱀보다 길다. 개는 양이 될 수 있다."

그 책의 수만 여의 말이 대개 이러한 부류다. 읽는 자가 크게 웃으며 기이한 말〔奇言〕이라고 한다.

나는 지금 그 말을 뒤집어 말한다.

"동쪽 바다에 물고기가 있는데 그 크기는 몇 자가 되며, 바닷가에 새가 있는데 그 길이가 겨우 여덟 치다. 알에는 털이 없다. 닭은 발이 둘이다. 거북은 뱀보다 짧다. 개는 양이 될 수 없다."

읽는 자가 또한 크게 웃으며 기이한 말이라고 할 것이다. 그러나 나는 일상〔常〕이면서 기이하지만 장자는 환상〔幻〕이면서 기이하며, 나는 진실〔眞〕하면서 기이하지만 장자는 허망〔妄〕하면서 기이하다. 그렇다면 또한 누가 더 낫고 누가 못하겠는가?[13]

장자나 항해나 모두 기문을 추구하고 있으나 그 방식은 전혀 다르다. 장자가 환幻과 망妄으로 기奇를 추구했다면, 항해는 상常과 진眞으로 기奇를 추구한다. 겨우 몇 글자를 바꾸어 그 내용을 뒤집는 수준에 불과하지만 장자와는 전혀 다른 기문이다. 단순히 말장난에 가까운 일종의 패러디로 치부할 수도 있지만 그 이면에 감추어진 항해의 의중 또한 간과해서는 안 된다.[14]

이후 장자의 내용과 문체를 패러디한 유희문자를 상당수 남기는데, 특히 북산자北山子 변사유卞士裕와 관련된 글에서 그 면모가 확연히 드러난다.

혼돈에 태어나서 지금까지 죽지 않은 자가 있으니, 요허군이다. 요허군의 이야기를 들어보면 팽조도 젖먹이에 불과하다. 요허군이 다음과 같이 말했다.

"내가 큰 산에 살고 있는데, 큰 산 아래 큰 언덕이 있지요. 한번은 내가 아침에 일어나 큰 언덕을 살펴보니, 개미 배꼽〔蟻臍〕만 한 구멍이 있고 풀이 자라고 있는데 그 이름이 까치 뿔〔鵲角〕입니다. 까치 뿔은 물을 만나면 물고기 발〔魚足〕이 되고, 싹이 자라서 내시 수염〔閹鬚〕이 되며, 그 열매는 지렁이 심장〔蚓心〕이 됩니다. 그것을 갈라보면 그 맛은 바다 속 꿀〔海中蜜〕과 같은데, 흙 속으로 들어가면 모래 털〔沙毛〕이 되고, 변해서 새가 되는데 그 이름이 얼음 파리〔氷蠅〕입니다. 얼음 파리의 정기는 눈 우레〔雪雷〕가 되고, 눈 우레는 닭 비늘〔鷄鱗〕을 낳고, 닭 비늘은 원숭이 알〔猴卵〕을 낳습니다. 원숭이 알은 붉은 대나무〔赤竹〕를 낳고, 붉은 대나무는 물을 태우는 뼈〔焚水骨〕를 낳으며, 물을 태우는 뼈는 새우 넓적다리〔鰕腿〕를 낳습니다. 그 곁에 집을 지은 자가 북산자인데, 그 집을 새우 넓적다리라고 이름 붙였지요."

항해선생이 그 말을 듣고 웃으며,

"북산자는 눈으로 먹고, 털으로 달리며, 젖꼭지로 듣고, 엄지손가락으로 숨을 쉽니까?"

라고 묻자, 어떤 이가

"하鰕는 하何의 와전이고 퇴腿는 퇴退의 편방이니, 옛사람이 '내 스스로 나아가지 않았거늘 어찌 물러남이 있겠는가?' 라고 말한 것은 북산자의 뜻일 것입니다"

라고 대답했다.

아, 이 이야기는 『북화경』에 나오고, 그 사실은 범의 『도올』에 보이

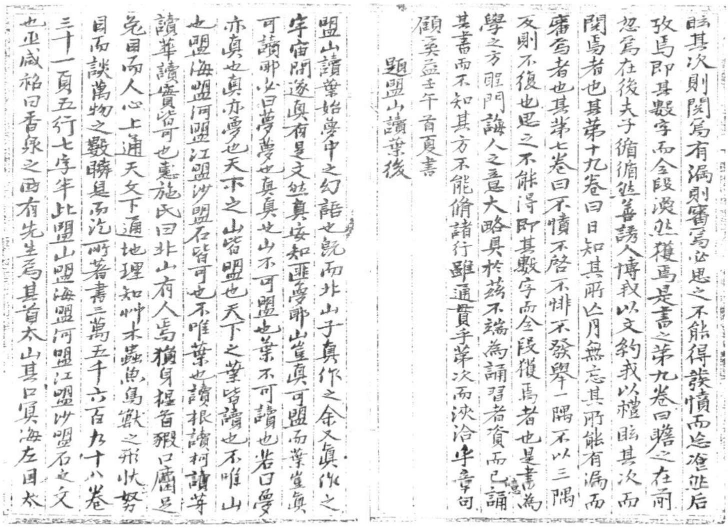

眩其次則閱焉有漏則審焉必思之不能得發憤而忘食然后
攷焉即其數字而全段渙然獲焉是書之第九卷曰瞻之在前
忽焉在後夫子循循然善誘人博我以文約我以禮眩其次而
閱焉者也其第十九卷曰日知其所亡月無忘其所能有漏而
審焉者也其第七卷曰不憤不啓不悱不發擧一隅不以三隅
反則不復也思之不能得即其數字而全段獲焉者也是書爲
學之方聖門誨人之意大略具於茲不端爲誦習者資而已誦
其書而不知其方不能循諸行雖通貫乎第次而浹洽乎章句
顧奚益壬午首夏書

題盟山讀葉後

盟山讀葉始夢中之幻語也旣而非山子眞作之余又眞作之
宇宙間遂眞有是文然眞安知匪夢耶山豈眞可盟而葉豈眞
可讀耶必曰夢夢也眞眞也山不可盟也葉不可讀也若曰夢
亦眞也眞亦夢也天下之山皆盟也天下之葉皆讀也不唯山
也盟海盟河盟江盟沙盟石皆可也不唯葉也讀根讀柯讀芽
讀華讀實皆可也惠施氏曰非山有人焉獨身[illegible]首猳口齒足
兔目而人心上通天文下通地理知艸木蟲魚鳥獸之形狀[illegible]
目而談萬物之數勝是而況所著書三萬五千六百九十八卷
三十一頁五行七字半此盟山盟海盟河盟江盟沙盟石之文
也巫咸袑曰香泉之西有先生焉其首太山其口冥海左目太

「제맹산독엽후」, 『표롱을첨』 권5, 연세대 도서관 소장(한씨문고본)

며, 그 주해는 인황씨의 『벽옹도』에 상세하다.[15]

변사유의 하퇴헌何退軒에 써준 기문인데, 그 내용을 파악하기가 쉽지 않다. '내 스스로 나아가지 않았거늘 어찌 물러남이 있겠는가?〔我自不出, 何退之有〕' 란 옛사람의 말을 중심에 놓고 다시 차분히 읽어야만 문맥을 제대로 이해할 수 있다.[16] 즉, 애초부터 세상에 발을 들여놓지 않았기 때문에 세상에서 물러남은 있을 수 없다. 이에 세상에 일어날 수 없는 일들을 열거하는 방식을 통해서 변사유를 장난스럽게 기롱한다. 더욱이 '이 이야기는 『북화경』에 나온다' 는 언급은 『남화경』으로 불리는 장자와 그 내용이 무관하지 않음을 보여준다. 또한 「제맹산독엽후題盟山

讀葉後」는 혜시씨惠施氏가 직접 등장해서 말도 안 되는 억설을 늘어놓는데, 이 역시 장자와 연관된다.[17] 항해는 장자의 패러디를 통해서 자신의 문학적 역량을 유감없이 발휘하는 한편 변사유와 유희문자를 주고받을 만큼 친분이 도타운 관계임을 과시한다.[18]

그는 「제자휘서諸子彙序」에서 사람과 문장의 같고 다름을 통해서 문자의 의미를 파악한다. 천지가 개벽한 이래 수많은 사람이 태어나고 죽었지만 한 사람도 똑같은 자가 없으며, 글자가 생긴 이래 수많은 작품이 있었지만 한 편도 같은 글이 없다. 이는 사람과 문장의 공통점이다. 사람은 저마다 기질이 다르더라도 그 형태는 같지만, 글자는 아무리 써도 다함이 없고 하나도 같은 것이 없다. 이것이 사람과 문장의 차이점이다. 이에 천하의 항상 살아 있어 죽지 않는 것은 문자밖에 없다고 단언한다.[19] 나아가 '문장은 다만 독서에 있지 않고 독서는 다만 책 속에 있지 않다' 고 하면서, 천지간의 항상 살아 있어 죽지 않는 문자를 읽어내는 것이 곧 독서며, 천지간의 항상 살아 있어 죽지 않는 문자를 표현한 것이 바로 문장이라고 정의한다.[20]

그는 사서 가운데 『대학』의 구성과 체제를 연상시키는 『고진경전』을 저술한다.[21] 이는 1830년 홍우건과 이만용을 데리고 나흘에 걸쳐 서울에서 장단을 왕복하며 선영을 찾아가고 윤정진을 만나 그 일대를 유람한 사실을 기록한 내용이다. 여행기에 불과한 내용에 과감하게 경전이라 명명한다. 홍우건의 「부통해附通解」를 읽어보면 그 내용과 체제를 알 수 있다.

삼가 살펴보건대, 경은 그 대강을 기록한 것이고 전은 그 상세함을 서술한 것이다. 내가 일찍이 아버지를 모시고 강을 유람하였는데, 눈으로 보고 귀로 들으며 발로 밟고 손으로 가리킨 것이 모두 경전이 아님이 없었다. 강은 깊고 산은 높으며 배로 가고 사람이 즐거워하는 것이 경이고, 초목과 꽃과 바위의 기이함과, 안개와 노을과 새와 물고기의 변화, 노를 젓고 돛을 올리며 술을 마시고 시를 읊는 것이 전이다. 마치 멀기도 가깝기도 하며, 얕기도 깊기도 하며, 느리기도 빠르기도 하며, 고요하기도 떠들썩하기도 하며, 삼라만상이 서로 변하고 모든 오묘한 이치가 모조리 드러난 것은 전소箋疏와 주해註解가 되니 조리가 분명하고 널리 통하는 것이 이에 구비되었다. 이번 여행에서 돌아와 『고진경전』이 완성되었으니, 장차 이후 강을 여행하는 자가 이 책을 갖고 배에 올라 노를 두드리며 천천히 읽는다면, 강은 경전이 될 수 있고 경전은 강과 더불어 법도가 되는 것을 터득할 수 있을 것이다.[22]

『대학』에서 성인의 말씀을 경으로 현인의 말씀을 전으로 풀이한 것[23]을 바꾸어, 여행의 대강을 기록한 것이 경經이고 상세함을 서술한 것이 전傳임을 밝힌다. 홍우건은 『고진경전』을 거론하며 '문장은 다만 독서에 있지 않고 독서는 책에만 있지 않다'는 항해의 논리를 뒷받침한다.

『고진경전』의 구성과 체제를 훑어보면 다음과 같은 방식이다.

'배 안에서 주연을 베풀어 흥겹게 놀면서 강물을 따라 임벽진에 이르렀고 달이 높이 떠올랐을 때 마을 객사에 투숙하였다〔讌敖于舟中 順流至臨津(正義: 卽臨碧津), 月高投邨店宿〕'는 경에 대해서 상세하게 기술한 전에 해당하는 내용 중 일부다.

이날의 유람이 이번 여행에서 가장 만족스러웠다. 고란진과 임벽진의 거리는 뱃사람들은 20리라고 한다. 때는 초여름이라 초목이 무성하고, 꽃향기는 사람을 자극하고 물결은 맑고 푸르며, 좌우의 산봉우리는 물감을 떨어뜨려놓은 듯 짙푸르다. 물가에 기암궁벽이 많고 벽 틈으로 왕왕 철쭉꽃이 막 꽃망울을 터뜨려 물에 잠겨 있다. 육선정 아래에 당도하자 날이 이미 어두웠다. 배를 대고 육선정에 올라 잠깐 동안 조망하고 배회하였다. 배를 타고 돌아오는데 밤이라 매우 어두워 모래와 강물을 분변할 수 없어 배에다 벽사등 두 개를 매다니 물빛은 맑고 밝은 듯 어두컴컴하였다. 오고五鼓에 홀연 산 정상이 한참 동안 환해지더니 갑자기 한 줄기 황금빛이 수면으로 뻗쳐 동쪽 언덕에 이르러 그쳤다. 몸을 굽혀 살펴보니, 약동하여 마치 구슬과 조개가 산산이 부서져 현란하여 그치지 못하는 것 같고 온태진이 서각犀角을 태워서 물속 길을 비추는 것 같았다. 고개를 들어 바라보니, 좀 전에 환했던 것은 한 조각 반달이 되었고 아득히 산꼭대기에 이르러 덧없이 떠나가는데 뱃사람과 사공은 소리 지르지 않는 자가 없었다. 이것이 조상眺賞한 대략이다.[24]

전은 그 세부적인 내용을 상세하게 기술한다. 고란진과 임벽진의 거리는 물론이려니와 배를 타고 내려가면서 마주하는 주변의 경관을 빠짐없이 포착한다. 특히 배를 타고 돌아오면서 목격한 달이 떠오르는 광경은 세부 묘사가 돋보인다. 이처럼 전은 상세한 기술과 다양한 묘사를 통해서 경의 기록을 보충하고 부연한다.

다음은 전에 대한 안설按說로 글 전체에서 이 단락이 차지하는 비중을 보여준다.

> 살펴보건대 이 단락은 이 책의 대도회에 해당한다. 유상游賞한 것은 바라던 바에 넘치니, 다만 부료符料〔생각대로 일이 성사됨〕라고 말해서는 안 된다. 오직 나루에 배를 대는 것이 더딘 것은 생각과는 크게 어긋났으나 그 머무른 곳은 실로 임벽진이고 다른 물가가 아니었으니, 또한 부료라고 해도 옳을 것이다. 어긋나는 듯 부합하는 듯하고, 어긋나지 않는 듯 부합하지 않는 듯하여 기기환환奇奇幻幻한 문장은 위장에 비하면 더욱 활변活變이 많아서 별도로 기록하여 한 부의 대문자大文字를 완성하였다.[25]

이 단락은 『고진경전』의 대도회다. 그날의 여정은 어긋나는 듯 부합하는 듯하고, 어긋나지 않는 듯 부합하지 않는 듯하여 기기환환한 문장이 되고 활변이 많아서 대문자를 완성한다. 활변은 마치 살아서 움직이고 변화한다는 의미로 '문시활물론'의 다른 표현이다. 즉, 천지간에 항상 살아 있어 죽지 않는 문자를 표현한 것이 대문자이자 『고진경전』이다.

항해는 경전의 권위에는 미치지 못하지만 조령문詔令文에 해당하는 책문冊文도 여지없이 무너뜨린다. 「책수향후구석冊睡鄕侯九錫」은 희작적 경향이 농후한 작품으로 상제上帝가 자신을 수향후睡鄕侯에 봉하고 아홉 가지 선물을 하사한 내용이다.

> 자청요백紫淸曜魄은 그대의 그윽함을 가상히 여기고 소미사명少微司命은 그대의 편안함을 돕는다. 이에 그대에게 벼슬을 주어 그대의 요구

에 맞게 하며, 그대를 봉하여 수향후로 삼는다. 천작天爵은 크고 높아 대상자는 환궁桓躬에 짝하며, 국시國是는 덕을 세워 도읍이 화서華胥에 매여서, 식읍은 안개 덮은 만가萬家이고 녹봉은 노을 양식 천종千鍾이다. 만약 존총尊寵을 헤아리면 으레 하사하는 물건이 있으니 용광龍光을 밝혀 의희儀餙를 장식하며, 혹 거마곤석車馬衮舃으로 쓰임을 돕고 혹 부월동로鈇鉞旅旐로 모욕을 막는다. 지금 또한 이를 본떠서 전장典章으로 하여금 구석九錫을 내리니 그대는 공경하여 받으라. 무릇 모든 일은 반드시 먼저 장소를 선택해야 하는데, 그대가 유유자적할 것을 생각하면 마땅히 깊고 맑아야 하니, 화려한 당우堂宇는 그대가 바라는 바가 아닐 것이다. 이에 그대에게 아름다운 나무의 그늘을 하사하여 그대가 눕는 곳을 막게 한다. 그대의 정신이 교접하고자 한다면 마땅히 그대의 몸을 삼가며, 그대가 편안한 바를 따르되 화려하지 않고 깨끗해야 하니, 상상환석象牀睆席은 그대가 소유할 바가 아니다. 이에 그대에게 부들을 엮은 자리를 하사하여 그대가 전전반측하는 것을 받게 한다. 오직 팔을 굽혀 오래 지나면 반드시 대신할 것을 찾는데, 마땅히 높으면서도 기울어서는 안 되고 마땅히 두터우면서도 딱딱해서는 안 된다. 조패문수雕貝文繡는 그대가 부러워하지 않는 것이니, 이에 그대에게 국화를 넣은 베개를 하사하여 그대의 머리가 땅에 닿지 않도록 한다. 성인은 술을 경계하면서도 조금 마시는 것을 꺼리지 않았으니, 목구멍을 넘어 위를 적시면 삼라만상이 흐릿하게 된다. 그대가 술을 즐기지 않음을 알고 한도를 넘으면 정신이 어지러워진다. 이에 그대에게 잘 빚은 술 한 잔과 술안주를 하사한다. 남방에 신령한 차가 있는데 망우초는 근심을 잊게 하며, 연기가 입술과 이에 퍼지고 텅 빈 몸속으로 들어간다. 그대가 평소 좋아함을 알고 길을 가거나 자리에 앉을 때 반드시 휴대한다. 이에 그대에게 담배 한 묶음과 담뱃대를 하사한다. 그대의 덕이 진실로 닦이면 그 향기가 퍼져 기운이 성대히 상승하여 한가함을 돕는다. 이에 그대에게 명향名香한 심지를 하사하니 향로에 꽂아라. 그대는 책을 즐겨 잠시도 떨어지지 않고 행묵行墨을 좇아 현묘한 경지를 부르는 매개다. 이에 그대에게 고서 한 권을 하사하니 손으로 잡아라. 그러나 간혹 객이 속히 오지 않아 허둥지둥하면 정신이 막 모였다가 갑자기 흩어지고 눈이 막 감기려다가 강제로 떠져서 그대의 치적을 무너뜨리고 팔을 잡아끌어 방해가 된다. 이에 그대에게 객을 물리칠 동자 한 사람을 하사한다. 또한 간혹 파리가 모여들어 피부에 붙어 깨물면 혼이 아득히 달려갔다가 갑자기 떨어지고 몸은 조용히 있다가 도리어 넘어져 그대의 일을 무너뜨리는 것이 마치 외마隗馬와 같다. 이에 그대에게 털이개를 받든 동녀 한 사람을 하사한다. 구석이 이미 완비되었으니, 무릇 그대의 일을 도와 이룰 수 있는 것은 완전하며, 무릇 그대가 거처하는 데 그르칠 수 있는 것은 물리친다. 그대는 그대의 공적을 이루는 데 힘써 묘허妙虛의 경지로 들어가되, 벌레 소리에 흔들리지 말고 참새 소리에 마음을 빼앗기지 말며, 그대의 벼슬과 식읍을 보전하여 광명光命을 손상하지 말라.[26]

본래 구석은 공로가 있는 신하에게 임금이 하사하는 아홉 가지 은전恩典으로, 거마車馬·의복衣服·악기樂器·주호朱戶·납폐納陛·호분虎賁·궁시弓矢·부월鈇鉞·거창秬鬯을 말한다. 그런데 자신은 수향후에 봉해졌기 때문에, 아홉 가지 선물은 모두 잠을 자는 데 도움이 되는 것들이다. 아름다운 나무의 그늘, 부들을 엮은 자리, 국화를 넣은 베개, 잘 익은 술 한 잔, 담배 한 묶음, 명향 한 심지, 고서 한 권, 객을 물리치는 동자 한 명, 털이개를 받든 동녀 한 명이 바로 구석에 해당한다. 이로써 당시 그가 얼마나 잠에 심취했는지 짐작할 수 있다. 그는 1817년부터 1818년 사이에 평생 학문적 스승으로 존경하던 연천의 정치적 시련과 연이은 지인들의 타계, 귓병으로 고생하는 고통에서 벗어나고자 무척 고심한 듯하다. 세상을 피해 은거하려고 계획하지만 뜻을 이루지도 못한다. 「책수향후구석」은 그 무렵의 작품으로 아마도 잠을 통해서 세상의 번뇌에서 벗어나려는 마지막 몸부림이다. 따라서 단순한 문자 유희에 그치는 것이 아니라 현실의 도피처로서 희문 창작에 몰두한 듯하다.

항해는 경전과 책문의 권위에 균열을 가하더니, 심지어 진시황의 분서갱유란 역사적 사실을 거론하며 육경이 끝내 전하지 않더라도 걱정할 것이 없다고 외친다.[27] 그는 진시황이 책을 불살랐는데 과연 책을 불사를 수 있는가 반문한다. 천지 만물이 모두 독서의 대상이고 천지간에 항상 살아 있어 죽지 않는 것을 문자로 인식한 항해에게 책을 불살랐던 진시황은 천고의 어리석은 사람이다. 설령 육경이 끝내 전하지 않더라도 구름과 바다 사이에 수억 수만 권의 책이 절로 존재하기 때문에 이것을 읽고 문자로 표현하면 바로 육경이 된다.

3. 누가 내 꿈을 이루어줄 것인가?

『숙수념』

지금까지 『숙수념』은 항해 홍길주가 황주성의 「장취원기將就園記」에서 영향을 받아 40여 세에 저술을 완성했다고 알려져 있다. 이는 초기 연구에서 『수여난필』[28]과 『계숙수념』[29]의 내용을 근거로 추정한 것에 불과한데도, 이후 기정사실로 받아들여 면밀한 검토가 없었다. 더욱이 『숙수념』을 저술할 당시의 상황을 고려하지 않아 심층적인 연구로 진행되지 못하고, 그 성격과 내용도 제대로 밝히지 못한 실정이다.

항해는 수여삼필에서 누차 『숙수념』을 거론하면서도 저술 당시의 상황은 아무런 언급이 없다. 그러므로 문집과 주변 인물들의 기록을 꼼꼼히 검토해야만 그 단서를 찾을 수 있다. 다음 자료는 『숙수념』의 저술 시기를 밝히는 데 결정적인 단서를 제공한다.

> [1] 작년 가을 박규수가 자신이 지은 『상고도』를 보내와 내게 서문을 써달라고 하였다. 금년 봄 규수가 또 칠언장편을 짓고 내 저서를 취하여 「숙수념행」이라고 하였다.[30]

2 때를 만나지 못한 강개·격앙한 선비 중에 비상한 재주를 품은 사람이라면 이런 생각이 없을 수 없다. (…) 얼마 후 헌중憲仲 홍길주가 지은 『숙수념』이란 책을 읽고 나니, 그 뜻이 서로 분발시켜줌을 느껴 이에 그 책의 이름을 가져다 이 편에 이름을 붙인다.[31]

1 은 항해가 환재桓齋 박규수의 「숙수념행」과 운경云絅 이석장의 「반숙수념행」을 읽고 그 감회를 이정리에게 보낸 글 가운데 『숙수념』 관련 대목이고, 2 는 박규수가 『숙수념』에서 이름을 취한 7언 장편 고시 「숙수념행」의 서문이다.

『상고도』(『상고도회문의례』)는 박규수가 1826년 여름 총계서숙叢桂書塾에서 작업에 착수하여 1827년 초에 완성한 저술로, 이정리와 항해가 쓴 두 편의 서문이 있다.[32] 이정리는 정해(1827)년 맹춘孟春에 서문을 쓴다고 밝히지만 항해는 별다른 언급이 없다.[33] 항해가 「상고도서」를 쓴 시점을 알아낸다면 『숙수념』의 저술 시기도 밝힐 수 있다. 통상적으로 저술이 완성된 직후에 서문이 쓰이기 마련인데, 그렇다면 『숙수념』은 「상고도서」를 쓴 다음해인 무자(1828)년 봄에는 완성되어야 한다.

그런데 「숙수념행」에 수록된 홍우건의 「독박환재숙수념행우음잉기讀朴桓齋孰遂念行偶吟仍寄」는 그의 문집에 '기축'(1829)년에 지은 것으로 「독박환재숙수념행인서이기讀朴桓齋孰遂念行因書而寄」다.[34] 그렇다면 항해가 『상고도』의 서문을 쓴 시점이 이정리와는 다르다. 홍우건의 기록은 『숙수념』의 저술 시기를 밝힐 수 있는 중요한 단서지만 이를 뒷받침할 만한 자료가 있어야 신빙성을 지닌다.

『숙수념』에는 항해의 글뿐만 아니라 연천선생(홍석주)의 글이 상당수

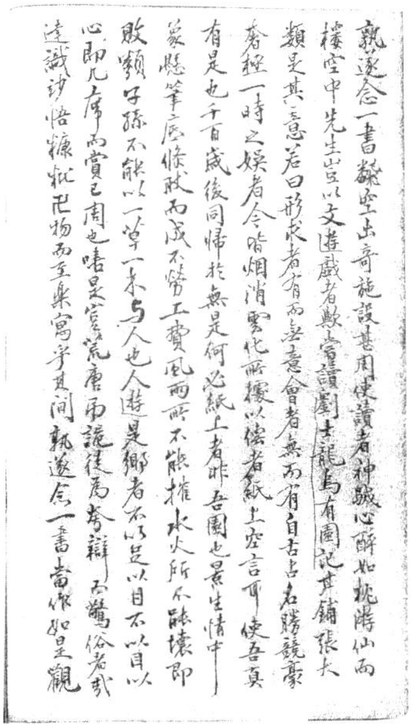

「숙수념제사」, 『숙수념』 5책, 연세대 도서관 소장(한씨문고본)

차시하며 해서사(홍현주)와 학해동사의 글이 각각 3편씩 수록되어 있다. 홍현주가 지은 「신원사게神圓寺偈」「추범동계시秋帆東溪詩」「추범남강시秋帆南江詩」를 그의 문집에서 찾아보면, 무자년 겨울에 지은 작품들과 나란히 수록되어 있다. 더욱이 「신원사게」의 주에 "이하 동계(추범동계시)와 남강(추범남강시) 두 수는 모두 『숙수념』에서 의작한 것이다"라고 명기되어 있다.[35] 따라서 『숙수념』이 무자년 봄에 완성되었다고 보기에는 무리가 따른다.

또한 『수여방필』에서 항해가 '천하의 지극한 문장'이라 격찬했던 기축년 4월 두 번의 여행(통진에 성묘 갔던 일과 수락산으로 놀러 간 일) 때 지은 시가 바로 「제환경시권」의 앞에 수록되어 있다. 따라서 「제환경시

권」이 기축년 4월 이후에 지어졌음을 의미한다.

지금까지의 논의를 종합하면, 항해는 기축년 4월 이후에 「제환경시권」을 썼으며, 박규수의 「숙수념행」도 그해 봄에 지어졌음을 알 수 있다. 따라서 항해는 이정리와는 달리 1828년 가을에 「상고도서」를 썼고, 『숙수념』은 늦어도 기축년 초에는 완성된다.

다음으로 『숙수념』과 관련하여 반드시 살펴야 하는 것이 「장취원기」다. 그래야만 항해가 「장취원기」를 어떻게 수용하고 어떠한 방식으로 『숙수념』에 구현했는지 밝힐 수 있다. 다음은 『숙수념』이 「장취원기」와 밀접한 연관이 있음을 시사하는 대목이다.

> 내가 『상우서』를 지었는데, 실로 유종원의 「선우기先友記」에서 취재한 바가 있었다. 읽는 사람들이 모두 깨닫지 못했으나 오직 순계 이정리만이 알아챘다. 『숙수념』이 완성됨에 순계는 단지 1 · 2권을 보고서 문득 "이는 「장취원기」에서 나온 것이다"라고 말하였다. 대개 내가 이 책을 저술하려 한 지도 오래되었는데, 「장취원기」를 읽음에 미쳐 더욱 배포장구排鋪匠構의 대략에 터득한 바가 있었다. 다만 그 체제는 크게 환탈幻脫하였으니 순계가 아니면 또한 밝게 꿰뚫지 못할 것이다.[36]

"『숙수념』은 「장취원기」에서 나온 것이다"라는 이정리의 언급이 주목된다. 아마도 이정리는 『숙수념』 16관 가운데 1 · 2관만 보았을 가능성이 높다.[37] 『숙수념』의 1 · 2관은 「갑원거념甲爰居念」으로 저택과 장원에 대한 설계와 구상이다. 따라서 이정리는 『숙수념』 1 · 2관을 읽고서 황주성의 상상 속의 정원인 「장취원기」를 떠올릴 수 있었을 것이다. 항해 자신도 『숙수념』의 저술이 「장취원기」에 촉발되었음을 인정한다. 그러나 『숙수념』 10념 16관 가운데 「장취원기」와 관련된 내용은 「갑원거념」 1 · 2관에 불과하기 때문에, 나머지 9념 14관을 어떻게 설명하는지가 문제다. 항해는 '배포장구의 대략을 터득하고 체제를 크게 환탈하여' 『숙수념』을 저술했음을 강조한다. 여기서 '환탈-환골탈태'는 이전과는 다른 새로운 세계의 창조를 의미한다. 그의 말대로 상상 속의 정원에 해당하는 「장취원기」에서 『숙수념』이라는 전혀 다른 거대한 세계를 창조하기란 쉽다.

따라서 항해가 이 무렵에 연암 박지원의 문장에 심취했던 점과 선변을 중시하는 문장론이 『숙수념』의 저술과 일정 정도 관련이 있을 것이라 여겨진다. 앞서 거론한 환탈도 선변에 무게중심이 있으며, 연암 박지원을 연상시키는 언급을 『숙수념』 곳곳에 표현한다는 점이 그 반증이다. 항해는 1828년을 전후한 무렵에 이정리를 통해서 『연암집』을 탐독하고, 자신의 변해가는 모습에서 연암을 발견했다고 언급할 정도로 심취한다.[38] 다음 자료는 『연암집』을 읽고 돌려주면서 그 감회를 솔직하게 토로한 내용이다.

> 『연암집』은 수십 년간 자나 깨나 한번 읽어보려던 것으로 지금에서야 얻으니, 몇 달 동안 몸은 『산해경』에 실린 봉린제주鳳麟諸洲의 기산이경 가운데 있어, 자비고하의 나무를 베개 삼아 베고, 금훼인면金喙人面의 새를 길들여서, 망연히 집 앞의 홰나무 · 은행나무가 자라고 솔개와 제비가 날아다니는 것도 알지 못했다. 내가 일찍이 꿈속에서 책을 읽었는데, 종이 위의 글이 잠시 후에 변하여 다른 글이 되었고 간혹

종이에 글자를 베껴 쓰면 또 변하여 다른 글자가 되었으며 간혹 변하여 맛난 음식이 되어 다섯 가지 맛이 모두 갖추어졌다. 꿈에서 깨어나 남에게 '꿈속의 환상은 진실로 평일과는 같지 않다' 고 말하니, 어떤 이는 '문장은 변화를 잘하는 것을 귀하게 여기니, 신이 그대에게 알려준 것이다' 라고 하였다. 옛사람의 문장은 비록 꿈속의 글자가 변하는 것과는 같지 않다. 그러나 그 신경神境과 광기光氣는 읽을 때마다 신묘하니, 비록 변하여 다른 글이 되었다고 해고 괜찮을 것이다. 지금 연암의 문장을 읽고서야 지난날의 꿈을 깨달았다. 인하여 망령되이 '연암공도 어릴 적에 또한 간혹 이런 꿈을 꾸어서, 「녹앵무경서」에서 일컫은 배구치검일월성신구층누대背口齒劍日月星辰九層樓臺 따위는 모두 이런 꿈의 형상일 것이다' 라고 생각하였다.[39]

항해는 연암의 「녹앵무경서」의 내용을 패러디하여 자신의 꿈과 연결시켜 이해한다.[40] 연암이 꿈의 내용을 기록한 「녹앵무경서」가 빼어난 문장이 되었듯이, 꿈속의 광경도 하나의 문장이 될 수 있음을 깨달은 듯하다. 때문에 연암도 어릴 적에 이러한 꿈을 꾸어서 「녹앵무경서」를 지은 것이 아닐까 추측하기도 한다. 특히 그는 연암의 문장을 접하면서 선변을 중시하고 꿈에 대한 인식이 심화된다.

이러한 연암 문장에 대한 심취는 신유의 세계에 해당하는 『숙수념』의 저술과 밀접한 관련을 맺는다. 항해는 『숙수념』에서 자신이 어린 시절에 지은 「십이루기」를 연암의 『방경각외전』에 견준다.[41] 또한 거대한 우주론을 끌어들여 소지와 소능을 경계한 글은 흡사 연암이 『열하일기』에서 중국 인사들과 필담하는 과정에서 우주 담론을 거론하여 지구 중심의 세계관을 부정하고 나아가 중국 중심의 세계관을 부정하는 대목을 연상시킬 정도다.[42] 이런 까닭에 『숙수념』이 「장취원기」에서 영향을 받았다고 하지만, 그 이면을 살펴보면 연암의 영향이 더욱 크게 느껴진다.

좀더 추론한다면, 항해는 『숙수념』을 저술하면서 연암을 상당히 의식한 듯하다. 『숙수념』을 신유로 단정한 대목은 도리어 연암의 『열하일기』를 떠올리게 한다. 연암이 연행을 통해서 『열하일기』를 저술했다면, 항해는 연행이란 실유實遊가 아닌 신유神遊를 통해서 『숙수념』을 저술한 셈이다.

『숙수념』 10념 16관은 기존 저술과는 전혀 다르다. 특히 『숙수념』의 주제를 10념으로 설정한 것에는 항해의 의도가 담겨 있을 법하다. 더욱이 젊은 시절에 지은 「복거지」와 「치가설」은 『숙수념』과 밀접한 관련이 있다. 「복거지」는 항해가 과거를 단념하고 은거의 길을 선택하여, 자신의 실우원정室宇園庭에 모두 이름을 부여하고 용사행장用舍行藏의 뜻을 붙인 글로,[43] '소지小識'를 통해서 자신의 거처를 유기적이고 세계적으로 피력하고 명명한 뜻을 상세하게 피력한다.[44] 복거에 대한 남다른 관심과 의미 부여를 알 수 있다. 더욱이 『숙수념』의 「갑원거념」은 항해의 복거에 대한 인식과 당시 경화세족의 주거 문화가 일정 정도 반영된다.[45]

「치가설」은 희문의 일종으로, 집안 사정은 나 몰라라 하고 책 읽기에만 열중하던 항해와 객이 나눈 대화다.

현산자가 말했다.
"내 책이 바로 우리 집안을 다스리는 도구입니다. 나를 위해 우리 집안을 다스리는 자는 모두 이 책에 있습니다."

"그 이야기를 들을 수 있겠습니까?"

"사람은 집 안에 거처함에 반드시 사우 간의 이로움을 우선하고, 전택田宅·의식衣食·재용財用·사령使令의 도구를 다음으로 합니다. 제가 객을 위해 모두 말하겠습니다. 저는 공자를 나의 스승으로 삼고, 자유와 자사를 익우益友로 삼으며, 한유와 소식을 문우文友로 삼으며, 도연명과 두보를 시주우詩酒友로 삼으며, 장자와 동방삭을 담우譚友로 삼으며, 노자와 위백양을 방외교方外交로 삼습니다. 왕포王褒와 장지張芝는 서기를 담당하고, 대덕戴德은 사례四禮를 강론하며, 중숙어仲叔圉는 빈객을 접대하며, 초천지焦千之는 자제子弟를 가르치며, 관이오管夷吾는 재산을 다스리며, 소하蕭何는 건약鍵鑰을 담당하며, 범려范蠡는 계권契券을 헤아리며, 풍난馮煖은 전택田宅을 지키고, 양잠楊潛은 거실居室을 다스리며, 왕승복王承福은 장원墻垣을 수리하며, 소평邵平은 원포園圃를 감독하며, 이덕유李德裕는 별서別墅를 경영하며, 장기張機는 의약醫藥을 주관하며, 한강韓康은 약포藥舖를 주관하며, 진평陳平은 팽재烹宰를 담당하며, 순우곤淳于髡은 양배釀醅를 관장하며, 의돈猗頓은 염장鹽醬을 전담하며, 수해豎亥는 서신書信을 전달하게 합니다. 왕량王良은 시노廝奴로 삼고, 허저許褚는 응문노應門奴로 삼으며, 아단阿段은 급수노汲水奴로 삼으며, 탁왕손卓王孫은 전노田奴로 삼으며, 조간刁間은 여러 노복을 총괄하게 합니다. 집 안에 들어가면 감라甘羅와 양수楊修가 좌우에서 사역하고, 집을 나서면 주창周倉과 조교曹交가 말꼬리에서 소리치며 인도합니다. 제가 집안을 다스리는 것이 어떠합니까?"

"이것은 모두 빈말입니다. 세상에 어찌 이런 사람들이 있겠습니까?"

"세상에 비록 이런 사람들은 없지만, 이런 사람들은 모두 내 책에 있습니다. 이것이 제가 책을 읽으며 쉬지 않는 이유입니다. 아아, 지금의 나라를 다스리는 자는 병길丙吉·위징魏徵·방교년房喬年·두여회杜如晦 같은 재상이 없고, 관우·장비·곽자의·이광필 같은 장수가 없으며, 장강張綱·이선감李善感 같은 간관이 없으며, 요숭姚崇·유안劉晏 같은 유사有司가 없습니다. 그런데도 오히려 새벽에는 편안하고 저녁에는 즐기며 날마다 영리榮利에 골몰하여 백성과 나라의 안위는 걱정하지 않고 있습니다. 지금 제가 책을 읽어 구하는 것은 오히려 이것보다 낫지 않겠습니까?"[46]

집안을 다스리는 것은 모두 책 속에 있다. 기발한 착상과 학문적 박시을 유감없이 드러낸 글로, 집안을 다스리는 데 등장한 인물들은 하나같이 독서를 통해서 접한 옛사람들이다. 즉, 현실적으로는 불가능한 일이지만 독서를 통해서는 도리어 집안을 다스릴 수 있다. 『숙수념』의 세계를 설명하는 대목에서 "모두 하나같이 책 속의 기록과 같았나" 혹은 "책에 기록한 바와 조금의 차이도 없었다"라는 언급은 「치가설」의 연장선상이다.

그렇다면 『숙수념』의 10념은 무엇과 연관되는 것인가? 실제 열번째 념에 해당하는 「계숙수념癸孰遂念」은 도리어 『숙수념』의 서설에 해당한다. 이는 천간天干에 해당하는 십간十干과 연관이 깊다. 우선 계癸를 살펴보면, 『사기·율서』에는 "계는 헤아린다는 것이니, 만물을 헤아릴 수 있음을 말한다[癸之爲言揆也 言萬物可揆度也 故曰癸]"고 밝힌다. 때문에 「계숙수념」은 『숙수념』의 서설에 해당하면서도 제일 끝에 놓여 나머지 아홉 념을 총괄한다. "누구를 위하여 말하며, 누구로 하여금 읽게 하며, 누구를 생각하여 서술하며, 누가 이루어 회복하겠는가?"[47]라는 언급은 『숙수념』의 성격과 내용을 집약적으로 보여준다. 또한 「갑원거념」에는 주거 공간의 구상과 설계인데, 이 역시 "갑은 만물이 껍질을 깨고 나옴을 말한다(甲者 言萬物剖符甲而出也)"는 내용과 관련이 깊다. 그러므로 만물이 처음 탄생하는 것과 마찬가지로 "거처가 밝지 못하면 뜻이 넓지 못하고, 보는 것이 통창하지 못하면 정신이 왕성하지 못하다"[48]고 하여, 사대부 문화에서 주거의 필요성을 재차 확인한다.

살펴본 바와 같이, 『숙수념』의 10념은 무의미한 설정이 아니라 항해가 의도한 주제를 십간의 뜻에 부합하도록 배치한다. 따라서 10념의 주제 설정은 십간과 마찬가지로 상호간에 유기적이고 체계적인 연관을 맺는다.

또한 10념에는 16관이 각각 배속되는데, 이 역시 항해의 의도와 십간의 뜻에 부합한다. 「갑원거념」에 2관(1 · 2관)이 배속된 것은 당시 사대부들의 주거 문화와 관련이 깊다. 특히 「갑원거념」 1관의 저택을 내사와 외사로 구분한 것은 「복거지」의 내침과 외침을 확장시킨 개념이다. 또 「갑원거념」 2관의 장원을 오로원과 동계 · 남강 · 서호 일대로 구분하는데, 중국과는 달리 저택과 장원을 구분하던 당시 사대부 문화와 관련이 깊다.

이밖에도 『정오거념』에 3관(5 · 6 · 7관)이 배속된 것은 '혜시다방惠施多方 기서오거其書五車(『장자』 「천하」)'와 '남아수독오거서男兒須讀五車書' '독서왈사讀書曰士 종정왈대부從政曰大夫'라는 말에서 확인할 수 있듯이, 정사에 참여하지 않는 사대부에게는 저술과 독서가 매우 중요하다. 또한 『사기 · 율서』에 따르면 "정은 만물이 왕성함을 말한다(丁者 言萬物丁

壯也 故曰丁]"고 하니, 다른 념과는 달리 3관을 배속하여 중시한다.

이렇듯 『숙수념』의 구성과 체제는 독특하고 참신하다. 이는 일찍이 방대한 분량의 저술을 대비하여 구상한 내용과 연관이 깊다.

> 일찍이 저서에 대해 논한 적이 있다. 가령 책이 수십 권이 되면, 우선 그 전부 수미首尾의 개략을 서술하여 『서상기西廂記』와 『회진기會眞記』의 관계처럼 하되, 많아도 대여섯 장을 넘지 않게 글머리에 붙여야 하고, 목차는 저술한 글이 차츰 모이면 사마온공司馬溫公의 『자치통감資治通鑑』에 『자치통감목록資治通鑑目錄』이 있는 것처럼 하되, 많아도 몇 권을 넘지 않게 하여 뒤에 붙인다. 그 이후에 산집하여 세밀히 개괄해야 하며, 전부의 원서를 그 뒤에 덧붙여야 한다. 그러면 체례体例가 매우 참신하고 또한 보기에도 편리할 것이다. 그러나 게을러서 저술하지 못하여 한 번도 시험해보지 못하였다. 오직 『숙수념』의 「조괄條括」은 대략 이러한 뜻을 사용하였으나 미비하다.[49]

방대한 저서는 내용을 한눈에 파악할 수 있는 서설이 필요하다. 『서상기』는 원의 왕실보王實甫가 지은 장편의 잡극으로, 본래 당의 원진元稹이 지은 『앵앵전鶯鶯傳』에서 나왔는데, 『회진기』는 『앵앵전』의 다른 이름이다. 즉 『회진기』만 보더라도 『서상기』 전체를 알 수 있듯이 방대한 저술도 마찬가지로 서설이 필요하다. 다음은 목차다. 사마온공은 294권의 『자치통감』을 찬술하고서 별도로 30권에 달하는 『자치통감목록』을 짓는다. 그렇다면 수십 권의 저서는 몇 권을 넘지 않는 선에서 목차를 작성해야 한다. 서설을 갖추고 목차를 완성한 다음 원서를 그 뒤에 덧붙여놓으면 체제가 매우 참신하고 보기에도 편리한 저서가 완성된다.

항해는 한 번도 시험해보지 못했고, 『숙수념』의 '조괄'에서 그 구상을 실천한 적이 있지만 미비하다고 밝힌다. 실제로 『숙수념』을 펼쳐보면 이러한 구상과 매우 흡사하다. 『서상기』와 『회진기』의 관계는 『숙수념』에서 「계숙수념」을 연상시킨다. 「계숙수념」은 책의 말미에 위치하지만 실질적인 서설이다. 목차와 관련해서는 『숙수념』에는 따로 목차가 없으므로 '조괄'이 여기에 해당한다.[50] '표례'에 따르면 참고하는 데 편리함을 제공하고 잊어버리는 것을 대비하고자 글의 앞뒤에 표시를 붙인다.[51] '조괄'은 념마다 수록 순서에 따라 숫자를 부여하고 그 내용을 요약한다. 예를 들어 『숙수념』을 읽다가 표롱각이 나오면 글자 바로 밑에 '갑사甲四'라고 씌어 있는데, '갑사'는 「갑원거념」의 네번째에 표롱각 관련 자료가 있다는 말이다. 따라서 '조괄'은 목차가 아니면서도 목차다. 그러므로 체제가 참신하고 보기에도 편리한 저서는 바로 『숙수념』을 의식한 발언이다.

이밖에 『숙수념』 각각의 념에서도 유기적인 구성과 선변을 중시하는 항해의 의도가 확인된다. 일례로 「갑원거념」을 살펴보면 이러한 의도를 쉽게 파악할 수 있다. 「장취원기」가 장원과 취원의 승경을 서술하고 일률적으로 칠언절구로 형상화하는데, 항해는 외사의 서별원西別院 3곳과 내사의 남별원南別院 3곳을 서술하고 형상화하는 데도 독창적인 면모를 보인다. 서별원 3곳은 삼뢰정三籟亭 · 소요관逍遙館 · 식언와息焉窩로 이름이 제각각이지만 모두 기문으로 형상화하고, 남별원 3곳은 남일원南一院 · 남이원南二院 · 남삼원南三院으로 이름은 유사하지만 하나는 시이고,

다른 하나는 부로, 나머지는 서문과 시로 서로 다르게 형상화한다. 또한 선비들이 거처하고 서적을 소장하며 저술을 하는 공간인 「진체관기」를 읽어보면, '진辰' 이란 글자에 착안하여 방위의 의미에서 문장으로 의미를 부여하고, 다시 율력에서 월령으로 점층적으로 그 의미를 확장하여 논의를 전개한다.[52] 이는 항해가 대상에 부합하는 것으로 건물을 명명하거나 문장을 지었음을 보여주는 대목이다.

따라서 『숙수념』은 10념의 주제 설정과 16관의 유기적인 구성을 통해서 기존 저술과는 변별되는 독특하고 참신한 저술이 된다.

항해는 『숙수념』의 세계를 암시하는 언급을 도처에 숨겨놓는다. 때문에 독자는 수수께끼를 풀어가듯이 하나씩 차근차근 단계를 통과해야만 『숙수념』의 세계로 들어갈 수가 있다. '『숙수념』의 세계는 무엇이다' 라고 알려주기보다는 독자가 직접 깨달아서 그 세계로 들어올 것을 주문한다. 다음 자료는 『숙수념』의 세계를 암시하는 대목인데, 역시 독자에게 문제를 스스로 해결하라고 한다.

> 신유는 제한이 없어 애초부터 구역이나 도로의 구속이 없다. 옛사람이 저술한 『십주기』와 『신이경』은 모두 신유에 깊이 빠진 것이니, 어리석은 사람 앞에서 꿈을 이야기할 수 있겠는가? 『숙수념』 한 책은 바로 신유하는 자에게 한 권의 지침서다. 독자가 스스로 이것을 찾아야 하니, 지금 갖추어 말하지 않는다.[53]

신유는 현실보다는 꿈에 가깝다. 동방삭이 저술한 『십주기』와 『신이경』은 신유의 세계로 그 내용은 황당무계하고 허무맹랑하기 그지없다.

한마디로 어리석은 사람을 앞에 앉혀두고 꿈 이야기를 장황하게 늘어놓는 꼴이다. 항해는 『숙수념』을 신유의 지침서로 천명하면서도 독자에게 스스로 그 의미를 찾으라고 강요한다. 이는 황당무계하고 허무맹랑한 저들과는 변별되는, 『숙수념』에 구현된 신유의 세계를 의미한다. 실제로 『숙수념』은 꿈과 밀접한 관련을 맺으며, 「질빙質聘」「삼광동천三光洞天」「태허부太虛府」는 모두 꿈속의 광경이다.[54]

『숙수념』의 세계는 『숙수념』의 관건으로 일컬어지는 『진장경』에서 그 면모가 확인된다.

> 지극히 허虛[5]한 것은 천天이 되고, 지극히 실實한 것은 지地가 된다. 허는 실의 근본이요, 실은 허의 상대다. 지극히 허한 것은 실이 없고, 지극히 실한 것은 허가 없다. 끝없이 드넓은 것은 천이 아니고, 굳고 단단한 것은 지가 아니다. 천지가 꽉 막혀 있는 가운데 솟아나고 퍼지고 충돌하는 것은 인人이 된다. 이는 천지가 빚어낸 것이다.[55]

천 · 지 · 인을 언급하고 그 관계를 정립한다. 천은 지극히 허한 세계이고, 지는 지극히 실한 세계다. 그런데 인간은 천지의 조화와 허실의 작용으로 생겨나서 평생 대천이지戴天履地하며 허실의 세계를 살아간다. 이러한 허실의 세계는 인간의 눈과 귀, 마음에도 마찬가지로 존재한다.

> 눈은 보는 기능을 말하지만 보지 못하는 것에도 존재하며, 귀는 듣는 기능을 말하지만 듣지 못하는 것에도 존재하며, 마음은 생각하는 기능을 말하지만 생각하지 못하는 것에도 존재한다.[56]

눈과 귀, 마음은 한계가 있어 인식할 수 있는 세계〔實〕와 그렇지 못한 세계〔虛〕가 공존한다. 그러므로 인식의 한계를 뛰어넘어 인식하지 못하는 세계까지 나아갈 것을 주문한다. 다음 자료는 꿈에 대한 내용으로 허실의 의미를 확인할 수 있다.

> 꿈속의 기이한 광경은 깨어난 후에도 몸은 그곳에 있는 것 같으나 입으로는 한 글자도 형용할 수 없다. 또한 간혹 현실에서 눈앞에 만나는 광경도 흡사 예전에 이미 경험한 세계 같으나, 또한 말로 표현할 수 없다. 이것은 모두 문장의 오묘한 깨달음에 매우 미묘한 지점이다〔또 간혹 어떤 광경을 만나면 흡사 예전 꿈속에서 본 것 같으나 기록할 수가 없다〕.[57]

꿈속의 광경이 허라면 현실의 광경은 실이다. 꿈속의 기이한 광경과 마찬가지로 현실에서 눈앞에 만나는 광경도 형용하거나 표현할 수 없고, 현실에서 꿈속의 광경을 만나기도 한다. 항해는 세계를 꿈(허)과 현실(실)이 끊임없이 반복되고 순환한다고 여긴다. 그러므로 인간은 천지(허실)의 세계에서 태어나서, 인식하는 세계(실)와 인식하지 못하는 세계(허)를 살아가며, 반복 · 순환하는 꿈(허)과 현실(실)을 마주한다.

「숙수념」의 세계(신유의 세계)는 꿈과 현실이 어우러진 세계를 의미한다. 때문에 신유로 점철된 『십주기』 『신이경』과는 변별되는 『숙수념』의 세계를 독자에게 찾으라고 주문했던 것이다. 이는 『숙수념』의 세계가 신유(꿈)에 치우쳐 현실과 동떨어진 세계가 아니라, 현실에 바탕하여 신유(꿈)가 펼쳐지는 이른바 꿈과 현실이 어우러진 세계를 일컫는다.

다음 자료는 꿈을 매개로 하여 『숙수념』의 세계를 설명한 대목이다.

드디어 팔을 잡고 작은 틈 속으로 들어가니 광활하고 밝았다. 얼마 가지 않아 큰 시냇가에 당도하니 작은 배를 장만하여 기다리는 자가 있었다. 배에 올라타 앉으니 좌우로 펼쳐진 산과 수풀의 승경이 인간 세상에는 없는 것이다. 물결을 따라 남강으로 갔다가 서호를 경유하여 나귀를 타고 집에 이르렀다. 당실과 사원을 두루 살펴보고 소장한 서책을 모조리 꺼내어 열람하니, 모두 하나같이 책 속의 기록과 같았다. 견여를 타고 오로원에 찾아가니 연못과 벽의 승경이 책에 기록한 바와 조금의 차이도 없었다. 태허부에 이르러 강소대에 올랐다. 두 개의 바위가 마주하고 있어 각각 하나씩 베고 누웠다. 항해자가 어떠냐고 묻자 그 사람 하는 말이 "내 지금에서야 말을 경솔히 해서는 안 됨을 깨달았다" 한다. 항해자가 "말이 들어맞지 않음은 마음과 지식이 분명하지 못하기 때문이다. 태청의 신선이 장차 청면 귀졸을 보내어 너의 혀를 뽑아 바꾸고 너의 심장을 도려내 씻어줄 것이다" 하였다. 말이 끝나기도 전에 홀연 천지가 어두워져 대낮이 칠흑 같아지더니 천둥 · 우레 · 벼락이 쳐서 소리가 산을 진동하였다. 귀졸 십여 명이 도끼를 쥐고 칼을 뽑고 곧장 그 사람에게 달려들었다. 그 사람은 크게 소리를 지르고 벌떡 일어났고, 항해자도 벌떡 일어났다. (…) 그 사람이 놀란 정신을 겨우 진정시키고 크게 웃으며 "내가 지금에야 알았습니다. 누군가 이루어줄 염원(숙수념孰遂念)도 아니고, 또한 일찍이 이루었던 염원(숙수념夙遂念)도 아니며, 바로 익숙하게 꿈꾸었던 염원(숙수념熟睡念)입니다"라고 하자, 항해자 역시 크게 웃었다. 아아,

이것은 과연 꿈이며 진실이 아닌가? 아아, 누가 이 꿈을 진실로 만들 수 있겠는가? 아아, 누가 나의 염원을 이루어줄 것인가? 누가 나의 염원을 이루어줄 것인가?[58]

『숙수념』은 작은 틈을 경유해야만 들어갈 수 있는 세계이며, 그곳에 펼쳐진 저택과 장원은 바로 주거 공간에 해당하는 「갑원거념」의 내용이다. 항해자는 객과의 대화에서 재차 '마음과 지식[心知]'을 거론한다. 『숙수념』의 세계는 생각하지 못했던 것까지 생각하고 알지 못했던 것까지 알아야 인식할 수 있는 세계이며, 실재하는 세계(현실)와 실재하지 않는 세계(꿈)가 어우러진 세계다. 따라서 『숙수념』의 세계를 믿지 않던 현실에서 꿈의 세계로 들어가 『숙수념』의 세계를 두루 구경한 다음, 꿈에서 깨어나 현실로 돌아오면서 『숙수념』의 세계를 믿는다. 앞서 『숙수념』의 세계는 반복 · 순환하는 꿈과 현실의 세계라고 지적했듯이, 항해는 꿈과 현실이 어우러진 『숙수념』의 세계를 현실-꿈-현실의 순환적 세계로 설명한다.

『숙수념』의 세계는 꼬리에 꼬리를 무는 수수께끼를 하나씩 풀어가야만 이해할 수 있는 세계다. 때문에 독자들은 『숙수념』을 읽으면서도 그 세계에 들어가기가 쉽지 않다. 다음 자료는 『숙수념』 제사題辭로 알려진 글로 한씨문고본韓氏文庫本 『숙수념』의 내지에 기록된 내용이다. 근대의 기록으로 판단되는데 그 누구보다 『숙수념』의 세계를 제대로 이해한다.

『숙수념』 한 책은 허공을 뒤집듯 문장이 기이하고 시설이 매우 조밀하여 독자로 하여금 정신이 놀라고 마음을 취하게 하여, 마치 유선游

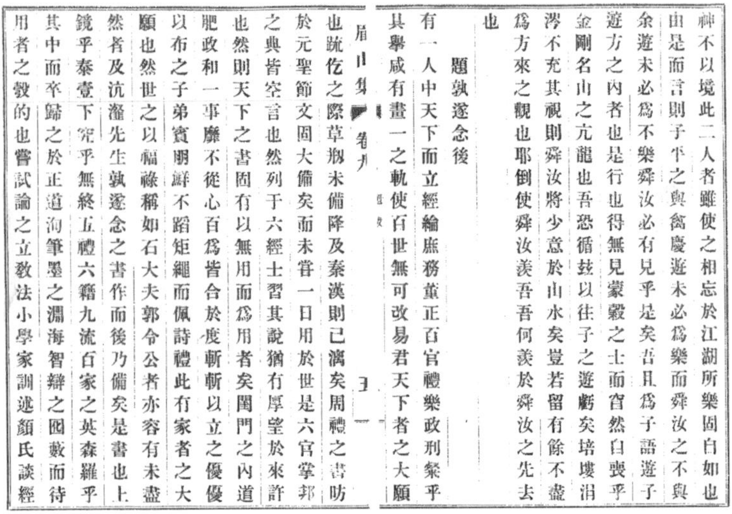

神不以境此二人者雖使之相忘於江湖所樂固自如也
由是而言則子平之與禽慶遊未必爲樂而舜汝之不與
余遊未必爲不樂舜汝必有見乎是矣吾且爲子語遊子
遊方之內者也是行也得無見蒙穀之士而育然自喪乎
金剛名山之亢龍也吾恐循玆以往子之遊虧矣培塿涓
澇不充其視則舜汝將少意於山水矣豈若留有餘不盡
爲方來之覩也耶倒使舜汝羨吾吾何羨於舜汝之先去
也

題孰遂念後

有一人中天下而立經綸庶務董正百官禮樂政刑粲乎
其擧咸有晝一之軌使百世無可改易君天下者之大願

眉山集 卷九

也疏佐之際草刱未備降及秦漢則已漓矣周禮之書昉
於元聖節文固大備矣而未嘗一日用於世是六官掌邦
之典皆空言也然列于六經士習其說猶有厚望於來許
也然則天下之書固有以無用而爲用者矣閨門之內道
肥政和一事靡不從心百爲皆合於度斬斬以立之優優
以布之子弟賓朋罔不蹈矩繩而佩詩禮此有家者之大
願也然世之以福祿稱如石大夫郭令公者亦容有未盡
然者及沆瀣先生孰遂念之書作而後乃備矣是書也上
鏡乎泰壹下究乎無終五禮六籍九流百家之英森羅乎
其中而卒歸之於正道洵筆墨之淵海智辯之囿藪而待
用者之彀的也嘗試論之立敎法小學家訓述顏氏談經

「제숙수념후」, 한장석, 『미산집』 권9, 국립중앙도서관 소장

仙을 꿈꾸고 공중에 누각을 짓는 것과 같다. 선생이 어찌 이문위희以文爲戱한 것이겠는가? 일찍이 유사룡劉士龍의 「오유원기烏有園記」를 읽었는데, 그 포장鋪張이 『숙수념』과 매우 비슷하였다. 「오유원기」의 대의는 이러하다. '형상으로 구하는 것은 있는 듯하나 없고, 뜻으로 깨달은 것은 없는 듯하나 있는 것이다. 예로부터 명승名勝을 차지하고 호사豪奢를 다투는 자는 지금 모두 연기가 사라지고 구름이 걷히듯이 없으니, 의거하여 전하는 것은 종이 위의 빈말일 뿐이다. 설령 내가 진실로 이것을 소유하더라도 천 년 백 년 후에는 모두 무無로 돌아갈 것이니, 어찌 반드시 종이 위의 것이 나의 정원이 아니겠는가? 정경은 마음속에서 생겨나고 형상은 붓끝에 달려 있어, 홀연히 완성하여 공

비工費를 수고롭게 하지 않는다. 비바람으로도 꺾을 수 없고 물과 불로도 무너뜨릴 수 없으니, 패류敗類 자손이라도 초목 하나라도 남에게 줄 수 없을 것이다. 사람 중에 이곳을 유람하는 자는 발로 밟을 수는 없지만 눈으로 그려볼 수 있으며, 눈으로 볼 수는 없지만 마음으로 상상할 수는 있을 것이니, 궤석几席에 앉아서도 두루 구경할 수 있을 것이다.' 아아, 이 어찌 황당조궤荒唐弔詭하여 다만 말을 과장하고 시속時俗을 놀라게 한 것이겠는가? 달식묘오達識妙悟한 사람은 하찮은 만물에도 지락至樂을 그 사이에 붙였으니, 『숙수념』 한 책은 마땅히 이와 같이 보아야 한다.[59]

『숙수념』을 읽고 커다란 감동을 받는데, 나중에 유사룡의 「오유원기」를 읽고서야 항해의 마음을 제대로 이해한다. 「오유원기」는 「장취원기」와 마찬가지로 상상의 정원을 표현한 글이다. 이 글의 작가는 「오유원기」의 내용을 요약하여 『숙수념』의 저술 취지를 밝힌다. 형상으로 구하는 것은 있는 듯하나 없고, 뜻으로 깨달은 것은 없는 듯하나 있다. 바로 이것이 항해가 『숙수념』을 저술한 동기이자 『숙수념』의 세계다. 그러므로 『숙수념』의 세계는 직접 발로 밟을 수는 없지만 눈으로 그려볼 수 있고, 직접 눈으로 볼 수는 없지만 마음으로 상상할 수 있다. 그러니 굳이 지팡이 짚고 찾아 나서지 않더라도 궤석에 앉아서 두루 구경할 수가 있다. 때문에 항해는 『숙수념』을 완성하는 데 걸리는 시간은 멀게는 천 년의 세월이고 짧게는 하룻밤도 되지 않는다고 말한다.[60]

『숙수념』은 우리나라와 관련한 내용이 상당 부분을 차지한다. 이는 항해가 『숙수념』을 저술한 동기와도 관련이 깊다. 다음은 중국과 우리나라에 대한 그릇된 인식을 지적한 대목으로 『숙수념』의 내용과 성격을 어느 정도 추측할 수 있다.

> 높은 곳에 올라 바라보면 삼척동자도 칠 척의 건장한 사내도 하나같이 개미가 땅에 엎드린 것과 같아 차이가 그리 크지 않다. 하늘로부터 아래를 본다면 중국과 우리나라는 모두 하나의 탄환일 뿐이다. 이런 까닭에 사람들은 모두 우리나라의 일이 중국만큼 크지 않다고 말하지만, 나는 "우리나라가 분명 중국만큼 크지 않은 것이 있지만 중국도 우리나라만큼 크지 않은 것이 있으니, 서로 응당 장점을 따진다면 같다고 말해도 옳을 것이다. 이 책을 읽는 자가 우선 우리나라가 중국만큼 크지 않은 것을 버리고, 다만 그 중국이 우리나라만큼 크지 않은 것을 궁구한다면, 바야흐로 이 책을 저술한 자의 고심을 저버리지 않는 것이다"라고 하였다. 어떤 이는 "항해자의 『숙수념』은 중국에 없는 것이다. 만약 우리나라의 일이 중국과 같다면, 항해자의 『숙수념』은 반드시 지어지지 않았을 것이다"라고 하였다.[61]

높은 곳에서 바라보면 크기의 대소에 관계없이 모두 작게 보이듯이, 하늘로부터 아래를 바라보면 중국이나 우리나라나 모두 탄환에 불과하다. 그런 까닭에 자기 나라의 역사와 문화를 지니고 있는 개별성과 우수성을 놓고 본다면 각각 나름의 가치를 지니게 된다.

인용문 말미에 『숙수념』에 대한 중요한 언급이 보인다. 『숙수념』의 내용은 중국에는 없는 우리나라의 일을 기록한 것으로, 중국에서도 그 유래를 찾을 수 없는 독특한 저술이다. 이는 항해가 『숙수념』을 저술하면서 기본적으로 품고 있던 생각이다. 그런 까닭에 황주성의 「장취원기」에 영향을 받았음에도 불구하고 전혀 다른 자신만의 독창적인 세계를 설계하고 구상한다.

이후 한장석은 「제숙수념후題孰遂念後」에서 『숙수념』을 정치하게 분석하고 그 의미를 적극적으로 부여한다.

> 일찍이 시험 삼아 논하기를 입교立敎는 『소학』을 본받았고, 가훈은 『안씨가훈』을 조술했으며, 경전을 해설함은 정자 · 주자와 같았고, 역사를 논함은 사마온공과 부합하며, 사부는 굴원과 사마장경만 못하고, 고문은 한유 · 소식과 나란하며, 변려는 임유민 못하나 산수기는 유종원을 능가한다. 돈가회는 『의례』를 본뜬 것이고, 기물의 잠명은 은반과 주고를 모방하였다. 「칠발」보다 아름다운 것으로 「질빙」이 있고, 「해조」보다 웅장한 것으로 「우담」이 있으며, 『노자』보다 현묘한 것으로 「진장경」이 있고, 『회남자』보다 변론이 있는 것으로 「시언」이 있다. 『주례』보다 총괄한 것으로 「무표제책자」가 있고, 『순자』보다 순수한 것으로 「광우」가 있다. 비단을 짠 것보다 공교한 것으로 「십이루기」가 있고, 『주비산경』보다 정밀한 것으로 「기하신서」가 있다. 문사는 한과 같고 의론은 송과 같으며, 견식은 예스럽고 사무는 지금의 것이다. 답습하지 않고도 문장을 이루고 창조하고도 법으로 삼을 수 있다. 그러나 신룡神龍의 한 비늘이요 대정大鼎의 한 점 고기일 뿐이다.[62]

결론

항해 홍길주는 19세기를 대표하는 경화세족이사 문한세가의 후예였으나, 일찍이 과거를 포기하고 평생 동안 독서지사를 자처하며 방대한 저술을 남긴다. 선행 연구에서 상당히 논의가 진행되었음에도 항해의 독특하고 개성 넘치는 문학세계를 제대로 설명하지 못한 점이 있다. 이는 지금까지 연구자들의 자료적 접근이 용이하지 않고, 홍석주와 박시원의 위상에 가려 그의 문장론과 산문에 대한 면밀한 검토와 분석이 미흡하다는 점에서 그 이유를 찾을 수 있다. 또한 항해의 문장에 대한 서유구, 김매순, 홍석주의 평가를 통해서 그의 산문이 제자서와 밀접한 관련이 있음을 추측할 수 있다.

그동안 항해에 대한 연구는 문집과 저술에 대해 일부분만을 부각시켜 논의를 전개할 뿐 문학 전반에 대한 연구는 부족했다. 이에 필자는 항해가 남긴 3종의 문집과 기타 저술을 포괄하여, 생애와 저술, 인식론 · 독서론 · 문장론을 면밀히 검토함으로써 다양한 산문세계를 집중적으로 규명하는 데 주력했다. 이제 앞서 논의한 내용을 정리한 다음,

19세기 문학사에서 항해의 산문이 지니는 위상을 가늠하고자 한다.

1. 생애와 저술에서는 다양한 자료를 토대로 생애와 교유관계를 면밀히 검토하고, 전해지지 않는 다양한 저술들을 상세히 파악했다. 그의 생애는 1786년 출생 이후 1810년까지의 수학기, 1811년 과거를 돌연 포기한 이후 16년간의 복거(몽은)기, 1827년 출사 이후 1834년 순조가 승하할 때까지의 사환기, 그리고 관직을 그만두고 1841년 타계할 때까지 은일기로 나눌 수 있다.

수학기의 교유 인물은 홍석주와 홍현주를 제외하고 정세익, 서충보, 서우보, 김홍운, 상득용, 이정리, 이정관 등이 대표적이다. 항해는 이들과 시문을 왕래하며 교유를 맺을 뿐만 아니라, 그의 저술을 비롯한 학문과 문학을 형성하는 데 상당한 영향을 받는다. 이 시기 저술로 「범전장초구선문凡錢章誚求扇文」과 『효경주해고孝經註解藁』는 일실되어 전하지 않고, 「십이루기」는 회문의 일종으로 『숙수념』에 전한다.

16년간의 복거(몽은)기에 교유한 인물들은 세상에서 제 능력을 발휘하지 못하던 항해와 대부분 처지가 비슷하다. 임덕경, 홍희인, 이희하, 김영, 김소행, 이헌명 등이 대표적인데, 김영은 그의 『기하신설幾何新說』을 비롯한 수학 관련 저술에 밀접한 영향을 미친다. 또한 이헌명은 그의 문하에서 20여 년간 동고동락한 제자로 누구보다 그의 삶과 저술을 깊이 이해한 인물이다. 이 시기 저술로 『대동문준』 『해동제명가문선』은 『현수갑고』에 그 서문만 전하고, 『춘추묵송』 『시언』 『상우서』는 『현수갑고』에, 『진장경』 『회언』은 『숙수념』에 전한다. 『장설』은 일실되어 전하지 않고, 『소비집少鄙集』 『속수사續叟詞』는 『표롱을첨』에 그 서문이 전한다.

사환기에 교유한 인물로는 박규수, 윤정진, 이명오, 이만용 부자, 정약용, 정학연, 정학유 부자가 있다. 특히 주목할 것은 이 무렵에 『연암집』을 읽고 연암의 문장에 경도되고, 다산 부자와의 교유가 본격적으로 이루어진다. 실제로 1829년에 완성한 『숙수념』은 연암과 다산의 영향을 감지할 수 있다. 이 시기 저술로는 『고진경전皐津經傳』『삼학조례존고三學條例存藁』『화식전서지고貨殖傳敍地考』『삼약기례三約記例』가 『표롱을첨』에 전하고, 『동우보독東郵補牘』은 일실되어 전하지 않는다. 『서림일위』와 『숙수념』은 필사되어 널리 유통된다.

만년에 해당하는 은일기에는 김정희, 서유구, 김매순 등과 교유한다. 그는 주사가 불서를 즐겨 읽었고, 풍식이 만년에 빈계에 은거하며 『임원경제지』와 『동국총서』 등 자신의 저술을 수집하고 보충하는 상황을 전한다. 또한 대산과는 40여 년 만에 재회하여 시문을 왕래하며 교유를 맺는다. 그는 대산의 학문을 연천에 견줄 만큼 뛰어나다고 평가한다. 이 시기 저술로는 수여삼필이 대표적이다.

항해가 주로 활동한 순조 · 헌종 때는 외척에 의한 세도정치가 맹위를 떨치던 무렵이다. 그는 당시 외척이 국정을 좌지우지하는 상황을 좌시하지 않고 과감히 과거를 포기하여 세도정권에 대한 항거의 뜻을 표출한다. 또한 일생을 저술활동에 매진하며 현실의 부조리를 비판하고 그 대안을 모색하는 등 현실 비판적 자세를 견지한다. 이러한 면모는 당시 경화세족과는 뚜렷하게 구분되는 특징이다.

2. 인식의 논리와 방향에서는 진지와 진각을 추구하고 실질과 일상을 중시하는 그의 인식론을 조명했다. 그는 기존의 지知와 각覺(悟)에 대한 회의와 반성에서 진지와 진각을 제기한다. 나아가 지와 각(오)의 절대

성을 부정하고, 상대적인 의미를 내포한 진지와 진각을 추구한다. 이러한 인식은 독서와 문장에 국한되지 않고, 사람이 세상을 살아가면서 마주치는 모든 상황과 밀접한 관련을 맺는다. 또한 명분에 집착하기보다는 실질을 중시하고 현실에 발 딛고 사는 일상생활을 강조하여 논의를 전개한다. 이에 진지와 진각을 통해서 실질과 일상을 중시하는 방향으로 나아가며, 또한 당대 현실을 왜곡된 시각에서 벗어나 올바르게 인식하고 비판한다.

3. 독서의 함의와 내용에서는 독서에 대한 특별한 관심과 취향은 다양한 중국 서적을 탐독하는 개방적인 독서와 표롱각縹礱閣으로 대변되는 장서가의 면모에서 감지된다. 이는 당대에 교유할 사람이 없다면 차라리 천고의 벗을 사귀겠다고 의도로 저술한 『상우서』와 서적으로 한 해를 엮은 『서림일위』와 연관이 깊다. 『상우서』는 수학기의 독서 관련 저술로 항해의 학문과 사상은 물론 경세제민의 의지를 엿볼 수 있는 귀중한 자료이며, 『서림일위』는 독서에 대한 관심과 취향을 보여주는 중년기의 저술로, 19세기 경화세족의 학술과 문예의 특징을 사실적으로 보여준다. 또한 『서림일위』는 그의 주변 인물들이 두루 탐독하는 한편 그 내용을 소재로 시를 창작하는 분위기가 형성될 정도로 각광을 받으며, 이후로도 사대부를 중심으로 널리 향유 · 계승되어 여러 이본이 전해질 정도다.

4. 문장론의 성격과 양상에서는 진문장으로 대변되는 그의 문장론을 시기별로 세분하여, 그 성격과 양상의 미묘한 변화와 차이를 해명했다. 그는 당시의 모방적 글쓰기에 만연한 문단 상황을 비판하며 진문장을 주장하고, 이후 문장의 내용과 법도에서 선변善變을 강조하는 한편 문자

와 문장에 대한 인식은 더욱 심화되어 문시활물로 연결된다. 또한 문장 중원에 이르러서는 육경이 전하지 않더라도 다시 지을 수 있다고 자부할 만큼 오지문장吾之文章을 강조한다.

그의 문장론은 청초 고문삼대가로 불리는 위희와 동성파 문론을 완성한 요내의 주장과 흡사하다. 이는 항해가 중국의 학술과 문예 동향에 대한 남다른 관심에서 비롯한다. 그러므로 항해의 문장론은 우리나라는 물론이려니와 중국의 학술과 문예를 바탕으로 형성되었음을 확인할 수 있다.

5. 현실 비판적 산문에서는 『춘추묵송』과 「의발책」을 심층 분석했다. 『춘추묵송』은 비판적 현실 인식을 토대로 당시 사대부의 세태를 춘추대의에 견주어 비판의 칼날을 휘두른 것이다. 그러므로 춘추대의를 천명하여 당대 현실의 부조리를 비판하고, 나아가 인재를 중용하여 붕당을 배척하는 방향으로 논의를 집중한다. 이는 『춘추』에 대한 가학을 계승하는 한편, 이를 재해석하여 현재적인 의미를 부여한 점에서 수복된다. 또한 『춘추묵송』이 당대의 총체적인 문제를 집약시켜 춘추대의에 견주어 논의를 전개한 반면, 이후 현실 비판적 산문은 사안별로 구체화하여 논의를 확장하고 심화시킨다. 즉 『춘추묵송』은 그의 현실 비판적 산문을 이해하는 데 단초를 제공한다.

18세기 중국 서적의 대량 유입과 유통은 신지식을 생성하고 문예와 학술의 새로운 방향을 열기에 이른다. 이는 특히 한학과 고증학의 유행과 밀접한 관련을 맺는데, 19세기 한학과 고증학의 성행과 풍미로 인해 홍석주와 성해응 사이에 벌어진 한송 논쟁은 한학과 송학은 물론 고증학에 대한 당대 지식인의 비평을 담고 있다는 점에서 주목을 요한다. 고증학에 대한 비판적 인식은 당시 학계의 일반적 현상으로 읽히는 반면, 한학에 대한 견해는 상이하게 나타난다. 당시 학계의 한송 논쟁은 이후 홍길주의 「의발책」에서 한학과 송학의 논의로 집중된다. 「의발책」의 내용 또한 한학에 대한 홍석주의 견해를 충실히 이행하는 한편, 한학과 고증학의 성행과 풍미를 우려하는 시각을 여실히 보여준다. 「의발책」은 항해의 고증학에 대한 비판적 견해, 한학과 송학에 대한 비평적 인식을 여과 없이 드러낸다. 더욱이 조선후기 특히 19세기 고증학의 성행과 한송 논쟁이 학계에 어떠한 영향을 미치고 있는가를 살필 수 있는 귀중한 자료다. 그러므로 홍석주와 성해응의 한송 논쟁과 홍길주의 「의발책」은 18세기 이후 고증학적 학풍이 성행하고 19세기에 실사구시적 학풍이 성립되었던 학계의 상황을 검토하고 이해하는 데 일조한다고 하겠다.

6. 철리적 산문에서는 그의 세계관이나 철학적 사유를 담고 있는 산문을 중심으로 검토했다. 특히 초기의 저술에 해당하는 『진장경』을 비롯한 『시언』과 『회언』은 철학적 내용을 담아내고 있을 뿐만 아니라, 산문세계와도 밀접한 관련을 맺는다. 그는 고도의 유추능력을 발휘하여 사물을 인식할 것을 강조하고, 꿈의 세계를 작품으로 표현하는 등 꿈을 중시하며, 절대적인 가치를 부정하고 상대적인 관점에서 만물을 인식한다.

『진장경』은 30세 이전의 우언소품으로 『숙수념』을 이해하는 중요한 관건이기도 하다. 그는 진지와 진각으로 무장하고 고도의 유추능력을 발휘하여 사물의 진리와 본질에 접근하고자 한다. 이는 18세기 이용휴와 박지원이 감각기관이 제 기능을 발휘하지 못하는 모순된 세계 속에서 마음이나 이성 인식을 무엇보다 중시한 것과 연관이 깊다. 이러한 고도의 유추능력은 '지知'의 문제를 거론한 「오로원기吾老園記」, 유추를 통해서 사물의 진리와 본질에 이르는 과정을 '진眞'으로 표현한 「장재정기壯哉亭記」, 고도의 유추능력을 발휘하여 청부정의 아름다움을 찾거나(「청부정기淸芙亭記」) 문장으로 표현하지 못한 부분을 읽어내고 창작해야 함을 강조한 「동계정기東溪亭記」에서도 확인된다. 이와 같이 『진장경』에서 고도의 유추능력을 발휘하여 사물의 진리나 본질에 접근할 것을 주문하는데, 이는 『숙수념』뿐만 아니라 산문 전반에 두루 나타나는 특징적 면모다.

『시언』도 30세 이전의 저술로 『숙수념』의 세계와도 연관이 깊다. 특히 「물언」은 세계는 반복되고 순환한다는 순환적 세계관을 피력한 글이다. 이러한 순환적 세계관은 꿈에 대한 인식과 관련이 깊은데, 그는 꿈을 현실과 밀접하며 서로 영향을 주고받는 순환적 구조로 인식한다. 이에 『숙수념』의 세계를 설명하는 대목에서도 순환적 세계관을 차용하여 '꿈과 현실이 어우러진 신유의 세계'가 바로 『숙수념』의 세계라고 단언한다.

『회언』은 상대적인 관점에서 만물의 가치를 인정한다. 이는 중국과 대등한 위치에서 우리말과 문헌의 상대적 가치를 높게 평가한 『숙수념』이나 여타 산문 전반에 두루 반영된다. 췌贅와 서瑞를 상대적 관점에서 인식하여 각각의 존재를 인정한 「췌서贅瑞」, 바라보는 위치에 따라 '광廣'도 상대적일 수밖에 없다는 「광거기廣居記」, 누구나 병신이라 조롱하는 귀머거리와 벙어리가 도리어 삶을 이롭게 한다는 논의를 펼친 「농아재기聾啞齋記」 등은 상대적 관점으로 만물을 다르게 인식한다. 더욱이 「곤요린기崑瑤隣記」는 상대적 인식이 가장 정채를 띠는 글로, 고금이란 시대적 · 시간적 구분은 무너지고 원근이란 공간적 의미도 무의미해진다.

7. 우의적 산문에서는 그의 산문에 자주 활용되는 우의적 수법을 밝히는 데 주력했다. 우언과 희문의 창작뿐 아니라, 필기류 저술에 해당하는 『숙수념』은 전체가 우의적 산문에 해당한다.

그는 우언에 빗대어 세상의 부조리를 말한다. 배우라는 가공인물을 등장시켜 모방만을 일삼는 당시 학자들의 행태를 풍자한 「힐우詰優」, 사냥꾼의 입을 빌려 당시 현실 세태를 비판하고 선비들의 무능을 날카롭게 지적한 「기렵자대記獵者對」, 의원이 등장하여 병을 고치기보다는 세상의 이치를 깨우치거나 천하의 병폐를 지적하는 「부총復聰」과 「양의문답良醫問答」 등이 대표적이다.

또한 희문의 창작은 권위적 글쓰기에 도전적 성격이 짙다. 『장자』의 내용과 문체를 패러디한 「독장자讀莊子」와 「하퇴헌기何退軒記」 「독맹산독엽후讀盟山讀葉後」 등의 유희문자를 비롯하여, 『대학』의 구성과 체제를 연상시키는 『고진경전』은 단순한 여행기에 불과한 내용임에도 과감히 '경전' 이라 명명한다. 또한 「책수향후구석冊睡鄉侯九錫」은 조령문詔令文에 해당하는 책문으로, 상제가 제후를 책봉하면서 아홉 가지 은전을 하사한다는 내용을 교묘하게 패러디하여 기존의 글쓰기에 과감히 도전장을 내민다.

1829년에 완성한 『숙수념』은 황주성의 「장취원기」에 영향을 받아, 체제를 크게 '환탈-환골탈태' 하여 전혀 다른 거대한 세계다. 이는 연암 문학에의 심취와 선변을 중시하는 문장론과 연관이 깊은데, 「십이루기」를 연암의 『방경각외전』에 견주는 대목에서 확인된다. 추론한다면 연암이 연행을 통해서 『열하일기』를 저술했다면, 항해는 연행이란 실유實遊가 아닌 신유神遊를 통해서 『숙수념』을 저술한 셈이다. 『숙수념』의 10념念 16관觀은 기존 저술과 전혀 다르다. 10념의 주제 설정과 16관의 구성은 십간十干의 뜻에 부합하도록 상호간에 유기적이고 체계적인 연관을 맺는다.

또한 독특하고 참신한 구성과 체제는 그가 방대한 분량의 저술을 대비하여 구상한 내용과 「치가설治家說」의 연장선상에 있다. 『숙수념』의 세계는 수수께끼를 풀어가듯이 하나씩 차근차근 단계를 통과해야만 들어갈 수 있다. 신유의 지침서로 『숙수념』을 거론하는데, 이는 천天, 인식하지 못하는 세계, 꿈, 담澹(虛)과 지地, 인식하는 세계, 현실, 농濃(實)의 반복되고 순환하는 세계관과 연관이 깊다. 따라서 『숙수념』의 세계는 신유(꿈)에 치우쳐 현실과 동떨어진 세계가 아니라, 현실에 바탕하여 신유(꿈)가 펼쳐지는 이른바 '꿈과 현실이 어우러진 신유의 세계'다.

더욱이 유사룡의 「오유원기」의 내용을 요약하여 저술 취지를 밝힌 『숙수념』 제사, 『숙수념』은 중국에서 그 유래를 찾을 수 없는 독특한 저술임을 자부한 「동사강목서」, 이후 내용을 보다 세분하여 그 의미를 부여한 「제숙수념후」 등은 기존의 저술과는 전혀 다른 자신만의 독창적인 세계를 구상하고 설계한 『숙수념』의 특징적 면모를 집약적으로 보여준다.

이와 같은 방식으로 살펴본 결과 항해의 산문은 당대 현실 상황과 밀접한 관련을 맺으며, 연암 박지원과 다산 정약용 등 실학파 문인들의 영향뿐만 아니라 당시 경화세족의 학술과 문예 동향 등을 두루 반영한다.

즉, 항해의 산문은 조선후기 문학사에서 이전 실학파 문인들의 성과를 계승하는 한편, 경화세족의 일반적 경향과는 달리 현실 비판적 자세로 시종일관 저술에 매진하여 항해만의 독특하고 참신한 문학세계를 구축하고 있다고 할 수 있다.

필자는 방대한 항해 문집과 저술의 면모를 전체적으로 검토하는 수준에서 논의가 그치고 말았다. 또한 항해의 산문을 중심으로 연구를 진행했던 관계로, 그의 시詩와 병려문騈儷文, 기타 개별 저술 등은 제대로 분석조차 시도하지 못한 감이 있다. 앞으로 많은 연구자들이 항해의 문학과 저술에 관심과 애정을 갖고 연구하기를 기대하며, 미진한 사항은 후속 연구를 통해서 보완하고자 한다.

서론

1 항해의 3종 문집은 한장석의 후손이 家藏本(韓氏文庫本)을 1937년 연세대에 기증하여, 현재 연세대 도서관에 소장되어 있다.

2 睡餘三筆은 『縹礱乙幟』과 『沆瀣丙函』의 『叢秘紀』에 수록되어 있으며, 이외에도 自然經室藏本(일본의 東京大, 大阪府立圖書館, 미국 하버드대) 등 별도의 필사본이 전한다.

3 『孰遂念』은 현재 韓氏文庫本 5책(연세대 소장), 自然經室藏本 7책(버클리대 소장), 규장각본 7책(서울대 소장)이 전한다. 3종의 필사본은 내용상 큰 차이가 없으나, 규장각본은 자연경실장본을 대본으로 필사한 것으로 간혹 오자와 탈자가 보인다.

4 『書林日緯』는 2종의 이본이 전하는데, 『新訂書林日緯』(연세대 소장)는 '沆瀣子手葺, 廣雅齋 藏'으로 '新訂'이란 명칭에서 후대에 약간 증보한 사실을 확인할 수 있으며, 「書林日緯」(고려대 소장)는 '沆瀣子 洪吉周 輯, 小雅 趙性熹 增補, 邵庵鄭建采 書'로 조성희가 약간 증보한 것인데, 필사하는 과정에서 오자와 탈자가 많아 해당 문헌을 파악하기 어렵다.

5 『縹礱乙幟』 권8, 「題桓綱詩卷」; 朴珪壽, 「孰遂念行」(김영복 소장); 洪祐健, 『原泉集』 권1, 「讀朴桓齋孰遂念行因書而寄」(己丑); 洪顯周, 『海居齋未定藁』(규장각 소장), 「神圓寺偈」의 註 "以下東溪南江兩首, 並『孰遂念』擬作" 등을 참고하면, 1829

년 초에는 『孰遂念』이 완성되었음을 알 수 있다.

6 『永嘉三怡集』의 『沆瀣子文選』에는 항해의 詩文이 詩·賦·書·序·傳·記·墓誌·誄·頌·雜著·騈儷 등으로 구분돼 있다. 부록 [표1] '『永嘉三怡集』 坤, 『沆瀣子文選』' 참조.

7 『日省錄』을 참고하면, 민태호는 고종 1년(1864) 6월 20일 홍천현감에 제수되고, 고종 3년(1866) 6월 18일 김포군수에 제수된다. 그러므로 그가 홍천현감으로 재직하던 무렵에 『항해집』이 완성된다.

8 韓章錫, 『眉山集』 권9, 「沆瀣集跋」. "沆瀣先生所手定原本, 有三集四部, 曰峴首甲藁十卷, 曰縹碧乙巘十六卷, 曰沆瀣丙函十卷, 每集以雜文紀雜詩紀叢秘紀雜文別紀, 彙以別之. 章錫取而讀之, 妄加刪定, 屬杓庭閔使君, 繕寫于洪厓縣, 杓庭又加刪焉, 釐爲二十卷, 以甲乙丙三集合爲一書, 而分部第次, 悉因舊例, 但雜文別紀, 統於雜文紀云. 嗚呼, 先生之文, 神施鬼設, 萬寶瓏玲, 如揀貨於波斯, 棄而遺者, 無非照乘懸黎也. 後必有惜而取之者. 蓋自先生手定時已十去其六七, 余又三四而去其半, 杓庭於其二三而存其一二, 去取固嚴矣. 其必傳也無疑. 淵泉全書編摩甫訖, 是集又適成事之湊合若有待焉, 異日任梨棗之役者, 其必合選二書, 以仿程竇故事, 是亦二先生之遺意也."

9 洪奭周, 『淵泉集』(韓光洙 발행본, 1911.), 「年譜」, 辛丑條에 다음과 같이 기록되어 있다. "沆瀣公遺集散書摠二十餘卷, 又有 『永嘉三怡集』一卷, 行于世, 卽先生三昆季少時所著詩文合選者也." 또한 정인보도 "『沆瀣叢書』 二十卷 十冊은 洪沆瀣 吉周의 著이니 三紀로 나누어 '雜文紀' '雜詩紀' '叢秘紀'의 名目이 있다"고 전하고 있다(『薝園 鄭寅普全集』 2, 연세대출판부, 1983 참조).

10 宋伯玉, 『東文集成』 續六, 「沆瀣洪先生集文鈔引」.

"沆瀣洪叔子之文, 渾浩沈雄, 不及其淵泉伯子, 而奇思妙搆, 湧出空無之地, 見推于臺山金公, 在當時, 鼎立爲名家矣. 余逌后讀之, 淸襟靈竅, 眞沆瀣仙才也. 匠心所注, 如登空中之樓閣, 萬象呈露於左右, 應接之不暇. 蓋其原本子史, 旁通句股, 何洪門天畀之多才, 而獨不得大展也耶."

11 부록, [표2] '『東文集成』 續六, 『沆瀣先生集文鈔』' 참조. 또한 항해와 더불어 東溪 趙龜命의 작품 41편을 선집하여, 이후 김택영의 평가와는 대조적이다.

12 一惺子, 『西友』 16(아세아문화사 영인) 「大韓教育歷史」. "文章家는 谿谷張維 澤

堂李植 月沙李廷龜 象村申欽 東皐崔岦 五山車天輅 燕岩朴趾源 淵泉洪奭周 沆瀣洪吉周 臺山金邁淳 諸氏가 詞林宗匠이오 大家筆法이라."

13 金澤榮, 『韶濩堂文集』 권8, 「雜言」 四. "趙東溪洪沆瀣, 雖皆能跳出於陋, 而矯枉過直, 病於佻薄, 故選不及之."

14 정인보, 동아일보(1927년 12월 2일자), <古今詩叢>, 「哭金臺山侍郎」. "沆瀣洪公吉周號也, 文章奇奧, 尤長於詩, 與臺山爲至交, 讀此作, 情見乎辭矣. 今世爲詩者, 類多鹵莽, 不知美人香草芳馨悱惻, 不惟其意指然也. 卽遣辭亦不可不與之俱化. 苟以代語則求其美, 不亦離乎? 江皐苔積碧柴門, 猶識孤笻再植痕, 祇言再造其廬耳. 寫如此便佳, 或不主於性情之眞, 而徒屈折字句以爲勝則斯下矣. 遂謂詩之美惡, 不惟意而辭無與焉則不可也."

15 정인보, 「沆瀣叢書」(『薝園 鄭寅普全集』 2, 연세대 출판부, 1983.). "이때에 朝鮮의 學術이 이미 變轉하는 道程에 오른 지 오래라 正祖右文의 薰化로 文家가 輩出하여 朝廷으로부터 草野에 이르기까지 詞華의 盛함이 前古를 凌駕할 만한데 正祖는 燕巖의 文을 正軌가 아니라 하셔서 南金陵 公轍이 文體가 燕巖에 가깝다는 罪로 罰■으로 바친 일까지 있었다. 그러나 館閣文臣과 山林儒家를 除하고는 秀異한 才思가 있는 後學은 대개 燕巖文體를 본받게 되었다. 이는 반드시 燕巖을 慕힘이 아니리 燕巖은 알지 못하고 燕巖의 글을 읽어보지 못한 사람이라도 自然히 學風의 趨向에 會通됨이 있으므로 이때의 글은 虛構 浮設이 적고 實談 眞敍가 많으며, 湊泊 蹈襲이 적고 創發 獨闢이 많았다. 오래 두고 貌襲하던 것을 싫어하는 까닭으로 八家보다 文選을 좋아들 하였고 唐宋人의 取한 材料를 셈 모르고 傳用하던 것을 부끄러이 알아 우리의 것은 街談 巷語까지라도 文筆化코자 하는 노력들이 있었다. 顯著한 이로는 徐楓石 有榘, 金臺山 邁淳, 李岱淵 勉伯의 文과 申紫霞 緯의 詩 다 一新한 面目이 있었고, 옛 壁壘를 嚴守한 大家로는 淵泉 一人이 僅存할 뿐이었다."

16 정인보, 전게서. "沆瀣는 淵泉 奭周의 仲弟로 正祖 丙午(一七八六) 生, 憲宗 辛丑(一八四一) 卒, 享年 五十六歲인데 朴燕巖의 文章을 慕效하여 그 思境 筆蹊가 淵泉과 서로 같지 아니하나 (…) 沆瀣는 곧 淵泉의 아우이언마는 文章 一道에 있어서는 楓石 臺山과 같이 燕巖의 龍象됨을 달게 여기고 伯氏되는 淵泉을 苟隨코자 하지 않았다. (…) 詩는 劖削奇拔하여 別境을 가졌는데 「峽婦紀事」 같은

俗語 俚事를 손쉽게 잡아 쓴 것이 燕巖風이었다.”

17 이가원, 「<睡餘瀾筆> 중에 소개된 燕巖」, 『한국한문학연구』 1, 한국한문학연구회, 1976

18 김철범, 「19세기 고문가의 문학론에 대한 연구—洪奭周 · 金邁淳 · 洪吉周를 중심으로」, 성균관대 박사논문, 1992

19 이러한 연천과 대산의 문학에서 그 실상을 파악할 수 있다. 김철범, 「淵泉 洪奭周의 古文論」, 『한국한문학연구』 12, 한국한문학연구회, 1989; 「洪奭周 古文의 예술적 특징」, 『한국한문학연구』 22, 한국한문학회, 1998; 「金邁淳의 散文세계와 文藝的 특징」, 『한문학보』 5, 우리한문학회, 2001

20 김철범, 「沆瀣 洪吉周의 作文精神과 眞文章論」, 『부산한문학연구』 9, 부산한문학회, 1996

21 김철범, 「洪吉周 산문의 意義와 문예적 성취」, 『한국한문학연구』 24, 한국한문학회, 1999

22 시기별로 항해의 문장론을 구분하면 다음과 같다. ‘脫模倣과 眞文章’(『峴首甲藁』)—‘善變과 文是活物’(『縹礱乙懺』)—‘吾之文章과 文章中原’(『沆瀣丙函』)이다.

23 김태진, 「沆瀣 洪吉周의 文章論과 文論史的 位相」, 한양대 석사논문, 2000

24 정민, 「천하에 지극한 문장」, 『문헌과 해석』 6, 문헌과해석사, 1999 봄호; 「요즘 문장가들의 세 가지 폐단—<與人論文書>」, 『문헌과 해석』 9, 문헌과해석사, 1999 겨울호; 「沆瀣 洪吉周의 독서론과 문장론」, 『대동문화연구』 41, 성균관대 대동문화연구원, 2002

25 이후 연암의 문학적 성취는 그의 손자 박규수에게 계승된다. 이는 박규수가 1827년 무렵에 저술한 『尙古圖回文義例』에 대한 이정리 · 이정관 · 홍길주 · 홍석주 등의 평어에서 확인된다. 김명호, 「朴珪壽의 『尙古圖回文義例』에 대하여」, 『한국의 경학과 한문학』, 태학사, 1996 참조

26 강경미, 「沆瀣 洪吉周 散文 硏究」, 고려대 석사논문, 2003

27 造物大文章論과 文是活物論은 그 내용과 함의가 유사하기 때문에 善變과 文是活物로 통칭할 수 있다.

28 산문의 구분도 文士의 內面凝視와 自己省察(雜著文의 주제의식), 著述을 통한 念願의 대리 실현(『孰遂念』의 세계)은 주제(내용)에 해당하며, 斬新奇拔

한 자유로운 붓놀림(다양한 戱筆의 운용), 夢境의 구현과 釋夢의 作化(꿈에 기댄 창작경향)는 표현 기법에 해당한다. 또한 명확한 구분의 기준이 없기 때문에, 斬新奇拔한 자유로운 붓놀림(다양한 戱筆의 운용)의 경우는 실제로 著述을 통한 念願의 대리 실현, 夢境의 구현과 釋夢의 作化를 포함하는 개념이다. 그러므로 주제(내용)와 표현 기법을 포괄할 수 있는 산문의 구분이 필요하다.

29 이홍식, 「沆瀣 洪吉周의 세계인식과 문학적 구현 양상 연구」, 한양대 박사논문, 2007

30 기존 연구가 항해의 문학론과 문장론을 밝힘으로써 그의 문학세계를 조명하려는 시도였다면, 『孰遂念』과 '睡餘三筆'에 대한 연구는 항해의 실제 작품 속에서 문학의 특징적 면모를 규명하는 것을 목적으로 한다.

31 최원경, 「洪吉周의 『孰遂念』에 대한 일 고찰-세계인식태도와 글쓰기 방식을 중심으로」, 성균관대 석사논문, 2002

32 최원경, 「『孰遂念』, 그 공간의 미학」, 『한문학보』 11, 우리한문학회, 2004

33 최원경, 「항해 홍길주의 『孰遂念』-지식과 공간의 인식」, 성균관대 박사논문, 2008

34 김철범, 「홍길주 <孰遂念>의 세계-사대부적 교양의 상상력」, 『열상고전연구』 17, 열상고전연구회, 2003

35 안대회, 「상상 속의 정원」, 『문헌과 해석』 16, 문헌과해석사, 2001년 가을호; 「18 · 19세기의 주거문화와 상상의 정원-조선 후기 산문가의 記文을 중심으로」, 『진단학보』 97, 진단학회, 2004

36 최식, 「洪吉周의 卜居와 『孰遂念』」, 『동방한문학』 28, 동방한문학회, 2004

37 최식, 「홍길주의 꿈과 『孰遂念』」, 『고전문학연구』 31, 한국고전문학회, 2007

38 박무영, 「『孰遂念』의 공간 설계와 문학적 사유」, 『동방한문학』 33, 동방한문학회, 2007; 하지영, 「숙수념 공간에서의 '틈'과 홍길주의 念」, 『한국고전연구』 17, 한국고전연구학회, 2008

39 박무영, 「'睡餘三筆'의 문학적 사유」, 『열상고전연구』 17, 열상고전연구회, 2003

40 정민, 「睡餘三筆을 통해 본 沆瀣 洪吉周의 사유방식」, 『한국학논집』 39, 한양대 한국학연구소, 2005; 박수밀, 「항해 홍길주 문학 세계의 인식 기반」(상동); 「조

선후기 언어문자관의 토대와 전개-18세기 연암 그룹 및 다산, 항해와의 비교를 중심으로」, 『한국한문학연구』 40, 한국한문학회, 2007

41 최식, 「沆瀣 洪吉周의 思惟方式」, 『한문학보』 11, 우리한문학회, 2004

42 최식, 「홍길주, 천고의 벗을 사귀다」, 『문헌과 해석』 36, 문헌과해석사, 2006 가을호; 「沆瀣의 現實認識과 『春秋黙誦』」, 『한문학보』 15, 우리한문학회, 2006; 「沆瀣 洪吉周의 讀書趣向과 『書林日緯』」, 『대동한문학』 29, 대동한문학회, 2008

43 박무영, 「경전 패러디와 기호 조작의 세계-洪吉周 작, 「皐津經傳」와 「甘誓」 「武成」의 작품론으로」, 『한문학보』 18, 우리한문학회, 2008

44 최식, 「고증학과 홍길주의 「擬發策」」, 『한문학보』 16, 우리한문학회, 2007

45 안대회, 『18세기 한국 한시사 연구』, 소명출판, 1999; 『조선후기시화사』, 소명출판, 2000

46 김철범, 「李朝後期의 東文選集과 散文批評의 전개」, 『한국 고문의 이론과 전개』 , 태학사, 1998: 안대회, 「朝鮮時代 文章觀과 文章選集」(상동).

47 전용훈, 「洪吉周 數學硏究와 그 淵源」, 『열상고전연구』 17집, 열상고전연구회, 2003; 「19세기 조선 수학의 지적 풍토: 홍길주의 수학과 연원」, 『한국과학사학회지』 26권 2호, 한국과학사학회, 2004

48 진재교, 「경화세족의 독서성향과 문화비평-19세기 洪奭周家의 경우」, 『독서연구』 10호, 한국독서학회, 2003; 「洪奭周家의 독서체험과 文藝批評」, 『한국문학연구』 4, 고려대 한국문학연구소, 2003; 「19세기 箚記體 筆記의 글쓰기 양상-『智水拈筆』를 통해 본 지식의 생성과 유통」, 『한문학연구』 36, 한국한문학회, 2005

49 안대회, 「洪吉周의 小品文」, 『현대시학』 426, 현대시학사, 2004. 항해의 小品文과 관련해서는 좀더 면밀한 검토가 요구된다.

50 최식, 「李憲明이 바라본 沆瀣 洪吉周」, 『동양한문학연구』 21, 동양한문학회, 2005 참조

51 기존 연구는 항해의 문집과 저술을 두루 검토하지 못하고 그 가운데 극히 일부분을 부각시켜 논의를 전개한다. 그러므로 항해의 문집과 저술에 대한 종합적인 검토와 연구는 미진한 상태다. 또한 항해의 문집과 저술은 현재 연세대 도서관에 귀중본으로 분류되어 연구자들의 자료적 접근이 쉽지 않다.

52 허경진, 「峴首甲藁」, 『연세대학교 중앙도서관 소장 고서해제Ⅱ』, 연세대, 2004; 김영봉, 「縹礱乙幟」, 『연세대학교 중앙도서관 소장 고서해제Ⅰ』(상동); 전송열, 「沆瀣丙函」(상동); 김철범, 「孰遂念」(상동)

53 박무영 외 옮김, 『홍길주 문집』 1~7, 태학사, 2006; 정민 외 옮김, 『19세기 조선 지식인의 생각 창고』, 돌베개, 2006; 이홍식, 『상상의 정원』, 태학사, 2008 참조

54 정인보, 전게서. "「睡餘放筆」 등 三種은 隨筆로 쓴 것이라 統紀가 있는 것은 아니나 燕巖의 逸話, 楓石의 逸話, 月巖의 逸話 等이 가다가 朝鮮文學史의 參照거리가 될 만할 뿐만 아니라 交遊가 모두 一代의 名流인지라 聞見에 미친 것을 平敍한 속에 貴重한 留跡이 많다."

55 항해의 문장론은 실제 淸初 古文三大家로 불리는 魏禧와 桐城派 文論을 완성한 姚鼐 등과 연관이 깊다. 이는 항해의 문장론에서 그 영향관계를 간략하게 검토할 예정이다. 또한 그를 비롯한 삼형제가 駢儷文을 선집 · 편찬한 『象藝薈粹』도 당시 중국 문단의 駢文 유행과 일정 정도 관련이 있다.

56 『縹礱乙幟』 권15, 「睡餘演筆」 下. "徐楓石嘗見余中年作記傳類篇曰: '諸子之文, 後人有略倣之者, 而至純用其法, 則始於此文見之.'"

57 『沆瀣丙函』 권9, 「睡餘瀾筆」 續下. "臺山賞余文, 以爲靈心妙構, 湧出於空無之地, 不但臺山之論然也."

58 洪奭周, 『淵泉集』 권19, 「海居齋詩鈔序」. "自孤露以後, 余志益衰, 學益惰, 不復自課如疇昔, 而兩弟年力方益壯, 仲弟特長於古文, 日出其奇, 肩莊馬於千載之上, 而季弟則愈益工韻語, 上自李杜, 下薄蘇陸, 以至近世諸名家, 一過目, 輒能移其神."

59 항해는 실제로 詩보다 文을 중시하며, 특히 여타의 글과는 달리 雜著를 강조한다. 그의 진술대로 문학의 정수는 그의 산문에 오롯이 깃들어 있음을 알 수 있다.[『峴首甲藁』, 「峴首甲藁輯次」. "古人文集, 率多先詩而后文. 余之此集, 以文爲重, 故先文而后詩, 以視貴文而不貴詩. (…) 雜著, 古人集中, 多置之卷末, 而余嘗謂序記諸文, 率或因人强述, 而雜著則信意立言, 發於自然, 論道抒懷之作, 往往多在於此. 欲觀人志氣文章, 當於此觀, 故特弁之. 說亦雜著之流也, 故附而次之."]

제1부 생애와 저술

1 洪奭周, 『淵泉集』 권23, 「祭仲弟文」; 권29, 「仲弟墓誌銘」. 이하 『淵泉集』으로 표기함.

2 『峴首甲藁』, 「峴首甲藁輯次」. "三十以前, 少壯之歲也. 過玆以往, 則浸强而浸衰, 志氣文華, 將日與往時殊焉. 故以三十以前之作, 別爲是集. 其名曰甲藁者, 蓋將以嗣后所著曰乙曰丙以續之也."

3 『縹礱乙幟』 권12, 『睡餘放筆』 上. "夢閱自著文稿, 多瓌詭煒燁, 不可端倪, 卷軸亦甚富, 茫然自以爲吾何能及此? 是夢亦不止一二遭."; 『西淵聞見錄』, '沆瀣洪先生遺事' 73. "先生甚自愛其詩若文, 每有作, 必手寫于烏欄楮, 或手自考之, 分其類編而藏之."

4 허경진, 「峴首甲藁」, 『연세대학교 중앙도서관 소장 고서해제Ⅱ』, 연세대, 2004; 김영봉, 「縹礱乙幟」, 『연세대학교 중앙도서관 소장 고서해제Ⅰ』(상동); 전송열, 「沆瀣丙函」(상동); 김철범, 「孰遂念」(상동)

5 『峴首甲藁』, 「峴首甲藁輯次」. "藏書紀, 凡七種, 皆可各爲一書, 而今混於集中, 故錄之文詩之后. 其曰藏者, 盖欲藏之巾衍而秘之也. 古人曰可與知者道, 難與俗人言, 此之謂也."

6 『沆瀣丙函』 권5, 『睡餘瀾筆』 上. "『甲稿』當更定, 已言於『演筆』. 去歲乙未, 余年恰五旬, 而三十以后之作, 鈔錄者頗多. 遂分編立目, 斷爲乙稿[題曰『縹礱乙幟』], 凡十六卷. 其編目次第, 悉依『甲稿』之例[墓文, 『甲稿』所無, 故次於行狀之下. 『藏書紀』, 改其稱曰『叢秘紀』.]. 『甲稿』有自序及輯次小題, 而今懶不復爲."

7 우리나라 문장 선집에 해당하는 『大東文雋』과 『海東諸名家文選』은 김철범, 「李朝 後期의 東文選集과 散文批評의 전개」(『한국 고문의 이론과 전개』, 태학사, 1998)와 안대회, 「朝鮮時代 文章觀과 文章選集」(상동)을 참고하고, 기하학(수학) 관련 저술에 해당하는 『幾何新說』 『雜碎隨鈔』 『幾何雜碎補』 『弧角演例』는 전용훈, 「洪吉周 數學硏究와 그 淵源」(『열상고전연구』 17, 열상고전연구회, 2003)과 「19세기 조선 수학의 지적 풍토: 홍길주의 수학과 연원」(『한국과학사학회지』 26권 2호, 한국과학사학회, 2004)을 참고하여 재론하지 않는다.

8 『淵泉集』 권29, 「仲弟墓誌銘」. "憲仲之娠, 吾先妣夢豹隱南山."

9 항해는 자기 자신에게 보낸 편지에서 '峴山子'라고 밝힌다(『峴首甲藁』 권4, 「自貽峴山子書」 참조).

10 守一齋는 본래 항상 거처하며 讀書求道하던 재실의 당호다(『峴首甲藁』 권2, 「卜居識」, '附小識' 참조). 항해는 『尙古圖回文義例』의 評語에서 '守一齋曰'이라고 사용한다(김명호, 「朴珪壽의 『尙古圖回文義例』에 대하여」, 『한국의 경학과 한문학』, 태학사, 1996 참조).

11 한국역사연구회 19세기정치사연구반 지음, 『조선정치사(1800~1863)』 상(청년사, 1990), 226~256쪽 참조.

12 김문식은 "洪奭周 家는 18~19세기의 대표적인 정치세력이었던 豊山 洪氏와 達成 徐氏의 결합으로 이뤄졌으며, 학통이나 혈맥 상으로 老論계의 金昌協-魚有鳳·金元行을 잇고 있었다"고 지적한다(「洪奭周의 經學思想 硏究」, 『규장각』 16, 서울대 규장각, 1993 참조).

13 『縹礱乙幟』 권3, 「先府君墓誌」. "府君雅不樂交游, 常與吾先妣及不肖昆弟, 談經史詩文以爲娛. 不肖昆弟, 幼學書未有外傅, 從府君受句讀訖, 輒就先妣溫習, 至袞抱中猶諄諄, 詔古聖賢言行不怠, 俾克有成立. 府君常戒不肖等曰; '不勉于學而丐人文以取過擧者, 非吾子孫也.' 先妣尤不肯以慈掩威, 雖孩提, 未有不率教, 立訶責, 俾不敢仰視, 至諸孫亦然."

14 『縹礱乙幟』 권14, 『睡餘演筆』 上. "余自髫齔時, 不離父母側, 學書于先君子, 而請益於淵泉先生. 及夫弱冠以后, 每當先君子從政, 有暇與先妣對坐內寢, 淵泉先生公退, 暨余及弟妹, 皆環侍于前, 所承聆, 皆前哲懿行, 所講討, 皆經史微言. 暇則唱酬歌章, 游戲翰墨, 以供娛悅, 竟日怡愉, 不知世間有皺眉事. 然其時恬以爲恒. 至今追惟, 便若宿世. 嗚呼, 此樂眞虞廷孔門以后, 所初有, 前后數千年之間, 參焉而爲三. 嗚呼, 此生何可復遭? 嗚呼痛哉!"

15 『縹礱乙幟』 권16, 「家庭唱酬錄序」. "我先君子於世, 泊然無所好, 顧篤耆歌詩, 然亦不喜與人唱醻以求知于世. 每命題拈韻, 唯吾母氏及吾昆弟姊妹, 相屬而和之, 如是者累白千章. 嗚呼, 天下之寶, 莫過於文章, 人之至樂, 莫如昆弟姊妹相怡愉於父母之側也. 然能文之士, 世常以十百數, 人之有父母昆弟姊妹之樂者相望也. 至若一室之中, 長穉男女, 皆能習風雅嫺聲律, 以天下之至樂, 與其至寶, 合焉而爲一, 求之於

古, 蓋未有若吾家也. (…) 於是, 拔其爲大軸者十, 錄之於卷, 凡爲詩各體七百有七篇, 爲賦十有李篇. 迺涕泣而識之曰; '金玉象貝, 有力者, 足以聚之, 詩書禮易春秋之文, 有一聖人出, 可以復作矣. 若是卷者, 宇宙以來, 吾知其必無二也. 千駟萬鍾, 公卿之貴易致也. 高文鉅章, 焜燿鏗鍧, 倫揚馬而匹李杜, 可勉而求也. 若是卷者, 終吾之生, 莫得以復續矣."

16 『淵泉集』 권23, 「祭仲弟文」. "及吾弟三歲而能識字, 四歲而能通切音, 五歲而能誦詩文, 六歲而能推卦爻."; 권29, 「仲弟墓誌銘」. "生四歲, 已能誦古詩文累百言. 一日家方治飮燕, 具珍甘滿室, 憲仲負手其間, 不一游目睫, 行且詠左思招隱詩, 跌足坐餠屑中. 家人皆大噱, 而憲仲徐起復誦, 恬然若無覩也. 五歲觀圖繪所傳古人善行, 獨喜誦張文饒·司馬君實, 矢口爲文, 往往多近道語. 七歲學八卦, 聞乾坤震巽坎離之義, 卽推類以通諸艮兌, 其聰悟率類此.": 洪翰周, 『智水拈筆』 권8. 「淵泉公·沆瀣公」. "沆瀣公天姿英發, 聞一知二, 故纔學語讀千文, 四歲通訓民正音, 七歲解卜筮." 이하 『智水拈筆』로 표기함.

17 『淵泉集』 권23, 「祭仲弟文」. "自玆以往, 讀一篇, 綴一辭, 又未嘗不於吾叩應. 曁其年日益長, 學日益進, 或披卷論文, 或卽事講理, 君心我意, 爾口吾舌, 兩語齊發, 不約同符, 相視而笑, 其樂無旣. 盖終始五十餘載之間, 無一日之非影于形, 無一辭之不響于聲也. 雖間因事會, 有時睽濶, 而紙墨之間, 心肺宣露, 有懷必申, 有疑必訊, 耳目所接, 無小大不相告知, 千里之外, 又未始不如一室也."

18 『峴首甲藁』, 「峴首甲藁輯次」. "伯氏所著書, 余爲之序跋者, 文或未善而姑存之, 以見吾兄弟文史相與之樂."

19 『縹礱乙幟』 권13, 『睡餘放筆』 下. "余少淵泉先生十二歲. 余初學書時, 先生文章道學, 已傑然成師儒. 然先生四十歲以後著述, 其章句法度之間, 多與余相資. 海居少亦學於余, 而比年余之見解, 往往有得其助者."

20 『沆瀣丙函』 권5, 『睡餘瀾筆』 上. "余之文詞視淵泉, 不啻霄壤, 而偕作一題, 往往大意偶同. 淵泉作「李景時墓表」, 與余所作「景時誄」, 結語恰相類. 淵泉作「靈芝頌」, 與余所作「芝語」, 又大有同處. 兩文皆余先作也. 他文詞一二句相犯者, 尤不勝紀."

21 『峴首甲藁』 권5, 「四箴」 참조.

22 항해는 1811년 김이호가 盈德縣으로 부임할 때 글로 전송하고(『峴首甲藁』 권3, 「送金盈德序」), 이후 六經과 兩漢, 韓愈文과 杜甫詩에 치력했음을 밝히며 그의

죽음을 애도한다(『縹礱乙懺』 권3, 「表從兄郡守金公言行述」). 참고로 「送表兄金子盈德序」(『淵泉集』 권18)과 「表從兄德川郡守金公行狀」(『淵泉集』 권32)이 있다.

23 심명영은 연천의 어릴 적 친구로 항해와도 일찍부터 교유한다. 항해는 1818년 新昌縣에 부임한 그와 글을 주고받으며(『縹礱乙懺』 권6, 「與沈新昌書」), 「雄山烈孝碑頌」도 그의 부탁을 받아 글을 짓는다(『縹礱乙懺』 권6, 「雄山烈孝碑頌」). 참고로 「答沈維新書」(『淵泉集』 권17)와 「送沈維新宰新昌序」(『淵泉集』 권18)이 있다.

24 『縹礱乙懺』 권15, 『睡餘演筆』 下. "余十一歲作詩, 其一聯曰; '歸雲漠漠洲中月, 落木蕭蕭江外村.' 表兄玄巖金公曰; '天下奇才也.' 沈德川維新氏則曰; '幼作已如是蒼鍊, 他日恐不能免宋元之卑.' 淵泉獨笑而不言. 其意蓋以金兄之奬爲太過, 而亦以維新說爲未必然也."

25 洪翰周, 『智水拈筆』 권8, 「淵泉公 · 沆瀣公」. "十四歲尙眇小, 爲人所負入場圍, 口號對策, 滔滔數千言, 一揮而就. 旣長, 泛濫百家, 旁通算數選擇之書, 蓋近世逸才也." 이하 『智水拈筆』로 표기함.

26 『峴首甲藁』 권1, 「記夢」 참조.

27 『淵泉集』 권29, 「仲弟墓誌銘」. "十六發解進士, 七年之間, 凡六登解榜, 華聞大彰, 主會試者, 或物色求之, 而憲仲不肯與知也."

28 항해는 그와 교분을 맺어 이후로도 왕래가 지속된다. 항해는 그가 醫術에 전념한 일을 축하하면서 醫術의 폐단을 지적한다(『峴首甲藁』 권1, 「芝園說」). 이후 항해는 『孰遂念』의 「用壽院記」에서 환자의 의원에 대한 불신과 의원의 약에 대한 맹신을 통렬하게 비판한다(최식, 「洪吉周의 卜居와 『孰遂念』」, 『동방한문학』 28, 동방한문학회, 2005, 198~200쪽 참조).

29 『峴首甲藁』 권3, 「送陳生序」 참조.

30 『峴首甲藁』 권3, 「贈夢坡鄭子序」 참조.

31 『峴首甲藁』 권4, 「與鄭景守論句課書」; 『淵泉集』 권30, 「李景時墓表」 참조.

32 『縹礱乙懺』 권6, 「祭亡室卒哭文」. "昔我在胞, 王考孝安公夢, 神告曰; '金粟如來, 將托生公家, 爲其配者, 已降世矣.' 又聞子五歲而痘也, 外姑夢, 吾曾祖考靖惠公, 乘高車入門, 升堂而坐, 徧呼家人, 與之語; '痘果不藥而功就.' 繇是推之, 子與我配

匹之緣, 殆天之所定而祖先之所佑也."

33 『峴首甲藁』 권3, 「八範屛序」. "余內子嘗造一屛, 楮其質, 請余書訓辭, 以施諸座隅. 余乃述爲人父母夫婦若子若婦若兄弟若姊姒之誡凡八章, 以書于其八扇. (…) 用詔諸昆仍靡替, 則斯屛之穀吾家, 豈不厚且遠哉?' 內子悅斯語, 請幷題于屛端."

34 『沆瀣丙函』 권2, 「杞園先生年譜跋」. "譜有家藏舊本, 先生玄孫命能及外曾孫李正觀, 實相與博蒐而演纂之. 吉周亦嘗與聞乎其删證也, 僉以卷尾之識屬焉. 吉周先生外玄孫也. (…) 吾家之保有詩禮, 式至今相詔以無替先生之賜爲多. 世之不知先生者, 觀乎吾家, 亦可想像其一二焉."

35 이때 지은 글로는 「廣居齋記」 「迎鳳堂記」 「李昌梅傳」(『峴首甲藁』 권2)과 「延城北園賦」(『峴首甲藁』 권5)가 있다.

36 『峴首甲藁』 권3, 「延城紀實詩序」. "詩與史其文异, 而其意則未嘗不同. (…) 乙丑冬十二月, 家親莅海之延安府, 延西北之衝, 而王城之保障也. 丙寅春三月, 余自京城, 始往覲焉. 周眂其城郭湖山原野村閭, 愾然有感焉. 乃於眺覽之餘, 掇其邑志, 旣爲此詩. (…) 是詩也, 首敍關防, 次載官制及邑名沿革, 次述邑治城池, 山川臺榭之勝焉而記之, 俗習人才之美焉而志之, 五穀百卉禽獸魚鼈之産焉而錄之. 又略論前任人惠績之在民者, 壬辰之捷, 宗祊大勳而延之, 忠臣烈士, 盖多因此而顯者, 不得不特詳焉. 間又附邑中故事之傳聞者, 以備尙論之士攷焉."

37 『淵泉集』 권20, 「跋憲仲延城記實詩」. "昔蘇欒城作「黃樓賦」, 不知者以爲子瞻所假手也. 子瞻聞之, 笑曰; '吾弟之文實勝僕, 而世俗不知, 乃以爲不如耶?' 余嘗謂欒城之文, 雖未必勝於子瞻, 而實有與子瞻相上下者, 子瞻之言非謙也, 亦非私其弟也. 然今去二蘇之時, 七百餘年矣. 誦二蘇之文者, 踵相接也, 而能信子瞻之言者寡矣, 而況並世之人乎? 吾弟憲仲遊延城, 作「紀實詩」凡千餘言, 見之者皆以爲余作也. 及告以憲仲之作, 則又莫不戄然以驚."

38 『峴首甲藁』 권6, 「余從家大人, 住瑞興官府者五歲. 辛未初夏, 家大人將解紱歸. 瑞興雖無名勝, 居之已久, 不能無桑宿之情. 爰述五載間來往游賞之事, 賦成一百韻.」 참조.

39 이때 지은 글로는 「觀獵記」 「記獵者對」 「怪石巖記」 「長壽巖記」 「蒙養齋記」 「書烈婦朴氏事」(『峴首甲藁』 권2)과 「瑞興府羅帳山祈雨祭文」(『峴首甲藁』 권5)가 있다.

40 이때 지은 글로는 「游谷雲記」(『峴首甲藁』 권2) 「幾庵游史序」(『峴首甲藁』 권3)

과 「雪嶽百潭寺願堂上樑文」(『峴首甲藁』 권5)가 있다.

41 李憲明, 『西淵聞見錄』, <沆瀣洪先生遺事> 62. "如「長鯨吟」, 足以挑天下義勇之氣." 이하 『西淵聞見錄』으로 표기함.

42 『峴首甲藁』 권6, 「長鯨吟」 참조.

43 『淵泉集』 권29, 「仲弟墓誌銘」. "至年二十二, 始幷中生員進士試. 是科也, 諸主司, 亦有意收之而不可得, 意以爲已屈也. 及坼名, 始相顧嗟歎, 先大人聞其事, 爲詩以識喜. 有曰; '秋毫不藉營爲力, 愛爾衷情只信天.'"

44 『峴首甲藁』 권3, 「記里經序」 참조.

45 『淵泉集』 권16, 「答李審夫書」. "頃年西行時, 嘗爲程路記一篇, 戱用公穀傳體, 爲之注文. 雖不足以塵覽, 平生倣像古人者, 惟有此作, 因有感於憲仲之言, 聊持以請教. 又有讀書錄四紙在舍季, 所稿尙未脫, 如欲一覽, 亦不敢有隱也.": 『沆瀣丙函』 권5, 『睡餘瀾筆』 上. "如淵泉『記里經』之出於『公羊』·『穀梁』, 余舊作「志游」之原於「七發」, 夫人而知之. 詞苑鉅工, 或以此自夸, 隻眼實可笑, 至以『記里經』謂出『水經注』者, 尤近說夢."

46 『峴首甲藁』 권3, 「濟救單方序」. "世之爲病於民國者, 固有甚於癀瘧瘡瘍風癱癲癎之屬, 而其濟救之術, 又皆不越乎單方. 醫國者, 莫或求焉, 何也?"

47 『峴首甲藁』 권6, 「放歌行」 참조.

48 『峴首甲藁』 권1, 「志游幷小序」 참조.

49 『峴首甲藁』 권8, 『時言』, 「物言第四」 참조.

50 『淵泉集』 권16, 「答舍弟憲仲書」. "吾弟文, 非吾所可及, 如「物言」·「志遊」二篇, 置之古人集中, 亦不多見. 更宜多讀古書, 講求義理, 以深其根柢, 則歐曾已上, 亦莫之能禦矣."

51 『淵泉集』 권18, 「洪氏讀書錄序」 참조.

52 『淵泉集』(한광수 발행본, 1911.), 「年譜」, 庚午條. "作『讀書錄』. 先生錄平生所讀書籍之目, 分經史子集四部, 而論斷于下. 蓋倣於「簡明目錄」, 而去取甚精, 簡擇甚嚴, 約而悉, 醇而法, 僞學詭道, 咸見辨正. 眞讀書考古之金鏡也. 凡四卷."

53 『峴首甲藁』 권3, 「採葵軸跋」 참조.

54 『沆瀣丙函』 권1, 「表從兄故白川郡守鄭公行狀」. "公免喪, 年纔十七已. 夙徧經史, 性不乎弄, 穆然若成人. 顧無甚督誨之者, 輒勃然自奮, 來學于吾家, 進止云爲, 必

稟吾伯父暨先君. 貌薰言繹, 琢鏤漬灌, 退則與吉周俱師吾伯兄淵泉先生, 被簡笑飫硏墨. (…) 公于功令文, 無所不能, 旣又自力於經術文章, 皆參透其竅, 會獨其志. 不局于是, 慨焉以斯世斯民爲己憂, 未嘗一日不形于色辭. (…) 公恒以未及事正廟爲至恨, 嘗因夢賦詩, 名其卷曰採葵. (…) 當翼宗代理時, 受睿知特深, 庚寅在白川郡, 奉諱哀痛不欲生, 賦自悼詩以見志. 甲午純廟登遐日, 舁疾赴闕外, 班哭甚哀, 以此疾益深. (…) 後數歲, 先生遭嚴譴去國, 蹙然曰; '使景守在者書牘又盈篋矣. 公亟用力朱子書, 爲文必主乎贍暢, 操筆直寫, 不可迎拒, 胸中之所溢溢, 若不暇輸諸紙墨, 尤長於簡牘, 至論生民疾苦政事利害, 纖核痛切, 有陸敬輿李伯紀之風.' (…) 吉周與公同學, 坐臥不相離, 一日之睽, 詞札積案几, 如是者凡三四年. 蓋自詞學趣背, 才智短長, 以至性分之所囿, 表裏精粗, 無一毫相秘, 言出乎口, 融然而契, 未嘗俟其畢. 每相語, 必繼之以大笑, 在旁者聽之, 往往如啞謎禪偈, 不可曉. 以故知公者莫余深. (…) 公少嘗夢蘇子瞻贈一卷書, 自號夢坡, 旣而又夢見朱夫子, 易之以夢晦, 間又自稱莘巷居士, 蓋欲以伊尹顔淵自期也."

55 『沆瀣丙函』 권7, 『睡餘瀾筆』 下. "少與夢坡遊, 遇事卽境, 言發於口, 往往不謀而雷同, 未可辨其孰先孰後語已. 輒相視大笑曰, 何幷發也. 或於離居時, 各有言語事爲, 又往往巧合, 仍相呼爲千里神交, 又以若合符節目之."

56 『峴首甲藁』 권10, 「與表從兄鄭景守(世翼)書」 참조. 현전하는 『峴首甲藁』는 권10이 결락되어, 『沆瀣子文選』(『永嘉三怡集』 坤)과 『『沆瀣先生集文鈔』(『東文集成』 續六)을 참고할 것.

57 『峴首甲藁』 권4, 「與表兄鄭景守獻序文書」; 「答鄭景守辭倩文書」; 「答鄭景守書」; 『縹礱乙幟』 권4, 「送表兄鄭景守監鎭安縣序」: 『淵泉集』 권18, 「送鄭景守東遊序」; 「送鄭景守宰鎭安序」; 권29, 「表從弟白川郡守鄭君墓誌銘」 참조.

58 『峴首甲藁』 권4, 「與鄭景守論旬課書」; 『淵泉集』 권30, 「李景時墓表」. "往歲, 余嘗約吾弟吉周憲仲, 及內弟鄭世翼景守 · 外弟徐忠輔夏卿 · 友輔仁叟, 日誦閱經史, 有得與有疑, 皆書之以往復辨質. 每十日輒合, 聯爲一巨軸, 名之曰『旬課』."

59 『沆瀣丙函』 권5, 『睡餘瀾筆』 上. "內兄徐夏卿兄弟, 嘗作一篇文, 字字皆換以他字, 取其義近而文奧者, 如換北爲子, 換春秋爲陰陽, 甚至換昏爲嫁[昏姻之昏, 與嫁義近. 今借其意, 改昏昧之昏爲嫁.]. 展其帋, 幽黯詭怪, 不省其爲何樣文字, 讀之無二三字接續成語者. 以示諸士友, 無不擲于地曰; '此鬼呪也.' 號爲博贍敏慧者, 俱不能

曉."

60 『縹礱乙幟』 권16, 「立後說」. "淵泉先生作「正名辨」, 論爲人後者, 稱其所生父母, 爲伯叔父母之非, 其言正而辯, 雖聖人不可易. 至立後之非禮, 則盖未暇及也. 余竊推其意而廣之, 作是說."

61 『縹礱乙幟』 권4, 「送徐內兄仁叟游金剛序」. "余幼少治文藝, 騃甚不能博, 交游惟內外昆弟, 偕肄業. 表從兄鄭景守·內從兄徐仁叟, 與余齒相近, 相與處, 寂久驩甚, 遇輒讙呼諧笑以竟日. (…) 歇惺樓之壁有書曰; '鄭世翼洪吉周, 庚午重陽, 邂逅山中, 同登此樓.' 仁叟其系之曰; '后十年庚辰某月日, 徐某追至, 與其神偕遊于此.'"

62 이덕무는 『耳目口心書』 4(『靑莊館全書』 51)에 문장에 대한 김홍운의 언급을 수록하고 있는데 내용은 다음과 같다. "문장을 짓는 데는 悟解가 없으면 안 된다. 소동파 같은 사람들은 妙悟法을 터득하였기 때문에 볼만한 작품이 많은 것이다. 『楞嚴經』과 『莊子』는 한번 읽지 않으면 안 된다. 또 한 가지 병통이 있으니, 문장을 짓는 자들이 精熟한 경지에 이르지도 않았는데 도리어 글자 수를 줄이는 것으로 급선무를 삼기 때문에 意思가 통하지 않는 것이다. 비유하면 처음 시를 배우는 자가 먼저 精神과 意趣가 무엇인지 배우지도 않고서 律格의 고저에만 집착하여 도리어 마음대로 지을 때보다 못한 것과 같은 것이다. 문장을 짓는 것도 이와 같아서, 之·於·乎·也 같은 글자를 아무리 많이 쓰더라도 또한 만족스럽지 않은 경우도 있는 것이다. 그러므로 다만 句法에 타당한지의 여부를 바랄 뿐이다."

63 『峴首甲藁』 권2, 「東方子傳」. "自余髫丱時, 東方子每愛余, 以爲當世之奇才. 余亦喜東方子豪爽, 每有作, 必相反覆, 其至也, 未嘗不爲之置酒. 其論古人之文也, 上自詩書, 下逮八家, 歷歷如指掌, 尤喜左氏傳誦之, 終身不忘. 旣老, 夜無眠, 嘗手抄易繫以下經史古文若干卷, 閉目坐誦, 往往達晨. 嘗屬余敍『經書輪誦』, 余許之而未及成. 又嘗選古文之純正可讀者, 名之曰『文苑梁炙』, 別錄其奇怪可翫者, 名之曰『文苑芰棗』. 余常欲借讀未果, 而東方子遽棄世."

64 『峴首甲藁』 권2, 「大東文雋序」·「海東諸名家文選序」 참조.

65 『峴首甲藁』 권2, 「尙氏四世述」. "配豊山洪氏同知中樞府事主輔女. 其六代祖文敬公諱某, 卽吾九代祖也. 有四子二女, 仲子得容中武科, 今爲百夫長. 與余甚善, 故余爲

道其事.":『淵泉集』 권32, 「恭人洪氏行狀」 참조.

66 『淵泉集』 권32, 「尙德翁述」. "德翁以弓矢取科第, 仕至西班從三品. 頗甚喜書籍, 間輒誦易論語及六韜孫武書, 天文籌數, 畧通其大要. 然絶口不談方術機祥, 見人有一善, 輒喜稱道, 往往爲文以傳之. 得古今事有可鑑戒者, 亦輒手自抄述. 其書滿室, 久亦多散失, 今存者, 有『星漏合編』·『東國山川攷』·『周行通譜』·『續捃鑑諸子髓英』·『東人歌曲』, 卽其蘊, 亦大抵具是矣."

67 『沆瀣丙函』 권8, 『睡餘瀾筆』 續上. "淵泉先生作『記里經』, 備述自京至瑞興道路山川之詳. 尙德翁常言; '坡州細柳店之近, 有叢石, 天使朱之蕃題字, 宜載入書中.'"

68 『縹礱乙幟』 권6, 「幾何珠盤銘」. "世之以盤珠代算, 皆一格以御加減. 尙氏德翁, 增之爲三格以御, 因歸其數, 起于微, 至億而止. 其左右又皆竪一格, 左受大數, 止于秭, 右承小數, 止于淸淨. 厥造綦精, 而用之甚廣, 可以御三乘方之賾."

69 『淵泉集』 권18, 「星漏合稿序」. "余於今之治藝者, 得兩人焉. 有金生泳者, 治九九之法, 尤精於曆象, 作『漏籌通義』·『中星紀』兩書, 其纖悉微密, 古人不能過也. 尙君若能, 亦喜談象數者也. 然於世所稱一切災祥氛祲之說, 皆屛棄不問, 而獨取此兩編, 手寫而藏之. 夫中星者, 堯典之所首列也. 漏籌者, 周官挈壺氏之所掌也. 余旣重金生之精於度數, 而又喜尙君之用心合於古人, 故爲之序."

70 특히 항해의 수학 관련 저술에 대한 연구는 영수합 서씨와 천문학자 김영의 영향을 주로 다루고 있을 뿐, 상득용은 언급조차 없다. 그러나 항해는 『孰遂念』에서 新修書籍으로 『壽民全書』 380권 가운데 『單方鈔』 3권을 언급하는데(『孰遂念』 5관), 이는 상득용이 저술했다는 『濟救單方』과 연관이 깊다. 그러므로 상득용과 같은 인물은 면밀한 검토와 연구가 요구된다.

71 『峴首甲藁』 권3, 「送花梁鎭僉節制使尙君得容序」; 『縹礱乙幟』 권2, 「一林園記」; 권5, 「山川圖說跋」; 『縹礱乙幟』 권6, 「鑪銘」; 『淵泉集』 권18, 「送尙君得容鎭花梁序」; 권23, 「酹尙德翁引行文」 참조.

72 『縹礱乙幟』 권2, 「遺安齋記」. "故處士完山李公, 余雖未及見, 而少習其胤子參奉公, 又與其孫元祥盟如游. 嘗見夫參奉公, 年六十猶衣布, 而未嘗一出言干祿利, 元祥盟如, 仰耈俯孩, 屋不禦風雨, 而處之恒由由. 吾以是知公不以貴富之爲危遺子孫也. 嘗見夫參奉公, 博於經籍, 爲文詞奧而有法, 不拘拘飾身, 而進止參繩矱, 元祥盟如, 皆襮禮衷詩, 嗜善如粱臛. 吾以是知公不以窮而不學之危遺子孫也. 嘗見夫參奉公,

自守如處子, 朋友相稱引者厖列, 而穆然若無所能, 元祥盥如, 皆剷華而崇實, 惇內而晦外. 吾以是知公不以才美名譽之危遺子孫也. 及余從元祥得公文集及元祥所撰行狀遺事而讀之, 槪見公固窮力篤於五倫, 蚤截意科擧, 孶孶求理道之蘊, 賢士大夫多與之友善, 而晩皆簡來往, 隱居鄕廬, 名與迹俱泯."

73 항해는 기원의 外玄孫이자 玄孫婿이고, 순계와 염재는 外曾孫이 된다.

74 『西淵聞見錄』, <沆瀣洪先生遺事> 18. "先生旣有天資之粹美, 而又資賢父兄之敎, 素性又甚勤, 博洽群書, 綜核故實, 蘊爲德行, 發爲文章. 其所著述甚富, 而旣寡交遊, 亦不肯示人, 惟與李醇溪兄弟相好, 有大作, 輒相示而已."

75 『縹礱乙㦨』 권15, 『睡餘演筆』 下. "余性拙, 不喜以文藁示人. 故所作雖其得意者, 往往有淵泉所未及見."

76 『西淵聞見錄』, <沆瀣洪先生遺事> 69. "先生嘗謂余曰; '凡求文章者, 必於古人文上, 用工方可得力. 上自詩書, 下逮唐宋, 皆可讀也, 餘不足讀. 縱讀之得力, 不卑野則冗長, 不冗長則破碎. 縱臻微妙之境, 無足以傳于後. 且不可不就高明之士, 聽其談論. 又得勝我者共做. 三者缺一, 則不可以有成. 非獨求文章者然, 雖學近世科體詩, 不如是則不成也.'"

77 『峴首甲藁』 권1, 「讀李審夫自然銅說」. "余讀其文而爲之言曰; '子徒知無故而蓄散骨者, 必將有跌傷之辱, 獨不知旣富而益聚粟帛者, 必將有凍餒之憂乎. 凡物利於人者, 必與災俱, 奚獨散骨然哉? (…) 誠能使理天下國家者, 知是道焉, 散多而聚寡, 損富而益貧, 則吾將見粟帛之狼戾於道塗, 富者過而不敢顧, 饑寒者取之以資活, 奚啻散骨比哉? 古人所以使金如土, 菽粟如水火, 循是道而已.'"

78 『峴首甲藁』 권2, 「實事求是齋記」. "西京之儒, 專一經以爲學, 用之治郡, 則爲良牧守, 用之治獄, 則爲良獄吏, 用之治財賦, 則爲良有司, 用之治天下國家, 則爲良宰相. 實事之是, 又豈在方策外哉?"

79 『縹礱乙㦨』 권16, 「明學」 참조.

80 『峴首甲藁』 권4, 「與李元祥論齋義書」. "往嘗得執事文數十篇而讀之, 雖未敢窺覬其閫奧, 竊以爲言出乎心, 文與言爲一, 眞古人之文也. 今得玆篇, 其言亦未始不出乎心也, 其文亦未始不與言爲一也. 獨惜其不以執事之文爲文, 而迺竊竊焉倣象爲也. (…) 執事所倣戴氏之書, 又直爲戴氏之書之文, 而非有倣於古也. (…) 執事宜亦自爲執事之文, 而非有倣於戴氏之書然后, 眞能學戴氏之書者也. (…) 固知執事此文,

出於游戲, 非其所篤好. 然一猶多矣, 愼勿屢爲之, 深所望也. 篇中子舒子祥之稱, 尤其倣象之甚者. 然此幷與倣象, 而不能工焉. 使周之人而有元祥稚舒者, 則戴氏之書, 吾知其必曰元祥稚舒, 而不曰子祥子舒也. 今欲以倣象之故, 遽改其字, 設欲記朝鮮國名于篇, 則將何以稱之耶?"

81 『峴首甲藁』 권4, 「與李元祥書」 참조.

82 『峴首甲藁』 권4, 「答李審夫書」. "『時言』戲作耳, 豈盡無疵尤?"; 「與李元祥書」. "『尙友書』一卷, 往歲所嘗戱作, 而君子觀之, 亦足以見其志焉."

83 『峴首甲藁』 권4, 「與李元祥書」. "『尙友書』一卷, 往歲所嘗戱作, 而君子觀之, 亦足以見其志焉. 藏之三年, 至今未嘗以示人者, 非拙也, 誠以其取舍之間, 有己心之權衡, 自以爲至微至精, 非可以言說告人, 而恐世之觀者, 或執以爲是非之曉曉也. 今於執事, 不敢秘之, 而文未脫藁, 以潦草封呈. 亟賜斤正, 勿煩人眼目, 至望. 如有盛文一二行以弁其藁, 尤不勝萬幸."; 「答李元祥論尙友書書」. "唯以執事素同乎吾, 如有不合于執事, 是必吾亦不合者. 始雖謬迷, 后當省悟, 以是屢回往復, 不嫌絮瀆. 唯執事畢敎之, 傾囷倒廩, 何所隱匿? 區區之望於執事者, 亦如是. 不旬餘, 又當隣比, 繼自今隻字片辭, 必相礱斲以求交益, 深所喜也."

84 『沆瀣丙函』 권5, 『睡餘瀾筆』 上. "余作『尙友書』, 實有取材於柳州「先友記」, 讀者皆未悟, 而唯醇溪識破. 『孰遂念』成, 醇溪只見其一二卷輒曰; '是出「將就園記」.' 蓋余欲著是書, 厥惟久矣, 而至讀「將就園記」, 益有所得於排鋪匠構之大略, 但其體裁, 大有幻脫. 微醇溪, 亦莫能炤透耳. 今年作「降福頌」, 醇溪評之曰; '此體自相如「封禪」·孟堅「典引」·子厚「貞符」而來.' 余作此文時, 實屢閱此數篇及韓退之「元和聖德詩」等作, 博雅之士, 可畏如此. [如淵泉『記里經』之出於『公羊』·『穀梁』, 余舊作「志游」之原於「七發」, 夫人而知之. 詞苑鉅工, 或以此自夸隻眼, 實可笑, 至以『記里經』謂出『水經注』者, 尤近說夢.]"

85 『縹礱乙懺』 권5, 「贈李盥汝序」 참조.

86 『縹礱乙懺』 권6, 「與李盥汝書」 참조.

87 『縹礱乙懺』 권13, 『睡餘放筆』 上. "余幼無他嗜, 或戱爲雜文, 寫于紙, 久皆佚不收. 間有存者, 追閱之, 皆不成文. 唯十歲所作「凡錢章誚求扇文」, 及十五歲所撰『孝經註解藁』, 皆散失. 每思之, 似或有可觀, 然使其藁存, 又安知不如他文之可笑乎?"

88 『智水拈筆』 권8, 「淵泉公」. "又有「十二樓記」, 以七寶文, 聯絡書之, 如玉連環樣, 古迴文之類也."

89 『西淵聞見錄』, <沆瀣洪先生遺事> 62. "它如『十二樓記』, 卽不過先生最少時以文爲戲者, 而此獨盛行于世, 咸以爲文中之紵繡畵圖而珍翫之, 爭圖寫壁上而觀之. 嗟呼, 是烏足以知先生之文也哉?"

90 『孰遂念』 14관. "游戲之文, 少年才高者, 時或作之, 以恢筆徑, 而長老不宜效尤. 燕岩翁少時, 作『放瓊閣外傳』, 沆瀣子少時, 作「十二樓記」, 晩皆悔之." 안대회는 「十二樓記周觀圖」도 意園의 일종으로 파악한다(「18 · 19세기의 주거문화와 상상의 정원-조선 후기 산문가의 記文을 중심으로」, 『진단학보』 97, 진단학회, 2004, 129쪽 참조).

91 『淵泉集』 권30, 「先妣貞敬夫人大邱徐氏墓表」. "仲子吉周, 治文辭甚工, 方朝夕掇科第. 先妣謂曰; '吾門已盛矣, 而爾又欲求榮耶?' 吉周遂不復科擧."

92 『淵泉集』 권29, 「仲弟墓誌銘」. "世敎日下, 能文之士, 類多矜己而鶩名, 又率以文章爲干進之具, 如憲仲者, 又可以文士例哉?": 『西淵聞見錄』, <沆瀣洪先生遺事> 27. "先生恥世之撇棄四維, 營營於爵祿者, 自中進士以後, 只數年赴第, 見士習之不端, 逾往逾甚, 又懼門第盛滿, 遂不復入場屋, 時先生年二十六矣."

93 『峴首甲藁』 권10, 「與鄭景守書表兄世翼」. "士誦聖賢之言, 蹈聖賢之行, 將以尙吾志邁吾德也. 今同塗而詣, 同門而入, 同庭而趍者, 千百人皆竊竊, 而我獨誦聖賢之言, 蹈聖賢之行者, 則其肯抑首擡尻, 伈伈憒憒, 姑逐竊竊之隊而行乎? 誠萬萬無是理. 僕聞冠衣不正, 廉者耻肩, 縣名乖義, 君子廻軫, 況其實若玆者乎? 且掘地爲穽, 覆之以文繡, 人將不知而趨之. 上焉而父母諸兄, 下焉而妻子奴隸, 以至朋友賓客徒吏之屬, 苟有知其穽者, 必皆徒跣呼號, 奔走扶牽, 使不得近乎其側. 今者, 上焉而父母諸兄, 下焉而妻子奴隸, 以至朋友賓客徒吏之屬, 迺反推之使赴者, 是豈無恩而然哉? 特不見其穽, 而徒見其文繡也. 當是時, 已苟知其爲穽, 則必將告之以穽而不赴焉, 又豈有心知其穽, 而迫於父母諸兄妻子奴隸賓客徒吏之屬之言, 忘生捨命, 强趍以自陷者邪?" 『峴首甲藁』 권10이 결락되어, 『沆瀣子文選』(『永嘉三怡集』 坤)과 『沆瀣先生集文鈔』(『東文集成』 續六)을 참조.

94 『沆瀣丙函』 권9, 『睡餘瀾筆』 續下. "臺山讀余寄鄭景守書曰; '此友平生執守, 可見於此文.' 嗚呼, 臺翁今已矣 [今年庚子六月翁下世.], 吾誰與歸?"

95『峴首甲藁』 권5,「處女賦」 참조.

96『峴首甲藁』 권9,『悔言』.“良工不自售, 駿馬不自鳴, 秀閨不自妁, 哲人不自擧. 莫有知之, 其已而已也.”

97 한국역사연구회 19세기정치사연구반 지음,『조선정치사(1800~1863)』 상(청년사, 1990), 71~125쪽 참조.

98『峴首甲藁』 권2,「卜居識」.“君子入則修道以養心, 出則爲政以利物, 君子之道, 斯二者而已. 余卜峴首第, 其室宇園庭, 咸錫以名, 以寓用行舍藏之義焉.”

99『峴首甲藁』 권2,「卜居識」, <附小識> 참조.

100『峴首甲藁』 권4,「與德汝書」.“每當靜臥, 念究竟安身之所, 唯有卜一邱閑地, 專流峙之美, 搆茅茨其上, 時披翫古人書爲樂, 而計此淸福, 天不肯輕以予人, 未知何日得遂玆意也. 設令得之, 苟無一二同志可與偕是娛者, 則亦知無意趣.”

101 최식,「洪吉周의 卜居와『孰遂念』」,『동방한문학』28, 동방한문학회, 2004 참조.

102『峴首甲藁』 권1,「孩兒初度祝語」 참조.

103『峴首甲藁』 권3,「題沈英叟楚人歎後」.“今英叟與我, 晨夕劬書以資學, 將欲何爲者? 其可不以今之訾懷王者, 反以自究歟? 嗚呼, 世之能不信讕而疏原者, 果幾人也? 烏獨懷王乎哉? 烏獨楚人之嘆乎哉?”

104『峴首甲藁』 권2,「聾啞齋記」; 권2,「三畏堂記」 참조.

105『峴首甲藁』 권4,「重答李審夫書」.“竊自思之, 君子非讀書, 無以悟道, 既悟矣, 非著書, 無以覺衰世而徵來許.”

106『峴首甲藁』 권8,『尙友書』 참조.

107『西淵聞見錄』, <沆瀣洪先生遺事> 29.“先生平居對客, 未嘗談及世道間事, 至於某人某官除拜之事, 亦一未有及焉. 其或有閑雜人客語[來]及於此等事[或瑣瑣談, 竟晷不已], 先生只聽之而已, 亦不示厭苦之色, 亦未嘗言客之過失.”

108『峴首甲藁』 권3,「大東文雋序」; 권3,「海東諸名家文選序」 참조.

109『峴首甲藁』 권3,「明文選目錄序」.“明文選二十卷, 目錄一卷, 淵泉先生之所編也. (…) 夫所謂六經諸子馬班韓歐之書, 其善者, 固已焯焯光耳目. 讀之者, 口滑而心飫. 至若有明一代之文選者, 少善本, 諛之者黨其尤, 訾之者罪其良. 是選也, 所以厚明人也. 其亦仁人君子之所用心也. 嗚呼, 自己庚以下, 三轉而至于癸, 十干之位窮焉, 窮則復起于甲. 明亡以后迄于今, 二百年, 文之弊亦極矣. 吾願先生之無淹乎

是, 而復歸于六經也."

110『峴首甲藁』 권4, 「自貽峴山子書」. "僕心志蕩以散, 精氣昏以塞, 古聖人禮術法言, 邈若不相謀者有日, 是足下所讀之書使之然也. 僕願足下, 亟投弇山牧齋二書于焰, 束東人諸集于庋, 取昔所讀聖人之書而益讀之, 俾僕得以偕進于道, 不勝萬幸."

111『縹礱乙幟』 권16, 「禜誦」. "景星霱虹, 寒者不得以衛躬, 靈芝異卉, 餓者不得以實胃. 凡國之所以爲瑞者, 固於民無所厚也. 爾詎知霖雨之匪大瑞乎? 於瑞, 又何禜之有?"

112『縹礱乙幟』 권1, 「勝覽日筴」「勝覽別筴」 참조.

113『縹礱乙幟』 권4, 「送宗人太初之任金井丞序」. "郵之政, 不越乎治馬, 所統御吏民, 不數百人, 繇是而上, 有郡縣之理, 繇是而上, 有觀察節度之職, 繇是而上, 又有治天下國家之務. 夫以天下國家而眂一郵, 其相去, 豈直海與渠哉? 然紘埏之博, 步武之累也, 億兆之庶, 一夫之積也. 明以莅之, 慈以拊之, 持之以淸嚴, 帥之以勤勵, 循是則集, 悖是則隳, 郵之與天下國家同也. (…) 太初與余, 皆學於吾兄淵泉子, 平居相與講治天下之道."

114 최식, 「李憲明이 바라본 沆瀣 洪吉周」, 『동양한문학연구』 21, 동양한문학회, 2005 참조.

115『縹礱乙幟』 권7, 「神告賦」: 『西燕聞見錄』, <沆瀣洪先生遺事> 62. "嘗爲其伯氏公, 著「神告賦」, 歷敍平生事及被誣寃苦之情, 激昻慷慨, 楚騷後初有之文也.

116『縹礱乙幟』 권16, 「復聰」 참조.

117『西燕聞見錄』, <沆瀣洪先生遺事> 27. "自是, 屛絶世間名利間事, 自丁丑誣獄之起, 淵泉相公, 橫被誣衊, 先生益韜晦, 惟恐世之擧名也."

118『縹礱乙幟』 권2, 「金泳傳」. "余於金泳, 知衰世之不可有爲也. 雖伊尹呂尙之才, 其止於如是而已, 況泳乎哉? 始泳之得與修曆也, 吾祖考孝安公, 領雲觀, 爲上力奏成之. 由是, 泳於吾家甚善. 余少嗜算術, 嘗從泳辨句股一二說. 旣余益致力斯術, 有所論述, 蓋將以示泳, 未果而泳死. 遂爲之, 著其事而悲之."

119『縹礱乙幟』 권3, 「妹壻沈景召行述」. "少志學, 未就而病, 痰迷神亡. 雖日用衣飯, 不能省在, 而獨惓惓於經典, 每取孝經近思錄心經之類, 寘諸几, 時翫之. 朝所讀, 晝已不記, 而猶孜孜不忍捨. 居憂時, 亦讀書, 每讀數行, 必伏案作哀號數聲, 聲已

復讀. 比年雖在吉服閒居, 或對客簡言笑, 恒有戚戚色. 其在閨門, 對妻兒, 亦絶無懽洽, 時口常發哀疚聲. 盖其篤孝之性, 出乎天, 而又恒以病不能盡誠爲至恨, 不覺其自發于呻吟也."

120 『縹礱乙巙』 권3, 「外舅懿陵參奉魚公墓誌銘」. "吉周娶公女, 從公游數十歲. 公愛之特異, 其平常議論, 不可以告諸人者, 于吉周無秘, 繇是獲覸, 公閫奥頗深. 且記先君子於人, 鮮奬詡, 獨屢稱公良吏材."

121 『縹礱乙巙』 권2, 「潦花齋記」. "余少嘗求功名不遂, 處城闉中, 滋不耐囂諠, 蓋將宅一壑以老, 而無貲財, 不能自謀."

122 『縹礱乙巙』 권16, 「冊睡鄕侯九錫」 참조.

123 『縹礱乙巙』 권4, 「三韓義烈女傳序」 참조.

124 『西燕聞見錄』, <淵泉洪先生遺事> 12. "公嘗取余五世詩文稿而盡覽之, 手爲之選而序之曰; '余居西江上三年, 蓋得一人焉. 曰李生憲明, 年方二十餘, 與人居婉婉如處子, 手一卷書, 終日無倦色, 出其詩若文, 皆可喜, 如其爲人也而已. 因李生得見五世詩文焉. 於是乎, 知李生之好學劬文, 所由來甚遠也.' 起辭盖如此."; 李憲明 編, 『李氏世稿』, 「李氏世稿序」 참조.

125 『縹礱乙巙』 권4, 「審齋稿序」·「奚疑稿序」·「澆花齋詩稿序」·「李生文稿序」; 李憲明, 『西燕聞見錄』, <沆瀣洪先生遺事> 64. "先生序余高王考審齋公集序·曾王考奚疑公集序·王考集序·家大人澆花集序, 又序余詩文若干篇什, 皆先生所手選評點, 而最愛余家大人詩集. 嘗曰; '精典雅潔, 詩家之正逕也.' 又曰; '德箴家文章之盛, 近世所罕見, 可與李汝成(晩用字也)家相甲乙.' 盛矣, 先生之此言也."; 李憲明 編, 『李氏世稿』, 「審齋稿序」; 「奚疑稿序」 참조.

126 『西燕聞見錄』, <沆瀣洪先生遺事> 62. "而它如「逐沴文」, 辭嚴義峻, 足以墮天下奸宄之膽."

127 『縹礱乙巙』 권4, 「續史略翼箋序」. "先君子嘗爲是懼, 作皇明史略一卷, 以續曾氏書, 家兄淵泉先生, 普搜諸書以註之, 俾略者悉而遺者補, 凡十六卷, 命之曰翼箋, 翼輔也, 箋註也. (…) 表章先人之書, 孝也. 盡心於皇朝之事, 忠也. 集群書而不沒其長, 搜潛德而不滅其名, 厚也. 取舍皆宜, 而無偏乎詳簡, 知也. 俾讀者不厭而不陋, 永受其利, 惠也. 著盛衰興廢之故, 昭忠邪賢不肖之辨, 用詒萬世則, 仁也. 蓋一書而六善具焉."

128『淵泉集』 권29, 「仲弟墓誌銘」. "壬午始仕, 爲徽陵參奉, 以太夫人年高, 棄官歸."

129『西燕聞見錄』, <沆瀣洪先生遺事> 27. "年三十七, 有佐銓人知先生名, 擧擬徽陵參奉副望, 蒙恩點, 出膺數月. 時淵泉相公, 按湖南道, 先生呈由往留于湖南舘, 以限滿不歸, 遞改."

130『縹礱乙幟』 권3, 「亡室魚恭人墓誌」; 권6, 「祭亡室文」「祭亡室卒哭文」「祭亡室大祥文」「祭亡室窆遷文」「告亡室墓文」.

131『西燕聞見錄』, <沆瀣洪先生遺事> 54. "歲壬午, 先生喪其配魚夫人, 時先生有一子二稺女. 先生以義重伉儷, 不復娶. 時先生年未四十, 而子姓又甚單弱, 兄弟宗族親戚咸勸之, 先生終不聽. 淵泉相公常曰; '語云, 匹夫之志莫奪, 其吾弟之謂乎.'"

132『縹礱乙幟』 권15, 『睡餘演筆』 下. "嘗夢卞士裕以文藁二策見示, 而文皆荒俚, 唯其中盟山讀葉二篇, 極奇麗可選. 覺而不能記一句. 士裕來, 以其夢告, 相與大笑. 旣而士裕眞作此二篇, 文亦不甚奇. 余戲效之, 讀葉則俚鄙不可讀, 盟山一篇, 雖雜用謔語俗諺, 而詞却絶奇. 士裕袖其草去, 後稱見失, 遂不傳可恨. 士裕嘗居北山, 自謂有高致. 余戲作四言詩二十韻, 韻用感部, 劇道其塵容俗狀, 題曰北山移文以示之, 士裕甚惡之. 乞勿鈔于藁中, 故亦不傳, 今唯記其兩句曰, 低肩受拍, 滌手承頷."

133『縹礱乙幟』 권4, 「送李稺川序」. "李君穉川居, 與余隔閈, 歲僅再三遇."

134『縹礱乙幟』 권6, 「祭從子祐謙文」 참조.

135『縹礱乙幟』 권4, 「潦花詩稿序」 참조.

136『沆瀣丙函』 권2, 「再書辛巳治病說後」. "余之識任翁德卿也, 余方少壯, 翁亦僅踰四十. 今翁已七十有四歲, 余亦駸駸乎六旬. 自始至今三十餘年矣. 翁雖居于鄕, 其足跡多在京師, 京師之士大夫識翁者如麻, 翁獨寢飡余兄弟家, 自始交已, 累療余親疾. 居無幾, 余家長幼貴賤, 賴翁而蘇病者無算. 洎辛巳, 又皆受翁豫試鍼, 以故余家無遘沴者. 當是時, 京城中搢紳韋布, 下逮委衖待翁以爲命者相望, 壹往來數十家, 殆無晷刻息, 而猶日再三至余家, 問上下老少無疾而後去."

137『淵泉集』 권21, 「題任德卿辛巳治病說後」. "任君德卿作辛巳治病說, 旣成, 托使燕者, 持以示中國人. 中國人知醫者, 盛爲文稱歎之. 德卿又徵余贅一言. 德卿深於醫者也. 是說也, 又見賞於中國之知醫者矣."; 『沆瀣丙函』 권2, 「題任德卿辛巳治病說後」 참조.

138 『淵泉集』 권18, 「送太初宰安峽序」. “余與太初同宗也, 而又同閈居, 爲童子時, 又同遊處. 方太初十許歲, 意氣橫溢, 讀書甫掩卷, 輒奔軼如飛電, 上攀危梢, 下跌深淵. 又或手脩竿巨石, 左右跳舞, 作長槍强弩勢.”

139 『縹礱乙幟』 권5, 「追書送安峽縣宰詩後」 참조.

140 『沆瀣丙函』 권6, 『睡餘瀾筆』 中. “余嘗與太初言: ‘人皆以生於衰世爲恨, 若問何事爲生於衰世之第一恨, 則當如何答?’ 太初應聲曰; ‘多忌諱, 不能吐胸中言, 爲第一恨.’ 余爲之擊節.”

141 『峴首甲藁』 권5, 「李景時誄辭」. “昔我泊子, 偕齡在弱, 握甎騈瑱, 曾莫謂駮, 君有文章, 發之彪然, 我詞之蓁, 輒涴其戔, 窈彼漢北, 白石如滌, 君言簡簡, 我笑赦赦, 三淸有閣, 矢落壺呿, 我言藉藉, 君笑噓噓, 維爨二序, 文杏脩脩, 庭氷秸席, 煦硯以喉, 我竊白牒, 君亦進士.”

142 『淵泉集』 권30, 「李景時墓表」. “往歲, 余嘗約吾弟吉周憲仲, 及內弟鄭世翼景守 · 外弟徐忠輔夏卿 · 友輔仁叟, 日誦閱經史, 有得與有疑, 皆書之以往復辨質. 每十日輒合, 聯爲一巨軸, 名之曰『旬課』. 居久之, 見軸中有一紙, 不知爲誰書, 其文愷, 其字端, 其言咸纚纚有理致. 問景守, 則曰; ‘此李熙夏景時筆也.’ 方是時, 景時以弱冠, 屢取雋場屋間, 聲華藉甚, 而景守 · 仁叟, 與景時鄰, 憲仲又與有姻好, 俱數數稱景時才.”

143 『縹礱乙幟』 권2, 「金泳傳」. “其於曆象算數之學, 殆神授也. 其爲術也無師, 不識布縱橫算, 獨取幾何原本一部而讀之, 旣而曉其理, 其於數, 無復可習也.”

144 『縹礱乙幟』 권2, 「金泳傳」. “余少嗜算術, 嘗從泳辨句股一二說. 旣余益致力斯術, 有所論述, 蓋將以示泳, 未果而泳死.”

145 洪仁謨, 『足睡堂集』 권6, <府令壽閤稿>, 「貞敬夫人行狀」.(洪奭周 撰) 참조.

146 전용훈은 항해의 수학 관련 저술에 대한 연구에서 이 부분을 정인보의 기록을 재인용하고 있으나, 본래 『峴首甲藁』의 권두에 수록된 「峴首甲藁輯次」 중 『幾何新說』에 대한 내용이다.

147 『峴首甲藁』, 「峴首甲藁輯次」. “然余於幾何之術, 自七八歲而學之, 至十歲餘, 已通盈朒方程句股之說, 間從事古聖賢書, 未暇致力於斯. 二十以后, 又復浸淫算家書, 布籌之不足, 畵方圓誌甲乙于紙者, 殆溢笥. 又一二年, 遂盡曉弧角八線測望之理. 於是處乎堂室之內, 則欐壁牕櫺, 以及乎几案書帙之列置者, 莫不以長平圓直弦矢之形見焉. 出而行于途, 則山之高也, 城郭之遠也, 田疇溝洫之或平或直或圭或梯, 橫縱側斜凸凹之不齊也, 各以其形呈焉. 凡天下之物, 所見無非此理, 而吾之心應之而無碍. 雖古之專門者復作, 莫余詰焉. 是書皆拚去舊說, 刱立新術, 非敢欲跨古人而上之. 盖亦見余用心之勞且苦也."

148 『孰遂念』 제14관, 『雜碎隨鈔』 참조.

149 『縹礱乙巘』 권11, 『幾何雜碎補』 참조.

150 홍석주는 「書義烈女傳後」를, 홍현주는 「書三韓義烈女傳後」를 짓는다.

151 『沆瀣丙函』 권5, 『睡餘瀾筆』 上. "竹溪善言論, 而往往有打乖處, 故爲反論以驚人也. 余少時嘗曰; '竹溪反論, 驟聞固可駭. 然其心未必眞如是, 認得此, 却易辨. 其且笑且談者, 皆眞情也定論也. 莊色厲音而言者, 故爲戲語耳.' 淵泉大以爲然, 以告竹溪, 竹溪亦笑, 然其色似惡其覷破親切者."

152 『縹礱乙巘』 권5, 「附尾日草序」. "伯氏淵泉先生之入燕也, 余縻吏事, 未與偕. 李生憲明德箴, 實從之行, 余爲之言以贈之. 越四年, 余在報恩郡, 德箴始修其日記三卷, 題曰附尾日草, 携以示余."

153 『西淵聞見錄』. <沆瀣洪先生遺事> 71. "洪蕉堂祐喆, 海居都尉之胤子, 與先生子祐健 · 先生族侄祐吉 · 安峽儒生金衡斗, 共結社, 名曰金瀾, 以結平生不忘之誼. 其約條甚多, 其大旨則相敬相勉, 毋怠毋荒也. 每相見必揖, 尊海居都尉爲鄕先生, 進止擧動, 倣周禮鄕飮禮. 每於佳節令辰, 設酒食, 賦詩作文而娛之. 先生聞而嘉之, 謂社中人曰; '德箴大有功於吾兒, 且其好學根於天性, 不可漏名其中.' 遂令入參. 於是, 余及其族人成謨, 俱列於其位. 見者聞者, 莫不艷羨, 而有文士之欲參名者, 並不許."

154 『淸史提要』는 3권 3책의 분량으로 서울대 규장각에 전하는데, 본래는 6권이다.

155 『西淵聞見錄』, <沆瀣洪先生遺事> 61. "先生嘗自比於漢之水鏡先生, 客有問之者曰; '亦果辨英雄豪傑在眼前乎?' 先生曰; '吾之自比, 非辨別人物也, 以其姿稟之近似也.' 客笑謂曰; '我則謂公如孔北海, 但公不喜客, 不喜酒耳.' 先生笑而不答. 先生罕言寡交遊, 又嘗自韜晦, 先生之所存乎中者, 客未窺測. 公之藻鑑, 果未知與水鏡先生何如, 而嘗見有片紙書評當世某某人之優劣, 有曰; '風流富貴之家, 可使與子弟遊.' 又曰; '十室之邑, 可使爲風憲.' 歷書數十人. 今不必言誰某, 而以其辭而想其人, 則亦可的仝焉."

156 최식, 「李憲明이 바라본 沆瀣 洪吉周」, 『동양한문학연구』 21, 동양한문학회, 2005 참조.

157 『峴首甲藁』 권7, 『春秋默誦』, 「春秋默誦敍」. "『春秋』, 聖人之權也. 其微辭奧義, 不可得以盡知之, 若夫程夫子所稱'大義數十炳如日星'者, 又學者所不可不知也. 后之學『春秋』者, 或就其不可知者, 彊詰之, 咻咻不已, 夷考其立身行事, 顧迺與其大義數十炳如日星者, 而盡棄而反之. 烏虖, 此又何也?."

158 『峴首甲藁』 권7, 『春秋默誦』, 「春秋默誦敍」. "余讀『春秋』, 喟然而嘆, 爰述此書, 引其義而證諸今, 以爲世戒. 以故, 所論, 不必皆章句本義, 而唯其援以致之於時宜也."

159 『孟子』, 「萬章」 下. "以友天下之善士爲未足, 又尙論古之人. 頌其詩, 讀其書, 不知其人, 可乎? 是以論其世也. 是尙友也."

160 『峴首甲藁』 권8, 『尙友書』, 「尙友書幷題辭」. "求之於今之人, 則師其尊而有德者, 友其良而有業者. 求之於古之人, 則其聖者師之, 其賢者友之. 此孟子所謂尙友也. 余傷今之人鮮可友, 迺取古人余所欽愛者, 作『尙友書』, 以之晨夕覽觀, 若從其人而游, 又何必濯眼摻袪, 親接其言笑而后友云乎哉?"

161 『峴首甲藁』 권8, 『時言』, 「逸餘第六」. "『時言』本十數篇, 皆散佚, 所存厪五篇. 此二段得之於殘缺之餘, 不記本屬何篇, 故合而錄之, 別爲一篇而名曰「逸餘」."

162 『峴首甲藁』 권8, 『時言』, 「政論第五」. "「政論」本三篇, 此卽其上篇也. 中下二篇逸."

163 『峴首甲藁』 권4, 「答李審夫書」. "時言戱作耳, 豈盡無疵尤? 執事不但詡諭之太濫, 其所謂貶抑者, 乃援之於國語戰策. 夫國語戰策, 皆古人文辭之極, 其豪勁馳騖自得. 繇漢以降, 盖無其倫者, 愚蒙豈嘗彷彿於斯? 今以貶抑而援之以此, 則其所謂貶抑, 乃反稱揚之極也, 夫豈所待於執事者哉?"

164 『眉山集』 권9, 「題孰遂念後」. "辯於淮南鴻烈而有『時言』."

165 『孰遂念』 13관, 「壬居業念」 仲. "寓言小著, 可發妙悟, 可長文氣, 時或作之, 無害. 舊有小著數卷, 今鈔其若干則, 以啓後來人戶扃."

166 『孰遂念』 13관, 「壬居業念」 仲, 「眞藏經」. "此書中數段, 實有爲孰遂念之大關鍵者, 讀者詳之."

167 『眉山集』 권9, 「題孰遂念後」. "玄於老子而有『眞藏經』."

168 『孰遂念』 14관, 「壬居業念」 叔, 「時言」. "凡七篇萬餘言, 多妙論奇文, 不可勝選, 今節錄四十六則."

169 참고로 添削이 가해진 내용을 차례대로 제시하면 아래와 같다.

"北山翁曰; '楚人有新得越女者, 指西箱曰; 這生白者何物? 客曰; 白是白頭翁. 曰; 白頭翁其背曲. 曰; 背曲則牛鞍. 曰; 牛鞍有四孔. 曰; 四孔非甑耶? 曰; 甑其黑色. 曰; 色黑則烏鳥. 曰; 烏鳥翔舞. 曰; 翔舞則巫也. 曰; 巫好撞打. 曰; 撞打則鐵匠. 曰; 鐵匠必鋏. 曰; 鋏則蚌蟹. 曰; 蚌蟹入穴. 曰; 入穴則蛇. 曰; 蛇好噤. 曰; 噤則虎. 曰; 虎跳躍. 曰; 跳躍則蚤. 曰; 蚤其色赤. 曰; 色赤則棗. 曰; 棗其味甘. 曰; 味甘則餳. 曰; 餳易粘接. 曰; 接則妾. 曰; 妾越女而天下白者也. 客曰; 然則這生白也是耶? 楚人大笑之.'"(『孰遂念』 제13관, 「時言」)

"至大者天也, 側一目窺之以罅, 得其皎皎焉. 然未嘗不謂之天也. 故曰; '至大者, 可以小.' 溝渠之水, 水之小者也. 其終也, 放而入于海, 其本則溝渠也. 故曰; '至小者, 可以大.'"(『峴首甲藁』 권9, 『時言』)

170 항해가 『峴首甲藁』를 다시 刪定하려는 의도는 다음 기록에 보인다. 『縹礱乙巇』 권15, 『睡餘演筆』 下. "余於三十歲, 自刪其詩文草, 文十而存一, 詩百而存一, 總爲甲藁十卷. 今視之, 可刪者又過半, 要當更定, 爲三四卷. 三十以后則每年終取一歲所作, 刪其不可意者, 而錄其稍優. 近歲則以是役付諸兒子, 故刪棄益寡, 甚覺蕪穢, 亦須於閑暇時大費一番淘汰之力耳. 然斯亦自娛之資而已. 余之文, 奚足以傳示來裔?"

171 『西淵聞見錄』, <沆瀣洪先生遺事> 17. "先生所著科詩, 在十二三歲已優, 可應試而入格. 先生書篋中, 舊有亂藁數十卷, 蓋自戊午 · 己未, 至己巳 · 庚午, 十餘年間, 曰詩曰賦曰義曰表曰策文, 至屢千首之多. 以其靈慧之識, 其勤工又如此, 惟疑心則不見有一二首. 先生於庚辰夏, 悉取觀之曰; '留此奚用? 徒爲累於後耳.' 只取各體中最精者若干篇, 手自謄之爲一卷, 名曰『少鄙集』, 餘盡塗壁. 自爲序有曰; '全棄則悔怨楚騷, 稍廣則芾譏唐詩.' 又曰, '況十年精力之所鐘, 亦一時風氣之可考?' 有求觀者輒與之. 蓋先生之留此, 非爲後裔場屋應試之具也."

172 『縹礱乙巇』 권7, 「少鄙集自敍」 참조.

173 『西淵聞見錄』, <沆瀣洪先生遺事> 19. "余嘗以先生所著「少鄙集自敍」見于苕泉金奉朝賀公, 驚曰; '直逼唐之四傑, 我東四百年, 無此作矣.'"

174 『智水拈筆』 권1, 「騈儷文」. "新羅時, 崔孤雲儷語, 妙絶今古, 非獨「黃巢檄」一文. 且我朝李東洲敏求「靑平公主新第上樑文」, 亦絶調, 而東洲他文, 皆工矣. 又近日李判書晩秀, 文辭贍麗, 其「仁政殿上樑文」, 爲淵泉公所賞, 至選入『象藝薈粹』中, 每稱屐園四六, 澹蕩流麗, 不減蘇長公, 推許如是. 然, 以余所見言之, 沆瀣公四六之才, 決不讓李屐園, 雖以「象藝薈粹序文」, 亦可見鼎之一臠, 豹之一斑也. 『象藝薈粹』, 淵·沆二公, 共選古今人儷文, 而始自陸士衡『文賦』, 迄於本朝之李屐園, 可備播芳大全一書者也."

175 『孰遂念』 7관, 「附儷律考」. "或謂四六有字律, 唐宋諸作, 無一句不協, 近世東人之儷, 只叶句律, 全不顧字律, 大違式也. 嘗以是攷之乎? 古儷, 盖唐人則多叶而少違, 宋人則不叶者又甚多, 至明清之作, 謹守曲拘, 毋敢少踰越. 明文如錢謙益「浩氣吟序」, 時或有不叶處, 雖明清人其以文章大家自處者, 固不必規規也. 東人之只協句律, 宋人法也, 不可謂大違式. 今若曰何不近倣明淸而遠倣唐宋, 則吾固無辭矣. 如云唐宋人未嘗一句無律, 唐宋人四六具在, 新學兒童, 皆得以考其平仄, 不可容空言誣也. 且以孰遂念一書之所載言之, 如「柔架閣」·「角巾堂上樑文」·「南三院春賞序」, 皆嚴中字律, 而至「象藝薈粹序」及「回文儷語」·「奇謎第三」, 又皆不然, 於此, 益可知其或協或否之無足拘也."

176 『淵泉集』 권29, 「仲弟墓誌銘」. "丙戌爲童蒙敎官, 歷長興庫主簿·義禁府都事·景陵宮令, 出爲平康縣監·報恩郡守, 病免去."

177 『西燕聞見錄』, <沆瀣洪先生遺事> 27. "後數年, 復拜童蒙敎官, 旋陞六品職爲義禁府都事. 時翼廟代理庶政, 適有庭鞫事, 先生供職甚稱, 旋拜景慕宮令, 出宰平康縣, 居三年, 境內大治, 按使尹公聲大署績曰; '明察吏蠹, 廉謁戶鷄.' 由是陞治報恩郡. 時歲値慘歉, 措治沒策. 先生殫竭誠力, 得賑資以活貧民, 一境賴安. 先生厭於久居, 上京圖遞之際, 純廟昇遐, 先生遂棄官."

178 『西燕聞見錄』, <沆瀣洪先生遺事> 43. "歲丁亥, 翼廟代聽庶政, 設增廣慶科, 前期數日, 下敎截嚴, 有曰; '試官循私, 與國賊同, 而擧子借文, 係是欺君.' 十行絲綸, 森嚴如雪霜, 頒諸朝紙, 八方多士, 咸拭目改觀. 先生喜曰; '聖明在上, 士習可正, 而積弊可革矣.'"

179 강준흠은 연천의 燕行(1803년)에 글로 전송하며(『淵泉集』 권20, 「輶軒錄跋」), 항해는 1828년(43세) 그의 61세 생일을 맞아 축하의 글을 보낸다(『縹礱乙幟』

권4, 「姜校理浚欽六十一歲壽序」).

180 『縹礱乙幟』 권4, 「輶軒錄跋」 참조.

181 『縹礱乙幟』 권6, 「送柳參判使燕序」 참조.. 이외에도 「肯修柳公寫照贊」(『縹礱乙幟』 권6)을 짓고 연천도 「送柳錫老赴燕序」(『淵泉集』 권18)와 「柳錫老像贊」(『淵泉集』 권22)을 남긴다.

182 『縹礱乙幟』 권4, 「李生文藁序」; 『縹礱乙幟』 권5, 「題李生憲明南漢記游卷」 참조.

183 『縹礱乙幟』 권5, 「題海錦集後」 참조.

184 『縹礱乙幟』 권1, 「四部誦惟詮」. "海居子問於沆瀣子曰; '何如斯可謂之讀書矣?' 沆瀣子曰; '其誦惟乎. 誦其文所以富吾蓄也, 惟其義所以固吾得也. 誦而不惟則流, 惟而不誦則竭.' 海居子曰; '吾有志矣, 晩不能博爾. 願受其約而易久.' 沆瀣子曰; '善, 女之問也. 宇宙之間, 有書一袠, 約而括乎博, 其名曰四部誦惟. 其書散在方策, 未嘗薈也. 蓋旋其人焉爾, 女欲之乎?'"

185 『縹礱乙幟』 권2, 「絅堂記」. "余聞侯名久矣. 今年始相識, 見其居于室也, 見其涖事于官也, 見其跌蕩淋漓于江湖花月之間也, 未十旬而凡七八遇焉. 每遇輒置酒賦詩, 談討嬉笑, 不少存畛界, 蓋其肺肝之奧纖毫之末, 無一不發見者. 退而思之, 成乎目, 浹乎耳, 充溢乎心脾, 往往若左右挹焉. 將擧以誦諸人, 則玄乎若湛淵之珠, 窅乎若燏雲之翼, 冲專遐永, 不可以驟索也. 又如寶器扒壁金簡赤文之書, 秘而惜之, 不欲以遽宣也. 故凡與余相知者, 或不知余愛侯如此."

186 『縹礱乙幟』 권5, 「從叔父青松使君六十一壽序」 참조.

187 『縹礱乙幟』 권5, 「同庚稧帖序」. "西原韓子弼敎輔卿, 以丁卯歲生, 今年二十有四. 頗讀古人書, 有志于斯學, 喜文辭, 不妄交人, 合鄰黨親友之生丁卯者五人, 約爲同甲稧." 이후 1840년(55세)에는 永柔縣에 부임하는 그를 글로 전송한다(『沆瀣丙函』 권2, 「贈韓輔卿宰永柔縣序」).

188 『縹礱乙幟』 권11, 『皐津經傳』 참조.

189 『縹礱乙幟』 권5, 「偶書綠畵樓詩卷後」 참조.

190 『縹礱乙幟』 권5, 「書瞻彼薊之北行後」; 「送卞士裕入中國序」; 「送李生德箴入中國序」 참조.

191 『沆瀣丙函』 권2, 「送李醇溪子行臺及弟穉舒北行序」. "后二十八年辛卯, 先生又以謝恩正使行, 余吏于縣, 又不能從, 賦詩七百字曰瞻彼薊之北行以自唱.": 『縹礱乙幟』

권9, 「瞻彼薊之北行」 참조.

192 『縹礱乙懺』 권5, 「海居詩稿序」. "世之學文者, 不累讀, 不能誦, 不熟誦, 不能得其味, 不精思, 不能悟, 不博觀, 無所於取材, 不歷夫艱阻窒閡, 不能通, 其著述, 又未有不自淺而深先勞而後功者."

193 『縹礱乙懺』 권2, 「廣居記」 참조.

194 『縹礱乙懺』 권2, 「玉壺山莊記」 「報恩郡孝狀灾記」 「報恩郡客舍重修記」 「自然亭記」 참조.

195 『縹礱乙懺』 권6, 「吳架閣贊」 참조.

196 『縹礱乙懺』 권6, 「中秋夜會友賞月聯句詩序」 참조. 이 시는 동일한 제목으로 『海居齋未定稿』에도 전한다.

197 『沆瀣丙函』 권7, 『睡餘瀾筆』 下. "余亦言; '丁丑春, 翼宗入學時, 余以太學生入頖宮, 仰瞻盛儀, 退未至月, 覲門十數武, 路人有勸下馬步者, 蓋上與內殿御門內也. 余趨過門數十步, 始復騎馬歸家. 追聞, 余之方過門也, 上從門內指以語內殿曰, 彼進士洪吉周也. 內殿使人問之, 果然.'" ; 『沆瀣丙函』 권2, 「童蒙教官先生案序」. "我純宗大王御極之二十有七年夏四月丙辰, 童蒙教官臣鍾浩臣碩柱臣吉周臣秉龜, 率所授誨卿大夫之適子衆子年十五以下至于八歲凡一百有六人, 入侍于熙政堂. 上親覽其講讀, 王世子侍坐命題, 使賦詩賞賚, 各有差命. 臣等退待于閤外, 賜內廚珍饌, 甚盛遭也."

198 『縹礱乙懺』 권4, 「尙古圖序」. "朴桓卿珪壽, 燕岩先生孫也. 先生博貫宇宙, 旁通乎韜略, 弗枉己以阿世, 弗徇慾以毁廉. 低垂郡縣, 而逴然如林壑間, 若遺章隻辭之爲天下寶者, 盖其游戱云爾. 嘗集古人偉蹟, 作尙古圖若干卷, 其攷蒐之博, 論辨之確, 雖老儒師, 莫能難也. 其崇隱遯而亞文武, 表節直而殿詞藝, 其志之所存, 又可知矣."

199 『縹礱乙懺』 권5, 「讀燕岩集」 참조.

200 이가원, 「『睡餘瀾筆』 중에 소개된 燕巖」, 『한문한문학연구』 1, 한국한문학연구회, 1976 참조.

201 『縹礱乙懺』 권8, 「題桓絅詩卷」. "握筆無千古, 吐氣狹八紘, 崑崙最上峰, 視爲初發程. 蘸管汚佛頭, 我顔方有騂, 餘音宕未已, 復作金玉錚. 風騷迭相間, 曹劉詎堪評, 勳名刻鼎彝, 德音振瑀珩, 此念孰能遂, 三歎意難平."

202 『沆瀣丙函』 권2, 「題北山秋唫卷」. "篘心一歲裁再三覿, 然每相對, 覺心神炯然若有炤. 其詩之云, 衆壑方迷離, 初旭已峰頂者, 近之矣."

203 『縹礱乙幟』 권6, 「與尹洛重尺牘」; 『縹礱乙幟』 권7, 「濯洲新居上樑文」; 『沆瀣丙函』 권1, 「友年陶白室記」; 『沆瀣丙函』 권2, 「絅堂銘」·「送尹洛重守安岳郡序」 참조.

204 『縹礱乙幟』 권15, 『睡餘演筆』 下. "尹絅堂曰; '沆瀣坐臥言笑, 無非文也, 不獨形諸毫墨然后爲文'. 其推挹亦太過矣. 然能一言而透破吾平生妙契苦心秘不輕示人者, 殆無餘蓄, 儘是奇士."

205 「次洪沆瀣吉周寄示韻」(『東樊集』 권2)와 「同沆瀣絅堂作」(『東樊集』 권2)이 전한다. 이 가운데 후자는 1830년 『皐津經傳』을 저술할 무렵에 항해·경당과 함께 지은 작품이다.

206 『縹礱乙幟』 권6, 「與李汝成書」 참조.

207 『孰遂念』 14관, 「一函三寶序」 참조. 원문은 "朴燕巖文·李◯◯詩·李白石科體詩, 精選成一袠, 題曰一函三寶"이다. '李◯◯詩'는 항해가 그 신분을 드러낼 수 없는 처지에 있던 인물로 여겨지는데, 아마도 泊翁 李明五일 가능성이 높다. 항해는 평소 그가 詩에 뛰어나다는 명성을 듣고 한번 만나보기를 소원한다. 그런데 『孰遂念』을 저술할 무렵 공교롭게도 그는 감옥에 갇힌 신세였다. 이후 1831년에 홍현주의 녹회루에서 첫 만남이 이루어진다. 그러므로 '李◯◯詩'는 '李泊翁詩'를 기휘한 것임을 알 수 있다.

208 『沆瀣丙函』 권7, 『睡餘瀾筆』 下. "客有携所作詩卷, 造秋史丐評, 泊翁時亦在座. 俄一客後至, 見丌上有詩卷, 顧泊翁曰, 無乃叟作耶? 泊翁勃然作色, 厲聲而言曰, 公豈以我爲携詩干譽之賤夫耶? 我平生不學此習, 視此類, 不覺氣沖上欲嘔, 公何曾擬我於斯? 問者憮然, 携施者面無人色."

209 『縹礱乙幟』 권8, 「和丁茶山鱸魚行」 참조.

210 『沆瀣丙函』 권2, 「丁茶山承旨回巹壽序」. "茶山丁大夫, 博識貫宇宙, 融悟徹纖微, 蓄弘御博, 無所遇而不恢. 世棄之, 且幾十年, 優游乎江濱, 除書不一至."

211 『智水拈筆』 권8, 「丁洌水若鏞」. "丁洌水若鏞, 午人也. 英宗壬午生, 正廟時文科, 歷翰林, 官至承旨, 年七十餘卒. 卒之日, 余見沆瀣公, 公歎曰: 洌水死, 數萬卷書庫頹矣."

212 『縹礱乙幟』 권14, 『睡餘演筆』 上. "茶山說經, 多發前人所未發, 如論璇璣玉衡所

齊之七政, 非日月五星, 澹臺滅明, 是武城鄕官如東國之鄕所者, 雖未知其必然, 而所論皆鑿鑿有據, 非尋常摸索者可及. 七政說載其所著尙書知遠錄, 澹臺云云載其所著牧民心書."

213 『孰遂念』 15권, 『壬居業念』 季. "嘗謂東人字音, 比中華差正. 中國書契之前, 只有言語, 故造字之初, 因其俗稱而爲字音. 東方開荒之始, 亦有方言而不別造字. 箕子東出, 始以中國文字敎之, 而不能革其已行之方言, 遂兩存之. 東方之言語文字, 判爲兩件, 而不能相入, 盖由是也. 然箕子之以文字敎東人也, 必以殷周之音訓之, 東方本無別行之書契, 取用中國之文字, 則其音亦姑從中國之所讀而已, 又何可別作他音, 故自異於中國耶? 是故, 周之時字音, 華東必同, 其後中國歷幾千年, 屢經胡夷之變亂, 東方亦歷幾千年, 風俗貿貿, 文物湮晦, 字音之以訛承舛, 各自沿變於其方內而不相謀, 宜今之字音, 絶不相近似也. 然而華東之音, 今亦多同者, 益可知厥初之無不同也. 試以韻書攷之, 華音之不協韻者兒二之類也, 東音之不協韻者箚縊之類也, 而華人則不能作侵覃諸音, 皆混於眞先, 東人則能別之. 華人則不能作入聲之終音, 皆混於支微歌麻, 東人則能辨之. 盖華則言語文字合, 故語變而字隨以變, 東則言語文字別, 故語雖變而字未必俱變, 華則屢變於夷狄, 東不過自訛於邦內, 宜東音之尙爲寡過也. 故曰, 欲求三代古音, 東比華爲近."

214 『沆瀣丙函』 권9, 『睡餘瀾筆』 續下. "我東官稱之與中國不同, 茶山皆譏之, 如今吾國子司馬之類甚多. 中國官制, 古今亦多沿變, 其名號同, 而品秩職務逈異者, [僕射侍中之類] 不可勝筭. 茶山何幷諱之而獨苛於東耶? 白徒之稱生員, 固謬矣. 中國則直稱布衣, 爲相公謂之何哉? [余欲著一書, 逐段辨駁, 而不惟懶不能爲, 與其子相好, 故略之耳]"

215 『沆瀣丙函』 권9, 『睡餘瀾筆』 續下. "近俗字音之訛, 如笞讀如苔, 魅讀如妹, 逼讀如乏, 箚讀如次之類, 辨之不難, 以有韻部可攷也. [笞在支部, 而不在灰部. 魅在寘部, 而不在隊部. 逼在職部, 而不在緝洽. 箚在洽部, 而不在支歌] 唯愁當如蒭, 而今如搜, 椽船皆當如傳, 而今如然宣, 恢詼盔皆當如魁, 而今皆如回, 此類又甚多, 不可殫錄, 而韻部相混, 無術可別. 或曰, 東音元與華音不同. 其不準乎韻者, 固宜斷以爲謬. 若愁恢之類, 又孰知蒭魁之爲正而搜回之爲誤耶? 余亦疑其說久矣. 今以華音考之然后, 始渙然悟其辨之之術. 蓋東音雖與華不同, 而其所不同者子音也. 母音則未有不會于一, 東音之與搜同者, 華音皆亽, 而獨愁華音 , 是知愁不當如搜也.

與宣同音者, 華音皆션或쎤쉰. 與然同音者, 華音皆연현或원. 獨船椽, 華音皆쭨, 始知船椽不當如船椽也. 與回同音者, 華音皆휘, 而恢詼盔, 華音皆귀, 是知此三字不當如回也. 以此推之, 東音之舊可徧尋, 而今音之訛可悉正矣."

216 『智水拈筆』 권8, 「淵泉公」. "沆瀣公, 正宗丙午生, 蔭仕郡守, 憲宗辛丑卒, 壽五十六. 所著有沆瀣集 · 孰遂念等書, 而其續度詞 · 書林日緯, 乃遊戲翰墨而作也. 又有十二樓記, 以七寶文, 聯絡書之, 如玉連環樣, 古迴文之類也."

217 『縹礱乙幟』 권7, 「續度詞引」 참조.

218 『沆瀣丙函』 권5, 『睡餘瀾筆』 上. "余於己丑春, 葺書林日緯, 自以爲剏古人所未及. 及翌年見中國人所撰月令粹編, 其義例恰同, 而標目尤備, 蒐羅尤博, 不覺茫然自失. 然攷其成書年月, 在余成童以後, 謂之同時可也. 未必遽謂之古人已有此耳."

219 『縹礱乙幟』 권6, 「與李盥汝書」. "日緯一書, 出於游戲, 無裨學術. 且其掇拾蒐抉, 體裁厖蕪, 不可自附於述作, 特以精力所敝, 未忍扯棄, 委小史鈔錄, 裒成一卷, 固不足以辱足下發揮. 然僕聞之, 良工無棄材, 善馭無駑駘. 足下試一閱之, 抽筆以賁其首, 安知碎絮弊衲不化而爲全疋錦也? 足下之閱此卷, 必與醇溪共之. 僕之不求諸醇溪而求諸足下者, 特欲於荒皮弊笥之中, 具有兩玨耳."

220 『淵泉集』 권4, 「憲仲攷三百六十日故事爲一卷, 名曰『書林日緯』, 約昆弟知舊, 各賦十口. 選二」 참조.

221 『縹礱乙幟』 권11, 『皐津經傳』. "是書一部, 四日而八段, 峰巒波浪, 千折萬變, 奇幻無方, 今不具論, 屬絅堂 · 東樊細評之."

222 『縹礱乙幟』 권6, 「與李汝成書」, "日者, 絅堂明府, 評皐津章句, 多有謬褒, 又侈之以弁卷. (…) 皐津經, 足下宜亦有序跋及評語, 幸惠圖之. 字句之傍, 亦爛施朱黃圈之點之勒帛之, 恣意所欲, 可也."

223 『沆瀣丙函』 권5, 『睡餘瀾筆』 上. "如淵泉記里經之出於公羊穀梁, 余舊作志游之原於七發, 夫人而知之. 詞苑鉅工, 或以此自夸, 隻眼實可笑, 至以記里經謂出水經注者, 尤近說夢."

224 『縹礱乙幟』 권5, 「東郵補牘序」. "時其弟爲吏于關東之平康縣, 先生恒鬱鬱, 簡笑懽, 得一言輒曰; '可以告吾弟也.' 聞一事曰; '吾弟不可以不告也.' 讀書遇會意則曰; '非吾弟, 不足與道此.' 既又曰; '比有書, 不能盡記也.' 迺錄于帋, 標月日以弁之, 便至, 割而納諸簡, 以畀使者. 久而聯纍皐皐然一部鉅書也. 易寫成卷, 閱而讀之, 建言者

翼經, 識事者裨事. 上自天時物候之志, 以至乎室家毉藥詩文術藝賓客應接之叢瑣, 無不有資乎攷法. 鄙俚荒譎, 無益於勸戒者, 盖未嘗一字及也."

225 『沆瀣丙函』 권5, 『睡餘瀾筆』 上. "所作「東鄭補牘序」, 起頭易繫春秋等語, 淵泉先生以爲不襯本題欲改, 亦未果."

226 『縹礱乙幟』 권11, 『三學條例存藁』 참조.

227 『縹礱乙幟』 권11, 『貨殖傳敍地考』. "『貨殖傳』敍地處, 讀者眩其錯紛. 余於少時, 口受於家兄淵泉先生, 作圖以明之. 近閱之, 猶覺有未善. 遂直爲敍說以易之, 庶幾使讀者易攷."

228 『縹礱乙幟』 권11, 『三約記例』. "凡學業藝術, 及治家接人應務之類, 莫不先約而後踐, 俾業無荒而事無滯也."

229 『縹礱乙幟』 권11, 『三約記例』. "今此三約, 由粗入細, 由疏入密, 嚴而實活, 詳而實簡. 遵此不懈, 身自入於規矩繩墨之中, 而心不放, 亦古之學者, 以禮束身之遺意云爾."

230 최식, 「洪吉周의 卜居와 『孰遂念』」, 『동방한문학연구』 28, 동방한문학회, 2005 참조.

231 『孰遂念』 11관, 「辛動智念」. "至若神遊无方, 未始有疆域道里之拘, 如古人所著『十洲記』·『神異經』, 皆泥之甚者痴人之前, 可說夢乎哉? 『孰遂念』一書, 乃神遊者之一部指南, 讀者可自求之, 今不具論."

232 『孰遂念』 16관. "每篇題之曰念, 以見吾念之而已, 未有實也."

233 『西淵聞見錄』, <沆瀣洪先生遺事> 80. "先生心竇極淸淨, 才藝極周通. 故其文章, 亦如之, 或以文爲戱, 觀於其所著『續庾詞』及『孰遂念』一部, 可見也. 它如薄技小藝, 亦皆一見, 而曲盡其妙解.": 洪祐健, 『原泉集』 권7, 「先府君家狀」 참조.

234 張潮, 「將就園記小引」. "九烟黃先生著「將就園記」, 初亦第遊戱筆墨耳, 非眞有所謂園也."; 「跋」. "夫世人之園, 經營慘憺, 乃未久而卽廢爲丘墟, 孰若先生此園竟與天地相終始乎?"

235 朴珪壽, 「孰遂念行」(김영복 소장). "輒以時之不遇, 慷慨激仰士之懷抱利器者, 不能無是念也. (…) 旣而讀洪丈憲仲氏所著『孰遂念』書, 感其意之有相發也, 於是取其書名, 以命是篇云爾."

236 朴齊家, 『北學議』, 「應旨進北學議疏」. "昔宋人有心太平菴之號, 明人有將就園之記, 皆擬辭也, 彼皆在下而不得於志, 故以之擬之於辭耳."

237 洪祐健, 『原泉集』 권7, 「先府君家狀」. "唯『孰遂念』一書爲巨袟, 雖托於遊戱之作, 而府君之平素志蘊, 經術文藝, 以及致澤經濟之具, 大抵多寓是以見, 後世之欲窺先君者, 卽是書亦可得一二矣."

238 韓章錫, 『眉山集』 권9, 「題孰遂念後」 참조.

239 『縹礱乙懺』 권10, 「哭鄭夢坡」 참조.

240 『沆瀣丙函』 권2, 「送金性元宰江東縣序」; 「與江東宰金性元」 참조.

241 『沆瀣丙函』 권1, 「淑善翁主墓誌銘」. "惟我七大祖考永安尉孝懿公, 以仁祖元年癸亥, 尙宣祖大王女貞明公主, 媲德集祉, 昌我後人, 詵詵翼翼, 克引克繩. 至七世孫顯周, 以後三癸亥之明年甲子, 光膺廷揀, 尙正宗大王女淑善翁主, 封永明尉, 禮洽寵隆, 如癸亥時. 朝之卿大夫, 以至閭衖甿庶, 莫不曰天相之也. (…) 吉周記童子時, 隨王考孝安公預內讌, 主時甫周歲, 姆抱至正廟側. 正廟見其服稍麗, 大譴責姆保, 命亟易之. 今思之, 益知正廟誨養之風而主之德有所承也."

242 『沆瀣丙函』 권1, 「春山館上樑記」. "棲林澤者, 數椽而有餘, 宅都市者, 千百架而不足, 故夫因樹而屋, 戴崖而广, 抱書求道, 長往而不顧者, 有之矣. 處芬華之黨, 夾豪囂之聚, 簪組軒駟, 朝夕於耳目, 而能斗其室圭其牖, 詩書圖史自玩而無外徙者, 吾見益尠焉. (…) 余謂上樑文匪古也, 文之用儷亦匪古也. 遂造爲不古不今之文不奇不耦之章, 俾讀而薦之. 是文也, 匪儷而有儷之情, 實與是屋稱."

243 『沆瀣丙函』 권2, 「題尙玄詩草後」. "余與大受, 皆未弱冠, 相唱以文詞, 今三十餘年矣. 曩之同游, 或溘然先徂, 存者率翶翥于宦塗. 其老白首無成, 唯大受而已.

244 『沆瀣丙函』 권1, 「事如齋記」. "許君櫟元老, 幼喪所怙, 長而治文藝, 能詩善書. 盡一朝盡棄之, 繇武擧仕, 出宰泗川縣. 奉其大夫人, 致專城養, 俾躋于高壽. 旣而葬其二親于抱川縣北之某山, 築室于墓前, 爲終老計. (…) 嘗携余兄弟, 偕觀永平山水, 歸宿于是齋, 告余以識之."

245 『沆瀣丙函』 권2, 「杞園先生年譜跋」 참조.

246 『沆瀣丙函』 권1, 「集衆芳山房記」. "孺子喜爲詩, 觸乎遇而發, 其將無竭而無定, 吾於是乎知衖之名有待乎玆, 而山房之顔其義一也. 孺子試以斯文帖于壁, 朝讀之以霞, 暮讀之以靄, 今日讀之以雨, 明日又讀之以霽, 以觀其色相神態, 無方於楮墨之外者."

247 『沆瀣丙函』 권1, 「逸老堂記」. "世有名閥涵湛乎恩澤, 而數名閥者弗及焉. 仕宦至卿大夫, 而數卿大夫者弗及焉. 喜飮酒時作文辭, 而數文與酒者弗及焉. 與親戚隣黨朋知相迬來未嘗自匿, 而數親戚隣黨朋知者弗及焉. 旣無往而弗逸矣, 而數逸者弗及焉, 夫如是, 逸之至也. 夫如是, 逸之眞也."

248 『沆瀣丙函』 권1, 「曠如樓記」 참조.

249 『沆瀣丙函』 권2, 「題北山秋唫卷」. "吼豹裂林厓, 蒼月上松頂, 此經臺詩自評也. 人物眇如此, 天地忽高迥, 此筠心詩自評也. 安得呼來明月光, 撲散玻瓈萬千盌, 此淵齋詩自評也. 萬壑寒聲來戶裏, 群峰秀色落樽邊, 此邵亭詩自評也. (…) 然余每聽經臺論經史古文, 輒怳然撥瞢翳, 旣退又充然如宿飽. 其詩之云, 一笑虛明大江色, 夕陽葉葉風帆滿者, 近之矣. 筠心一歲裁再三覿, 然每相對, 覺心神炯然若有炤. 其詩之云, 衆壑方迷離, 初旭已峰頂者, 近之矣. 淵齋·邵亭, 熟其名而未與之交. 時得其緖言隻句, 隱約如搜深, 望遠而不能造. 其詩之云, 雲鶴忽淸唳, 如聞古人謦, 衆峰簇四圍, 呀然開洞府者, 近之矣."

250 『沆瀣丙函』 권4, 「哭金臺山侍郞」 참조. 정인보는 「哭金臺山侍郞」을 동아일보(1927년 12월 2일자)의 <古今詩叢>에 투고하면서, 그가 시에 더욱 특장이 있음을 지적한다.

251 『西淵聞見錄』, <沆瀣洪先生遺事> 86. "及先生歿後, 余又往唁, 公曰; '吾弟之喪逝, 亦有詩讖之先見者. 吾弟去歲除夕來宿吾傍, 晨起忽書一律詩, 其落句有曰, 歲去不應無去處, 只敎惆悵此人間. 見之不覺失色. 伊時不言不祥, 而心常如物在喉間, 誰想竟有今日事耶?' 仍掩抑久之.": 『沆瀣丙函』 권4, 「臨漢亭守歲」 참조.

252 『淵泉集』, 「年譜」, 辛丑條. "旣歿, 先生誌其墓, 悲慟不自堪. 自是遂絶筆, 竟至疚懷成疾."

253 『西淵聞見錄』, <沆瀣洪先生遺事> 66. "海士洪憲卿甫, 先生之從弟也. 先生喪逝之後, 對余言; '上帝方重修白玉樓, 始召臺山作之, 因甚有不滿處, 復召先生云.' 此雖出於一時詼語, 亦可以見傷嘆不已之意也."

254 『沆瀣丙函』 권7, 『睡餘瀾筆』 下. "秋史博聞, 當世無比, 見識絶高, 全無古人. 以故, 其持論往往太苛, 近世名家鉅公, 殆無一可意, 而幷與唐宋以後書籍, 亦都無可觀, 其立見如此. 故自已罕作詩文, 亦不肯著書. 好觀佛書, 而亦嘗曰; '佛經, 亦未可深信. 方西域之始通中華也, 言語文字, 不能相通. 今中國, 與我邦壤界相聯, 使

价之往來, 若比隣然. 官話俚語, 象胥之互傳者, 猶不能無毫釐之差, 況彼幾十萬里之外, 洪荒以來, 所不相聞之域, 猝然以駭耳之音眯目之書, 以臆相授, 以意相譯, 其失本旨者, 又豈但强半而止哉? 以此論之, 佛書之能不舛於佛旨者無幾矣.' 余深服其言."

255 『縹礱乙幟』 권15, 『睡餘瀾筆』 下. "楓石聞余有放演兩筆, 求見之, 袖而去, 將錄入於所蒐東國叢書. 孰遂念亦爲此丈所覰見, 余平生自秘之苦心, 未免壞破了, 可恨."

256 『沆瀣丙函』 권2, 「讀臺山詩文鈔」. "吉周稍識事, 而家兄與金公, 迭出入館閣, 推挹者益盛, 二公亦甚相得驩然. 吉周嘗一見公家兄座, 而時尙少, 不曉所答問者爲何語. 唯竊意今天下邃學博文, 必無如二公者. 今年己亥, 始再見公於家兄所居楊津之室, 繼又以小舠訪公于蓉洲, 蓋距初見時, 已四十載. (…) 公旣與家兄, 若兄弟然, 吉周之視公, 亦與視家兄無甚異. 公亦不以吉周不才而斥之, 旣再三見, 怡然若少相好至老者, 以詩若文之選爲二卷者, 示吉周. 公之學尤深於經傳及程朱二氏書, 登是卷者, 泰半爲論道講禮之作, 他詩文, 皆玉琢金鎔, 粹外而奧內, 殆與夫淵泉之博大雄峻者, 相經緯若黃赤道然."

257 『沆瀣丙函』 권9, 「睡餘瀾筆續跋」. "三筆旣成, 各有命名, 嗣有所得, 輒錄于帋, 以其未成書也, 尙在巾衍. 今歲不肖孤, 始搜諸舊篋, 得丁酉四十五則, 戊午三十九則, 己亥五十六則, 庚子七則, 辛丑二十二則, 亟移寫爲二卷, 以附瀾筆之後. 不敢別立名目, 因題曰睡餘瀾筆續."

258 진재교, 「19세기 箚記體 筆記의 글쓰기 양상–『智水拈筆』를 통해 본 지식의 생성과 유통」, 『한문학연구』 36, 한국한문학회, 2005 참조.

259 『縹礱乙幟』 권12, 『睡餘放筆』 上. "少時, 志專於文詞, 胸中或驀然成奇文一二段, 或遇事物, 得奇喩瓌語之可用於文辭者, 往往錄于片楮, 寘巾篋中, 后當作文, 鎔琢以用之. 然其未及錄而忘之者, 與錄寘巾篋而忘去者, 甚多. 其遇題而見用, 盖厪一二止耳."

260 『沆瀣丙函』 권8, 『睡餘瀾筆』 續上. "余草放筆演筆, 在乙未冬, 瀾筆, 自丙申始, 而今年丁酉. 淵泉先生屛居湍上, 隨意著述, 題之曰鶴岡散筆[所居有白鶴山故云.]. 自春徂夏, 所就已數卷, 方又終畢不休, 來者未可量也. 其中往往有與放演諸筆所載者相疊者. 蓋余之所錄, 太半是先生緖論, 而余之諸筆, 雖皆一經先生鑑閱, 歲月稍久, 自不能一一記, 有勢固然爾. 雖然, 余所論著者, 率多敽瑣, 而先生所記, 則沈

潛乎道理之原, 出入乎經禮之奧, 洵不可同日語也.”

261 최식, 「李憲明이 바라본 沆瀣 洪吉周」(『동양한문학연구』 21, 동양한문학회, 2005), 11~13쪽 참조.

262 『睡餘瀾筆』 下. “近世中國經學, 專尙註疏, 註疏豈無可取者, 而但其紕繆處, 往往大悖於彝倫名敎, 宋儒說經, 設有少差, 直不過章句間小小文義, 至義理綱常處, 未嘗有絲髮戾也. 我國文士志慕中州者, 或崇奉鄭孔, 不敢訾其一者, 異哉.”

제2부 인식의 논리와 방향

1 김철범은 항해가 거론하는 '識解'와 '悟'에 대하여, “견식은 단지 책 속에 들어 있는 박제된 지식이 아니라, '妙悟'라는 창의적인 깨달음을 통해 생명력을 부여받은 살아 있는 지식이 된다는 것이다. 이러한 견식을 근거로 이루어진 문학은 모방에서 벗어나 개성 있고 창의적인 글을 이루게 된다”고 지적한다(「이조후기 산문론에서 '見識'의 문제」, 『한문학보』 9, 우리한문학회, 2003, 266쪽 참조.). 그러나 항해가 말하는 '知'와 '覺(悟)'은 문장론뿐만 아니라 인식의 논리와도 관련이 깊다.

2 『峴首甲藁』 권1, 「知解」. “蘇明允有言, '有物十焉, 吾擧其一, 而人不知吾之不知其九也. 歷數至於九, 而不知其一, 不如擧一之不可測也.' 噫, 此戰國權謀之說, 豈君子之知乎? 仲尼謂子路曰; '知之謂知之, 不知謂不知, 是知也.' (…) 今之所謂知者, 必就奇隱微昧, 人罕所知見者, 呫呫言自以爲知. 人亦未有能眞知者, 亦從而疑其知. 如遇眞知者至, 則其情見矣. 黠者懲之, 自其易知者, 黙不肯言以衒. 人之見之也, 始則疑其有所晦, 然是又不可以久也. (…) 唯君子大中之道則不然, 於其所知, 則如日月之明, 人皆仰之, 於其所不知, 則如日月之蝕, 人皆見之, 知之則不矜而不隱, 不知則不彊而不諱, 知之則施諸事爲而昌其道, 不知則益致其力而竢其造.”

3 『唐宋八家文鈔校注集評』 권91(高海夫 主編, 三秦出版社, 1998), 『老泉文鈔五』, 「明論」, '集評'. “孫琮『山曉閣選宋大家蘇老泉全集』卷一云; 此篇雖帶說聖人愚人, 其實是專論賢人之明. 故前幅日月雷霆兩喩, 后幅齊威王擧一數九兩喩, 俱指賢人說. (…) 引陸貞山云; 此篇注意在論賢者之明, 故邊脉處除却聖人之明不論. 隨接云; 吾

獨愛夫賢者用心約而成功博也. 語氣甚緊, 又將愚者形之何等蠢容."

4 상동. "茅坤云; 此是老泉本色學問. 宋迂齋謂其意脉自『戰國策』來, 良是."

5 『孰遂念』 2권, 「吾老園記」. "人有知昔之所未知, 悍然自以爲知者. 盖其所知, 未嘗非知也, 抑不知所知之外, 又有未及知也. 知無止也. 自謂吾知已至者, 不知者也. (…) 昔之自以爲知者旣非, 則安知今之盡知者, 它日又不爲非耶?"

6 『孰遂念』 15권. "或言, 一天之下, 如此地毬者, 又非一. 滿天日月星辰中, 各有一世界, 或大或小. 惟日有光, 月星遠觀, 故見其受日而有光. 自月星中世界觀之, 地亦麗天而有光如一星. 由是觀之, 今此舟車所通幾萬里之內, 直一芥子耳. 人唯自修其所當爲而已. 愼勿以小知小能自夸, 爲圈子外人所揶揄也."

7 『孰遂念』 15권. "人之有才學名譽而傲然自大者, 不惟害德, 熟思之, 實大可笑. 今天下舟車之所通, 凡幾萬里, 而此在地毬之中, 不過幾十百分之一也. 設有大博識, 偏知此幾萬里內事, 自天視之, 特知彈丸一小區中耳. 設有大聖人, 名聞此幾萬里內者, 自天視之, 亦名聞彈丸一小區中耳. 今有遐鄕窮陬十室之里有人焉, 知敲于一里, 名聞于一里, 便傲然自大. 由一國之賢士大夫視之, 又如何其可笑也耶. 嗚呼, 況其以門族執位自大者耶?"

8 『縹礱乙懺』 권12, 『睡餘演筆』 上. "人或有小知而自謂盡知, 余嘗論之矣. [在孰遂念吾老園記] 昨日之所未知, 而今日始知之矣, 安知明日又不遭今日之所未知耶? 雖聖人, 日知其所未知, 況其下者乎? 天下之理無窮, 人之知解, 亦隨而無窮."

9 『沆瀣丙函』 권2, 「贈韓輔卿宰永柔縣序」. "旨酒姣色風寒飮食, 七情之戕, 皆足以剋性命而仇胃腎, 人人之所共知也. 恣而弗戢者, 盈寰宇. 有人於此, 瞑目而坐, 能自見其臟腑, 如丹家之內視扁鵲之飮上池水, 則其必投筯而卻八珍, 闔戶而拒威施, 千金之誘, 鈇鉞之怵, 不足以毁其守. 是以知嚮之知者非眞知也. 今之爲郡縣宰者, 孰不知催科督輸之害于民也? 然而爲之者, 豈非以國計之重而愆則罹于辜歟? 然其所謂知者, 吾恐其非眞知也."

10 『縹礱乙懺』 권1, 「夢覺」. "余嘗多夢, 夢之衰, 或悟其爲夢, 而蘄其覺, 又或蹶然興大喜, 自以爲覺, 而及其眞覺然后, 知前之覺猶夢也. 然今之所謂眞覺者, 自大覺視之, 又安知非猶夢歟? 嗚呼, 夢而不知其夢者, 擧世皆是也. 顧其焭焭然, 自以爲覺者, 吾又安知非夢中之覺也. 況自以爲覺而笑眞覺者爲夢乎! 又況自以爲覺而誘眞覺者俾之同趍於夢乎!"

11 『縹礱乙幟』 권12, 『睡餘放筆』 上. "中庸之中, 卽悟字地位. 唯其无悟也, 故爲執中無變之子莫. 大學之明德, 卽悟字境界. 唯其无悟也, 故有曰心曰性情, 淸虛靈濁虛靈之辨, 甚至章前義章後義而極矣."

12 『縹礱乙幟』 권12, 『睡餘放筆』 上. "才不如勤, 勤不如悟. 悟之一字, 道德之元符也. 古人書如經史之類, 一字不可放過, 餘書或瑣瑣者, 不必一一精究以分心力. 假如一卷書約七八十葉, 捃其菁華, 不過十數葉. 俗士從頭盡讀, 而不知其菁華之所在. 惟有悟者, 信手披過, 而菁華處自觸于眼. 一卷之內, 只究了十數葉而止, 其見功倍于盡讀者. 以故人方讀二三卷書, 我已了却百卷, 而見功亦倍於人."

13 『縹礱乙幟』 권12, 『睡餘放筆』 上. "人於一切事物, 遇輒眩惑, 浪費了多少商度. 過境之後, 試更追究, 秪應如此, 別無它理. 始知當初之料得不審, 漫自張皇, 都坐無悟."

14 『縹礱乙幟』 권1, 「人解」. "人之能賢於禽獸者, 知覺言語而已. 天之將風雨, 人不能知, 而禽獸有先知者. 人之語, 禽獸或知, 而人莫知禽獸之語. 人之所以賢於禽獸, 固又不在乎此也."

15 『縹礱乙幟』 권12, 『睡餘演筆』 上. "有尺寸之知而自謂盡知者, 必下愚人也. 盖積時日度歲月, 則所知必有進, 有進則必悟昔日之未盡知. 旣悟昔日之未盡知, 則亦必悟今日之知便非已知. 自謂盡知者必久, 而其知無進故也. 久而其知無進, 非下愚而何? [余之論此, 盖爲一藝一能之士而發. 若天下萬物之理, 若道學文章, 雖大狂妄人, 何敢有自謂盡知者乎?]"

16 『峴首甲藁』 권1, 「自問三篇」. "爾其學者耶? 何不究性命理氣之說? 爾其不學者耶? 又何經史百家之徹? 爾其儒者耶? 則何不危坐斂容, 矩步而端趨? 爾其老者耶? 則又何尊孔孟而道程朱?"

17 『縹礱乙幟』 권16, 「明學」. "然繼是以往, 學者不能師其反躬修德之實, 而徒襲其夸辭說理之末. 於是乎, 以性命理氣爲爲學之本, 講辨論證爲儒者之務. 儒之學, 遂爲偏技之無用, 而俗士之貲之也, 日以繁."

18 『峴首甲藁』 권4, 「重答李審夫書」. "士大夫, 假命以儒, 坐而衣食, 人之效之者, 日以滋衆. 父子兄弟相戒告, 寧爲乞丐, 而不肯爲農工賈. 腴手胖脚而糊其口者, 半天下. 人道之日夷, 財用之日匱, 職誰之辜?"

19 『縹礱乙幟』 권6, 「答金景七書」, "士之居此世者, 唯閉門窮居讀書, 以自誠其身而已.

同志之友, 相從而切劘者, 不可拒也, 亦惟偲偲於几案之間, 襲襲於巾篋之中, 相與崇其志而晦其光, 務其實而恥其聲而已."

20 『緐鼙乙幟』 권4, 「醒泉合稿序」. "余嘗謂人之術有萬, 學而至于治國平天下, 上也, 其次孝弟忠信之行, 政事兵戎財賦之才, 以至于一藝一能如農工醫卜之流然後, 文詞最下焉, 何者? 先實事而后空言也. 是故, 人必無他才可稱然後, 以詩文名, 張巡陸贄范仲淹司馬光, 世未嘗謂之文人也."

21 『沆瀣丙函』 권7, 『睡餘瀾筆』 下. "后儒口稱程朱, 而實不知程朱. 余嘗謂: '程朱之功, 其明義理植倫常, 使後世知有父子君臣, 當屬第一件, 雖謂之不在禹下可也. 其表章爲學功夫次第, 立涵養克己持敬等名目, 俾後之學者得有着手處, 這便是第二功. 至若心性理氣之辨, 發前人所未發者, 只算做第三功.'"

22 『峴首甲藁』 권1, 「明解」. "炤遠之謂明, 近者之察, 不足謂之明也. 燭微之謂明, 著者之覩, 不足謂之明也. 然吾常謂: '大明在至近, 大明在至著.' 今夫陳采色於十步之內, 苟非矇者, 孰不得以見之哉? 然目之所以爲明, 不過是已, 非必辨塵刹於百里而后謂之明也."

23 『峴首甲藁』 권1, 「觀書說」 上. "凡天下之物, 其始也, 不得不用, 用之久, 則轉而爲无用之巧, 迺反失其初, 而亡其眞焉. (…) 然畵一山, 而曾見者, 知其爲某山, 像一人, 而曾與交者, 知其爲某人, 吾必謂之天下之善畵焉. 其它, 非吾所敢知也. 飮食而飽, 吾謂之美味, 器能中於用, 吾謂之利器, 文能道事與言, 使人易曉, 吾謂之文章之至也."

24 『緐鼙乙幟』 권16, 「明理」. "古今之學, 莫不以窮理爲先. 盖不察乎理, 則無以知邪正是非之辨. 其於事, 必有所窒然, 理又烏可得以窮耶? (…) 學者說理, 必推以至于太極而后已. 所貴乎窮理者, 欲其明乎善而行已, 處事無失其宜然之則也. (…) 吾之所謂理者, 邪正是非之辨而已. 事親則何以而爲孝? 何以而爲不孝? 事君則何以而爲忠? 何以而爲不忠? 遇某事, 何以則爲善? 反是則爲不善? 夫邪正是非之辨, 若白黑之分焉, 劈之爲兩, 其界不相犯. 特分其界而劈之爲難耳. 一有所定, 而凡天下萬事, 無外乎是焉. (…) 卽事而究其是非, 則事之理見矣. 卽物而覩其功用, 則物之理察矣."

25 『緐鼙乙幟』 권16, 「明性」 上. "且不唯人物之性, 不同也. 卽以人之性言之, 直人人而不同, 若眉目形貌之不相類. 天下盖未有同性者耳. (…) 本然之性, 寓乎氣質, 無氣質則無人也. 無人斯無性矣. 人何嘗有二性乎? 近世以來, 說性者棼然淆亂, 遂爲

學者爭訟之階, 不知人之性有萬不同. 或過於寬, 或過於猛, 或過於厚, 或過於薄, 或過於剛, 或過於柔, 此氣質也, 卽亦天所命也."

26 『峴首甲藁』 권2, 「實事求是齋記」. "西京之儒, 專一經以爲學, 用之治郡, 則爲良牧守, 用之治獄, 則爲良獄吏, 用之治財賦, 則爲良有司, 用之治天下國家, 則爲良宰相, 實事之是, 又豈在方策外哉?"

27 『縹礱乙幟』 권16, 「明學」 "是故, 讀一句書, 必服行之不暇, 此仲由所以唯恐有聞也. 是以, 一經通則可以達乎政, 可以專對於四方, 其於天下國家, 無所處而不適. 今也, 讀一句書, 必欲求其微旨奧義, 推而至于茫洋空遠不可究詰者而后已, 奚暇夫反諸身而行之哉?"

28 『峴首甲藁』 권3, 「舍弟世叔文藁序」. "文所以載言也, 言所以載道也. 道之所在, 言隨以文, 文末也, 道本也. 故君子必貴乎道, 而文次之. (…) 夫所謂道者何也? 愛親也, 敬兄也, 存心也, 修身也, 居處恭, 執事敬也, 言必信, 行必誠也, 毋循乎慾也, 毋放乎利也, 言之毋疾也, 色之毋遽也. 推玆以往, 可以事上, 可以使下, 可以齊家, 可以治邦, 可以施諸天下而無不順也, 可以行乎蠻貊而無不從也."

29 『縹礱乙幟』 권16, 「明敎」 上. "夫學者, 舍日用事爲之近, 而騖志於虛空高遠之域, 故毫釐之失, 流入于釋老. 衣食貨財利用之務, 不留于心, 而岸然自命以讀書窮理, 故及其用也, 無當乎實事, 而流俗得以伺其釁. 夫聖人之道, 豈在於日用事爲之外哉? 先王之敎, 又豈讀書者所可以私有哉? 治天下國家之法, 又烏可棄衣食貨財而它求哉?"

30 『縹礱乙幟』 권4, 「李生文藁序」. "近世讀書者, 有恒言曰; '書必一部而讀千萬籌, 始見功.' 是讀字句爾, 非有得乎書之味也. 善讀書者, 讀易數十籌後, 讀春秋亦易也. 讀尙書百籌後, 讀詩亦尙書也. 夫然則終身所讀天下之書, 皆互相爲一部書, 雖謂之皆讀萬籌可也. (…) 人之日用起居視聽事爲, 固無非天下之至文也. 人自不以文觀焉, 必開卷數行墨嘎嘎作喉齒音然後, 始謂之讀書. 若是者, 雖百萬籌, 奚功焉?"

31 『沆瀣丙函』 권1, 「集衆芳山房記」. "孺子喜爲詩, 觸乎遇而發, 其將無竭而無定, 吾於是乎知衕之名有待乎玆, 而山房之顔其義一也. 孺子試以斯文揭于壁, 朝讀之以霞, 暮讀之以靄, 今日讀之以雨, 明日又讀之以霽, 以觀其色相神態, 無方於帋墨之外者."

32 『縹礱乙幟』 권2, 「而優齋記」. "醇溪之弟, 念齋盥如, 從醇溪學, 盡得其粹奧, 始仕爲莊陵參奉. 一朝不謀於朋友, 挈眷屬出寓雙浦口, 貸粟諏柴, 晨不虞夕, 擷崖蔬釣江魚, 恬然以爲樂. 取論語子夏語, 顔其居室曰而優, 求余文記之. 嗟乎, 盥如之學豈

矣. 仕又得閒官職, 其暇足以繹焉. 於是乎, 不規規篇章行墨之是窺, 以其兄之室薪水計度鄰衖僕媼之見聞爲猶未盡乎學也. 拔然自遯于江渚, 將編收夫耕漁賈鬻遠近之所睹, 傳竭四民之情, 以輔其學, 以資夫异日之從政. 嗟乎, 盥如始可與言學已矣. 以是而試諸仕, 雖古所稱學於漁鹽版築者, 何甚異焉? 至若江湖舟楫魚鳥之百變, 煙濤水月環奇快豁之觀, 世謂之騷人畸士之所抒寫者, 靜而求之, 無往非至道之賾."

33 『縹礱乙幟』 권12, 「睡餘放筆」 上. "又欲作一冊子, 繫日紀事, 略如日記. 天文陰晴, 時事見聞, 及自己出處 · 書卷工夫 · 行役遊覽, 以至家中瑣事, 無不記之, 而詳略則隨意. 遇朋友談討, 有新聞則記之, 靜坐思索, 有新悟則記之, 俾兼野乘家蹟年譜語錄, 而所作詩文, 亦各從其月日而載錄, 則此一部, 卽吾全書, 不必更有著述, 亦不必別刻文集. 少壯時, 慮未及此, 今衰惰不可爲, 姑錄于此, 后之文士, 必有能取用者."

제3부 독서의 함의와 내용

1 『西淵聞見錄』, <沆瀣洪先生遺事> 8. "其或讀聲稍不了了, 音吐稍不分明, 則必呵責之, 以至面講之時背誦之際, 亦嚴督之, 稍見厭讀之意, 必大責之曰; '人而不學, 不如無生.'"

2 『西淵聞見錄』, <臺山金公遺事> 23. "公嘗曰, '居處須淸淨然後, 方可讀書, 尤宜於敎兒. 古人敎子, 必携入山中靜僻處, 又必上寺者, 正以不接外物故也.'"

3 『西淵聞見錄』, <淵泉洪先生遺事> 59. "一日, 公謂余曰; '來此以後, 三冬所讀書, 爲幾何耶?' 余對曰; '自異於私室之勤做, 而且讀書時少, 而看書時多.' 公敎曰; '看不如讀. 聲諸舌之際, 自然聲入而心通, 又工夫不可少有間斷. 子其勉之.'"

4 『縹礱乙幟』 권13, 『睡餘放筆』 下. "讀古人佳作, 須先尋其意匠所由入之徑路. 夫然後能取爲已有, 而他日作文, 便可髣髴其妙處. 今人讀古人文, 徒見其外著之光耀氣勢, 已先眩駭, 便自畫以不可幾及, 唯拾取糟粕以資功令之用."

5 『沆瀣丙函』 권7, 『睡餘瀾筆』 下. "世恒言; '天下書籍綦多, 無暇徧閱, 而文章道術, 浸不如古. 須有知事之秦始皇出, 擇其非經不急者, 而焚之然後, 方可讀書而爲學.' 此非通論也. 又有一種之說, 以爲天下之凡以書名者, 皆可讀皆可觀. 斯亦行不得. 余則曰; '經史等好書, 固不可不讀. 餘書, 隨得隨觀, 或觀或否, 都無不可. 以言乎非經無

益, 則戰國諸子以下, 俱屬當燒. 以言乎小道可觀, 則近世叢瑣雜纂, 皆有助發識悟處耳.'"

6 『縹礱乙幟』 권12, 『睡餘放筆』 上. "近世中國人所撰小說, 如『聊齋志異』『新齊諧』『艸堂筆記』之類, 寔繁其目, 而無非志怪談幻, 可詫可誠. 或曰: '近日中國, 何多神怪事, 豈著書者, 故爲此妄誕歟?' 余則曰; '吾國褊小, 俗又循常習, 故不敢爲駭衆之言. 然以余一人之所見聞, 苟鈔以輯之, 則靈異幻詭之迹, 可成數卷書, 況中國之大乎?' 嘗欲約朋知若干人, 各記其見聞, 彙而刪其複, 合作一部, 與中國鬪其奇, 以其非經而無益也, 不果."

7 『縹礱乙幟』 권13, 『睡餘放筆』 下. "嘗丌寘『說郛』, 客偶抽其一卷, 見有種采語, 退告人曰: '『說郛』, 農圃書也.' 又嘗得儒書一冊, 有錄雜病經驗數條于其空葉者, 客適見以爲醫家書, 是誠陋者耳. 博雅之士, 亦或有此病, 紀曉嵐校勘『四庫全書』, 編袠浩瀚, 未可遍閱, 往往偶摘其一二疎失, 遂蔽其全部, 是何異客之觀『說郛』者耶?"

8 『縹礱乙幟』 권12, 『睡餘放筆』 上. "『山海經』言, 海外異國, 有嬰兒生於日出時, 朝而漸長, 晝而壯, 晩而衰, 日入而死, 每日如是. 此說雖誕, 亦可作一生一元之喩."

9 『縹礱乙幟』 권14, 『睡餘演筆』 上. "少時, 閱『三國誌演義』, 至曺操敗於赤壁, 奔至華容大笑, 瑜亮無謀, 且曰若吾用兵時, 則當設伏於此云云. 余笑曰此時獨非渠用兵時, 故狼貝至此耶. 此固小說演義阿瞞, 未必眞有是言. 今之人往往有似此言語已, 方汨汨做這般事, 而訾他人做這般事, 吾見甚多."

10 『縹礱乙幟』 권14, 『睡餘演筆』 上. "『太平廣記』載蠹蝕三仙字事, 每與兄弟戱言, 寫千萬仙字, 寘有蠹處, 必得此物, 後見某書中. 有唐人張公表之子, 已試此事, 而不能得. 東國人, 幷與一句戱話, 而不得倡矣."

11 『縹礱乙幟』 권14, 『睡餘演筆』 上. "東國人街衖俚語, 及兒童婦女所傳之御眠楯, 無不載於中國人所輯稗書之中. 如頭多虱者禁搔, 鼻流涕者禁拭, 眼眵者禁逐, 蠅相與說, 鹿角彎弓等說. 余於幼時, 聞於婢使輩, 后却於『笑林廣記』中見之. 又如大盜名一枝梅者, 或謂之李貞翼公爲將時人, 或謂之張大將鵬翼時人, 后却於『勸喜寃家』中見之. 外此, 如八十生男子, 非吾子一斗米三升諸說, 皆在中國書中, 而少有差異. 凡東國, 詼誨則皆歸之白沙李相公, 先決訟則皆歸之李羅州趾光者, 無一非中國書所載. 海居常忿然曰東國幷與一柄御眠楯, 而不得有矣."

12 『縹礱乙幟』 권13, 『睡餘放筆』 下. "文詞各體, 無不濫觴於六經. 詩之大叔于田小戎

韓奕, 書之顧命, 文選綺麗之祖也. 詩之月出小毖, 書之微子梓材, 明末小品之源也. [或曰; '微子梓材, 卽嘉隆王李之祖, 陳風, 大抵多胚胎小品.']"

13 『沆瀣丙函』 권5, 『睡餘瀾筆』 上. "文章亦然. 雖小品之文, 傳奇之文, 俗下簿牒之文, 以至衖謠俳譴, 無不有極妙處, 遇之, 未嘗不欲亟棄舊學而傚之也. 若其力主先入之見, 而不慕乎新者, 苟非成家, 决是寡悟."

14 『淵泉集』 권18, 「洪氏讀書錄序」 참조.

15 『淵泉集』(한광수 발행본, 1911), 「年譜」, 庚午條. "作『讀書錄』. 先生錄平生所讀書籍之目, 分經史子集四部, 而論斷于下. 蓋倣於「簡明目錄」, 而去取甚精, 簡擇甚嚴, 約而悉, 醇而法, 僞學詭道, 咸見辨正. 眞讀書考古之金鏡也. 凡四卷."

16 『縹礲乙幟』 권1, 「四部誦惟詮」. "海居子問於沆瀣子曰; '何如斯可謂之讀書矣?' 沆瀣子曰; '其誦惟乎. 誦其文所以富吾蓄也, 惟其義所以固吾得也. 誦而不惟則流, 惟而不誦則竭.' 海居子曰; '吾有志矣, 晩不能博爾. 願受其約而易久.' 沆瀣子曰; '善, 女之問也. 宇宙之間, 有書一袠, 約而括乎博, 其名曰四部誦惟. 其書散在方策, 未嘗薈也. 蓋竢其人焉爾, 女欲之乎?'"

17 『孰遂念』 1관, 「縹礲閣記」. "淵泉先生嘗曰; '沆瀣子之文, 如傑構脩棟雲譎波詭, 以謂淸廟明堂, 則縹緲太過, 以謂縣圃瑤臺, 則礲砥太密.' 沆瀣子以爲不敢當也. 沆瀣子之文, 旣不足以當此, 雖古人之文, 無可以此喩當, 唯集古今四部書千萬卷而合之然后, 或髣髴焉. 于是, 取其語, 名其藏書之閣, 曰縹礲. 是閣之藏, 上自六經, 下徧百家, 凡天下可讀之書無不在. 大屋深檐, 宏其德也. 紈匣繡裝, 斐其文也. 架庋以別之, 籤軸以識之, 謹其辨也. 尊經佐史, 次之以子集, 昭其等也. 客有適海外異方者, 逢空同宛委之士而談焉. 其人曰; '吾嘗望見子之邦, 有靄雲虹霞, 相暎而起, 瓏玲璀璨, 五采畢具, 迭迭作龍虬鸑鷟錦綉瓊璜之狀者, 其氣直貫穹霄. 使善觀遠者, 以萬餘里鏡炤之, 見其下有麗宇, 將謂是人世之築, 則縹緲乎虛空之半, 殆不意其礎乎地也. 將謂非人世之築, 則其礲砥斲雕, 又極天下衆匠之巧. 子之知乎?' 客反復而扣之, 疑其爲是閣也. 遂告以槩, 其人曰; '藏書之屋, 天下多矣. 其卷袠之富於是, 裝軸之奢於是, 又不知有幾所也, 奚獨于玆而有是氣? 是必其人有异乎.' 客素善沆瀣子, 遂盛言其平生, 仍述卜居著書之略. 其人大驚异, 恨山海之隔而不能從之遊也."

18 『孰遂念』 13관. "東國文獻, 寥寥甚可恨. 東史固宜修, 而其餘故事之可貽後則者, 與其幽逸龍奇可資文詞之用者, 倂宜蒐輯. 如名臣錄 · 名臣奏議 · 自警編等書, 前人有

倣撰者, 取以刪潤, 俾成善本, 固好. 他如性理大全 · 近思錄 · 世說 · 事文類聚等書, 併以原書門目, 蒐取東國前言故事, 各成一部, 甚好."

19 『西淵聞見錄』, <沆瀣洪先生遺事> 29. "先生平居對客, 未嘗談及世道間事, 至於某人某官除拜之事, 亦一未有及焉. 其或有閑雜人客語[來]及於此等事[或瑣瑣談, 竟晷不已], 先生只聽之而已, 亦不示厭苦之色, 亦未嘗言客之過失."

20 『西淵聞見錄』, <沆瀣洪先生遺事> 72. "淵泉先生, 判六曹掌文衡, 居相府者三載, 而先生所居之室, 蕭然如寒士廬, 絶無閒雜人來往者. 先生又或恐人客不識主人之心而妄有所干囑者, 乃大書揭于壁上. 首戒來人之干囑, 及語道時政間事, 恒兢兢以過, 以故, 人莫敢以一毫非義來干于前, 垂二十餘年如一日焉."

21 『西淵聞見錄』, <沆瀣洪先生遺事> 57. "先生最愼交遊 … 少遊場屋間, 自多相知. 逮先生中年, 多顯達人, 先生不一訪. 在完城時, 金通判初淳及今左議政金公(弘根)時爲泰仁宰, 皆先生舊交也. 每來訪先生, 談娓娓, 不覺日移. 先生亦時往通判府曰; '他鄕逢故人, 自不得不如是耳.' 及還洛之後, 先生竟不一造其門."

22 『峴首甲藁』 권8, 『尙友書』, 「尙友書幷題辭」. "求之於今之人, 則師其尊而有德者, 友其良而有業者. 求之於古之人, 則其聖者師之, 其賢者友之. 此孟子所謂尙友也. 余傷今之人鮮可友, 迺取古人余所欽愛者, 作『尙友書』, 以之晨夕覽觀, 若從其人而游, 又何必濯眼摻袪, 親接其言笑而后友云乎哉?"

23 『孟子』, 「萬章」 下. "以友天下之善士爲未足, 又尙論古之人. 頌其詩, 讀其書, 不知其人, 可乎? 是以論其世也. 是尙友也."

24 『峴首甲藁』 권8, 『尙友書』 丁集. "古語曰; '欲知其人, 視其友.' 庶幾覽者知余之於人何所尙 · 於文奚所耆也."

25 『峴首甲藁』 권8, 『尙友書』 甲集. "有若子開, 冉耕伯牛, 冉雍仲弓, 顓孫師子張, 原憲子思, 南宮縚子容, 皆學于孔氏者. 若稱其似聖人, 耕雍俱以德行顯, 師高有儀, 憲安貧而勵恥, 縚愼言以遠罪, 皆哲人也. 憲尤余所重."

26 『峴首甲藁』 권8, 『尙友書』 乙集. "余於古之人, 得脩德惇行者四人, 潔身遯世者十有二人, 棄祿辭利之士三人, 進退不可方之士二人, 凡二十一人, 合以錄之, 曰乙集."

27 『峴首甲藁』 권8, 『尙友書』 乙集. "士之隱遁者, 率遭濁世, 世無用者. 子陵旣際漢中興, 帝又旁求力庸, 而卒去之, 何也? 然子陵之功, 蓋有高於馮鄧者, 處愈出耳."

28 『峴首甲藁』 권8, 『尙友書』 乙集. "不飭而絜, 不彊而貞, 不夷而不惠, 全其天而歸諸

眞. 自戰國以來, 淸高離俗之士, 唯淵明爲冣."

29 『峴首甲藁』 권8, 『尙友書』 乙集. "其人若詭誕者, 實有道. 視其君之忌, 以墮始志, 何不絜身深藏, 不見於世, 而迺苟且若是乎?"

30 『沆瀣丙函』 권2, 「金氏兩世合稿序」. "士之所以爲士者, 以其有所守也, 以其有所不爲也. 所遇之隆汚不同, 而壹切以功名榮利爲悅者, 其守不得不喪, 而其所不爲者, 不得不時爲之. 守苟不欲喪也, 所弗爲者, 苟不欲時爲之也, 夫所謂功名榮利, 我已竭力以擠之矣, 豈亶命之咎哉?"

31 『峴首甲藁』 권8, 『尙友書』 乙集. "衰世士大夫, 無才績利於時, 無功利洎乎民, 位隆寵盛, 顧曰; '上將用我, 我亦將有爲.' 堅不肯退. 旣而, 招禍逮菑, 欲悔而靡追."

32 『峴首甲藁』 권8, 『尙友書』 丙集. "方今國計漸蹙, 歲又洊荒, 余思得公一能, 而用之有裕. 嗚呼, 豈眞無其人哉? 古之善理財者, 漢有耿壽昌, 唐有劉晏韓滉, 余皆不採, 而特以公兼之. 至若商鞅桑弘羊之徒, 迺盜蹠在朝廷者耳."

33 『峴首甲藁』 권8, 『尙友書』 甲集. "出處類伊尹, 爲政類管仲, 輔幼主類周公, 出謀決勝類子房, 至其經濟之宏深, 忠義之炳烈, 操執之正大, 氣象之溫厲, 蓋具聖人之全體者. 天之不弔, 竟死無成, 世或以一二微疵道之者, 豈人乎哉? 公三代后一人, 余未嘗不望之而拜焉."

34 『峴首甲藁』 권8, 『尙友書』 丙集. "子儀歷玄肅代德四朝, 智以戢亂, 勇以威猾, 忠以護國, 哲以保身. 富而恭, 貴而謙, 功益高而志益下. 遇猜疑之主, 姦臣秉政, 而身不危, 享用祉福, 壽考多子孫至于今. 上自士大夫, 下輿儓僕妾, 語福履必曰郭令公, 莫不願慕公, 實有以致此者."

35 『峴首甲藁』 권8, 『尙友書』 丁集. "世之譚詩者, 必宗唐. 然天地與時而運化, 人之聲氣, 從而不相入, 彊今而貌古, 反北以狀南, 雖聖人弗能, 設能之, 贋也. 所謂學古者, 依其法遵其式耳, 音調氣韻, 非所及也."

36 『峴首甲藁』 권4, 「答鄭景守書」. "大抵詩不必言其格律之高下, 何者爲漢, 何者爲六朝, 何者爲唐爲宋也? 詩祖於三百篇, 就三百篇而讀之, 商周异體, 北齊唐秦不同調, 而論之者, 固未嘗病周之不能爲商, 疵北齊之不能爲唐秦者, 聲氣之殊, 不得不然也. 詩發乎聲, 聲由乎氣, 氣主乎運, 運係乎天. 今之運氣, 非漢晉唐宋之運氣也, 今之詩, 不能爲漢晉唐宋之詩, 猶周之不能爲商, 北齊之不能爲唐秦也. 李杜之詩, 何遽出蘇李應劉下哉? 其詩則唐詩也, 非漢晉之詩也. 蘇陸之馳騁文章, 又豈渾滄之流

哉? 其詩則宋詩也, 非唐之詩也. 今又去宋朝, 幾百年, 而竊竊焉求漢唐於字句之間者, 不其遠歟?"

37 『峴首甲藁』 권4, 「與李元祥書」. "古之爲文者, 無騈儷. 騈儷始自晉唐間, 當其詩也, 上自詔勅誥制, 以至乎書牘序記碑志版碣之文, 無不用騈儷. 至韓退之起而掃之, 古文復行, 然猶未能廢騈儷而去之, 詔冊表箋露布上樑之作, 至今以騈儷爲主. 雖學如朱子, 文如蘇軾者, 皆爲之, 極工而不厭也. 盖君子生乎其時, 不得不爲其時之所爲也. 今之功令對偶, 卽唐宋之騈儷也. 雖其體有高下巨細之不同, 然生乎今時者, 又不得不爲今時之所爲也. 推而言之, 則唐宋之騈儷, 亦秦漢以上之所無也. 使孔孟而生於唐宋, 亦必爲騈儷, 極工而不厭也. 使朱子蘇軾而生於今之時, 亦必爲功令對偶之文, 極工而不厭也."

38 『峴首甲藁』 권4, 「與李元祥書」. "『尙友書』一卷, 往歲所嘗戱作, 而君子觀之, 亦足以見其志焉. 藏之三年, 至今未嘗以示人者, 非拙也, 誠以其取舍之間, 有己心之權衡, 自以爲至微至精, 非可以言說告人, 而恐世之觀者, 或執以爲是非之嘵嘵也. 今於執事, 不敢秘之, 而文未脫藁, 以潦草封呈. 亟賜斤正, 勿煩人眼目, 至望. 如有盛文一二行以弁其藁, 尤不勝萬幸."

39 『峴首甲藁』 권4, 「答李元祥論尙友書書」. "唯以執事素同乎吾, 如有不合于執事, 是必吾亦不合者. 始雖謬迷, 后當省悟, 以是屢回往復, 不嫌絮瀆. 唯執事畢敎之, 傾囷倒廩, 何所隱匿? 區區之望於執事者, 亦如是. 不旬餘, 又當隣比, 繼自今隻字片辭, 必相礲斲以求交益, 深所喜也."

40 『峴首甲藁』 권6, 「余從家大人, 住瑞興官府者五歲. 辛未初夏, 家大人將解紱歸. 瑞興雖無名勝, 居之已久, 不能無桑宿之情. 爰述五載間來往游賞之事, 賦成一百韻.」 참조.

41 洪翰周, 『智水拈筆』 권8, 「淵泉公」. "沆瀣公, 正宗丙午生, 蔭仕郡守, 憲宗辛丑卒, 壽五十六. 所著有『沆瀣集』·『孰遂念』等書, 而其『續廋詞』·『書林日緯』, 乃遊戱翰墨而作也. 又有「十二樓記」, 以七寶文, 聯絡書之, 如玉連環樣, 古迴文之類也."

42 『沆瀣丙函』 권5, 『睡餘瀾筆』 上. "余於己丑春, 葺『書林日緯』, 自以爲刱古人所未及. 及翌年見中國人所撰『月令粹編』, 其義例恰同, 而標目尤備, 蒐羅尤博, 不覺茫然自失. 然攷其成書年月, 在余成童以後, 謂之同時可也. 未必遽謂之古人已有此耳."

43 『新訂書林日緯』(연세대 소장본), 10월 1일조 참조.

44 이현일, 「紫霞詩 硏究」, 성균관대 박사논문, 2006, 78~101쪽 참조.

45 『峴首甲藁』 권8, 『尙友書』 丁集. "蘇軾自瞻,弟轍子由, 皆宋人. 自其父明允爲文章, 子瞻尤奇變不可測, 信神於文者. 其人不幸爲君子所非, 然亦多有可觀. 轍文亦善, 然大不及其昆."

46 『沆瀣丙函』 권5, 『睡餘瀾筆』 上. "蘇子瞻晩年文辭, 橫說竪說, 無可無不可. 讀之, 似不具全篇意匠, 而直從頭寫去者. 中間劇縱肆處, 往往不拘先後, 有若忘失句語, 不補於缺處, 而任記於省悟時者. 如是而文皆活轉流動, 無一字一句不合丞尺. 眞化而不可知之神也."

47 『沆瀣丙函』 권1, 「擬發策一道」 참조.

48 최식, 「고증학과 홍길주의 「擬發策」」, 『한문학보』 16, 우리한문학회, 2007 참조.

49 『峴首甲藁』 권8, 『尙友書』 甲集. "朱仲晦晦庵先生, 無所不學, 章六經以開後學, 其功不在孟子下."

50 『沆瀣丙函』 권7, 『睡餘瀾筆』 下. "后儒口稱程朱, 而實不知程朱. 余嘗謂: '程朱之功, 其明義理植倫常, 使後世知有父子君臣, 當屬第一件, 雖謂之不在禹下可也. 其表章爲學功夫次第, 立涵養克己持敬等名目, 俾後之學者得有着手處, 這便是第二功. 至若心性理氣之辨, 發前人所未發者, 只算做第三功.'"

51 『峴首甲藁』 권8, 『尙友書』 丁集. "陸游務觀, 宋南渡后人. 忼慨有志氣, 詩以發之, 其詩無所不言, 亦大家."

52 正祖, 『弘齋全書』 권180, 『羣書標記』 2, 「詩觀五百六十卷」. "陸游, 記聞足以貫通, 力量足以驅使, 才思足以發越, 氣魄足以陵暴. 若游者學杜甫而能得其心者矣. 又其忠愛之誠見乎辭者, 眞可謂每飯不忘. 故其詩浩瀚融貫, 自有神合, 此其所以爲大家也."

53 正祖, 『弘齋全書』 권181, 『羣書標記』 3, 「二家全律十五卷」. "於唐得杜甫, 於宋得陸游, 然後發揚橐籥之妙, 疏洩流峙之精, 有如虞廷蹌蹌, 皐夔按律, 後來諸子無敢有軒輊者, 秩然鳳簫之諧音也, 凜然象魏之懸法也, 淵乎盛哉! (…) 如放翁之富贍宏博, 遠出千古, 而今之操觚弄墨者, 駸駸乎南朝之綺麗, 棼棼乎西崑之脂韋, 曾不窺放翁之樊蔽一步, 而猶能厭然自命曰: '放翁何可論?' 此豈非螢爝增輝於太陽, 蹄涔助深於巨壑者乎? 予所以拈出放翁於衆嘲羣笑之中, 直配少陵, 而悉取全稿載之, 仍謂之二家者."

54 『縹礱乙幟』 권6, 「與李盥汝書」. "『日緯』一書, 出於游戲, 無裨學術. 且其掇拾蒐抉,

體裁庬蕪, 不可自附於述作, 特以精力所敝, 未忍扯棄, 委小史鈔錄, 裒成一卷, 固不足以辱足下發揮. 然僕聞之, 良工無棄材, 善馭無駑駘. 足下試一閱之, 抽筆以賁其首, 安知碎絮弊衲不化而爲全疋錦也? 足下之閱此卷, 必與醇溪共之. 僕之不求諸醇溪而求諸足下者, 特欲於荒庋弊笥之中, 具有兩珏耳."

55 『淵泉集』 권4, 「憲仲敓三百六十日故事爲一卷, 名曰『書林日緯』, 約昆弟知舊, 各賦十日. 選二」 참조.

56 4개의 직인 가운데 '愚堂'과 '李容九印'은 확인이 가능하다. 먼저 '愚堂'은 兪昌煥(1870~1935)의 호로, 그는 전서 · 예서 · 행서 · 초서 등 각체에 능하고 경사백가에도 정통했던 당대를 대표하는 서예가이다. 또한 '李容九印'은 구한말 일진회 회장을 지내고 사천교 교주를 지낸 대표적인 친일 민족반역자 李容九(1868~1912)의 직인이다.

57 『新訂書林日緯』(연세대 소장본), 1월 1일 참조. '花月令'의 전문을 부록에 수록함.

58 『新訂書林日緯』(연세대 소장본)에 추가된 사항은 부록에 수록함.

59 6월 12일 "玉垂曰黃山谷生日", 6월 21일 "玉垂曰歐陽公生日".

제4부 문장론의 성격과 양상

1 『峴首甲藁』 권1, 「原文」. "立乎心之謂志, 充乎志之謂氣, 發乎氣之謂言, 擇乎言之謂文. 文章之於學, 豈不大矣哉? 世之學者, 不揣其本, 而摸索古人之聲氣, 以自號爲文章, 豈不謬哉? (…) 余嘗讀古人之書, 學爲文章者有年矣. 讀楚騷, 則其辭欲悽婉, 讀莊氏, 則其言欲浩放, 讀左馬之書, 則便欲紀事, 讀荀揚王韓之言, 則便欲論道. 所讀者山川樓觀之記, 則其文欲跌宕而瀟灑, 所讀者箴頌碑誄之集, 則其文欲典奧而簡重. 是以屢易其規, 唯步趨之, 不類古人, 是病. 旣而悟曰: '文之體固一也. 今我欲人人而學之, 言言而倣之, 是又不知風之一氣, 而從草木崖谷山澤之變, 欲盡得其聲也. 雖終身役役於觚墨之中, 必知其無所就也. 讀書以存吾心, 求道以尙吾志, 養勇以配吾氣, 明理以纘吾言, 本之以六經之則, 參之以諸子之方, 則隨其所指, 浩乎其不窮, 出之於口, 筆以從之, 放之萬變, 無適而不中, 又奚必人人而學之, 言言而倣之哉?'"

2 『峴首甲藁』 권1, 「詰優」 참조.

3 『峴首甲藁』 권4, 「與族人德汝書」. “譬之文章, 有結搆甚大, 規模甚弘, 而發以爲言, 其繩墨法度, 又有至小而無間者. 是以當其大也, 宇宙若不能容載, 當其小也, 分寸若不能量度. 二者闕一, 則非吾所謂文章也. 足下之觀降仙之大巫山沸流之小, 其能知文章之有是乎. 莊子休司馬太史, 吐辭達意, 極其攸往, 豪曠雄辯, 物無能拒, 而若國語穀梁氏之文, 又奧深峻裁, 森然而特奇, 斐然而有幽光. 后之爲文章者, 莫敢舍是數家, 而亦莫敢右一而訾一. 足下觀練光浮碧之不同也, 其亦能思文章之有是乎.”

4 『峴首甲藁』 권4, 「答李審夫書」. “僕曾嘗竊竊效唐宋間作者久之, 覺意趣俚陋, 言語蔓縷. 近讀秦漢諸書, 輒欲盡脫舊習而學之, 又如貧家暴欲衣文錦器象貝, 雖悉鬻其家舍釜罌而不可充其願也. 是以偶有所著, 一字不近古, 則意常欿然如宿饑, 懶於自策, 不能力讀以資之, 是爲可恨. (…) 僕嘗妄自謂道德不積, 則文理不密, 文理不密, 則旨趣不當, 如是而雕章餙句, 侈外而枵中, 非文之貴也. 古人作爲書契, 曷嘗欲其有辭藻詞賦奇异怪麗變化之百出者哉? 唯敍事與論道而已. (…) 唯道德積於中, 文理密於外, 敍事則治亂有原, 論道則是非有紀, 夫然后眞文章也.”

5 『峴首甲藁』 권4, 「重答李審夫書」. “文章與道, 非二事也. 德充則光彰, 光彰則聲中, 如庖丁之動刀, 無往而不應規矩, 則道之至也, 亦文之至也.”

6 『峴首甲藁』 권4, 「重答李審夫書」. “僕常妄論文章之法, 以爲據道本論語, 作氣師孟子, 立法倣左氏, 設意倣莊周, 造語遵太史, 抒情象屈原, 至於聚章累句會成一篇, 則又參之韓吏部, 如是則備矣. 總之, 道在內, 則言無不文.”

7 『峴首甲藁』 권4, 「與李元祥論齋義書」. “竊嘗聞之, 發於心者謂之言, 擇於言者謂之文. 言之不出乎心, 是爲詭言, 文之不得於言, 是爲僞文. 是故齊梁隋唐之作, 雖極其藻麗, 眩駴人心目者, 君子不謂之文也. 李于鱗王元美之辭, 雖刻意高奧, 自方乎太史氏者, 君子亦不謂之文也. 君子之文, 不論乎辭語之繁簡也, 不論乎法度之古俚也. 唯逌然發乎其性情, 由心而言, 自言而文, 混焉而爲一然后, 謂之文也.”

8 『縹礱乙㦗』 권14, 『睡餘演筆』 上. “古人之文簡, 后世之文繁, 此古今所以不相及也. 然古人簡處, 后人不可强學. 古者, 事簡語簡意簡, 古文不期簡而自簡. 使三代時人, 當今之世寫今之事, 述今之言通今之意, 則又安得不如今之繁乎? 余嘗謂; ‘文之繁簡, 不在字之多少.’ (…) 大抵作文, 字字句句, 使人起舞, 字字句句, 搔人癢處. 夫如是, 雖以它人一二語便了者, 演至千萬言, 非繁也. (…) [作文, 苟不能

使讀者起拜, 要須令讀者起舞, 又其次使人失笑捧腹, 如搔癢處. 數者無一焉, 不足謂之文也.]”

9 『峴首甲藁』 권4, 「與人論文書」. “唯文章亦然, 其必馳騁奔軼, 無所不至而后, 乃泯其綵而樸, 去其味而淡. 若自始而學爲六經, 未有不居然而竭, 是猶血氣方壯之人, 自養如耆老, 坐臥使人扶, 飧搗肉, 吸糜粥, 不至一年半年, 肢體痿弱, 遂爲癈疾人而止耳. 如是而自以爲: 吾居養如某老, 壽亦當如某老, 其可乎哉. 若夫今之爲文者, 其蔽有三. 務華采者, 取古人已陳語, 仍其意而易其字, 傅之以藻飾. 是猶文朽皮繪枯骴, 驟視之, 或燁然動目, 迫而察之, 則陳腐也. 務高古者, 眉目狀貌, 衣裳冠履, 往往或類古人, 而性情神采, 不與之俱. 是謂塑偶之肖耳. 務平近者, 塵土糞壤瓦礴之屬, 俱收而不揀, 頑濁穢汙, 殆不可薄視. 唯意運乎內, 而文達乎外, 法取乎古, 而言造乎己, 坦然不爲苟難, 而嶄然自不可邇思. 夫然後眞文章也.”

10 『縹礱乙幟』 권15, 『睡餘演筆』 下. “古文二十前後, 只知有八家, 駸駸然爲宋明之降, 又爲擧業所奪, 不能專治. 然見古人佳處, 輒欲倣之. 二十五六歲之間, 喜讀文選, 自其后漸喜韓吏部, 而所慕特在於戰策及諸子. 三十以后, 至于四十四五歲, 蓋余文章極盛時. 讀余藁者, 自當有定評. 今不必自論, 自吏役以後, 又爲狀牒題判之文所奪, 日與簡編疎. 近作漸衰弱, 少可觀.”

11 『孰遂念』 10관, 「上書家兄」; 「答書」: 『淵泉集』 권25, 「集八家文答仲」; 「附上書家兄」 참조.

12 『縹礱乙幟』 권15, 『睡餘演筆』 下. “徐楓石嘗見余中年作記傳類篇曰; ‘諸子之文, 後人有略倣之者, 而至純用其法, 則始於此文見之.’”: 『智水拈筆』 권8, 「淵泉公 · 沆瀣公」. “沆瀣得力於諸子, 故其文如水月鏡相, 精光燁如, 蛇神牛鬼, 變眩百出, 眞二難也.”

13 『沆瀣丙函』 권9, 「睡餘瀾筆」 續下. “臺山賞余文, 以爲靈心妙構, 湧出於空無之地, 不但臺山之論然也.”

14 『縹礱乙幟』 권4, 「海夫詩稿序」. “耆甘而斥酸, 不知味者也. 專宮而訾商, 不知音者也. 惟文詞亦然. 主己所好而律諸人, 違是則擯之, 雖工于辭, 吾謂之不知文. 然今之所謂文士者, 鮮不病于玆.”

15 『縹礱乙幟』 권4, 「審齋稿序」. “文章有三難焉, 爲之難, 成之難, 得傳于后世爲尤難. 天下之典籍極博, 學者固不可以盡窮. 然六經三史兩漢韓柳之文, 魏晉以來, 至于李

杜韋孟諸名家之詩, 則求文章者, 又不可不讀也. 斯亦已疲矣. 故曰爲之難. 讀斯書也, 學斯術也, 出而眂于世, 文詞之能夸悅人者肩相比也. 非有傑然而擢于聚, 則不足謂之成. 故曰成之難. 古人之文辭學術, 過后世遠甚, 而文之存乎世者, 愈古而愈鮮. 夫以古人之博且工, 而皆湮滅若玆, 況今之人乎? 故曰傳于后爲尤難."

16 『縹礱乙幟』 권4, 「三韓義烈女傳序」. "使左邱而生楚懷之世, 離憂放逐而作賦, 則其文必如離騷. 使莊周而生漢武之時, 掌金匱玉室之策而述史, 則其文必如史記. 餘數子咸然, 又使此數子而生齊梁隋唐之間, 作騈儷對偶, 則必如庾信王勃. 使之生開元大曆之際, 作樂府古詩律絶, 則必如李白杜甫. 使之生興元貞元之中, 奏議論事, 則必如陸贄. 使之生唐若宋, 作制詔論策碑誌序記諸文, 則必如韓愈蘇軾. 使之生元明之交, 作小說塡詞, 則必如羅貫中王實甫. 使之生今之世, 演香娘義烈, 則必如竹溪. 使之讀香娘義烈傳而叙之, 則必如余. 推是以往, 擧可知矣. 曩余以古觀古, 以今觀今, 而不能互之也. 以左觀左, 以莊觀莊, 以馬觀馬, 而不能通之也. 以故莫知悟焉. 聞余斯言, 而不犂然以爲名言者, 不可與讀是書也. 聞余言, 而不喩其指, 復請求其說者, 不可與讀是書也. 其曰是語怪也, 且淫俚. 彼左馬者, 豈嘗云哉. 是不可與讀是書也. 其曰是書往往多襲用古人句語. 彼荀莊者, 豈嘗然哉. 是不可與讀是書也. 不唯不可讀是書, 卽詩書以下, 彼數子之書, 以及乎庾信王勃之騈儷, 李白杜甫之詩, 陸贄之奏議, 韓愈蘇軾之文, 羅貫中王實甫之記, 與余之此序, 俱不可與讀也."

17 『縹礱乙幟』 권14, 『睡餘演筆』 上. "古今人文章, 易地皆然. 余嘗於所著「三韓義烈女傳敍」中論之矣. 文人往往有以倣古爲能事者, 余輒告之曰作堯典禹貢人, 生於今世, 則亦只爲今世中第一流而已, 今世之第一流, 生於虞夏, 亦必能述典謨, 豈必所作逼肖典謨然後爲能事耶? 大抵, 倣古逼肖者, 便非至文. 劉原父, 擬『禮記』, 殆不可辨, 歐蘇文, 皆不倣古. 論宋熙豊間文章者, 當以原父爲第一流耶? 抑當以歐蘇爲第一流耶? 使歐蘇, 生於先秦, 必能作眞『禮記』, 原父則必不能.[余作義烈傳敍, 有讀其藁者, 至左邱其文必如離騷, 莊周其文必如史記云云, 瞠然問; '何故而然?' 余微笑曰; '試且看下文.' 其人復讀, 至請究其說者, 不可與讀是書云云, 却廢然自笑. 然察其色, 似終有未犂然者.]"

18 申錫愚, 『海藏集』 권17, 「紫霞軼譚」. "仍曰; '李穉川之文, 幷世之樊紹述, 丈者亦嘗見之乎?' 紫霞曰; '其文詰屈聱牙, 太過於尊所讀殷盤周誥矣. 絳守園池記, 以方位布

置立說, 猶有路脈可尋. 稺川之文不可讀, 每被來示, 輒使自讀, 仍以稱好, 豈其文之眞好耶? 以吾不知故也.' 仍相與大笑."

19 『縹礱乙幟』 권6, 「答李稺川書」. "文章以六經爲祖, 其次先秦兩漢. 不于六經而根之, 則理不立, 不于先秦兩漢而翼之, 則氣不充. 理不立則辭不通, 氣不充則文不著. 唯其不通也, 故支而不能約, 唯其不著也, 故弱而不能堅. 六朝之綺麗, 明季之纖巧, 非不姣然可悅, 而卒不能與數乎大方之家, 以此也. 今足下胸中之所蓄至富, 發之袞袞焉無竭. 故其病或在乎繁, 才情太高, 文采太發, 橫談竪語, 任其所行而不忌. 故其敝或在乎縱. 願足下益讀六經, 得其簡而法者, 益讀先秦兩漢之書, 得其老而厚者, 至於規矩繩墨, 雖非文章之所重, 譬之匠師, 無是則器不成."

20 『縹礱乙幟』 권5, 「讀燕岩集」. "今余取鏡而觀今之吾, 披卷而讀其人之文, 其人之文卽今之吾也. 明日又取鏡而觀之, 披卷而讀之, 其文卽明日之吾也. 明年又取鏡而觀之, 披卷而讀之, 其文卽明年之吾也. 吾之容老而益變, 變而忘其故, 其文則不變. 然亦愈讀而愈異, 隨吾之容而肖焉已矣."

21 『縹礱乙幟』 권6, 「與李醇溪書」. "燕岩集, 數十年來, 寤寐一讀者. 今始得之, 數月身在山海經所載鳳麟諸洲奇山异境之中, 枕紫緋膏夏之木, 馴金喙人面之鳥, 茫然不知堂前之有槐杏鳶鵲也. 僕嘗夢讀書, 紙上之文, 俄頃而變爲它文, 或寫字于帋, 又化爲他字, 或化爲珍饈, 五味畢具. 覺而告人, 以爲夢幻固不類平日. 或謂; '文章以善變化爲貴, 神詔子也.' 古人之文, 雖不如夢之變字, 然其神境光氣, 每讀輒神, 雖謂之變爲他文可也. 今讀燕岩文, 悟昔日之夢, 因妄意燕岩公少時, 亦或有此夢, 綠鸚鵡經序所稱背口齒劒日月星辰九層樓臺之類, 皆此夢之象象歟."

22 『縹礱乙幟』 권13, 「睡餘放筆」 下. "文是活物, 能大能小, 各隨其題而已. 以升爲題, 不可以做龠, 亦不可以做斗. 若无論勺龠升斗, 並做了斛, 是成甚麽樣子? 假如以極鄙俗醜穢之物爲題, 則便須極力肖貌其鄙俗醜穢之狀, 使人如睹其眞, 而不患文之不雅麗. 如嫌其筆墨之汚, 便作婉麗輕纖語, 使讀者認是做美女珍寶, 則尙可謂之工於文乎?"

23 『孰遂念』 5관, 「諸子彙序」. "每入大都會場市, 見千萬人聚而譁者, 若披諸子文而讀之. 夫人同乎其頭目耳口肩背腰腹手足也? 開闢至今, 幾萬萬億秭人, 莫有一同者. 文同乎其字句言意也? 結繩至今, 幾萬萬億兆篇, 莫有一同者. 人雖同其形, 其炁則異, 猶以木爲器, 器各一木也. 唯文字不然, 吾之所用, 卽人之已用者, 如是而不盡,

如是而莫有一同. 故曰天下之恒活活不死, 唯文字而已."

24 『縹礱乙幟』 권12, 『睡餘放筆』 上. "余嘗論文章不但在讀書, 讀書不但在卷帙, 山川雲物鳥獸艸木之間, 及日用瑣細事務, 皆讀書也. 間以此旨屢見于著述, 或在稿中. (…) 似此絶世奇文, 左邱太史之所瞠乎後也. 余于是二行, 讀天下之奇文者, 幾十百篇, 不覺手舞而足蹈, 必臨卷數行墨, 嘎嘎作喉齒音然後, 以爲讀書者, 烏足以語此?"

25 『峴首甲藁』 권1, 「原文」. "讀書以存吾心."

26 『西淵聞見錄』, <沆瀣洪先生遺事> 25. "凡人之酬接事物也, 人則以事酬之, 我則以文觀之, 人則以物接之, 我則以文視之. 苟能如是, 則凡盈天地間, 飛潛動植巨細長短, 江山之流峙, 雲烟之起滅, 以至乎聲色貨利, 咳唾笑罵, 無非吾之文也. 文之悟境至此, 方可以語成矣. 非獨文也, 詩亦然."

27 『縹礱乙幟』 권15, 『睡餘演筆』 下. "人於日用衣食事事物物, 皆以德行觀則爲德行, 皆以文章觀則爲文章, 皆以政法觀則爲政法, 皆以技能觀則爲技能. 庖丁之所見無非牛, 張旭之劒舞悟艸書, 皆此道也. 今人書卷自書卷, 詞章自詞章, 日用事物自日用事物. 是故臨事苦無見識, 作文苦無意匠. 都似不素具而應卒者, 無往非慌張窒礙處."

28 『縹礱乙幟』 권14, 「睡餘演筆」 上. "然朝暮耳目之所接, 日月風雲鳥獸之變態, 以至于室中所列寘之案几, 及賓客奴婢之邇言瑣語, 無非書者."

29 『西淵聞見錄』, <沆瀣洪先生遺事> 18. "盖先生文章之盛, 有非余所敢窺測, 姑擧余所見而言之, 則最是造意雅潔, 構辭精典, 流動之韻, 自在其中, 一洗東文之凡俗. 其爲辭也, 又不專於一能. 每開卷一覽, 神彩燁燁勃勃, 自不覺一團奇氣, 起自卷中, 散爲長虹百道, 直揷於高穹. 此則在我東文章, 雖三崔高手, 恐未及此矣. 韓昌黎有言曰; '怪怪奇奇, 不專一能.' 又曰; '詭焉而蛟龍伏, 蔚然而雲霧興.' 先生之文, 可以當之矣."

30 魏禧, 『魏叔子文集』 권8, 「陸懸圃文序」. "予嘗與論文章之法. 法, 譬諸規矩, 規之形圓, 矩之形方, 而規矩所造, 爲橢爲㓞, 爲眼爲倨句磬折, 一切無可名之形, 紛然各出. 故曰規矩者, 方圓之至也. 至也者, 能爲方圓, 能不爲方圓, 能爲不方圓者也. 使天下形不出於方, 必出於圓, 則其法一再用而窮也. (…) 今夫山, 屹然峙另, 終古而不變, 此山之法也. 瀉水於盂, 盂方則方, 盂圓則圓者, 水之法也. 山以不變爲法, 水以善變爲法. 今夫山, 禽獸孕育飛走, 草木生落, 造雲雨色四時, 一日之間而數變. 今

夫水, 瀉於平地, 必注於龜流, 其所不平瀉之, 萬變而不失. 今夫文, 何獨不然? 故曰變者, 法之至者也. 此文之法也."

31 『縹礱乙幟』 권12, 『睡餘放筆』 上. "淸人詩, 余最喜顧亭林, 恒以爲過於王漁洋, 文則當以魏叔子 · 汪苕文爲巨擘, 而近世袁隨園, 才思超佚, 前無古人. 雖或未醇於法, 要是詞場之勍敵. 使東國之朴燕巖生於中州, 當旗鼓倂立, 未知鹿死誰手?"

32 『縹礱乙幟』 권12, 『睡餘放筆』 上. "叔子之文, 八家后初有, 不可與同時諸子較論其甲乙."

33 『沆瀣丙函』 권1, 「釋夢」. "舜禹殷周, 皆古聖人也. 孔子必曰; '行夏之時, 乘殷之輅, 服周之冕, 樂則韶舞.' 于殷周子丑之正而舍焉, 于虞夏皇牧之制而舍焉, 夫豈曰; '舜虞殷周, 未盡善歟.' 是故, 有中原者, 其方輿疆服, 不必與三代同也, 不必與三代异也, 不必與秦與漢同也, 不必與秦與漢異也, 不必與今之十八省同也, 不必與今之十八省异也, 不必有拓而增也, 不必有削而損也. 脩德敎明禮樂, 以統馭四夷, 則吾之中原也."

34 『沆瀣丙函』 권1, 「釋夢」. "文章有中原焉, 離乎此則四夷已. (…) 是故, 爲文章者, 其度程範圍, 不必學六經也, 不必不學六經也, 不必學左邱屈騷荀莊太史公也, 不必不學左邱屈騷荀莊太史公也, 不必學曹陸以下至于韓吏部以及夫后世之文也, 不必不學曹陸以下至于韓吏部以及夫后世之文也, 不必繁以飾也, 不必簡而樸也. 根理義壯光氣, 以讋伏百家, 則吾之文章也. 昔之不能爲文, 不知中原故也, 今之不能爲文, 不知中原故也."

35 『峴首甲藁』 권1, 「原文」 참조.

36 『縹礱乙幟』 권4, 「三韓義烈女傳序」 참조.

37 『淵泉集』 권16, 「答金平仲論文書」. "自是以後, 文不必作, 亦不必不作, 文不必工, 亦不必不工, 吾知治吾心而已."

38 『峴首甲藁』 권4, 「與李元祥書」 참조.

39 『縹礱乙幟』 권6, 「答李穉川書」 참조.

40 『沆瀣丙函』 권1, 「釋夢」. "文章之至, 可使淫書稗說, 皆化爲詩禮. (…) 文章之至, 可使蟲吟鬼歗, 木石之怪, 遐詭幽秘, 窮不可詰者, 相攣而來朝, 諱其醜而獻其能. 是文章之中原, 顧不反有大於眞中原耶? 能如是而后, 可以爲文. 不然, 雖胎典謨髓象繫, 形肖神似而不可別, 亦非子之六經也. 子之不能爲文, 固自如爾."

41 『峴首甲藁』 권4, 「答李審夫書」 참조.

42 『沆瀣丙函』 권9, 『睡餘瀾筆』 續上. "嬴政焚書, 千古之愚人也. 書顧可焚耶? 是徒以簡編之所載謂之書, 故意其可焚而滅也. 書固與天地俱生, 其將與天地俱滅, 烏可得以焚而滅也? 倉頡朱襄未生之前, 天地之間, 未始無書也. 試嘗見平朝雲海之間, 恒有累億萬卷文字, 雖萬嬴政, 焉能焚此? 嬴政所焚之書, 儒者誦以相傳, 至漢而六經之文, 以次復出, 世以是爲幸. 然藉使六經遂不傳, 雲海之間, 累億萬卷, 固自在也, 何患乎六經之不復作也?"

43 『西淵聞見錄』, <沆瀣洪先生遺事> 20. "有以先生之文章太著言之, 先生曰; '是固當然, 而文者文彩也, 章者彩之著見者也. 無文彩著見, 則又曷足謂之文也哉? 盖昔之爲文者, 莫高於詩書, 而篇篇句句之間, 曷嘗無文彩之著見也? 盖文者, 積氣以自成, 氣者又質之養也. 苟養其氣而自成文者, 雖其文彩亘于九霄, 不害其爲文. 苟無氣質之養, 而徒以文爲事者, 則是所謂浮文也. 浮文者, 章又不著見, 直枯木死灰之假他光者耳, 非文也.'"

44 『西淵聞見錄』, <沆瀣洪先生遺事> 84. "先生每於秋冬長夜時, 使余誦詩, 隱几而聽之, 有時乎擊節曰; '天下文章之妙境, 盡在詩三百篇矣.'"

45 『峴首甲藁』, 「峴首甲藁輯次」. "余嘗喜爲歌詩, 十數年來, 著作滿笥, 遺失過半, 而所存尙數千篇, 習之既久, 發之又熟, 平漫冗率, 絶少高格. 一朝悟曰文章一技也, 詩又其末也. 苟不能陶寫性情, 裨補風敎, 如三百篇, 又不能叙述時事, 表見忠愛, 如杜工部, 則雖淸麗高爽, 跨隋唐而挾漢晉, 固無用此爲也. 況其庸陋卑下者乎. 初欲盡棄之, 旣而曰是亦吾十數年所用心者也. 於是合而掄之, 十不能取其一二, 所錄厪百餘篇. 從今以往, 盖將不復致力於斯云."

46 『西淵聞見錄』, <沆瀣洪先生遺事> 83. "先生曰; '最莫要於詩書, 而得其正而擷其葩, 則詩三百篇尤爲切焉. 非獨有裨於業詩者, 其文章之妙解神韻, 不讀詩, 則無以見字句之典則麗艶, 不讀詩, 則無以造大而高文大冊小而札翰記述, 非讀詩, 則無以成文瀾. 聖人曰, 詩可以言, 詩亦言也, 文亦言也. 凡天下充棟汗牛之書, 皆言之編者也. 夫不讀二南, 尙謂之正墻面, 而況三百篇之多乎?'"

47 『縹礱乙幟』 권2, 「華岳書巢記」 참조.

48 『西淵聞見錄』, <淵泉洪先生遺事> 40. "至秋, 余病瘥後, 留沆瀣先生書室, 如前課讀. 是冬, 公敎曰; '士不可不專意於一經, 而一經之中, 惟『詩傳』一部, 最切於用處.

雖尋常札翰, 非此無以生色. 子其專意力誦之, 則後必有需用處.' 余敬遵公命, 是冬, 遂讀『詩經』, 至于終歲."

49 『縹礱乙巇』 권13, 『睡餘放筆』 下. "習於功令者, 不嫺古文, 夙留心作家者, 往往疏於應擧, 究經談道之士, 於文詞功令, 俱不免有窒. 是緣熟習之使然, 實亦於源頭處, 寡悟故耳. 苟能探倒其根本, 則六經諸子, 與今日之狀牒札牘, 曷嘗是兩件功夫?"

50 姚鼐, 『惜抱軒文集』 권4, 「述庵文鈔序」. "余嘗論學問之事, 有三端焉. 曰, 義理也, 考證也, 文章也. 是三者, 苟善用之, 則皆足以相濟, 苟不善用之, 則或至于相害. 今夫博學强識而善言德行者, 固文之貴也. 寡聞而淺識者, 固文之陋也. 然而世有言義理之過者, 其辭蕪雜俚近, 如語錄而不文. 爲考證之過者, 至繁碎繳繞, 而語不可了. 當以爲文之至美, 而反以爲病者, 何哉? 其故由于自喜之太過, 而智昧于所當擇也. 夫天之生才, 雖美不能無偏, 故以能兼長者爲貴, 而兼之中又有害焉, 豈非能盡其天之所與之量, 而不以才自蔽者之難得與?"

51 『縹礱乙巇』 권14, 『睡餘演筆』 上. "文之古今高下却易辨. 六經之文, 堂上人詰諭在庭也. 秦漢之文, 却對吏徒傔, 從之登廳, 近前者言耳. 唐宋以下, 雖鉅工大家, 直是與敵, 以下辨說近世文, 則往往類伏庭告訴耳. 此在吾口舌間靈悟所分別, 非可形言以告人也."

제5부 현실 비판적 산문

1 『峴首甲藁』, 「峴首甲藁輯次」. "雜著, 古人集中, 多置之卷末, 而余嘗謂序記諸文, 率或因人强述, 而雜著則信意立言, 發於自然, 論道抒懷之作, 往往多在於此. 欲觀人志氣文章, 當於此觀, 故特弁之. 說亦雜著之流也, 故附而次之."

2 『沆瀣丙函』 권2, 「金氏兩世合稿序」. "士之所以爲士者, 以其有所守也, 以其有所不爲也. 所遇之隆汚不同, 而壹切以功名榮利爲悅者, 其守不得不喪, 而其所不爲者, 不得不時爲之. 守苟不欲喪也, 所弗爲者, 苟不欲時爲之也, 夫所謂功名榮利, 我已竭力以擠之矣, 豈亶命之咎哉?"

3 『峴首甲藁』 권9, 『悔言』. "知謂志曰; '胡爲不售?' 志曰; '我舛矣. 夫舛則雖售必辱.' '何謂舛?' 曰; '仰高狎卑, 情之常也, 而我侮崇岳而畏邱垤. 辟强輕弱, 理之經也, 而

我犯虎狼而恤蟻蝨. 顧不亦大舛乎?'"

4『縹礱乙幟』 권1, 「東國用車便否議」. "江城君入中國, 得吉貝之種, 種于東國, 萎而不秀. 明年又遣人, 取種以種之, 又不秀. 如是至十年然後, 始有一二莖發者. 遂徧于城中, 式至今衣被生民. 向使二三歲不秀, 遽謂之不宜於土, 而不復種, 則海左之民, 殆無衣矣. (…) 今苟欲用車, 則必擇好古博物有技藝之士, 俾入中國, 目睹而口受, 手習而心究, 講之熟而造之精, 御之必由其法, 行之不失其方. 夫然後可以歷險阻而通遐遠."

5 김철범, 「洪奭周의 春秋觀」, 『한문학보』 1, 우리한문학회, 1999 참조.

6『峴首甲藁』 권7, 『春秋默誦』, 「敍」. "『春秋』, 聖人之權也. 其微辭奧義, 不可得以盡知之, 若夫程夫子所稱'大義數十炳如日星'者, 又學者所不可不知也. 后之學『春秋』者, 或就其不可知者, 彊詁之, 咻咻不已, 夷考其立身行事, 顧迺與其大義數十炳如日星者, 而盡棄而反之. 烏虖, 此又何也?" 이하 『峴首甲藁』 권7은 생략함.

7『春秋默誦』, 「敍」. "討亂臣賊子, 春秋之大義, 而其義也, 至公而無私. 今之君子, 或以一言議不合, 加叛逆之罪於人. 貴王賤霸, 春秋之大義, 而其義也, 以實而不以名. 今之君子, 或躬自行市井之事, 而翕翕以儒之名相推. 尊中國攘夷狄, 春秋之大義, 而中國無道, 則斥以夷之, 夷而有道, 則進之乎中國. 今之君子, 不問人賢不肖・事之是非, 唯以朋類之同異, 而予奪之. 春秋之義, 君子有過則不諱, 小人有善則不沒. 今之君子, 一謂之善, 則文其非, 一謂之不善, 則盖其善. 春秋之義, 其善善也長, 其惡惡也短. 今之君子, 見人之善, 忌而不信, 聞人之惡, 鉤其隱而衍之. 春秋之義, 諸侯相伐, 雖有善者, 聖人不以爲義, 爲其忘王室也. 今之君子, 以權利相攻擊, 自以爲名義, 而蔓厥禍於社稷. 春秋之義, 公族卿大夫執國命而恣威福, 雖有能者, 聖人不以爲功, 爲其政移于下也. 今之君子, 聚徒植黨, 以援乎貴戚, 自謂善類, 而俾人主孤立于上. 春秋之義, 水旱災荒則必書, 重民食也. 今之君子, 唯勢位是謀, 唯祿利是趨, 唯傾軋排奪是務, 而生民之休戚, 莫之卹焉, 以至于歲洊饑穀無蓄, 而嬉不以虞. 春秋之義, 戰爭則必書, 愼兵戎也. 今之君子, 唯宴安是耽, 唯貴富是淫, 苟自婾佚, 慮不及朝夕, 而卒乘之備, 莫之諮焉, 以至于邊圉有警, 無策以應之. 春秋之義, 作宮室必書, 戒侈費也. 今之君子, 視民窮財匱, 不能救, 而顧自以廣厦宏榭, 炫其服睆其席, 至於一器, 而敝千金."

8『峴首甲藁』 권1, 「讀李審夫自然銅說」. "余讀其文而爲之言曰; '子徒知無故而蓄散骨

者, 必將有跌傷之厄, 獨不知旣富而益聚粟帛者, 必將有凍餒之憂乎. 凡物利於人者, 必與災俱, 奚獨散骨然哉? (…) 誠能使理天下國家者, 知是道焉, 散多而聚寡, 損富而益貧, 則吾將見粟帛之狼戾於道塗, 富者過而不敢顧, 饑寒者取之以資活, 奚啻散骨比哉? 古人所以使金如土, 菽粟如水火, 循是道而已.'"

9 『峴首甲藁』 권2, 「實事求是齋記」. "西京之儒, 專一經以爲學, 用之治郡, 則爲良牧守, 用之治獄, 則爲良獄吏, 用之治財賦, 則爲良有司, 用之治天下國家, 則爲良宰相, 實事之是, 又豈在方策外哉?"

10 『春秋黙誦』, 「敍」. "至若君臣之義, 萬世之大綱, 而春秋之作, 所以本也. 今也, 君憂而臣不以戚, 君命而臣不以共, 貫一身之便利, 逞私門之恩仇, 而公室危安, 視脂若越燕. 烏虖, 讀書之士, 夫豈忍爲此哉? 唯其不明乎義, 故其歸也, 自陷乎此而莫之悟."

11 『峴首甲藁』 권4, 「重答李審夫書」. "君子非讀書, 無以悟道, 旣悟矣, 非著書, 無以覺衰世而徵來許."

12 『沆瀣丙函』 권2, 「與金臺山書略」. "吾儕觚墨之間, 不宜及戶外事, 而竊嘗聞, 胃府虧而後痃癖肆, 中夏庳而後蠻拏猾, 正學微而後異敎熾. 設使有良藥之可以攻疾, 疾已而胃不扶, 則安保它祟之弗作. 設使有威武之可以殲敵, 敵退而政不修, 則安保它寇之弗興. 設使有嚴法峻刑之可以殪殄邪類, 邪類芟而正學不昌, 則又安知千端百岐之不接踵而起乎. 顧今日, 憑陵懷襄, 胥斯世而將陷於夷狄禽獸者, 雖謂之咎由吾黨, 可也. 顧犬補牢之責, 今日讀書之士, 所宜均任, 不可以不在位, 而諉之於鄕隣之鬪. 嘗以此擧似於一二士友, 槩亦不以爲河漢."

13 『春秋黙誦』, '春王正月'. "烏虖, 謂王室微弱而慢君命, 可乎? 謂王室微弱而竊邦政, 可乎? 謂王室微弱而逞勢利, 可乎? 謂王室微弱而强私黨, 可乎? 『春秋』之作, 爲誅此數者也."

14 김철범, 전게 논문 참조.

15 『春秋黙誦』, '大夫盟'. "夫治天下拊兆民, 天子之士也. 治邦內衛王室, 諸侯之事也. 輔國政匡君違, 卿大夫之事也. 謹所司以共邦治, 百官有司之事也. 篤志修身, 不求知於人, 不與聞朝廷得失, 士之事也. 勞其力務其業, 以事其上而自食其功, 庶人之事也. 自天子達於庶人, 各有其事, 毋相侵也. 諸侯而欲有天下曰賊, 卿大夫而欲有邦內曰畔, 百官有司而欲預國政曰恣, 士庶人而妄議論邦治曰濫. 其罪皆不容乎誅."

16 『春秋黙誦』, '翬帥師'. "是故, 君人者, 不得伊周而臣之, 不可言而無不從也. 言而無不從, 則縱而靡所憚矣. 是故, 君人者貴剛果, 有從無咈, 婦道也, 非君道也."

17 『縹礱乙幟』 권1, 「爲政」. "非天下之大知, 不能達天下之大道, 非天下之大勇, 不能斷天下之大事. 今之論爲政者, 莫不曰; '理國家, 不可以不通曉庶務. 將欲善其治, 必有所大奮發變革.' (…) 聖人治天下國家, 獨擧其大本, 而於細務, 若無所省焉, 百官有司之職, 各授其人而任之而已, 吾豈能盡與焉哉? 故曰大知若不知. 任大事施大政, 雖其至疑難大變更之際, 必不動聲色, 晏然如無作爲, 談笑從容而行之而已, 又何必見於辭氣而動乎中哉? 故曰大勇若無勇. 今之時, 政法皆敝, 民困而財匱, 紀綱紊而典憲壞. 苟欲爲政而善其治, 禮樂刑罰職官選擧金穀甲兵之制, 不可以不盡更. 是必有通曉而奮發者然後能也. (…) 大知居之以若愚, 先持其本以端之, 而庶務之繁, 將有爲我而理之者. 大勇御之以若懦, 今日行一事, 明日行一政, 人之見之, 若無所更易, 而久則法之, 敝者皆變矣."

18 『春秋黙誦』, '六月雨'. "曰; '雨可以德而致乎?' 曰; '豈唯雨已? 凡水旱灾异, 可以德而弭之也.' 曰; '其弭之也如何?' 曰; '人君振政而不敢怠, 百官有司, 率職而不敢嬉, 上下相詔以儉, 而民蒙其寬惠, 貴戚近習, 不敢干政, 而賢士大夫進朝廷之所施措, 大公而無黨, 小大之獄, 必以時理而無寃. 如是則水旱灾异, 皆可以弭矣.'"

19 『縹礱乙幟』 권16, 「深慮」 上. "天下之患, 常生於所忽, 而不生於所戒. 夫有權力者, 人情之所戒, 而爲之防也. 窮廢沈鬱者, 人情之所忽, 而莫爲之防也. (…) 水之流者, 未嘗爲害, 壅者久而決, 則必底于漂屋. 世之人, 習於所忽而不之憂, 哀哉!"

20 『縹礱乙幟』 권16, 「深慮」 下. "唯榮富親昵而無權者, 居可專之地而不得專, 操可恣之機而不能恣, 日夜視專恣者以恥羨曰; '彼與我, 勢相抗也, 力相敵也, 何彼之獨能而我不能也?' 夫八珍之味, 餤之者饜, 不見者不思. 唯日陳于側, 匹乎己者啗之而不得嘗, 則必涎流胃, 張百計以求奪之. 彼且榮富親昵, 其術足以召援以窺隙. 有權者, 自怙其重, 易之而不察, 浸漬旋轉, 日爲其所奪而莫之悟. 使其一朝得志, 思洩夫積久之鬱, 則其爲禍且魚肉人矣."

21 『春秋黙誦』, '齊小白入于齊'. "后之君子, 其用舍人也, 或以一議事不合, 斥而仇之, 曰是非我黨也, 況其所事异者乎? 或以一言之過, 冒之以亂逆之名, 況其射公中帶鉤者乎? 於是乎互相立朋, 各爲寇賊, 不驅而除之不饜, 況敢授之以政乎?"

22 『春秋黙誦』, '狄入衛'. "今也, 不問其德藝知能之高下, 唯以地之崇庳資歷之久新執權之隆替, 先後之, 據高位叨厚祿者, 貌則人, 其中則禽獸."

23 『縹礱乙幟』 권1, 「狂吁」 上. "人之言曰; '世衰矣, 英材不常出.' 謬矣. 孝悌篤行, 世未嘗无其人也. 忠信惇德, 世未嘗无其人也. 奇偉倜儻, 世未嘗无其人也. 廉介特立, 世未嘗无其人也. 材器弘達, 世未嘗无其人也. 博學多藝, 世未嘗无其人也. 蓋軒翹蘧蹲, 騈老于巖阿, 而莫之顯也. 然吾嘗謂今世無智士, 夫人之有才學志行, 將以祿斯民也. 旣時不可焉, 則藏之而已, 斯不幸也. 雖弗克施于當世, 尙可以不泯泯于後, 俾來者知我有才學志行, 猶幸也."

24 『縹礱乙幟』 권1, 「政本」. "天下之事, 莫不有本末, 擧其本而正之則理, 徒治其末, 則勞倍而不見功. 知本有道, 先就乎末而理之, 不成然后, 徐察夫所以不成之故, 則其本見矣. (…) 國家傳世旣久, 昇平且數百年, 傑異之才無所用, 而勳名德行之家, 世其官閥. 於是乎, 名門世族之權, 殆重於人主, 凡一政一事, 不利於名門世族者, 雖人主之威不能行. (…) 故知今之爲政於國者, 必以削名門世族之權爲本也. 然今之從政者, 皆名門世族之人也, 其又孰肯畫是計? 其又孰從而贊成之也? 嗚呼, 不得大知大勇之人數十輩而置之廟堂, 則吾之術, 亦空言也已."

25 『縹礱乙幟』 권1, 「議吏」. "吾謂革蔭選之規, 俾公卿大夫子弟, 以至士庶人, 年少材敏, 而未與鄕里之擧者, 悉試之吏胥, 使之明習乎簿書財賄, 以達民之情僞, 或十年十五年而考其績, 其能無逋負奸宄厲民而橫貨者, 陟以補官, 由是而爲縣令, 由是而爲郡守, 由是而爲州府之牧, 其才績特異者, 至方伯, 又其尤者, 至將相. 其有逋負奸宄厲民而橫貨者, 寘重辟, 子孫淪皁隷. 如是則士皆練悉民事, 可以爲官而綜庶務, 不爲下蔽. 吏有爵祿之勸刑辟之畏, 官長之不可欺, 而其人固皆士大夫, 或識道理存廉恥, 必相戒而重爲姦僞, 一法而二利萃焉. 夫然后設久任之制以承之, 國之治, 民紓而財裕可立待也."

26 『縹礱乙幟』 권15, 『睡餘演筆』 下. "世皆謂; 朝廷用人, 專以門族權勢爲重, 科試又絶無公道. 文學之士, 無所希冀而興奮. 此人家子弟所以不治翰墨也. 然特於簪筆之列, 罕見博雅耳, 韍韋之士, 翕聞麗藻者甚多. 特於縫掖之林, 罕見呻畢耳, 下邑胥吏, 工於功令者相望. 彼狘狨鴈鶩之徒, 奚所希冀而興奮耶?"

27 『春秋默誦』, '戰于城濮'. "后之君子, 同朝以事人主, 以權利相攻軋, 往往至見血而不息, 其議論事爲, 固豈無一失而一得? 問其主, 非貴戚則權要也. 士大夫不黨乎某, 則黨于某, 不復知有人主之在上久矣. 是故其所假以說者, 雖先王之禮尊聖賢講道術之事, 君子不以爲善."

28 『緖碧乙幟』 권16, 「危言」 上. "甚矣, 朋黨之禍人國也. 歐陽子作朋黨論, 以爲君子之朋, 雖多而無害. 噫, 其亦未深思耳. 是徒知君子與君子爲朋, 小人與小人爲朋而已, 不知君子之中, 又各爲朋而相仇, 小人得以承其後耳. 古之賢臣事君, 曷嘗無援引彙進壹心力以夾輔者哉? (…) 后之君子, 仕於朝, 因尋常言議之微, 相排激從而起者, 或左或右. 原其始則皆士也, 未嘗有小人之參之也. 其流也, 必睢盱露刃, 相視如寇. 同乎我則譽之稱之尊之榮之, 不問其人之賢不肖材不材也. 異乎我則鄙之詬之卑之辱之, 亦不問其人之賢不肖材不材也. 同乎我則寵之以軒冕珪爵, 不問其人之能否. 異乎我則怵之以刀鋸鼎鑊, 亦不問其人之有罪無罪. 於是乎, 朝廷之上, 所施措黜陟, 唯此而已, 布衣讀書之士, 所議論臧否, 唯此而已. 人主之得失不之問也, 生民之瘠腴不之在也, 府庫之盈朒兵甲之利鈍不之恤也, 天災異時水旱盜賊之患不之虞也."

29 『緖碧乙幟』 권16, 「危言」 下. "洪子曰, 朋黨之行于朝廷久, 則外戚必專國政, 外戚之專國政久, 則宦官宮妾必用事. (…) 士大夫與宦官宮妾, 其相去亦遠矣, 而朋黨之習, 起於士大夫, 不數轉而必至于宦官宮妾之用事, 宦官宮妾用事, 而士大夫不爲其奴隷, 則必爲其所魚肉而已矣."

30 안대회, 「이수광의 『지봉유설』과 조선후기 명물고증학의 전통」, 『진단학보』 98, 진단학회, 2004 참조.

31 진재교, 「홍석주가의 독서체험과 문예비평」, 『한국문학연구』 4, 고려대 한국문학연구소, 2003 참조.

32 서경요는 19세기 홍석주와 성해응 사이에 한학과 송학을 둘러싼 학술적 논쟁에 주목한 바 있다. 이에 대해서는 「조선조 후기 학술의 고증학적 성격」, 『유교사상연구』 7, 한국유교학회, 1994 참조.

33 훈고학은 본래 한학의 특징을 부각시킨 개념이다. 한학은 일반적으로 한나라의 학문을 일컫는 명칭인데, 이후 청의 학문 성향이 명물과 훈고를 위주로 삼았기 때문에 한학으로 통칭하기도 한다. 또한 한학은 고증과 박학을 추구했던 관계로 달리 고증학 또는 박학이라 하는데, 이는 학문의 방법적 측면을 중시한 명칭이다. 따라서 한학 · 훈고학 · 명물도수학 · 고증학 · 박학은 유사한 함의를 지니면서도 각각의 특징을 지닌다.

34 丁若鏞, 『茶山詩文集』 권11, 「五學論」 二. "古之爲學者五, 曰博學之, 審問之, 愼思之, 明辨之, 篤行之. 今之爲學者, 一曰博學之而已, 自審問而下, 非所意也. 凡漢儒之說, 不問其要領, 不察其歸趣, 唯專心志以信之. 邇之不慮乎治心而繕性, 遠之不求乎輔世而長民. 唯自眩其博聞强記宏詞豪辨, 以眇一世之陋而已. 其有謬義邪說, 足以爲萬世之害者, 則函受幷容, 以爲天下之義理無窮. 斯則先聖先王, 其格言至訓, 悉爲是湮晦而不章, 磨滅而不立矣, 豈不悲哉."

35 金邁淳, 『臺山集』 권8, 「答丁承旨」 二."明淸以來, 儒士之粗挾才氣, 而不肯專心事朱者, 類皆擡毛夯鄭, 自命古雅, 而以章句集注, 歸之於功令俗學, 傲然俯視以爲高致. 是其心地眼界, 蚤已偏蔽不公, 又安能保有虛明瞭焉, 不差於金鐵珉玉之辨耶?"

36 洪奭周, 『鶴岡散筆』 권1. "考證之學, 固不爲無益于讀書也. 近世之學, 專以是爲務, 說經者, 不講義理, 讀史者, 不問治亂, 唯以字訓之同異年月之先後斤斤焉, 爲平生之家計, 弊精以求之, 焦脣以爭之, 終身仡仡而不知止, 其亦可謂枉用心矣, 余嘗與成海應龍汝, 論四庫全書總目, 有書累百言反覆抨擊, 頗自謂切中近世之弊. 然其時所論, 專爲紀曉嵐而發, 曉嵐固癖於考證, 然其文章識解, 亦實有過人者. 若今世所謂名儒者, 愈精愈博, 愈巧愈新, 而其學術則愈不可問矣. 然彼亦豈不知其爲末務小道哉?"

37 洪奭周, 『淵泉集』 권17, 「答成陰城書」. "辱惠書, 且以四庫書目四函見還, 慰戢無已. 示喩: '書目所稱述, 率皆宗尙漢學, 於程朱夫子, 不敢顯言詆之, 而往往游辭陰攻, 可見其心術之疵.' 甚當甚當, 誠可謂洞見. 癥結秦越人旣飮上池, 垣一方人將何所匿形也? 又謂: '其精於考證, 有不可廢.' 此固古人采葑采菲之意也."

38 成海應, 『硏經齋全集』 권9, 「答洪淵泉斥考證書」. "向辱寵翰, 盛斥考證之非, 旣而憂其辭之未條達也. 復賜明敎以暢之, 且以海應之愚蒙也, 而謂: '可與明理之訓.' 斤斤懇懇, 盈幅充牘, 旣感厚誼, 豈敢終嘿以孤君子之意乎?"

39 『淵泉集』 권17, 「答成陰城書」. "試以此一部書言之, 萬乘稱制而臨決, 群髦殫精而奏, 能裒萃千古之文獻, 鋪張一代之制作, 其爲典亦鉅矣, 而究觀其所矻矻焉者, 一則曰: '多資攷訂.' 一則曰; '辨證精核.' 其見詘焉者, 則又率曰: '無所考證, 經焉而如是, 史焉而如是, 子集焉而又如是.' 止耳. 吾未知其爲是者, 內可以淑人心歟? 外可以致時用歟? 邇之可以治身, 而遠之可以爲天下歟?"

40 『鶴岡散筆』 권1. "近世中國之儒, 率多斥宋儒爲空言, 而以考證爲徵實之學. 吾未知

主敬求放之工, 與偏傍音詁之辨, 果孰爲實用也. 又未知君臣父子之倫, 與草木蟲鳥之名, 果孰爲輕重也. 宋儒之學, 非一槩也, 而其醇者, 必宗論語. 近世之學, 亦非一率也, 而其精者, 乃以爾雅說文爲宗. 吾又未知爾雅說文之與論語, 孰切於實功也. 然爲宋儒之末學者, 亦固有以召此譏矣. 聖賢之訓, 必就夫衆人之所可見者, 人之所不能見者, 聖人亦未嘗輕言也. 是以性與天道, 子貢猶歎其不可聞, 而孟子言性, 不過以四端之已發者證之. 故曰 乃若其情, 則可以爲善矣. 情者性之發也 衆之所可覩也. 今號爲能宗宋儒者, 動輒言萬物一原之性, 氣質未雜之理, 陰陽未分之太極, 是果孰見而孰證之耶? 故曰 爲宋儒之末學者, 亦固有以召空言譏也."

41 『淵泉集』 권17, 「答成陰城書」. "夫考證之有功於學者, 亦厚矣. 服用之, 不考禮, 無以行, 律尺之, 不考樂, 無以成, 不考乎日月星辰之躔度, 則無以對天時, 不考乎山川疆域之形勢, 則無以時地利, 況僞之亂眞, 邪之奪正, 異端野語, 百家之說, 紛然托于古人, 以惑世而誣衆者? 不有證以辨之, 又何以定民志而一道術也?"

42 『淵泉集』 권17, 「答成陰城書」. "孟子考「堯典」, 以證放勛之不北面, 考「伊訓」, 以證阿衡之不割烹, 其證周之助也, 以大田之詩, 其證人君三年之喪也, 以孔子之言. 考證之有功於學者, 亦厚矣, 奚但曰不可廢而已?"

43 『鶴岡散筆』 권3. "近世攷證之弊, 余既屢言之矣. 然攷證之學, 亦有不可廢者. (…) 余非惡攷證也, 惡夫先攷證而後義理者也. 惡夫攷證者之捨大體而先瑣末者也. 至於文獻之徵, 疑似之辨, 亦烏可廢攷證哉?"

44 『鶴岡散筆』 권1. "理義經濟文章之學, 由漢至宋, 亦既已畧備矣. 後來者, 繼以有作其大者, 終無以求勝於前人, 唯其微細而不急者, 時或有前人之所未及, 彼既欲務勝於前人, 則勢亦不得不求諸前人之未及,其勢固不得不出於考證, 考證之大者, 前人亦已盡之矣. 其勢又不得不出于至小且末者. 嗚呼, 自今已往, 天下之學術, 將日以益下矣."

45 『研經齋全集』 권9, 「答洪淵泉斥考證書」. "見今北方之學, 槩可知矣. 程朱之學, 自宋末大著, 而皇明永樂中益大之, 至于今, 若日星之昏衢, 而一種陸學之流, 參錯于其間, 自知不能逞敲撼之習, 則假托漢學, 陰售其計. 夫地名物名, 紫陽之所未暇也, 而圻圻然持之, 且如栢舟之訓, 與釋孟子不同, 子衿之訓, 與白鹿洞賦各殊, 豊年篇斥小序, 而傳用小序, 特未及刪改者, 指以大疵類, 紛然而毛擧, 卽其心術之微, 固可鄙斥."

46 『研經齋全集』 권9, 「答洪淵泉斥考證書」. "夫考證者, 博學中一事也. 夫物之同條而異實者, 不得不援引的據而證之, 訓之似是而實非者, 不得不廣引他說而證之, 性之犬牛之分, 色而馬雪之論, 孟子亦嘗言之矣."

47 『研經齋全集』 권9, 「答洪淵泉斥考證書」. "大抵, 漢學深於名物度數, 而理未嘗不寓其中, 宋學辨於天人性命, 而數未嘗不在其中, 其致一也. 今之爲漢學者, 詆宋學以空言, 爲宋學者, 詆漢學以陳言, 漢學主於經, 宋學主於書, 然殊未知經與書, 合初未嘗有分. 易之乾二庸言庸行之訓, 卽一部『中庸』, 書之堯克明峻德, 卽一部『大學』也. 詩禮春秋之於語孟, 無不與之表裏, 則執經而遺書, 劬書而捨經, 固不可也. 海應之少也, 竊欲合漢學宋學, 而俱操其要, 談理而不遺乎數, 語數而不捨乎理, 反以歸博文約禮之訓. 夫彼考證之學, 豈所欲者哉? 特見其淹博浩穰, 如鳥獸雲烟之悅耳目, 旣過輒茫然不復記, 況今白首豈復有神精可從事於此哉?"

48 『孰遂念』 15관. "近世考證之學, 徒費精力, 無益於身心, 爲學者, 所宜深戒."

49 『沆瀣丙函』 권10, 『睡餘瀾筆』 續下. "近世說經家, 有漢學宋學之爭, 其弊大盛於中州, 漸蔓于我東. 盖緣皇明與我朝, 尊奉宋賢, 杜天下之口, 俾不敢吐出肚中之轖, 遂激出漢學一隊, 以自樹勍敵耳."

50 『沆瀣丙函』 권7, 『睡餘瀾筆』 下. "近世中國經學, 專尙註疏, 註疏豈無可取者, 而但其紕繆處, 往往大悖於彝倫名教, 宋儒說經, 設有少差, 直不過章句間小小文義, 至義理綱常處, 未嘗有絲髮戾也. 我國文士志慕中州者, 或崇奉鄭孔, 不敢訾其一者, 異哉."

51 『沆瀣丙函』 권7, 『睡餘瀾筆』 下. "趙參判元七, 使燕還, 爲余言中國崇漢學好考證之弊曰, 考證已是末學, 今之考證, 惟字畫偏旁而已, 在考證中, 又爲末矣. 又曰, 漢學宋學, 互相攻軋, 至立朋黨於朝廷, 天子亦不能調和."

52 『沆瀣丙函』 권7, 『睡餘瀾筆』 下. "或云, 東國之效燕俗, 莫近日若. 惟漢學, 未能勝宋學. 然博學宏詞之彦, 往往有酷慕鄭孔者, 異日, 安知不駸駸焉, 相率而化耶. 我國黨論, 數百年不息, 害及民國. 他日, 燕俗益盛, 而漢學益行, 則黨論或宜少衰, 而恐其害有甚於黨論者."

53 『沆瀣丙函』 권1, 「擬發策一道」. "吾儒之學, 以通經爲本, 而名物訓詁, 詳於漢儒, 性命義理, 闡於宋儒, 此經術之所以有漢學宋學之稱也. 漢儒之經傳, 有梁丘之『易』·毛韓之『詩』·伏生夏侯之『書』·大小二戴之『禮』, 而莫不集成於鄭玄, 宋儒之論學, 有

濂翁之『太極』·程氏之『易』『春秋』·橫渠之『正蒙』『理窟』, 以至于楊游范尹之徒, 各有著述, 而莫不會極于朱子. 是故, 漢學之支裔, 歷六朝而至唐, 以其源本乎康成也, 故皆謂之漢學, 宋學之派流, 歷元明而讫今, 以其宗主乎紫陽也, 故通謂之宋學. 是二學者, 併立于宇宙之間, 宜若相補而不相悖, 迺反各立而與之爭, 其同異醇駁之辨, 固學者之所不可不究也."

54 『沆瀣丙函』 권1, 「擬發策一道」 참조.

55 『沆瀣丙函』 권1, 「擬發策一道」. "經者, 聖人爲學之大具也. 學者, 聖人修己治人之大方也. 聖人不作, 道術爲天下裂, 『詩』『書』六籍, 燒滅於嬴秦, 異端邪說, 紛興於漢晋, 幸而掇拾遺經, 區區修補, 相與講誦而傳習之者, 其功誠亦有不可誣, 而乃其爲說也, 率未免傅會剽襲, 拘訓詁之細末, 遺義理之大本, 使天下貿貿焉入於長夜晦盲之中者, 殆千有餘年. 至有宋洛建諸先生出然後, 六經丕闡, 斯道大明, 致知主敬之工夫, 存養省察之名目, 俾學者得以安身立命, 由此焉, 上達于天德王道. 自宋至今, 覆載之間, 橫目而絲身者, 賴以知倫綱之不可墜, 而名數之不可干, 緊誰之功也?"

56 『沆瀣丙函』 권1, 「擬發策一道」. "顧今朝庭之群彦, 莫不茶飯乎經傳, 步趨乎濂閩, 其於漢宋粹駁之辨, 講而明之, 有素矣. 苟能竭論宋學之淺深精粗·漢儒之穿鑿訛謬者, 以及乎近世毛奇齡輩所傳襲之邪論詖說, 一一條列而痛析之, 俾斯文不至乎泯晦, 而異言莫得以喧豗, 仍又畢陳扶正學闡世敎·放淫辭斥浮華之要道, 以杜目下自華漸東之弊源, 則實吾黨之厚幸, 而朱子之功臣也. 其各毋循功令之格套, 毋拘呈劵之早晏, 罄平日胸中之蘊, 悉著于篇."

57 『沆瀣丙函』 권10, 『睡餘瀾筆』 續下. 余嘗擬作發策一道, 略擧漢學病處, 近又作詩送醇溪昆仲燕行, 極言中國攷訂家詆侮程朱之弊. 士友讀者, 或曰, 漢儒不可斥, 漢與宋, 故當調停. 唯斥近儒之詆宋賢者而已. 或曰, 漢宋未始有爭, 何事乎調停, 亦奚可容扶抑? 余謂此數說, 俱不免助長崇漢抑宋者銳氣. 大抵, 漢儒之於六經, 其功不可誣也. 非西漢之儒, 則程朱氏何從而見六經? 微東漢之儒, 則程朱氏何資而曉訓詁? 唯其名物制度之外, 釋文義談道理, 往往牽强附會, 甚或大悖彛倫, 余於發策中, 已擧其數段矣. 烏可以有功聖經之故而幷諱其短耶? 且其名物訓詁之好處, 朱子固皆取用矣. 旣取用前人之解, 則其說無從以繁複也. 至性命理氣之奧, 倫綱風敎之重, 漢儒之所闊略, 而擧世之所晦瞢者, 則又不得不重言累語以大明之也. 後儒見朱子之詳

於此而略於彼，遂謂朱子之學，殿名物而專性理，不傚此，則非所以學朱，遂至註下添註，疑外惹疑，充卷溢袠，生生不已，斯又非朱子意也. 朱子之於名物，旣以漢儒已備之故而略之，後朱子者之於性理，獨不可以朱子已備之故而略之耶? 今者，漢宋之訟，片言而可以決，漢儒之功不可廢，而其釋文義談道理者，弗可從也. 朱子於名物訓詁，已從漢儒好處，而說性談理，却又煥然光明，後儒唯一遵朱子，則漢儒之可從者，包其中矣. 君子通經學古，將以用諸修己而治人也. 此漢儒宋賢之所同準，而後之爲漢爲宋者，于此俱闕如也. 吾見漢宋之同，而未見其異耳，尙何爭之有哉? 吾願今之學者，惟一遵朱子，而翦剔枝葉，孜孜乎修己治人之實而已."

제6부 철리적 산문

1 『孰遂念』 13관. "寓言小著，可發妙悟，可長文氣，時或作之，無害. 舊有小著數卷，今鈔其若干則，以啓後來人戶扃."

2 『孰遂念』 13관, 「眞藏經」. "此書中數段，實有爲孰遂念之大關鍵者，讀者詳之."

3 韓章錫, 『眉山集』 권9, 「題孰遂念後」. "玄於老子而有眞藏經."

4 『孰遂念』 13관, 「眞藏經」 <上藏>. "至虛以爲天，至實以爲地. 虛，實之祖. 實，虛之待. 至虛者無實，至實者無虛. 瀇瀇非天，堅堅非地. 天地之轓，降坱冲突以爲人. 此天地之泄."

5 상동. "目名乎眂而存乎不眂，耳名乎聽而存乎不聽，心名乎思而存乎不思."

6 상동. "剔忻止勃，精德翕滿，收光沈聲，造化凝安，入瞽入聾，謂之大弘，爲枯爲偶，謂之大成."

7 상동. "闔目而眂纖，塞聰而聽遠. (…) 文采泯而大眂生，鐘鼓止而大聽生."

8 상동, <下藏>. "止眂之文以養天下之目，殺聲之繁以養天下之耳，絶旨甘以養天下之口，杜華彩以養天下之體."

9 『沆瀣丙函』 권1, 「澹濃窩記」. "融蜜于水，敷之使徧，挹而爲十千百匙，匙匙而蜜與水相配. 若澄以上者，多水而少蜜，則蜜必沉下于器之底，黏積而成滓. 上焉者徒澹而無味，下焉者徒濃而無用. 所貴乎澹者，以其爲濃之根也. 無澹則濃無所資，譬如白之受采，匪白則采無所施."

10 『孰遂念』 11관, 「辛動智念」. "至若神遊无方, 未始有疆域道里之拘, 如古人所著『十洲記』·『神異經』, 皆泥之甚者痴人之前, 可說夢乎哉? 『孰遂念』一書, 乃神遊者之一部指南, 讀者可自求之, 今不具論."

11 김철범은 '天은 이성적 세계, 地는 경험적 세계'로 파악한 바 있다(「홍길주 <孰遂念>의 세계」, 『열상고전연구』 17, 열상고전연구회, 2003).

12 『縹礱乙幟』 권13, 『睡餘放筆』 下. "夢中奇境, 覺後, 身猶如臨是境, 而口不可以形容一個字. 又或眼前所値, 宛似疇昔之所已經, 而亦不可以言語道得來. 此皆文章悟解極微妙處. [又或遇境, 宛似昔夢所見, 而記得不暢者.]"

13 『峴首甲藁』 권1, 「原文」. "立乎心之謂志, 充乎志之謂氣, 發乎氣之謂言, 擇乎言之謂文."

14 『孰遂念』 13관, 「眞藏經」 <上藏>. "當三而五損其二, 當五而十損其五, 一日而所損百. 當十而五贏其五, 當五而三贏其二, 一日而所贏百. 贏者, 爲眞凝以住, 固不腐不漏, 廣明輝照."

15 李用休, 『惠寰雜著』 권7, 「贈鄭在中」 참조.

16 정민, 「18세기 시단과 일상의 시 세계」, 『혜환 이용휴 시선집』, 소명출판, 2002 참조.

17 朴趾源, 『燕巖集』 권3, 「素玩亭記」 참조. 이하 『燕巖集』으로 표기함.

18 임형택, 「朴趾源의 인식론과 미의식」, 『실사구시의 한국학』, 창작과비평사, 2000 참조.

19 『燕巖集』 권12, 「一夜九渡河記」 참조.

20 『燕巖集』 권11, 「渡江錄」 참조.

21 김혈조, 『박지원의 산문문학』, 성균관대 대동문화연구원, 2002 참조.

22 『孰遂念』 2관, 「東溪亭記」. "聞此語而不能如親見溪亭者, 不可使讀『孰遂念』."

23 『孰遂念』 2관, 「吾老園記」. "入沆瀣子之宅, 徧觀諸堂宇館院, 瞠然以爲有生之未始覯, 便可以夸於人也. 居頃之, 携而入吾老園, 矚兩潭瀑壁之奇, 窺三光之洞, 謁太虛之府, 又茫然悔昔日之夸也. 人有知昔之所未知, 悍然自以爲知者. 蓋其所知, 未嘗非知也, 抑不知所知之外, 又有未及知也. 知無止也. 自謂吾知已至者, 不知者也. 不見吾老園者, 固未嘗不知園也, 及觀吾老園, 然后知昔之所知非盡知也. 不見兩潭者, 固未嘗不知瀑壁潭瀨也, 及觀兩潭, 然后知昔之所知非盡知也. 不見三光太虛者, 固

未嘗不知洞壑臺榭也, 及觀三光太虛, 然后知昔之所知非盡知也. 然旣見吾老園兩潭三光太虛而曰, '今而後吾始盡矣.' 是其不知, 又猶舊也. 昔之自以爲知者旣非, 則安知今之盡知者, 它日又不爲非耶? 吾老之外, 有北山, 北山之外, 不知有何境, 何境之外, 又不知有何境, 綿綿汗汗, 無終無極."

24 『執遂念』 2관, 「壯哉亭記」. "今聞其名而已駭, 想其境而已樂. 或想之深, 而假造其極處以設于目, 仍又自思曰: '吾思之極耳, 其眞豈遽及此?' 如是積久而后詣其眞. 方其邇而未造也, 又橫思竪念, 形容之靡不到, 驀然而當之."

25 『執遂念』 1관, 「淸芙亭記」. "酒醺樂央, 訢然而問客曰: '此境之美, 何在?' 曰: '在水之徹也.' 曰: '在花之姸也.' 曰: '在亭之幽而敞也.' 是皆不可與偕觀. 嘗觀嵒石峰巒汀洲之畵, 指其畵而論其巧, 皆不知畵者也. 畵之品, 在畵外之餘地. 人能知畵品之在餘地, 則可以學道而造乎妙, 可以應萬事而有裕, 可以治天下國家而措斯民於雍熙. 地中有池, 池中有荷, 池之畔有亭, 亭之外荷之上, 何物也? 此虛空之際也. 古詩人詠荷者百數, 唯李太白之稱'淸水出芙蓉, 天然去雕飾'二句語爲最絶. 問此語何以稱最絶? 皆不能對. 此句之妙, 猶畵之餘地也, 猶亭之外荷之上虛空之際也."

26 『執遂念』 2관, 「東溪亭記」. "是許多者, 不能皆寫于詩, 所寫者, 其中之一二也. 善觀詩者讀之, 必盡知其餘. 其句只寫山水, 而其所坐必樓閣也. 其句只寫花鳥, 而其地必有谿澗, 其日必晴朗, 其所對者必好朋友也. 其句只寫漁樵, 而其時必春也, 其日必夕也, 其胸中必憂思也. 若夫觀山水樓臺之記, 則記之所不錄路蹊之曲直邇遠 · 屋榭之間架面背, 皆森于目矣. 觀聖賢隱逸英雄奇士之傳, 則所不叙容貌毛髮言語咳笑, 皆吾左右矣. 不如是, 不足以讀詩文. 不能使人如是, 不足以爲詩文. 若夫心靈而神朗, 瑩然與千載上合者, 其觀又卓異. 讀張子房遇老人受書, 則知圯上溪川橋路縈廻斷續之形 · 老人顔貌身軀之離奇勁瘦黧然而倭然者. 讀王徽之雪中訪友, 則知剡溪雪水陂岸之勢 · 戴家林逕嵒扉之層折嚮負. 是又何待乎寫一二景及記傳之叙哉?"

27 『淵泉集』 권16, 「答李審夫書」. "頃年西行時, 嘗爲程路記一篇, 戱用公穀傳體, 爲之注文. 雖不足以塵覽, 平生倣像古人者, 惟有此作, 因有感於憲仲之言, 聊持以請教. 又有讀書錄四紙在舍季, 所稿尙未脫, 如欲一覽, 亦不敢有隱也.": 『沆瀣丙函』 권5, 『睡餘瀾筆』 上. "如淵泉記里經之出於公羊穀梁, 余舊作志游之原於七發, 夫人而知之. 詞苑鉅工, 或以此自夸, 隻眼實可笑, 至以記里經謂出水經注者, 尤近說夢."

28 『峴首甲藁』 권3, 「記里經序」. "自京師至于瑞興, 三百有四十里, 其爲邑居者八, 爲城郭者四, 爲險阨者一, 岨而爲峴者二十有四, 廓而爲坪者三, 水之大而舟焉者一, 其小而橋若揭焉者十有五, 店而館旅者三十有一, 遞而代馭者十有三. 此吾兄記里經之所載也. (…) 吾兄之文, 謹嚴有制度, 結構井井, 若甍楹廊序之殖殖焉, 不失位置, 盖取諸邑居. 吾兄之文, 積累功力, 屹然而彌尊, 中堅外厚, 禦之而不可犯, 盖取諸城郭. 世之爲文者, 刻意以慕高, 借字以求奧, 吾兄獲於天造, 不容人爲, 而嶄截峻亢, 仰而不可攀, 盖取諸險阨. 世之爲文者, 不習乎卑近, 而遽趨高遠, 吾兄循序漸進, 莫知所自離, 而歸然立乎秦漢之上, 盖取諸峴. 世之爲文者, 平者易委, 闊者無當, 吾兄紆衍而厚, 坦廣而腴, 用無不宜, 若五穀之熟焉, 盖取諸坪. 灝汪奔流, 一日而千言, 盖取諸水之大者. 演迤縈曲, 若往而復, 盖取諸其小者. 大之爲豊碑顯冊, 小之爲隻句短章, 隨扣而答, 應之如素具, 盖取諸店. 百家衆岐, 不專乎一, 昕經旰史, 迭出而不瘦, 盖取諸遞. 此吾兄之文之大略也. 文章之道, 猶適遠者然. 夫自學語識字以往, 行幾里而至于受書辨句讀, 又幾里而至于屬辭, 又幾里而能倣古人之爲, 又幾里而迺卓然成一家焉, 其爲行亦遠矣. 然是書之終曰: '吾行未嘗止於是也.' 盖自瑞興西北, 至于鴨江界, 又千有餘里也. 自一家言, 推而至於六經, 又不知幾里也."

29 『縹礱乙幟』 권1, 「勝覽別笑」. "計道途所歷江山泉石之勝可述者甚衆, 就其尤者而言之, 則龜潭以鉅偉勝, 島潭以神朗勝, 隱舟巖以廻複勝, 石門以穹窅勝, 玉笋峯以峭擢勝, 三仙巖以幽敻勝, 舍人巖以刻厲勝, 寒碧樓以奧遠勝, 巴串以宏豁勝, 仙游洞以窈閒勝. 是皆天下之瑰觀, 誠不可崇其一而詘其餘也. 唯人之觀之也, 有術焉. 寬柔夷愉, 不能特立而自尊者, 宜觀乎龜潭. 蹈常軌狃俗習, 不能超然而自異者, 宜觀乎島潭. 廣而不能包, 舒而不能卷者, 宜觀乎隱舟巖. 亢然自崇, 而不能虛其中以明其照者, 宜觀乎石門. 居卑而行曲, 不能離黨附以表其節者, 宜觀乎玉笋峯. 處荒穢之中, 而不能潔身以逃世者, 宜觀乎三仙巖. 頑樸質陋, 不能修之以品節者, 宜觀乎舍人巖. 散解肆縱, 不能約之以靜專者, 宜觀乎寒碧樓. 小而不能大, 大而不能入于小者, 宜觀乎巴串. 高遠而無規矩, 規矩焉而陷于卑近者, 宜觀乎仙游洞."

30 『縹礱乙幟』 권12, 『睡餘放筆』 上. "文章亦然. 書契以來, 至于今世, 文章之變可攷也. 余常自思, 學字以后, 至于今日, 粗具古今文一部. 五歲以前, 始學八卦五行, 宛然結繩之初也. 七八歲, 翰墨游嬉, 其不成文理者不論已, 往往或近理而成句, 則皆

六經語也. 三代之文, 未登於詩書而見刪於孔子者, 自今人視之, 必皆不成文理也. 壯歲, 治功令藝, 稍與經傳古文疎, 髣髴秦末漢初, 毁經典而習律令, 以吏爲師者. 二十六七歲以後, 返于古文, 始則渢渢乎兩漢, 中則燁燁乎魏晉及唐, 繇宋以降, 卑不肯效, 而齒旣老矣, 志亦頹矣. 屈身從仕, 不能不作狀牒俗下文字, 簡編日倦, 菁華日竭. 自今以往, 其將求爲宋以後, 而不可得矣."

31 『孰遂念』 1권, 「津逮館記」. "津逮館之位, 當乎辰. 辰, 万物之所振也, 振動萬物, 莫如文章. 於律爲姑洗, 去故就新者, 莫如文章. 是月也, 生氣方盛, 句者畢出, 萌者盡達, 發活之極, 又莫文章如也. 是月也, 聘名士禮賢者館之, 養士近之. 是月也, 令百工, 審材毋或不良館之, 畜工匠似之. 是月也, 大合樂館之, 富有書籍昌其述作, 以宣天地之大蘊, 以鳴天地之大和, 又類之矣. 辰固十二位之一, 而十二位又總名爲辰. 文固百藝之一, 而德行禮樂醫卜貨財凡天下之事皆文也. 此又斯館所以不得不當乎辰也."

32 상동. "三再之南, 又有一宅, 名曰津逮館. 集文學之士居之, 廣貯書史, 俾隨意繙閱撰述, 有來學者, 輒許留住, 多置空室. 凡書畵工匠一技之巧, 率皆館之."

33 『沆瀣丙函』 권1, 「曠如樓記」. "公所讀書累千萬卷, 所纂述『林園志』·『小華叢書』總累百卷. 今年七十有六, 致事郊居, 猶矻矻不休乎蒐補. 意公所以名是樓者在斯, 而不在夫外之觀也. (…) 公之登是樓而息也, 因其所矚之岡嶂林木原埜而博之, 忽而思方內山川之昔所游者, 忽而思疆場之外飫聞而未見者, 忽而思八極之大莽沆荒渺, 『山海經』·『坤輿圖』之所不及者, 忽而思天地之外, 日月星辰之上爲何界, 忽而思三皇已前, 又自今幾萬萬年之後爲何代, 忽而思所讀書累千萬卷之外, 四庫之所充溢幾倍蓰, 忽而思『林園志』·『小華叢書』之所未賅幾什百. 凡此衆想, 迭相禪受, 彈指刹那, 十匝宇宙, 芒然弗悟其身之倚是樓也."

34 최원경은 『孰遂念』을 다원적이고 순환적인 특징을 지닌 공간으로 정의한 바 있다.(「『孰遂念』, 그 공간의 미학」, 『한문학보』 11, 우리한문학회, 2004.)

35 『峴首甲藁』 권8, 『時言』. 「物言第四」. "流而無盡者物也, 物猶水也. 轉而不窮者言也, 言猶環也."

36 상동. "楚公子有好爲微語者, 梁客見焉曰; '請難以微, 可乎?' 公子曰; '諾.' 客曰; '蒼蒼而覆下者何也?' 公子曰; '雲雨施焉.' 客曰; '然則角鱗者歟?' 公子曰; '否. 是在冥海.' 客曰; '息以六月負天以南之者非耶?' 公子曰; '是有翼.' (…) 公子曰; '是

則有氣而無形.' 客曰; '然則蒼蒼而覆下者也.' 夫梁客之言, 千轉而萬反, 中散無方, 而復歸于始, 言之善轉也若是夫."

37 상동. "故曰; '不求其本, 而苟循其同, 則天可以爲龍, 馬可以爲風, 況德與利, 違於銖忽, 雖有智者, 難乎其辨者哉?' 故曰; '必求其本.' 以管仲之器小, 而疑其儉, 以管仲之不能儉, 而疑其知禮. 此猶以天之施雲雨, 而疑其龍, 以馬之爲人御, 而疑其風也."

38 상동. "或問曰; '子何所希?' 曰; '希聖人, 聖人亦有所希乎?' 曰; '有, 聖人希天.' '天亦有所希乎?' 曰; '何爲其無也? 若夫天反希人.' 曰; '何也?' 曰; '天之於人, 壹眡而均慈, 智者過之, 愚者不及焉. 夫天豈不欲衆人之同歸於善乎? 人之昧者, 視天蒙蒙. 若以天之命, 行人之敎, 則天下夫豈有爲不善者哉? 此天之所以反希人也.' 曰; '然則誰能無希?' 曰; '夫豈有無希者? 世之相希相與尋環.' 曰; '敢問其說.' (…) 由是觀之, 世豈有自足而無希者哉?"

39 상동. "至大者天也, 側一目窺之以罅, 得其皎皎焉. 然未嘗不謂之天也. 故曰; '至大者, 可以小.' 溝渠之水, 水之小者也. 其終也, 放而入于海, 其本則溝渠也. 故曰; '至小者, 可以大.'"

40 『沆瀣丙函』 권2, 「送李機張仁奎東游海嶽序」. "物有不倫, 而形之則隣. 言有不同, 而推之則通. 唯知者可與道此."

41 兪漢雋, 『自著』 권27, 「諺記」. "彼白者何, 白叟. 白叟背僂, 背僂則鞍轂. 鞍轂四寶, 四寶則甒. 甒玈[音盧. 說文云黑色. 左傳, 王賜晉侯玈弓矢千.], 玈則烏. 烏躍呼, 躍呼則巫. 巫撾, 撾則冶. 冶挾把, 挾把則蟹. 蟹入애[音礙, 穴也.], 入則虺.[大招王虺騫只註, 王虺大蛇也.]. 虺齕, 齕則虎. 虎趠[趠, 跳躍也.], 趠則蚤. 蚤丹高[音浩, 丹色.], 丹高則棗. 棗甜, 甜則飴. 飴麗[附麗之麗也.], 麗則姬. 故適性者不可易, 在術者必可愼."

42 김건우, 「著菴 兪漢雋의 문학론과 그 실천 양상」(성균관대 석사논문, 2000) 57~65쪽 참조.

43 『西淵聞見錄』, <沆瀣洪先生遺事> 13. "先生少嘗愛睡, 或至日晏而起, 人有言者, 先生笑曰; '睡外, 豈有餘事?' 人或謂; '先生性懶.' 歲壬午, 淵泉相公, 按湖南道, 余陪先生偕往. 先生每於鷄三鳴, 先起盥洗催行, 至昧爽必發行. 又見先生於赴公時, 必曉起, 整冠帶, 催僕御, 一未嘗後於人."

44 『縹礱乙巇』 권12, 『睡餘放筆』 上 "余多奇夢, 盖不離書卷中, 而率泼漫迷亂, 甫寤而卽忘. 方編輯象藝薈粹, 夢一長者告余曰, '子於四六, 宗庾徐王駱, 誠以齊梁之前无此體也. 然古者偶无此体. 使有之, 商周之四六, 必如盤誥, 先秦之四六, 必如左國. 后世特无高才耳, 非四六之不可作詩書春秋体段也. 苟如是, 彼庾徐王駱者, 又曷足論哉?' 余口呿不能難而寤."

45 『峴首甲藁』 권4, 「與李元祥書」. "古之爲文者, 無騈儷. 騈儷始自晉唐間, 當其詩也, 上自詔勅誥制, 以至乎書牘序記碑志版碣之文, 無不用騈儷. 至韓退之紀而掃之, 古文復行, 然猶未能廢騈儷而去之, 詔冊表箋露布上樑之作, 至今以騈儷爲主. 雖學如朱子, 文如蘇軾者, 皆爲之, 極工而不厭也. 盖君子生乎其時, 不得不爲其時之所爲也. 今之功令對偶, 卽唐宋之騈儷也. 雖其體有高下巨細之不同, 然生乎今時者, 又不得不爲今時之所爲也. 推而言之, 則唐宋之騈儷, 亦秦漢以上之所無也. 使孔孟而生於唐宋, 亦必爲騈儷, 極工而不厭也. 使朱子蘇軾而生於今之時, 亦必爲功令對偶之文, 極工而不厭也."

46 『沆瀣丙函』 권8, 『睡餘瀾筆』 續上 "余嘗謂天地間奇文章在夢, 天地間大文章亦在夢. 平日意想之所常到者, 固在於夢, 而平日意想之所必不到者, 亦在於夢. 方來倚伏之所必然者, 固現於夢, 而方來倚伏之所必不然者, 亦現於夢. 纖微則無着, 漭灝則無垠, 接續者無線, 斷絶者無痕, 明者的的, 暗者惛滑. 或留其境而忘其象, 或有其際而迷其言. 莊子太白, 莫能形其幻詭, 子雲相如, 莫能盡其綺麗. 書契以來, 所稱奇文章大文章, 蓋未有能如是者. 是故, 余每一夢覺, 輒長一層文悟, 恨才不足以達其悟, 終未能有一篇文章如夢境者爾."

47 『峴首甲藁』 권3, 「贈夢坡鄭子序」. "鄭子景守, 自號夢坡, 蓋夢見東坡子而志之也. 寄余以書, 診其夢, 因俾余文之, 余已不敢蘄其諸矣. 然余嘗試問於子, '夫夢何從而生也? 凡人之夢, 或緣於思而興, 或將有應而發, 又或有無所思無所應而過者, 玆又何理歟?"

48 『縹礱乙巇』 권6, 「與李汝成書」 "僕願識沆瀣子十數年矣, 今歲始相見. 宿于花, 舟于江, 大讌于衆星之樓. 笙琵磬鍾, 迭奏于前, 而鼎彝尊敦, 畢陳于左右. 樓之前有大樹, 高數百尺, 葉圓而紺翠, 實深頳, 其大如盂, 纍纍然下垂欲墜. 其下有紫鴝鵠綠鸚鵡對棲. 座上四五客, 或綠瞳黃髮, 相與談赫胥氏時事. 厥聲吁吁吪吪, 若虎嘷而潮至."

49 상동. "出門未百步, 忽大水浩淼, 不見其崖涘. 波濤洶欻, 悸人心魄, 蛟螭鼉黿, 浮沒若相鬪. 方恐懼欲返, 傍岸有大舲艎, 未解纜, 中有一秀士, 幅巾倚柂而坐, 大呼曰; '何遲也?' 諦視之, 乃絅堂. 遂大笑登舟, 放乎中流. 于時也, 風恬浪息, 山水澄麗. (…) 盖蒼顔皓鬚, 野服手麈尾中坐者, 曰洌樵翁. 仙桃之巾, 鶴氅之衣, 對坐而盱衡者, 曰海居道人. 踞而隅坐, 須淸而服絜者, 曰西山處士. 秀眉朗目, 手把筆展紙于前者, 曰東樊生. 其餘二三子, 皆端靚可喜, 然有未曾識者. 笑闌而談, 談變轉無窮. 始談江山之勝, 因江而談海, 因海而談海之外. 又轉而談天地開闢之初, 又降而談五帝三王禮樂學校兵農之制, 又降而談歷代治亂. (…) 其聲叱叱然, 崖谷皆震. 大驚叫而起, 身固在竹西小齋, 案有皐津經一卷. 絅堂序文, 舟于江以下, 皆它語也."

50 『孰遂念』 13관, 「悔言第七」. "獨不見夫登山者乎? 前者牽, 后者扶, 攀壁麗木, 十步而八傾, 遇峛崺而坐焉, 熯汗息喘, 顧自以極天下之高. 有人陟太山之頂, 而猶自以不足. 是二人者, 其見豈可均哉?"

51 상동. "是故, 無上則無窒, 無下則無罰. 有上而有下, 窒之府而罰之藪也. 人固不安爲下愚, 則冀爲有志之士, 人亦望之以有志. 旣有志, 其上有有道之士, 推以躋之, 至于聖人而后無上. 夫爲賢人而止, 則日夜思爲聖人之所爲而不能得, 憂思悳慼, 自顧常寥如也. 人亦待之以聖而不勝, 則咎尤集焉. 唯厥至愚者則不然, 不知天下之有是而無慼, 人亦不責之以是而無誚. 無慼則泰矣, 無誚則樂矣. 故曰不能大願, 寧乎無願. 蹈常之願, 憂之招也."

52 상동. "癡人有疔生於右手, 欲療而疑藥, 思知藥不可以不攻醫, 思攻醫不可以不讀其方, 思讀其方, 又患不識字. 方將從塾師學字焉, 人皆笑之. 宋之人有見鴻鵠之集也, 欲射之而無弓, 欲造弓而無美材. 遂歸而植柘于圃. 楚之人有刈萑于澤者, 或問其故. 曰; '將以爲曲植也.' '曲植奚爲?' 曰; '養蚕也.' '養蚕奚爲?' 曰; '績絲也.' '績絲以奚用?' '織帛也.' '織帛以奚供?' '束之以爲贄也.' '奚事乎贄?' '延師也.' '奚業于師?' '將學連山歸藏之術也.' '且奈何?' 曰; '吾州之旱, 今朞月矣. 吏之令曰能卜而知雨者, 賞百金, 吾利之也.'"

53 상동. "是三者, 固天下之愚者也. 然余以爲不愚. 學字固疎於治疔也. 因之以知書, 則夫豈無用乎? 植柘固與鴻鵠遠也. 柘長而材, 則夫豈無所須乎? 刈萑固不當於卜雨也. 織箔而登蚕, 可以無寒矣. 是三者, 夫豈不愈於優游無所爲以廢日者哉? 孟子曰;

'七年之病, 求三年之艾. 苟爲不蓄, 終身不得.' 誠哉言也."

54 『峴首甲藁』 권4, 「重答李審夫書」. "士大夫, 假命以儒, 坐而衣食, 人之效之者, 日以滋衆. 父子兄弟相戒告, 寧爲乞丐, 而不肯爲農工賈. 腴手胖脚而糊其口者, 半天下. 人道之日夷, 財用之日匱, 職誰之辜?"

55 『沆瀣丙函』 권8, 『睡餘瀾筆』 下. "中國窮士, 多以鋟書資生, 而我邦無此俗. 故士大夫子弟之貧而未仕者, 多入於冒法求利之塗, 以之喪身而覆家. 我邦工匠笨劣, 用財冗濫, 貴富之家, 欲刻先集數卷, 動費千萬貲, 非按雄藩, 不敢萌意, 尙奚論於貧士? 使燕者, 宜先學鋟書不費財之法, 歸傳于國中, 俾士族寒餓者, 得以資活如中國人, 不惟嘉惠后儒, 抑將少革其浮浪窮濫之患."

56 『縹礱乙幟』 권1, 「贅瑞」. "譬之禽獸, 牛以服耕, 馬以致遠, 虎豹犀象, 皆有皮革齒角之資, 獨麒麟無所用, 天下無麒麟, 且二千歲, 民不以是缺其生. 是麒麟者, 亦天地之一贅也. 然語天下之瑞, 必曰麒麟, 而不及乎牛馬虎豹犀象. 夫然則物必無用, 而近乎贅然後, 可以爲瑞也."

57 『縹礱乙幟』 권2, 「廣居記」. "觀乎物之外, 則天地未爲廣也. 入其內而居之, 無往而不廣. 登高而望視, 一大城郭若碁子寘. 大城郭之中, 有宅屋數千所, 一宅之中, 有房室數十所, 入其一室而恢恢乎可容數十人, 以其餘地列案几書籍器玩而裕焉. 是故, 卽而論其內, 則室未始不廣也. 超而論其外, 則大城郭未始廣也. 廣與不廣, 夫豈有定形哉?"

58 『峴首甲藁』 권2, 「蒙養齋記」. "世之所謂博於書, 贍於言, 挈古鑒今, 談議如指掌者, 遇一事爲動作, 顧或怵焉惛焉, 類瞽者之喪相, 是固不可謂之蒙乎? 德性未廣, 學之蒙也, 機務不周, 智之蒙也, 見利而不能廉, 蒙乎義也, 與人交而不能孚, 蒙乎行也. 唯文辭亦然. 今以余與子眡彼求學之童孺, 而謂之蒙則可也. 夫有宗師碩儒吐辭而成章者, 眡余與子, 獨不謂之蒙乎? 又於千百代之上, 有司馬遷 · 韓愈者, 則今之所謂宗師碩儒, 又鮮不蒙矣. 自聖人而觀之, 則遷洎愈, 亦蒙之儔也."

59 『峴首甲藁』 권2, 「聾啞齋記」. "子貢以聾與啞爲天下之殘疾乎. 天下之聰者, 無如師曠, 而聲之所未達, 則吾與師曠之所同聾也. 天下之辯者, 無如張儀, 而知之所未詰, 則吾與張儀之所同啞也. 況以天地之大, 古今之久, 事物之交, 於外者無窮, 而精慮之應乎, 內者有涯, 當是之時, 擧天下之人, 其有不聾而啞者乎. 人之得於天者, 心爲之主焉. 吾視世之張其聰恃其辯, 以游乎聲利之塗者, 其心之病, 往往有甚於籧篨痔

瘻疥癩之醜. 是其得於天者, 獨可謂之全乎. 有耳而不聽德義之言者, 其病爲心聾. 有口而不道忠信之事者, 其病爲心啞. 今吾雖聾且啞, 能全身之所聽, 翕口之所言, 盡歸之乎心, 而吾之心幸而不病, 吾之得於天者, 顧不亦厚乎. 吾是以能樂吾之疾而無憂, 且吾少嘗有所徵矣. (…) 唯吾以啞故, 得掉臂於其間, 而偵者不睨. 聾與啞, 殆天所以利吾生也. 吾是以能樂吾之疾而無憂."

60 『孰遂念』 13권, 「眞藏經」, <下藏> 참조.

61 『孰遂念』 13권, 「眞藏經」, <上藏> 참조.

62 『縹礱乙懺』 권2, 「崑瑤隣記」. "長吾一歲, 吾可與爾汝也. 爾汝者之所爾汝, 又可與爾汝也. 如是不已, 則混沌泰始之民, 皆可與爾汝也. 此固戱語耳, 亦可以喩夫大也. 自吾長一歲而積之, 可至於混沌泰始, 則自吾少一歲而降之, 必至于幾萬萬年之后而不窮也. 有人於此, 差賢於吾, 而吾冀及之, 其人之所冀及者, 吾又冀及之, 不幾何而冀及乎大舜宣父也. 有人於此, 微不逮於吾, 而吾從染之, 其人之所從染者, 又從染之, 不幾何而從染乎惡來盜蹠也. 崑崙瑤池, 天下之極西也. 吾弟海居齋, 葺其內寢之西室, 而扁之曰崑瑤隣, 豈吾弟有味乎斯言歟. 是室之在吾弟之宅, 不過數十步西耳. 又西數十步而爲庭垣, 庭垣之於室, 不啻隣也. 又西數十步而爲西墻外他人之家, 是家之於西墻, 不啻隣也. 如是而累之不已, 則何患乎崑崙瑤池之不啻隣也. 自西墻而視之, 是室也, 亦數十步東耳. 又東數十步而引之不止, 則亦何患乎泰遠開明之不啻隣也. 豈吾弟知是室之可隣於崑瑤, 而不知是室之可隣於泰明歟?"

제7부 우의적 산문

1 『縹礱乙懺』 권13, 『睡餘放筆』 下. "文詞各體, 無不濫觴於六經. 詩之大叔于田小戎韓奕, 書之顧命, 文選綺麗之祖也. 詩之月出小毖, 書之微子梓材, 明末小品之源也. [或曰; '微子梓材, 卽嘉隆王李之祖, 陳風, 大抵多胚胎小品.']"

2 『沆瀣丙函』 권5, 『睡餘瀾筆』 上. "文章亦然. 雖小品之文, 傳奇之文, 俗下簿牒之文, 以至衖謠俳謔, 無不有極妙處, 遇之, 未嘗不欲亟棄舊學而傚之也. 若其力主先入之見, 而不慕乎新者, 苟非成家, 決是寡悟."

3 『沆瀣丙函』 권7, 『睡餘瀾筆』 下. "世恒言; '天下書籍綦多, 無暇徧閱, 而文章道術,

浸不如古. 須有知事之秦始皇出, 擇其非經不急者, 而焚之然後, 方可讀書而爲學.' 此非通論也. 又有一種之說, 以爲天下之凡以書名者, 皆可讀皆可觀. 斯亦行不得. 余則曰; '經史等好書, 固不可不讀. 餘書, 隨得隨觀, 或觀或否, 都無不可. 以言乎非經無益, 則戰國諸子以下, 俱屬當燒. 以言乎小道可觀, 則近世叢瑣雜纂, 皆有助發識悟處耳.'"

4 『縹礱乙幟』 권15, 『睡餘演筆』 下. "少時游戲翰墨, 旋草旋佚者甚多. 今思之, 俱無足惜. 近偶得一紙於舊篋中, 盖十九歲所戲爲者. 刱造十言律詩格式, 而作圖於左方, 其法十言八句之中, 第一二句上三下七[猶騈儷長聯之上四下六或上六下四也.], 第三四句上四下六, 第五六句上六下四, 第七八句上七下三, 平仄之錯, 似律詩之間一字, 而八句俱叶韻俱作對[上三字處, 上二字不拘平仄, 而惟以第三字論, 下三字處, 却以其中一字論平仄, 而第三字則叶韻, 起內句第三字, 以平起則韻亦叶平, 以仄起者, 韻亦叶仄.], 雖少時所爲, 其運思之新妙, 立式之精整, 甚有可觀. 其時亦嘗用此式, 作二三篇, 而今皆不存矣."

5 『縹礱乙幟』 권15, 『睡餘演筆』 下. "又記二十餘歲時, 割紙作六十四片, 每片畫一卦, 欲令八人各取八片, 爲戲略如宣和牌之例, 而皆裂格命名, 今忘之矣."

6 寓言은 故事의 줄거리와 비유의 寄託을 그 기본 요소로 구비한 것을 말한다(천푸칭 지음, 『중국우언문학사』, 오수형 옮김, 소나무, 1994 참조).

7 『峴首甲藁』 권1, 「詰優」. "古之優者, 賤於市肆, 今之優者, 愈於儒士. 且先生之所讀者優之書也, 所慕者優之言也. 又何優者之病焉? 純樸旣離, 六經不章, 人各有言, 自闢門墻. 左邱記事, 優者之誇, 屈子離騷, 優者之謞, 莊誕列詭, 類優狂妄, 徹從遷橫, 類優模狀, 博者相如, 奇者子雲, 下逮韓蘇, 以優爲文, 唾咳笑咷, 吟呼言語, 筆之者儒, 口焉則優. (…) 今優者, 動吾天機, 發爲聲音, 其言也俚, 其旨則深, 詡詡自適, 至眞而無私, 煕煕而起, 不期人而人隨之. 竊謂太始沖漠之氣, 尙唯在於優歟? 況先生所以燭以嗣旭, 吻唫思抽, 弊楮禿翰, 矻矻不能休者, 唯優之言是求, 又何優者之尤哉?"

8 『峴首甲藁』 권2, 「記獵者對」. "且夫世敎衰, 法綱之不張也, 久矣. 諛佞其果遠乎? 尙方之劒, 胡爲乎不借也? 狡慝其果息乎? 鷹鸇之志, 胡爲乎不勵也? 朝著其果肅乎? 殿虎之威, 胡爲乎不可覩也? 風化其果醇乎? 驄馬之聲, 胡爲乎不可聞也? 司直之臣, 守口而無所言, 典法之吏, 縮手而無所爲, 韎韋跗注之士, 力不能勝弓甲, 而武庫之戈

鋌, 腐蝕而莫之問. 豈今之束帶于廷編戶于版者, 其果無饕餮罵宄之患乎? 邊堡疆域之間, 其果知暴亂頑猾之不胥以作乎? 天下之寧民敎之厚, 其果盡如武王成康之世乎? 譬之於獵, 猶豺狼狸狌, 害人而殘物者, 蹂踐枕藉, 縱橫於原野, 而莫能獲也. 今夫章闕石秉桀鉞, 爲國家有司者, 皆所謂讀書識理之君子也, 而猶尙如此. 先生不此之問, 顧獨於獵者而難焉, 不已過歟?"

9 『縹礱乙幟』 권6, 「復聰」. "天之聾子, 殆將以惠保子也. 吾安得以醫諸? 且夫筦絃呟轟俾人蕩, 聲勢諠膝俾人歆, 同異訾譽之辨俾人訟, 市衖俚瑣之囂俾人淫. 凡朝晝昏夕聒聒于聽者, 無不喪人志而惛人心, 聾則亡是也. 造理不透, 謂之心聾, 臨事昧幾, 謂之知聾, 見義未銳, 謂之行聾, 守道不堅, 謂之志聾. 是蓋所謂聾於德者也. 與其聾於德而喪其志惛其心, 豈若聾于俗而全其德?"

10 『沆瀣丙函』 권1, 「良醫問答」. "眞虛先生曰; '不唯是已. 鄙人之疾, 實有深於此, 而不可以執其端者, 願終聽之. 鄙人少習於正, 老宜无懼, 奈爾四大, 日有群褩, 非鬼非魔, 亮不可詿, 不敢向邇, 望聞亦忤. 其有礪鉞爲舌, 被氷爲餙, 硃鉛閽幻, 糞壤內塞, 遇之則宿飡晨啜, 俱倒而覆. 其有獎蠹嗜書, 宥蝨食穀, 脂蠟腎腸, 花卉口目, 過之則穢浹重幔, 檀礴失馥. 其有颷拱泰壝, 麝蒙皁比, 摘星爲礫, 酌河以巵, 直之則心懣氣沖, 若呑唾洟. 其有梟旌獍孝, 漆頌泥白, 蒿嗔檜曲, 猰詛麟虐, 聆之則光灶聳毗, 熱血潮臆. 其有澤充柴桔, 巘積屌貝, 千鷥億駑, 胥狺其吠, 則使我靈臺瞀塞, 金屑落瞖. 其有翰音知晨, 老馬辨路, 覑傲星漏, 力亢章豎, 則使我耳乇成聵, 睫膠成瞽. 其有泥塑繡襖, 鮑肆蘭楣, 借鍾文囊, 對鏡照眉, 則使我惛焉若酲, 惄焉如飢. 其有狐妖誨閨, 虎倀誘佛, 摟蛟入啗, 嚱鳳辭粃, 則使我走辟三舍, 促息顚趺. 其有豺牙影纓, 貐面嘽車, 岣碑支廐, 閣芝受鋤, 則使我刺心砭骨, 發爲瘍疽. 其有猩酣豕飽, 蛙吹猴舞, 溝腐助臭, 途嘷傳譜, 則使我卻飧輾寢, 拊膺號憷. 凡此象象, 相布列衖路, 出門則逼, 閉門則遻, 莫不獰形墳首, 戟蹢卷鬣, 山海之所不記, 禹鼎之所不摸, 人皆莫覩, 而我獨見. 及歸成魘, 寢噩覺眩, 昔者怔忡, 明日又然, 平朝懊憹, 至莫復纏. 五臟俱瘁, 六腑受賊, 釋今不療, 悔將何極?' 語旣竟, 醫嘿然熟視, 貯卷于匣, 弢筆于架, 斂秤鑰匱, 微笑且暇, 有頃而後言曰; '先生戲余哉? 是皆人之疾也, 非先生疾也. 人之有疾, 奚藥乎先生? 先生就醫天下者而問之, 某醫人者, 誠不可以與此事.'"

11 『縹礱乙幟』 권1, 「知幾」. "太上知幾, 其次知端, 下者事至而后知, 蓋又有事至而不

知者. 幾與端, 奚以異? 譬之雨, 其幾恒在夫風恬日朗太空無纖翳之時. 東風至而密雲集, 端也, 非幾也. 虎豹之前, 而瞎者不見, 迅霆擊柱, 而聾者不聞. 愚人之於事, 瞎聾也, 奚惑乎事至而不知也? 拾土中之珠者, 必僂躬而趨, 人雖以大石隊其首, 不察也. 其心方汨乎利慾, 無暇夫其外, 奚惑乎事至而不知也? 旱者水之徵也, 白者黑之原也. 知是則知夫幾矣. 一棟之腐, 大屋必繼以傾, 一指之痺, 全體必隨以廢. 知是則知夫端矣. 嗚呼, 今之所不知者, 幾耶? 端耶? 抑事至而不知耶?"

12 『峴首甲藁』 권10, 「與鄭景守書表兄世翼」 참조.

13 『峴首甲藁』 권1, 「讀莊子」. "莊子, 世所稱奇文也. 其言以爲北溟有魚, 其大幾千里, 化而爲鳥, 其背幾千里, 卵有毛, 鷄三足, 龜長於蛇, 犬可以爲羊. 其書幾萬餘言, 大率皆此類. 讀之者, 大笑以爲奇言. 余今反之曰; '東海有魚, 其大數尺, 海畔有鳥, 其長僅咫, 卵無毛, 鷄兩足, 龜短於蛇, 犬不可以爲羊.' 讀之者, 亦大笑以爲奇言. 然余常而奇, 莊生幻而奇, 余眞而奇, 莊生妄而奇, 其又孰勝而孰負耶?"

14 김태진은 이를 근거로 '眞而奇'와 '常而奇'를 항해의 산문적 지향으로 규명한 반면, 강경미는 아이러닉하고 장난스런 顚倒를 꾀하여 참신하고 기발한 감각을 유감없이 발휘한 것으로 이해하고 있다.

15 『縹礱乙幟』 권2, 「何退軒記」. "有生于混沌而至今不死者曰寥虛君. 聞寥虛君之說, 彭祖爲孺孩. 寥虛君曰; '吾之居大山, 大山之下有大阜. 吾嘗朝起而頫之, 有竅如蟻臍, 有艸生焉, 其名曰鵲角. 鵲角得水爲魚足, 茁以長爲閹鬚, 其實爲蚓心, 剖之其味如海中蜜, 入土爲沙毛, 化爲鳥, 其名曰氷蠅, 氷蠅之精爲雪霤, 雪霤生鷄鱗, 鷄鱗生猴卵, 猴卵生赤竹, 赤竹生焚水骨, 焚水骨生蝦腿. 有築室于其側者曰北山子, 名其軒蝦腿.' 沆瀣先生聞而笑曰; '北山子, 其以目食乎? 其以頷踔乎? 其以乳聆乎? 其以拇息乎?' 或曰; '蝦何訛也, 腿退旁也. 古人云, 我自不出, 何退之有? 北山子志歟. 噫, 是說出北華經, 其事實見凡之檮杌, 其註說詳于人皇氏之辟廱圖.'"

16 『伊川擊壤集』 권40, 「瓮牖吟」 참조.

17 『縹礱乙幟』 권5, 「讀盟山讀葉後」. "惠施氏曰, 北山有人焉, 狷身猩首, 豭口麢足, 兎目而人心. 上通天文, 下通地理, 知草木蟲魚鳥獸之形狀, 怒目而談萬物之數, 瞬息而訖, 所著書三萬五千六百九十八卷三十一頁五行七字半, 此盟山·盟海·盟河·盟江·盟沙·盟石之文也. 巫咸祒曰, 香泉之西, 有先生焉, 其首太山, 其口溟海, 左目太陽, 右目望舒, 一睨而視, 泰平以東, 虞淵以西, 皆咫尺也. 一側而聆, 鴻濛之前,

亥會之後, 皆俄頃也. 平生所著書, 唯一字, 而庖犧皇頡史籀, 李斯揚雄蔡邕, 皆瞠然不知其名義, 此讀根 · 讀柯 · 讀芽 · 讀華 · 讀實 · 讀葉之文也."

18 항해가 변사유와 유희문자를 창작한 사례는 18세기 박지원과 이덕무가 『산해경』을 두고 희문을 교환했던 일에 견줄 만하다(심경호, 「박지원과 이덕무의 희문 교환에 대하여」, 『한국한문학연구』 31, 한국한문학회, 2003 참조).

19 『孰遂念』 5권, 「諸子彙序」. "每入大都會場市, 見千萬人聚而譁者, 若披諸子文而讀之. 夫人同乎其頭目耳口肩背腰腹手足也? 開闢至今, 幾萬萬億秭人, 莫有一同者. 文同乎其字句言意也? 結繩至今, 幾萬萬億兆篇, 莫有一同者. 人雖同其形, 其炁則異, 猶以木爲器, 器各一木也. 唯文字不然, 吾之所用, 卽人之已用者, 如是而不盡, 如是而莫有一同. 故曰天下之恒活活不死, 唯文字而已."

20 『縹礱乙幟』 권12, 『睡餘放筆』 上. "余嘗論文章不但在讀書, 讀書不但在卷帙, 山川雲物鳥獸艸木之間, 及日用瑣細事務, 皆讀書也. 間以此旨屢見于著述, 或在稿中. (…) 似此絶世奇文, 左邱太史之所瞠乎後也. 余于是二行, 讀天下之奇文者, 幾十百篇, 不覺手舞而足蹈, 必臨卷數行墨, 嘎嘎作喉齒音然後, 以爲讀書者, 烏足以語此?"

21 먼저 「正文」에 해당하는 88자를 기술하고, 「皐津經傳章句大全」은 首章부터 末章까지 8章으로 「正文」을 구분하고 있다. 각각의 章은 「正文」을 기술한 經과 이를 해실한 傳, 그리고 按說로 구성되어 있고, 正義 · 補疏 · 演疏 등을 덧붙여 내용을 풀이하고 있다.

22 『縹礱乙幟』 권11, 『皐津經傳』, 「附通解」. "謹按, 經者紀其概者也, 傳者述其詳者也. 竊嘗陪于江之游也, 目之所矚 · 耳之所聆 · 足之所履 · 手之所指, 無非經傳也. 江深而山高, 舟行而人樂, 經也. 艸樹花石之奇, 煙靄禽魚之變, 擊楫而颺帆, 飮酒而賦詩, 傳也. 若其或遠或近, 或淺或深, 或徐或疾, 或靜或譁, 万象互幻, 衆妙畢見, 則箋疏註解, 曲暢而旁通者, 於是乎備矣. 是行之歸, 而皐津經傳成, 將使后之江行者, 持是卷而登于舟, 鼓檝而徐讀之, 則江之可以爲經傳, 經傳之足以與江準, 庶乎其得之矣."

23 『大學章句』. "右, 經一章, 蓋孔子之言而曾子述之, 其傳十章, 則曾子之意而門人記之也."

24 『縹礱乙幟』 권11, 『皐津經傳』. "是日之游, 是行之最得意也. 皐瀾之距臨津, 舟子謂之二十里. 時當首夏, 艸樹濃茂, 芳陰媚人, 水波瀲綠, 左右峰巒, 積翠如滴, 臨水多

奇岩穹壁, 壁罅往往有躑躅花始發, 倒蘸于水, 至六僊亭下, 已薄暝, 泊舟而登, 眺望躊躇者少頃. 返于舟, 夜沈黑不辨沙水, 懸碧紗雙燈于舟中, 使水色澂明然, 黯黯如也. 夜五鼓, 忽山頂瑩然者, 良久, 驀有一條金光, 縱亘于水面, 抵于東岸而止. 俯而察之, 躍躍然如珠貝散碎, 絢耀不自定, 若溫太眞燃犀而炤以啓水中之路. 仰而眂之, 向之瑩然者, 結而爲一片半璧, 迥臨山顚, 冉冉而離, 舟人篙師, 無不叫絶. 此其眺賞之大畧也."

25『縹礱乙幟』권11,『皐津經傳』. "按此段, 是書之大都會也. 游賞之適, 溢於所求, 不可但以符料言, 唯泊津之遲, 大舛於料, 及其止也, 實臨津也, 非他渚也, 亦謂之符料可也. 若舛若符, 不舛不符, 奇奇之文, 幻幻之章, 視上章尤多少活變, 宜別錄之, 成一部大文字."

26『縹礱乙幟』권16,「冊睡鄕侯九錫」. "紫淸曜魄, 嘉爾幽憺, 少微司命, 相爾康逸. 迺畀爾爵, 爰諧爾求, 玆封爾爲睡鄕侯. 天爵孔崇, 匪倫桓躬, 國是建德, 都維華胥, 邑霧蓋之萬家, 俸霞粻之千鍾. 若稽尊寵, 例有錫予, 式昭龍光, 用賁儀餙, 或以佐用, 車馬袞舃, 或以禦侮, 鈇鉞彤旅. 今亦仿玆, 令典章爾九錫, 爾其欽受之. 凡厥百爲, 必先擇所, 思爾攸適, 宜邃以凉, 華堂麗宇, 匪爾攸慕, 玆錫爾嘉樹之蔭, 俾衛爾偃處. 欲交爾神, 宜謐爾軀, 順爾攸安, 不華亦絜, 象牀睆席, 匪爾攸存, 玆錫爾編蒲之簟, 俾承爾輾反. 唯肱之屈, 久必求代, 宜高毋傾, 宜厚毋堅, 雕貝文繡, 爾攸不艷, 玆錫爾奝菊之枕, 俾爾無首親地. 聖戒狂藥, 不忌微醺, 踰咽濡胃, 萬象渾窴, 知爾不耆, 過量則亂, 玆錫爾良醞一卮, 副以殽蔌. 南有靈茶, 媲萱忘憂, 氣敷脣牙, 導致沖窈, 知爾素好, 行坐必隨, 玆錫爾蔫艸一束, 輔以袋具. 爾德允修, 播厥芬馨, 矧升氤氳, 逃閒之佐, 玆錫爾名香一炷, 植于鑪. 爾耽墳典, 不去斯須, 矧逐行墨, 招玄之媒, 玆錫爾古書一卷, 握于手. 然或賓有不速, 顚倒裳衣, 精纔集而驟散, 目方闔而彊啓, 壞爾之績, 比掣宓肘, 玆錫爾拒客童子一人. 又或蠅蚋聚至, 沿肌嘬膚, 魂馳邈而欻下, 體居靜而還蹷, 敗爾之事, 若害隗馬, 玆錫爾捧麈童女一人. 九錫旣備, 凡可以弼成爾務者靡不全, 凡可以僨謬爾在者靡不斥. 爾其勉修爾功, 入玅通虛, 毋擾乎蟲鳴, 毋奪乎雀噪, 克保爾爵邑, 毋替光命."

27『沆瀣丙函』권9,『睡餘瀾筆』續上. "嬴政焚書, 千古之愚人也. 書顧可焚耶? 是徒以簡編之所載謂之書, 故意其可焚而滅也. 書固與天地俱生, 其將與天地俱滅, 烏可得以焚而滅也? 倉頡朱襄未生之前, 天地之間, 未始無書也. 試嘗見乎朝雲海之間,

恒有累億萬卷文字, 雖萬嬴政, 焉能焚此? 嬴政所焚之書, 儒者誦以相傳, 至漢而六經之文, 以次復出, 世以是爲幸. 然藉使六經遂不傳, 雲海之間, 累億萬卷, 固自在也, 何患乎六經之不復作也?"

28 『沆瀣丙函』 권5, 「睡餘瀾筆」 上. "余作『尙友書』, 實有取材於柳州「先友記」, 讀者皆未悟, 而唯醇溪識破. 『孰遂念』成, 醇溪只見其一二卷輒曰, '是出「將就園記」.' 蓋余欲著是書, 厥惟久矣, 而至讀「將就園記」, 益有所得於排鋪匠構之大略, 但其體裁, 大有幻脫. 微醇溪, 亦莫能炤透耳."

29 『孰遂念』 16관. "今年四十有餘, 落落無一成, 至是書所載之小小經濟, 亦坐才短, 徒言而止."

30 『縹礱乙幟』 권8, 「題桓絅詩卷」. "去歲秋, 朴桓卿寄示所作尙古圖, 求余爲序. 今春桓卿, 又作七言長篇, 取余所著書, 名之曰孰遂念行." 「숙수념행」(김영복 소장)에는 「讀朴桓卿李云絅詩感而有題早醇溪」란 제목으로 실려 있다.

31 朴珪壽, 「孰遂念行」. "輒以時之不遇, 慷慨激仰士之懷抱利器者, 不能無是念也. (…) 旣而讀洪丈憲仲氏所著孰遂念書, 感其意之有相發也, 於是取其書名, 以命是篇云爾."

32 『상고도회문의례』에 대해서는 김명호, 「朴珪壽의 『尙古圖會文義例』에 대하여」(『한국의 경학과 한문학』, 태학사, 1996.) 참조.

33 『縹礱乙幟』 권4, 「尙古圖序」; 朴珪壽, 『瓛齋叢書』 1(성균관대 영인본) 참조.

34 洪祐健, 『原泉集』 권1 참조.

35 洪顯周, 『海居齋未定藁』(규장각 소장), 「神圓寺偈」의 註 "以下東溪南江兩首, 並孰遂念擬作."

36 『沆瀣丙函』 권5, 「睡餘瀾筆」 上. "余作『尙友書』, 實有取材於柳州「先友記」, 讀者皆未悟, 而唯醇溪識破. 『孰遂念』成, 醇溪只見其一二卷輒曰, '是出「將就園記」.' 蓋余欲著是書, 厥惟久矣, 而至讀「將就園記」, 益有所得於排鋪匠構之大略, 但其體裁, 大有幻脫. 微醇溪, 亦莫能炤透耳."

37 '『숙수념』 한두 권을 보고서'라고 해석할 수도 있으나, 실제로 『숙수념』 중 1·2관 이외의 내용에서 「장취원기」와의 연관성을 짐작하기 어렵다.

38 『縹礱乙幟』 권5, 「讀燕岩集」 참조.

39 『縹礱乙幟』 권6, 「與李醇溪書」. "燕岩集, 數十年來, 寤寐一讀者. 今始得之, 數月

身在山海經所載鳳麟諸洲奇山异境之中, 枕紫緋膏夏之木, 馴金喙人面之鳥, 茫然不知堂前之有槐杏鳶鵲也. 僕嘗夢讀書, 紙上之文, 俄頃而變爲它文, 或寫字于帋, 又化爲他字, 或化爲珍饍, 五味畢具. 覺而告人, 以爲夢幻固不類平日. 或謂; '文章以善變化爲貴, 神詔子也.' 古人之文, 雖不如夢之變字, 然其神境光氣, 每讀輒神, 雖謂之變爲他文可也. 今讀燕岩文, 悟昔日之夢, 因妄意燕岩公少時, 亦或有此夢, 綠鸚鵡經序所稱背口齒劒日月星辰九層樓臺之類, 皆此夢之象象歟."

40 『燕巖集』 권7, 「綠鸚鵡經序」 참조.

41 『孰遂念』 14관, 「壬居業念」 叔. "游戲之文, 少年才高者, 時或作之, 以恢筆徑, 而長老不宜效尤. 燕岩翁少時, 作『放瓊閣外傳』, 沆瀣子少時, 作「十二樓記」, 晩皆悔之."

42 『孰遂念』 15관, 「壬居業念」 季. "或言, 一天之下, 如此地毬者, 又非一. 滿天日月星辰中, 各有一世界, 或大或小. 惟日有光, 月星遠觀, 故見其受日而有光. 自月星中世界觀之, 地亦麗天而有光如一星. 由是觀之, 今此舟車所通幾萬里之內, 直一芥子耳. 人唯自修其所當爲而已. 愼勿以小知小能自夸, 爲圈子外人所揶揄也."

43 『峴首甲藁』 권2, 「卜居識」. "君子入則修道以養心, 出則爲政以利物, 君子之道, 斯二者而已. 余卜峴首第, 其室宇園庭, 咸錫以名, 以寓用行舍藏之義焉."

44 『峴首甲藁』 권2, 「卜居識」, <附小識> 참조.

45 이에 대해서는 최식, 「홍길주의 卜居와 『숙수념』」, 『동방한문학』 28, 동방한문학회, 2005 참조.

46 『峴首甲藁』 권1, 「治家說」. "峴山子曰; '吾之書, 乃所以治吾家也. 爲吾而治我家者, 盡在是書.' 曰; '可得聞歟?' 曰; '人之居家, 必先以師友之益, 次之以田宅衣食財用使令之具. 吾請爲客悉言之. 吾以孔聖爲吾師, 由賜爲益友, 韓蘇爲文友, 陶杜爲詩酒友, 莊周東方朔爲譚友, 老聃魏伯陽爲方外交, 王褒張芝司書記, 戴德講四禮, 仲叔圉接賓客, 焦千之傅子弟, 管夷吾理財産, 蕭何掌鍵鑰, 范蠡算契券, 馮煖守田宅, 楊濟治居室, 王承福修墻垣, 邵平監園圃, 李德裕營別墅, 張機主醫藥, 韓康主藥鋪, 陳平司烹宰, 淳于髡掌釀醅, 猗頓典鹽醬, 豎亥通書信, 王良爲廝奴, 許褚爲應門奴, 阿段爲汲水奴, 卓王孫爲田奴, 刁間總諸僕, 入則甘羅楊修使役於左右, 出則周倉曹交呵叱於馬尾. 吾之治家, 顧何如?' 客曰; '是皆空言也. 世豈有是人哉?' 峴山子曰; '世雖無是人, 是人也, 皆在吾書. 此吾所以讀書不息也. 噫嘻, 今之治國者, 無丙魏

房杜之相也, 無關張郭李之將也, 無張綱李善感之爲諫官也, 無姚崇劉晏之爲有司之臣也, 猶且晨恬夕嬉, 日役役榮利, 民國之危安, 不之慮焉. 今吾讀書以求之, 不猶愈於是乎?'"

47 『孰遂念』 16권, 「癸孰遂念」. "孰爲言之? 孰令讀之? 孰念叙之? 孰遂復之?"

48 『孰遂念』 1권, 「甲爰居念」 상. "居不爽, 志不廣, 觀不敞, 神不旺."

49 『縹礱乙幟』 권12, 「睡餘放筆」 上. "嘗論著書, 假如書當爲幾十卷, 則先叙其全部首尾之槩略, 如西廂之會眞者, 多不過五六葉弁于首, 次則裒之稍賅, 如溫公通鑑之有目錄, 多不過數卷以承之, 然後以纂輯纖括之, 全部原書, 繼其后, 体例甚新, 又便觀覽, 而懶未著述, 不得一試. 唯孰遂念之條括, 略用其意, 而亦未備."

50 『孰遂念』, 「孰遂念肇觀」, <標例>. "立條括, 俾觀者, 先知其首尾之大畧."

51 『孰遂念』, 「孰遂念肇觀」, <標例>. "或有微擧于前而詳見于後者, 注標以便參考, 其先詳而後略者, 亦標之以御觀者遺忘."

52 『孰遂念』 1권, 「律逮館記」 참조.

53 『孰遂念』 11권. "至若神遊无方, 未始有疆域道里之拘, 如古人所著『十洲記』·『神異經』, 皆泥之甚者, 痴人之前, 可說夢乎哉? 『孰遂念』一書, 乃神遊者之一部指南, 讀者可自求之, 今不具論."

54 『縹礱乙幟』 권12, 『睡餘放筆』 上. "余屢於夢中, 作詩文, 甲藁中「爭矜解」·『悔言』中未見富相一則, 及『孰遂念』之「質聘」, 皆記其大意及數三句語而演成之者也. 詩嘗有'晩風廻水岸, 微雪落山池.' '潭光瞑合懷中月, 峽氣寒分屐底霜, 一片玲瓏白玉地, 千尋縹緲彩雲樓'等句. 又嘗作儷文, 覺而僅記一聯曰, '崑崙主衆山之脈, 與元氣而混淪, 河源出上峰之顚, 貫中州而磅礴.' 如是之類甚多. 始覺, 或記其一二語, 久皆忘之矣. [『孰遂念』中, 「三光洞天」·「太虛府」鋪叙, 槪亦記昔夢所見者.]"

55 『孰遂念』 13권, 『眞藏經』. "至虛以爲天, 至實以爲地. 虛, 實之祖. 實, 虛之待. 至虛者無實, 至實者無虛. 瀁瀁非天, 堅堅非地. 天地之轖, 隆坱冲突以爲人. 此天地之泄."

56 『孰遂念』 13권, 『眞藏經』. "目名乎眂而存乎不眂, 耳名乎聽而存乎不聽, 心名乎思而存乎不思."

57 『縹礱乙幟』 권13, 『睡餘放筆』 下. "夢中奇境, 覺後, 身猶如臨是境, 而口不可以形容一個字. 又或眼前所値, 宛似疇昔之所已經, 而亦不可以言語道得來. 此皆文章悟

解極微妙處.[又或遇境, 宛似昔夢所見, 而記得不暢者.]"

58 『孰遂念』 16관, 「癸孰遂念」. "遂挈其腕, 入于小隙, 豁然而通明, 行未移時, 到一大溪畔. 有具小艇待者, 駕而坐, 左右山陂林木之勝, 非人世有. 順流向南江, 遂歷西湖, 爰跨丈驢高數尺者至宅. 編觀諸堂室舘院, 盡出其蓄藏書籍而閱之, 皆一一如書中所記. 肩輿尋吾老園, 其潭壁諸勝, 比書所記, 殆過之無一差也. 至太虛府, 登絳霄臺, 有兩石對蹲, 遂各枕其一而臥. 沆瀣子曰: '何如?' 其人曰: '吾于今始覺言之不可以輕發也.' 沆瀣子曰: '言之不中, 繇心知之不明也. 太淸僊人, 將遣靑面鬼卒, 拔爾舌而易之, 刳爾心而滌之.' 言未竟, 忽天地晦冥, 白晝如漆, 雷霆霹靂, 聲震山谷. 有鬼卒十餘人, 執斧挺劒, 直奔其人. 其人, 疾聲大號, 蹶然而起. 沆瀣子, 亦蹶然而起. (…) 其人, 驚魂才定, 大笑曰: '吾乃今知之矣. 非孰遂念, 亦非夙遂念, 乃熟睡念也.' 沆瀣子, 亦大笑. 嗚呼, 是果夢而非眞耶? 嗚呼, 孰能使是夢而爲眞耶? 嗚呼, 孰能遂吾之念耶? 孰能遂吾之念耶? 總而題之曰孰遂念."

59 『孰遂念』 題辭, 韓氏文庫本(연세대 소장). "『孰遂念』一書, 鑿空出奇, 施設甚周, 使讀者, 神駴心醉, 如枕游仙而樓空中, 先生豈以文遊戲者歟? 嘗讀劉士龍「烏有園記」, 其鋪張大類是. 其意若曰, '形求者, 有而無, 意會者, 無而有. 自古占名勝競豪奢極一時之娛者, 今皆烟消雲化, 所據以傳者, 紙上空言耳. 使吾眞有是也, 千百歲後, 同歸於無是, 何必紙上者, 非吾園也? 景生情中, 象懸筆底, 倏然而成, 不勞工費, 風雨所不能摧, 水火所不能壞, 卽敗類子孫, 不能以一草一木與人也. 人遊是鄕者, 不以足以目, 不以目以心, 卽几席而賞已周也.' 嘻, 是豈荒唐弔詭徒爲夸辯而驚俗者哉? 達識玅悟, 糠粃卍物, 而至樂寓乎其間, 『孰遂念』一書, 當作如是觀."

60 『孰遂念』 16관. "孰爲言之, 孰令讀之, 孰念叙之, 孰遂復之? 遠則千齡, 近不一宿. 嗚呼, 安知孰之爲孰, 又安知其非孰?"

61 『孰遂念』 5관, 「東史綱目序」. "登高而望, 三尺之孩, 七尺之健夫, 均之若螻蟻之撲地, 所差不深遠. 自天而視下, 中國與吾東, 皆一彈丸耳. 是故, 人皆謂吾東之事, 大不如中國, 余則曰; '吾東固有大不如中國者, 中國亦有大不如吾東者, 互當以長則謂之同, 可也. 讀是書者, 姑舍其大不如中國者, 而特究其中國之大不如者, 方不負著是書者苦心.' 或曰; '沆瀣子『孰遂念』, 中國之所無也. 使吾東事事如中國, 沆瀣子『孰遂念』必不作.'"

62 韓章錫, 『眉山集』 권9, 「題孰遂念後」. "嘗試論之, 立教法小學, 家訓述顔氏, 談經軌程朱, 論史合溫公, 詞賦短屈馬, 古文駕韓蘇, 騈儷詘任劉, 記山水吶子厚, 惇嘉之會象儀禮, 器物箴銘摹殷周, 麗於七發而有質聘, 雄於解嘲而有友談, 玄於老子而有眞藏經, 辯於淮南鴻烈而有時言, 綜於周禮而有無標題冊子, 醇於荀子而有狂吁, 巧於織錦而有十二樓圖, 精於周髀而有幾何新書, 漢文辭而宋議論, 古見識而俗事務, 不襲而章, 創已而式, 然乃神龍之一鱗大鼎之一臠耳."

[표1] 『永嘉三怡集』 坤, 『沆瀣子文選』

번호	문체	저술시기	제목	관련사항	비고
1	詩 18편	1809(24)	宿大興寺	『峴首甲藁』 권6	
2		1809(24)	瑤池	『峴首甲藁』 권6	擬唐人瑤池 제2수
3		1809(24)	放歌行	『峴首甲藁』 권6	
4		1809(24)	箕子墓	『峴首甲藁』 권6	
5		1810(25)	長鯨吟	『峴首甲藁』 권6	
6		1810(25)	宿夢亭賞春	『峴首甲藁』 권6	自東至咸各命題定韻追賦平日游賞 제11수
7		1811(26)~1815(30)	暮春出明德洞途中有吟	『峴首甲藁』 권6	
8		1811(26)~1815(30)	望海	『峴首甲藁』 권6	
9		1811(26)~1815(30)	途中別同行	『峴首甲藁』 권6	
10		1816(31)	雨後坐月	『縹礱乙幟』 권8	
11		1816(31)	閑居偶成	『縹礱乙幟』 권8	
12		1816(31)	書齋雨中	『縹礱乙幟』 권8	四月十五夜書齋雨中
13		1816(31)	驪江淸心樓	『縹礱乙幟』 권8	
14		1817(32)	宿惠陰店待隣翁不至	『縹礱乙幟』 권8	宿店村待隣翁不至
15		1818(33)~1819(34)	夜坐	『縹礱乙幟』 권8	
16		1820(35)	滄海歌送內兄徐子德哉氏(耆輔)入金剛	『縹礱乙幟』 권8	滄海歌送內兄徐子入金剛
17		1822(36)	寄完城通判金泰卿(初淳)	『縹礱乙幟』 권8	寄完城通判金泰卿兼示澹叟求和 제1수
18		1822(36)~1824(39)	悼懷	『縹礱乙幟』 권8	悼懷 제1수

번호	문체	저술시기	제목	관련사항	비고
19	賦 1편		處女賦	『峴首甲藁』 권5	
20	書 1편	1811(26) 무렵	與表從兄鄭景守(世翼)書	『峴首甲藁』 권10	
21		1809(24)	記里經序	『峴首甲藁』 권3	
22		1811(26)~1815(30)	名畵帖序	『峴首甲藁』 권3	
23	序 5편	1811(26)~1815(30)	海居書目序	『峴首甲藁』 권3	
24		1815(30)	送尙僉使(得容)序	『峴首甲藁』 권3	
25		1820(35)	海夫詩稿序	『縹礱乙幟』 권4	
26	傳 1편	1817(32)	金泳傳	『縹礱乙幟』 권2	
27		1811(26) 무렵	聾啞齋記	『峴首甲藁』 권2	
28	記 4편	1811(26) 무렵	守一齋記	『峴首甲藁』 권2	
29		1823(38)	淸風亭記	『縹礱乙幟』 권2	
30		1824(39)	湍山墓舍記	『縹礱乙幟』 권2	
31	墓誌 1편	1824(39)	亡室魚恭人墓誌	『縹礱乙幟』 권3	
32	誄 1편	1814(29)	李景時誄	『峴首甲藁』 권5	李景時誄辭
33	頌 1편	1817(32)	痘德訟	『縹礱乙幟』 권6	
34		1812(27)~1815(30)	戒言 上 (三篇選一)	『峴首甲藁』 권1	
35		1815(30)	系張氏母壽席詩	『峴首甲藁』 권1	
36	雜著 5편	1820(35)	追書送安峽縣宰(族人羲人字太初)詩後	『縹礱乙幟』 권5	
37		1816(31)~1820(35)	海書	『縹礱乙幟』 권1	
38		1821(36)	讞沴	『縹礱乙幟』 권16	
39	騈儷 1편	1820(35)	少鄙集自敍	『縹礱乙幟』 권7	

[표2] 『東文集成』 續六, 『沆瀣先生集文鈔』

번호	문체	저술시기	제목	관련사항	비고
1	雜著 9수	1808(23)~1812(27)	原文 (原第一)[1]	『峴首甲藁』 권1	
2		1812(27)~1815(30)	戒言 上 (三選一篇)	『峴首甲藁』 권1	沆瀣子文選
3		1812(27)~1815(30)	好名解	『峴首甲藁』 권1	
4		~1815(30)	經喩 (原第二)	『峴首甲藁』 권10	
5		1816(31)	明性 (原第三)	『縹礱乙幟』 권16	明性 下
6		1816(31)	明學	『縹礱乙幟』 권16	
7		1816(31)	危言	『縹礱乙幟』 권16	危言 上
8		1836(51)~1841(56)	釋夢中原 (三選一篇)	『沆瀣丙函』 권1	釋夢 중 후반부
9	說 1수	1811(26)~1815(30)	治家說	『峴首甲藁』 권1	
10	記 6수	1811(26)	聾啞齋記 (原第四)	『峴首甲藁』 권2	沆瀣子文選
11		1811(26)	守一齋記	『峴首甲藁』 권2	沆瀣子文選
12		1816(31)	汾溪六賢祠記	『縹礱乙幟』 권2	
13		1823(38)	清風亭記	『縹礱乙幟』 권2	沆瀣子文選
14		1829(44)	崑瑤隣記	『縹礱乙幟』 권2	
15		1836(51)	春山館上樑記	『沆瀣丙函』 권1	
16	傳 1수	1817(32)	金泳傳 (原第五)	『沆瀣丙函』 권1	沆瀣子文選
17	序 8수	1809(24)	記里經序	『峴首甲藁』 권3	沆瀣子文選
18		1811(26)~1815(30)	名畵帖序	『峴首甲藁』 권3	沆瀣子文選
19		1811(26)~1815(30)	海居書目序	『峴首甲藁』 권3	沆瀣子文選
20		1811(26)~1815(30)	海東諸名家文選序	『峴首甲藁』 권3	
21		1815(30)	明文選日錄序	『峴首甲藁』 권3	
22		1820(35)	海夫詩稿序	『縹礱乙幟』 권4	沆瀣子文選
23		1820(35)	三韓義烈女傳序	『縹礱乙幟』 권4	
24		1821(36)	續史略翼箋序	『縹礱乙幟』 권4	

1) 『沆瀣先生集文鈔』는 한장석과 민태호가 3종 36권의 항해 문집을 刪削하여 만든 『沆瀣集』을 저본으로 한다. 그러므로 『沆瀣先生集文鈔』의 '原第一'과 같은 기록은 『沆瀣

번호	문체	저술시기	제목	관련사항	비고
25	題 1수	1811(26) ~1815(30)	東文十二家小題 (原第六)	『峴首甲藁』 권3	
26	書 8수	1820(35)	追書送安峽縣宰洪羲人詩後(族羲人字太初)	『縹礱乙幟』 권5	追書送安峽縣宰(族人羲人字太初)詩後, 沆瀣子文選
27		1828(43)	讀燕巖集	『縹礱乙幟』 권5	
28		1839(54)	讀臺山詩文鈔	『沆瀣丙函』 권2	
29		1815(30)	賀尙判官墮馬書 (原第七)	『峴首甲藁』 권4	
30		1815(30)	自貽峴山子書	『峴首甲藁』 권4	
31		1815(30)	與人論文書	『峴首甲藁』 권4	
32		1811(26)	與鄭景守書(表兄世翼)	『峴首甲藁』 권10	與表從兄鄭景守(世翼)書, 沆瀣子文選
33		1839(54)	與金臺山書略	『沆瀣丙函』 권2	
34	墓誌 2수	1824(39)	先府君墓誌	『縹礱乙幟』 권3	
35		1824(39)	亡室魚恭人墓誌	『縹礱乙幟』 권3	沆瀣子文選
36	祭文 1수	1818(33) ~1822(37)	祭李晦汝文 (原第八)	『縹礱乙幟』 권6	
37	騈儷 1수	1820(35)	少郿集自叙 (原第九)	『縹礱乙幟』 권7	沆瀣子文選
38	叢秘紀1조	1842(사후)	『睡餘瀾筆』 續下(原二十)	『沆瀣丙函』 권9	

集』에 수록된 서지사항을 지칭한다.

[표3] 개별 저술

저술	저술시기	내용	관련사항	비고
「几錢章誚求扇文」	1795(10)		『睡餘放筆』상	逸失
『孝經註解藁』	1800(15)		『睡餘放筆』상	逸失
「十二樓記」		回文의 일종으로 어린 시절에 지은 游戲文이다.	『孰遂念』제14관, 「十二樓記周觀圖」	
『大東文雋』	1811(26) ~1815(30)	우리나라 문장가 가운데 이색·최립·이항복·이정구·신흠·김상헌·장유·이식·허목·김석주·김창협·황경원 등의 문장을 선집한 것이다.	『峴首甲藁』권3, 「大東文雋序」	逸失
『海東諸名家文選』	1811(26) ~1815(30)	『大東文雋』 이후에 추가로 몇몇 문장가의 문장을 선집한 것이다.	『峴首甲藁』권3, 「海東諸名家文選序」	逸失
『春秋黙誦』	1811(26) ~1815(30)	『春秋』에서 53조목을 뽑아 당대 현실에 견주어 해석하고 있다.	『峴首甲藁』권7	
『尙友書』	1811(26) ~1815(30)	옛사람 가운데 벗할 만한 인물 109인을 선정하고, 甲乙丙丁으로 구분하여 수록하고 있다.	『峴首甲藁』권8	『孰遂念』 제10관
『時言』	~1815(30)	본래 10여 편. 『峴首甲藁』에 6편이 전하고, 『孰遂念』에는 「悔言」을 포함하여 7편으로 되어 있다.	『峴首甲藁』권8	『孰遂念』 제13관
『眞藏經』	~1815(30)	哲理散文에 해당하는 寓言小品으로, 『孰遂念』을 이해하는 관건이 된다.	『峴首甲藁』권9 缺	『孰遂念』 제13관
『悔言』	~1815(30)	『峴首甲藁』 권9 缺. 『孰遂念』에 그 일부가 전한다.	『峴首甲藁』권9 缺	『孰遂念』 제13관
「長說」	~1815(30)	풍수설을 비판한 내용이다.	『峴首甲藁』권9 缺, 『睡餘瀾筆』續 上	逸失
『幾何新說』	1807(22) ~1815(30)	본래 雙推臆算法·測量捷說·算器·無錘衡 등 4편인데,[2] 『孰遂念』에 雙推臆算과 開放蒙求가 전한다.	『峴首甲藁』권9 缺	『孰遂念』 제14관

저술	저술시기	내용	관련사항	비고
『少鄙集』	1820(35)	1798년(13세)부터 1810년(25세)까지 과거를 준비하며 지은 수천 편의 詩·賦·義·表·策文이다.	『縹礱乙幟』 권7, 「少鄙集自敍」	逸失
『續度詞』	1820(35)	과거를 준비하며 수수께끼와 같은 문자유희로 다양한 글쓰기를 시도했던 작품으로 추정된다.	『縹礱乙幟』 권7, 「續度詞引」	逸失
『書林日緯』	1829(44)	책력에 따라 표목을 정하고 전대 문헌에서 해당 날짜의 기록을 집성한 것이다.	『睡餘瀾筆』 상	
『皐津經傳』	1830(45)	아들 우건과 이만용을 데리고 4일간에 걸쳐 서울에서 장단을 왕복하며 선영을 찾아가고 윤정진을 만난 사실을 기록한 것이다.	『縹礱乙幟』 권11	
『東郵補牘』	1830(45)~1833(48)	평강현감으로 재직할 무렵, 연천이 보낸 편지를 엮은 것이다.	『縹礱乙幟』 권5, 「東郵補牘序」	逸失
『三學條例存藁』	1835(50)	과거제 폐단의 대안으로 經學·政學·詞學 등 三學을 바로잡아 시행할 것을 주장한 것이다.	『縹礱乙幟』 권11	
『貨殖傳敍地考』	1835(50)	『貨殖傳』의 지명을 25조목으로 상세하게 풀이한 것이다.	『縹礱乙幟』 권11	
『三約記例』	1835(50)	하루·한 달·일 년을 단위로 무엇을 할 것인가 미리 약속하고 실천하겠다는 의지를 표명한 것이다.	『縹礱乙幟』 권11	
『幾何雜碎補』	1829(44)~1835(50)	『幾何新說』과 『雜碎隨鈔』를 완성한 이후에 몇 가지를 보충한 것이다.	『縹礱乙幟』 권11	
『弧角演例』	1837(52)	1814년(29세)의 초고를 다시 검토하여 완성한 것으로 球面三角法의 원리를 풀이한 것이다.	『沆瀣丙函』 권10	

2) 정인보는 「幾何新說」과 관련하여 "雙推臆算法" "測量捷說" "算器" "無錘衡" 등 4편으로 구성되었다고 전한다.(「沆瀣叢書」, 『薝園 鄭寅普全集』 2, 연세대 출판부, 1983 참조)

[표4] 『孰遂念』

저술	저술시기	내용	관련사항	비고
孰遂念	1829(44)	10念 16觀. 황주성의 「장취원기」에 영향을 받았으나, 그 체제와 내용은 독창적이고 참신하다.	『睡餘瀾筆』상	
易集說		80권. 고본에 따라서 주자의 『周易本義』를 위주로 하되, 『十三經注疏』 이하 諸家의 설을 참고하여 덧붙이며, 程子傳은 별도로 기록한다.	『孰遂念』제5관, 「易集說序」	新修書籍
書集說		70권. 『十三經注疏』 이하 諸家의 설을 참고하되, 대부분 蔡沈의 『書集傳』을 따른다.	〃, 「書集說序」	新修書籍
詩集說		100권. 주자의 『詩集傳』을 위주로 하되, 『毛詩』 '小序' 이하 諸家의 설을 참고하여 덧붙인다.	〃, 「詩集說序」	新修書籍
三禮集說		350권. 『十三經注疏』 이하 諸家의 설을 참고하고 바로잡아 완성한다.	〃, 「三禮集說序」	新修書籍
春秋集說		50권. 『좌씨전』을 위주로 『공양전』과 『곡량전』으로 보충하고, 나머지 諸家의 설을 참고하여 덧붙인다.	〃, 「春秋集說序」	新修書籍
四書集說		250권. 주자의 集注와 章句를 위주로 하되, 諸家의 설을 참고하여 덧붙인다.	〃, 「四書集說序」	新修書籍
薈雅		50권. 詁部와 義部로 구분한 字書이다.	〃, 「薈雅序」	新修書籍
通鑑綱目會統		200권. 正編은 주자의 『資治通鑑綱目』을 全用하고, 前編·續編·三編은 모두 대략 增削하고 바로잡아 완성한다.	〃, 「通鑑綱目會統序」	新修書籍
全史通		1000권. 사마천의 『사기』와 반고의 『한서』를 全用하되, 중복된 것을 깎아내고 빠진 것을 보충하였으며, 『한서』 이하는 모두 더욱 힘써 바로잡는다.	〃, 「全史通序」	新修書籍
東史綱目		100권. 우리나라 역사와 관련하여 이전 사람의 기술을 모아 바로잡고, 주자의 『資治通鑑綱目』을 모방하여 완성한다.	〃, 「東史綱目序」	新修書籍
諸子彙		50권. 諸子書를 全錄·節錄·全刪하여 완성한다.	〃, 「諸子彙序」	新修書籍
農書		20권. 옛사람의 장점을 모으고 時宜를 참고한다.	〃, 「農書序」	新修書籍

저술	저술시기	내용	관련사항	비고
稽疑全書		70권. 連山·歸藏부터 이하 卜筮까지 諸流를 모두 기록하되, 易筮와 擲錢을 위주로 하며 기타 旁流와 雜占은 그 명목과 大法만을 남겨둔다.	〃,「稽疑全書序」	新修書籍
壽民全書		380권. 『難經』『素問』『靈樞』『金櫃』는 全錄하고, 나머지는 모두 그 장점과 근래 효험이 있는 것을 刪取하며, 『單方鈔』 3권을 덧붙인다.	〃,「壽民全書序」	新修書籍
兵書		10권. 군사는 부득이한 경우에 사용하고, 또한 구습과 상례에 빠져서는 안 되며, 많을 필요가 없다.	〃,「兵書序」	新修書籍
歷代文選		20권. 『楚辭』 이하 우리나라 근고의 詩文을 각각 문체로 모아서 선발하고, 생존인물의 작품은 별도로 만든다.	〃,「歷代文選序」	新修書籍
東國性理大全		明의 『性理大全』을 계승하여 우리나라의 성리학을 집대성한 저술에 해당한다.	『孰遂念』 제13관,「東國性理大全序」	기획편서
東國近思錄		주자의 『近思錄』을 계승하여 우리나라의 성리학에 대한 해설서에 해당한다.	〃,「東國近思錄序」	기획편서
東世說		『世說新語』와 같이 우리나라 사대부의 일화를 기록한 저술에 해당한다.	〃,「東世說序」	기획편서
東事文類聚		『事文類聚』에 상응하는 우리나라 古今의 事實과 詩文을 類別하여 수록한 저술에 해당한다.	〃,「東事文類聚序」	기획편서
小學續外篇		우리나라 賢人의 格言이나 우리나라 사람의 아름다운 행실을 널리 열람하여 『小學續外篇』을 만든다.	〃,「小學續外篇序」	기획편서
雜碎隨鈔	1816(31)~1829(44)	『幾何新說』을 완성한 이후에 초록한 것을 보충한 것이다.	『孰遂念』 제14관	수학관련
一函三寶		奇文에 해당하는 燕巖 朴趾源의 文과 泊翁 李明五의 詩, 白石 李衡萬의 科體詩를 정선하여 만든 것이다.	〃,「一函三寶序」	문학편서
讀古史鈔		古史를 초록한 것으로 『讀史三鈔』의 저본에 해당한다.	『孰遂念』 제14관	역사편서
讀史三鈔		『讀古史鈔』에서 의심스러운 내용, 옛사람이 풍자한 바 있으나 사정상 용서할 수 있거나 과실을 보고서 그 장점을 알 수 있는 내용, 衰世에 미치지 못하는 일 등을 초록한다.	〃,「讀史三鈔題」	역사편서
東諺小鈔		우리말의 유래와 변천에 관련하여 23칙을 분류나 차례 없이 생각나는 대로 기록한 것이다.	『孰遂念』 제15관,『東諺小鈔』	

[표5] 睡餘三筆

저술	저술시기	내용	관련사항	비고
『睡餘放筆』	1835(50)	10월경 19일간에 걸쳐 上下 2권 124칙을 완성.	『縹礱乙幟』 권12, 13	
『睡餘演筆』	1835(50)	12월경 上下 2권 153칙을 완성.	『縹礱乙幟』 권14, 15	
『睡餘瀾筆』	1836(51)	여름과 늦가을 각각 7일간에 걸쳐 137칙(上中)과 72칙(下)을 완성.	『沆瀣丙函』 권5~7	
『睡餘瀾筆』續	1842(사후)	아들 우건이 1837년(52세)~1841년(56세) 5년간 165칙에 이르는 유고를 수습하여 완성.	『沆瀣丙函』 권8, 9	

『신정서림일위』 이후 증보 현황

1. '花月令'[3]

(明) 陳詩敎 / 程羽文

正月: 是月也 迎春生 櫻桃胎 望春盈眸 蘭蕙芳 李能白 杏花飾其靨
蘭蕙芬 瑞香烈 櫻桃始葩 徑草綠 望春初放 百花萌動
二月: 是月也 桃夭 棣棠堂 薔薇登架 海棠嬌 梨花溶 木蘭競香
桃夭 玉蘭解 紫荊繁 杏花飾其靨 梨花溶 李花白
三月: 是月也 白桐榮 荼蘼條達 牡丹(一名芍連)始繁 麥吐花 楝花應候 楊入大水爲萍
薔薇蔓 木筆書空 棣萼韡韡 楊入大水爲萍 海棠睡 繡毬落
四月: 是月也 杜鵑翔 木香升 新篁敷粉 罌粟滿 芍藥相 木筆書空
牡丹王 芍藥相丁階 罌粟滿 木香上升 杜鵑歸 荼蘼香夢
五月: 是月也 葵赤 紫薇葩 薝蔔始香 夜合交 榴花照眼 紫椹降于桑
榴花照眼 萱北鄉 夜合始交 薝葡有香 錦葵開 山丹赬
六月: 是月也 萱宜男 鳳仙來儀 菡萏百子 凌霄登(凌霄卽紫葳也. 放翁詠凌霄詩, 靑中靑檜四無隣, 凌霄百尺倚松身, 高花風墮赤玉盞, 老蔓烟濕蒼龍鱗.) 茉莉來賓 玉簪搔頭
桐花馥 菡萏爲蓮 茉莉來賓 凌霄結 鳳仙絳于庭 鷄冠環戶
七月: 是月也 桐報秋 木槿榮 紫薇映日 蓼紅 菱實 鷄冠報曉(鷄冠一名洗手花)
葵傾赤 玉簪搔頭 紫薇浸月 木槿朝榮 蓼花紅 菱花乃實
八月: 是月也 槐黃 蘋笑 芝草奏功 桂香秋 葵高綴 金錢及第
槐花黃 桂香飄 斷腸始嬌 白蘋開 金錢夜落 丁香紫
九月: 是月也 菊有英 巴竹笋 芙蓉綻 山藥乳 橙桔登老 荷花爲衣
菊有英 芙蓉冷 漢宮秋老 芰荷化爲衣 橙橘登 山藥乳
十月: 是月也 蘆傳冬 菜蒔 木葉避霜 芳草歇 漢宮秋老(漢宮秋俗名剪秋羅) 芋羅護其根
木葉脫 芳草化爲薪 苔枯 蘆始秋 朝菌歇 花藏不見
十一月: 是月也 芸香 蕉紅 枇杷綴 楓丹 巖桂馥 松柏後凋
蕉花紅 枇杷蕊 松柏秀 蜂蝶蟄 剪綵時行 花信風至
十二月: 是月也 梅槳吐 山茶麗 水仙凌波 茗有色 瑞香郁烈 山礬罾發
蠟梅坼 茗花發 水仙負氷 梅香綻 山茶灼 雪花六出

---

3) 『新訂書林日緯』에 부기된 것으로, 原作과는 글자에서 약간의 출입이 있음.

2. 歲時·月令 및 기타

날짜	내용	문헌	비고
1월 1일	解凍水	九州記	
	燈市	成都記	
	自元正宴飮至十二日罷爲雲開節	岳陽風土記	
2월 1일	白蘋水	九州記	
	花市	成都記	
3월 1일	桃花水	九州記	
	楡莢雨又迎梅雨	埤雅	
	鳥信風	國史補	
	蚕市	成都記	
3월 11일	麥生日喜晴	嘉定縣志	
4월 1일	苽蔓水	九州記	
	黃梅雨	風土記	
	魚苗風	國史補	
	錦市	成都記	
5월 1일	麥黃水		
	分龍雨又隔轍雨	博物志	
	送梅雨	埤雅	
	桐花雨	風土記	
	落梅風又黃雀風		
	麥信風	國史補	
	舶趠風	平江記事	
	扇市	成都記	
6월 1일	山礬水	九州記	
	濯枝雨	風土記	
	三時雨	歲時記	
	香市	成都記	
6월 12일	玉垂曰黃山谷生日	趙冕鎬	黃庭堅

날짜	내용	문헌	비고
6월 21일	玉垂曰歐陽公生日	趙冕鎬	歐陽脩
7월1일	豆花水	九州記	
	上信風(七八月有此風)	國史補	
	七寶市	成都記	
7월 14일	中元前一日買鷄冠花謂洗手花	夢華錄	
7월 16일	十六日雨曰洗鉢雨	紀歷總要	
8월 1일	荻苗水	九州記	
	荳花雨	風土記	
	裂葉風	洞冥記	
	上信風	國史補	
	桂市	成都記	
8월 15일	十五日爲移花日又竹小春	文獻通考	
9월 1일	霜降水	九州記	
	黃雀雨, 鯉魚風	提要錄	
	藥市	成都記	
9월 6일	六日風至秦人謂蓼花日		
10월 1일	復槽水	九州記	
	酒市	成都記	
11월 1일	走凌水	九州記	
	梅市	成都記	
12월 1일	蹙凌水	九州記	
	桃符市	成都記	

참고문헌

1. 자료

洪吉周, 『峴首甲藁』 10권(권9,10 缺), 연세대 도서관 소장(韓氏文庫本)

———, 『縹礱乙幟』 16권, 연세대 도서관 소장(韓氏文庫本).

———, 『沆瀣丙函』 10권(권3 缺), 연세대 도서관 소장(韓氏文庫本)

———, 『孰遂念』 5책, 연세대 도서관 소장(韓氏文庫本).

———, 『孰遂念』 7책, 미국 버클리대 소장(自然經室藏本).

———, 『孰遂念』 7책, 서울대 규장각 소장

———, 『新訂書林日緯』, 연세대 도서관 소장

———, 『書林日緯』, 고려대 도서관 소장

———, 『四部誦惟』, 국립중앙도서관 소장

———, 『睡餘放筆』, 일본 동경대 도서관 소장(自然經室藏本)

———, 『睡餘演筆』, 일본 大阪府立 도서관 소장(自然經室藏本)

———, 『睡餘瀾筆』, 일본 동경대 도서관 소장(自然經室藏本)

———, 『永嘉三怡集』 坤, 『沆瀣子文選』, 연세대 도서관 소장(韓氏文庫本)

洪奭周, 『淵泉集』, 한국문집총간 293 · 294, 민족문화추진회 영인본

———, 『淵泉全書』, 오성사 영인본

———, 『淵泉集』, 韓光洙 邸 간행본

洪顯周, 『海居齋未定藁』, 서울대 규장각 소장

洪翰周,『智水拈筆』, 栖碧外史 海外蒐佚本 13, 아세아문화사 영인본
洪祐健,『原泉集』, 고려대 도서관 소장
兪漢雋,『自著』, 한국문집총간 249, 민족문화추진회 영인본
朴趾源,『燕巖集』, 한국문집총간 252, 민족문화추진회 영인본
李德懋,『青莊館全書』, 한국문집총간 257 · 258, 민족문화추진회 영인본
成海應,『研經齋全集』, 한국문집총간 273~279, 민족문화추진회 영인본
金邁淳,『臺山集』, 한국문집총간 294, 민족문화추진회 영인본
朴珪壽,『瓛齋叢書』, 성균관대 대동문화연구원 영인본
朴珪壽 외,「執遂念行」, 김영복 소장
申錫愚,『海藏集』, 서울대 규장각 소장
宋伯玉,『東文集成』, 영진문화사 영인본
李憲明,『西淵聞見錄』, 서울대 규장각 소장
李萬用,『東樊先生文集』, 한국역대문집총서 2674, 경인문화사 영인본
韓章錫,『眉山集』, 한국문집총간 332, 민족문화추진회 영인본
金澤榮,『金澤榮全集』, 아세아문화사 영인본
西北學會,『西友』, 아세아문화사 영인본
劉士龍,「烏有園記」,『氷雪携』(衛泳)
秦嘉謨,『月令粹編』, 서울대 규장각 소장
黃周星,「將就園記」,『昭代叢書』(張潮).
홍길주,『홍길주 문집』 1~7, 박무영 외 옮김, 태학사, 2006
홍길주,『19세기 조선 지식인의 생각창고』, 정민 외 옮김, 돌베개, 2006
홍길주 지음,『상상의 정원』, 이홍식 옮김, 태학사, 2008
정약용, 국역『茶山詩文集』, 고전국역총서, 민족문화추진회 영인본

2. 저서

강만길 외,『茶山의 政治經濟 思想』, 창작과비평사, 1990
강명관,『조선시대 문화예술의 생성공간』, 소명출판, 1999
금동현,『조선후기 문학이론 연구』, 보고사, 2002
김명호,『열하일기 연구』, 창작과비평사, 1990
______,『박지원 문학 연구』, 성균관대학교 대동문화연구원, 2001

———, 『환재 박규수 연구』, 창비, 2008
김태영, 『실학의 국가개혁론』, 서울대 출판부, 1998
김학주, 『중국문학사』, 신아사, 1989
김혈조, 『박지원의 산문문학』, 성균관대학교 대동문화연구원, 2002
서신혜, 『김소행의 글쓰기 방식과 삼한습유』, 박이정, 2004
송재소, 『茶山詩 硏究』, 창작과비평사, 1986
———, 『한시 미학과 역사적 진실』, 창작과비평사, 2001
———, 『한국 한문학의 사상적 조명』, 돌베개, 2005
심경호, 『한문산문의 미학』, 고려대 출판부, 1998
———, 『조선시대 한문학과 시경론』, 일지사, 1999
안대회, 『18세기 한국한시사 연구』, 소명출판, 1999
———, 『조선후기시화사』, 소명출판, 2000
———, 『고전산문산책』, 휴머니스트, 2008
이혜순 외, 『한국 한문학 연구의 새로운 조명』, 소명출판, 200
이희목, 『이건창 문학 연구』, 성균관대 대동문화연구원, 2005
임형택. 『한국문학사의 시각』, 창작과비평사, 1984
———, 『실사구시의 한국학』, 창작과비평사, 2000
———, 『한국문학사의 논리와 체계』, 창작과비평사, 2002
정 민, 『朝鮮 後期 古文論 硏究』, 아세아문화사, 1989
———, 『미쳐야 미친다』, 푸른역사, 2004
정인보, 『薝園 鄭寅普全集』, 연세대 출판부, 1983
진재교, 『耳溪 洪良浩 文學 硏究』, 성균관대학교 대동문화연구원, 1999
———, 『이조 후기 한시의 사회사』, 소명출판, 2001
———, 『알아주지 않은 삶』, 태학사, 2005
한국역사연구회 19세기정치사연구반, 『조선정치사-1800~1863』 상 · 하, 청년사, 1990
高海夫 主編, 『唐宋八大家文鈔校注集評』, 三秦出版社, 1998
郭紹虞, 『中國文學批評史』, 宏智書店, 발행년미상
羅筠筠, 『靈與趣的意境—晩明小品美學硏究』, 社會科學文獻出版社, 2001
馬積高, 『淸代學術思想的變遷與文學』, 湖南出版社, 1995
梁啓超 著, 『淸代學術槪論』, 이기동 · 최일범 공역, 여강출판사, 1987
王運熙 · 顧易生 主編, 『中國文學批評史新編』 上下, 復旦大學出版社, 2001
周勳初 외, 『중국문학비평사』, 중국학연구회 고대문학분과, 이론과실천, 1992

벤저민 엘먼 저, 『성리학에서 고증학으로』, 양휘웅 옮김, 예문서원, 2004
천푸칭 씀, 『중국우언문학사』, 오수형 옮김, 소나무, 1994

3. 논문

강경미, 「沆瀣 洪吉周 散文硏究」, 고려대 석사논문, 2003
금동현, 「19세기 전반기 산문 이론의 전개 양상과 의미」, 『동방한문학』 25, 동방한문학회, 2003
김건우, 「著菴 兪漢雋의 문학론과 그 실천 양상」, 성균관대 석사논문, 2000
김명호, 「환재 박규수 연구(1)」, 『민족문학사연구』 4, 민족문학사연구소, 1993
______, 「환재 박규수 연구(2)」, 『민족문학사연구』 6, 민족문학사연구소, 1994
______, 「朴珪壽의 『尙古圖會文義例』에 대하여」, 『한국의 경학과 한문학』, 태학사, 1996
______, 「朴珪壽의 「執遂念行」에 대하여」, 『한국한문학연구』 40, 한국한문학회, 2007
김문식, 「洪奭周의 經學思想 硏究」, 『규장각』 16, 서울대 규장각, 1993
______, 「성해응의 경학관과 대중국 인식」, 『한국학보』 70, 일지사, 1993
______, 「18세기 후반 서울 학인의 청학인식과 청문물 도입론」, 『규장각』 17, 서울대 규장각, 1994
______, 「19세기 전반 경기학인의 경학사상과 경세론」, 서울대 박사논문, 1995
김새미오, 「『西淵聞見錄』에 보이는 淵泉 洪奭周」 『한문학보』 18, 우리한문학회, 2008
김영봉, 「縹礱乙幟」, 『연세대학교 중앙도서관 소장 고서해제 I』, 연세대, 2004
김영진, 「조선후기 명청소품 수용과 소품문의 전개」, 고려대 박사논문, 2003
______, 「조선후기 실학파의 총서편찬과 그 의미―『삼한총서』 『소화총서』를 중심으로」, 『한국 한문학 연구의 새로운 조명』, 소명출판, 2005
김채식, 「李圭景의 『五洲衍文長箋散稿』 硏究」, 성균관대 박사논문, 2008
김철범, 「淵泉 洪奭周의 古文論」, 『한국한문학연구』 12, 한국한문학연구회, 1989
______, 「19세기 고문가의 문학론에 대한 연구―洪奭周·金邁淳·洪吉周를 중심으로」, 성균관대 박사논문, 1992
______, 「沆瀣 洪吉周의 作文精神과 眞文章論」, 『부산한문학연구』 9, 부산한문학회, 1996
______, 「19세기 전반 散文論의 展開와 그 性格」, 『동양한문학연구』 11, 동양한문학회, 1997
______, 「李朝後期의 東文選集과 散文批評의 전개」, 『한국 고문의 이론과 전개』, 태학사,

1998
———, 「洪奭周 古文의 예술적 특징」, 『한국한문학연구』 22, 한국한문학회, 1998
———, 「洪吉周 산문의 意義와 문예적 성취」, 『한국한문학연구』 24, 한국한문학회, 1999.
———, 「洪奭周의 春秋觀」, 『한문학보』 1, 우리한문학회, 1999
———, 「金邁淳의 散文세계와 文藝的 특징」, 『한문학보』 5, 우리한문학회, 2001.
———, 「홍길주 〈孰遂念〉의 세계—사대부적 교양의 상상력」, 『열상고전연구』 17, 열상고전연구회, 2003
———, 「이조 후기 산문론에서 '見識' 의 문제」, 『한문학보』 9, 우리한문학회, 2003
———, 「孰遂念」, 『연세대학교 중앙도서관 소장 고서해제 I』, 연세대, 2004
———, 「原泉 洪祐健 산문론의 주체적 상상력-이조 후기 산문론에서 '悟' 의 문제와 관련하여」, 『동양한문학연구』 22, 동양한문학회, 2006
———, 「홍길주의 꿈과 문학적 상상력」, 『문헌과 해석』 36, 문헌과해석사, 2006년 가을호
———, 「淵泉 洪奭周의 〈記里經〉과 地理의식」, 『한문학보』 15, 우리한문학회, 2006
———, 「조선 지식인들의 諸子書 독서와 수용양상」, 『한문학보』 17, 우리한문학회, 2007
김태진, 「沆瀣 洪吉周의 文章論과 文論史的 位相」, 한양대 석사논문, 2000
김태영, 「茶山의 국가 産業行政체계 개혁론」, 『한국실학연구』 5, 한국실학학회, 2003
김혈조, 「燕巖 散文에서 문자 運用의 몇 가지 특징」, 『대동한문학』 21, 대동한문학회, 2004
노경희, 「일본 궁내청서릉부 소장본, 정학연 시집 『삼창관집』의 영인 및 해제(1)」, 『다산학』 6, 다산문화재단, 2005
박무영, 「'睡餘三筆' 의 문학적 사유」, 『열상고전연구』 17, 열상고전연구회, 2003
———, 「『孰遂念』의 공간 설계와 문학적 사유」, 『동방한문학』 33, 동방한문학회, 2007
———, 「경전 패러디와 기호 조작의 세계: 洪吉周 작, 「皐津經傳」와 「甘誓」 「武成」의 작품론으로」, 『한문학보』 18, 우리한문학회, 2008
———, 「19세기 한문학의 계열과 논점—항해 홍길주를 중심으로」, 『한국한문학연구』 41, 한국한문학회, 2008
박수밀, 「문장가 홍길주의 생각」, 『문헌과 해석』 29, 문헌과해석사, 2004년 겨울호
———, 「항해 홍길주 문학 세계의 인식 기반」, 『한국학논집』 39, 한양대 한국학연구소, 2005
———, 「조선 후기 언어문자관의 토대와 전개—18세기 연암그룹 및 다산, 항해와의 비교를 중심으로」, 『한국한문학연구』 40, 한국한문학회, 2007
박희병, 「박지원 사상에 있어서 言語와 冥心」, 『한국의 생태사상』, 돌베개, 1999
서경요, 「조선조 후기 학술의 고증학적 성격」, 『유교사상연구』 7, 한국유교학회, 1994

손혜리, 「研經齋 成海應 散文의 研究」, 성균관대 박사논문, 2005
신영주, 「18 · 9세기 홍양호家의 예술 향유와 서예 비평」, 성균관대 석사논문, 2000
심경호, 「박지원과 이덕무의 희문 교환에 대하여」, 『한국한문학연구』 31, 한국한문학회, 2003
______, 「18세기 후반, 19세기 전반의 한국한문학에 나타난 실학적 특성에 관한 일 고찰」, 『한국실학연구』 5, 한국실학학회, 2003
안대회, 「朝鮮時代 文章觀과 文章選集」, 『한국 고문의 이론과 전개』, 태학사, 1998
______, 「상상 속의 정원」, 『문헌과 해석』 16, 문헌과해석사, 2001년 가을호
______, 「18 · 19세기의 주거문화와 상상의 정원-조선 후기 산문가의 記文을 중심으로」, 『진단학보』 97, 진단학회, 2004
______, 「洪吉周의 小品文」, 『현대시학』 426, 현대시학사, 2004
______, 「이수광의 『지봉유설』과 조선 후기 명물고증학의 전통」, 『진단학보』 98, 진단학회, 2004
유봉학, 「경향학계의 분기와 경화사족」, 『조선후기 학계와 지식인』, 신구문화사, 1998
이가원, 「〈睡餘瀾筆〉 중에 소개된 燕巖」, 『한국한문학연구』 1, 한국한문연구회, 1976
이군선, 「冠巖 洪敬謨의 詩文과 그 性格」, 성균관대 박사논문, 2002
이영훈, 「18~19세기 小農社會와 實學—實學 再評價」, 『한국실학연구』 4, 한국실학학회, 2002
이현일, 「李鳳煥 三代의 悲願」, 『문헌과 해석』 20, 문헌과해석사, 2002년 가을호
______, 「자하 신위와의 대화」, 『문헌과 해석』 23, 문헌과해석사, 2003년 여름호
______, 「紫霞詩 研究」, 성균관대 박사논문, 2006
이홍식, 「沆瀣 洪吉周의 「常氏宗族傳」 연구—孔方傳類 假傳의 전통과 연계하여」, 『어문연구』 123, 한국어문교육학회, 2004
______, 「沆瀣 洪吉周의 初期 古文論 研究」, 『한국학논집』 39, 한양대 한국학연구소, 2005
______, 「洪吉周의 讀書論 一考」, 『한국언어문화』 37, 한국언어문화학회, 2006.
______, 「항해 홍길주의 언어문자관」, 『문헌과 해석』 36, 문헌과해석사, 2006년 가을호.
______, 「沆瀣 洪吉周의 世界認識과 文學的 具現 樣相 研究」, 한양대 박사논문, 2007.
______, 「沆瀣 洪吉周의 交遊 樣相과 文學 志向」, 『어문연구』 36, 한국어문교육학회, 2008
______, 「19세기 초 沆瀣 洪吉周의 글쓰기 경향」, 『국제어문』 42, 국제어문학회, 2008
______, 「沆瀣 洪吉周의 文章中原 探索」, 『동양한문학연구』 27, 동양한문학회, 2008
______, 「홍길주의 눈에 비친 대산 김매순」, 『문헌과 해석』 45, 문헌과해석사, 2008년 겨울호

이희목, 「영재 이건창 산문 연구」, 성균관대 박사논문, 1992
전송열, 「沆瀣丙函」, 『연세대학교 중앙도서관 소장 고서해제 I 』, 연세대, 2004
전용훈, 「홍길주 수학연구와 그 연원」, 『열상고전연구』 17, 열상고전연구회, 2003
———, 「19세기 조선 수학의 지적 풍토-홍길주의 수학과 연원」, 『한국과학사학회지』 26권 2호, 한국과학사학회, 2004
정 민, 「淵泉 洪奭周의 學問精神과 古文論」, 『한국학논집』 16, 한양대 한국학연구소, 1989
———, 「소장본 희귀자료 3: 峴首甲藁 縹礱乙幟 沆瀣丙函」, 『계간 연세 진리 · 자유』, 연세대, 1991년 겨울호
———, 「천하에 지극한 문장」, 『문헌과 해석』 6, 문헌과해석사, 1999년 봄호
———, 「요즘 문장가들의 세 가지 폐단—〈與人論文書〉」, 『문헌과 해석』 9, 문헌과해석사, 1999년 겨울호
———, 「沆瀣 洪吉周의 독서론과 문장론」, 『대동문화연구』 41, 성균관대 대동문화연구원, 2002
———, 「18세기 지식인의 玩物 취미와 지적 경향」, 『고전문학연구』 23, 한국고전문학회, 2003
———, 「睡餘三筆을 통해 본 沆瀣 洪吉周의 사유방식」, 『한국학논집』 39, 한양대 한국학연구소, 2005
정환국, 「19세기 文論史에서의 崔漢綺의 文章論」, 『대동문화연구』 43, 성균관대 대동문화연구원, 2003
조창록, 「楓石 徐有榘에 대한 한 硏究— '林園經濟' 와 『樊溪詩稿』와의 관련을 중심으로」, 성균관대 박사논문, 2003
진재교, 「경화세족의 독서성향과 문화비평-19세기 洪奭周家의 경우」, 『독서연구』 10, 한국독서학회, 2003
———, 「洪奭周家의 독서체험과 文藝批評」, 『한국문학연구』 4, 고려대 한국문학연구소, 2003
———, 「實學派 文學의 虛와 實에 대한 辨證」, 『한문학보』 9, 우리한문학회, 2003
———, 「『智水拈筆』 연구의 一端—작가 홍한주의 가문과 그의 삶」, 『한문학보』 12, 우리한문학회, 2005
———, 「19세기 箚記體 筆記의 글쓰기 양상—『智水拈筆』를 통해 본 지식의 생성과 유통」, 『한문학연구』 36, 한국한문학회, 2005
———, 「19세기 京華世族의 讀書文化—洪奭周 家門을 중심으로」, 『한문학보』 16, 우리한문학회, 2007

최석기, 「淵泉 洪奭周의 학문성향과 『대학』해석의 특징」, 『한문학보』 15, 우리한문학회, 2006
최원경, 「洪吉周의 『孰遂念』에 대한 일 고찰—세계인식태도와 글쓰기 방식을 중심으로」, 성균관대 석사논문, 2002
______, 「『孰遂念』, 그 공간의 미학」, 『한문학보』 11, 우리한문학회, 2004
______, 「『숙수념』에서 '꿈'의 작용」, 『문헌과 해석』 36, 문헌과해석사, 2006년 가을호
______, 「孰遂念 연구의 한 시각」, 『한국어문학연구』 49, 한국어문연구학회, 2007
______, 「항해 홍길주의 『孰遂念』—지식과 공간의 인식」, 성균관대 박사논문, 2008
______, 「기호로 읽는 『孰遂念』」, 『한문학보』 19, 우리한문학회, 2008
최 식, 「沆瀣 洪吉周의 思惟方式」, 『한문학보』 11, 우리한문학회, 2004
______, 「洪吉周의 卜居와 『孰遂念』」, 『동방한문학』 28, 동방한문학회, 2005
______, 「李憲明이 바라본 沆瀣 洪吉周」, 『동양한문학연구』 21, 동양한문학회, 2005
______, 「沆瀣 洪吉周 散文 硏究」, 성균관대 박사논문, 2005
______, 「홍길주, 천고의 벗을 사귀다」, 『문헌과 해석』 36, 문헌과해석사, 2006년 가을호
______, 「沆瀣의 現實認識과 『春秋默誦』」, 『한문학보』 15, 우리한문학회, 2006
______, 「고증학과 홍길주의 「擬發策」」, 『한문학보』 16, 우리한문학회, 2007
______, 「홍길주의 꿈과 孰遂念」, 『고전문학연구』 31, 한국고전문학회, 2007
______, 「홍길주의 실험적 글쓰기」, 『동양한문학연구』 25, 동양한문학회, 2007
______, 「대산 김매순의 발자취를 찾아서—이헌명의 〈臺山金公遺事〉를 중심으로」, 『문헌과 해석』 45, 문헌과해석사, 2008년 겨울호
______, 「沆瀣 洪吉周의 讀書趣向과 書林日緯」, 『대동한문학』 29, 대동한문학회, 2008
하지영, 『숙수념 공간에서의 '틈'과 홍길주의 念』 『한국고전연구』 17, 한국고전연구학회, 2008
허경진, 「峴首甲藁」, 『연세대학교 중앙도서관 소장 고서해제 II』, 연세대, 2004
허권수, 「淵泉 洪奭周의 家門的 문학환경과 문학성향」, 『한문학보』 15, 우리한문학회, 2006
홍형순 · 이원호, 「19세기 문인 항해 홍길주의 『숙수념』에 관한 조경학적 고찰」, 『한국전통조경학회지』 24-3, 한국전통조경학회, 2006

조선의 기이한 문장

초판인쇄 2009년 5월 28일
초판발행 2009년 6월 8일

지은이 최식 | 펴낸이 강성민
편집장 이은혜 | 편집 신헌창 | 마케팅 신정민

펴낸곳 (주)글항아리 | 출판등록 2009년 1월 19일 제406-2009-000002호

주소 413-756 경기도 파주시 교하읍 문발리 파주출판도시 513-8
전자우편 bookpot@hanmail.net
전화번호 031-955-8888(관리부) 031-955-8898(편집부)
팩스 031-955-2557

ISBN 978-89-962155-8-5 93900

글항아리는 (주)문학동네의 계열사입니다.

이 도서의 국립중앙도서관 출판시도서목록(CIP)은 e-CIP홈페이지(http://www.nl.go.kr/ecip)에서 이용하실 수 있습니다.
(CIP제어번호 : CIP2009001505)

※이 저서는 2007년 정부(교육인적자원부)의 재원으로 한국학술진흥재단의 지원을 받아 출판되었음
(KRF-2007-814-A00247)